COLLECTION

COMPLÈTE

DES MÉMOIRES

RELATIFS

A L'HISTOIRE DE FRANCE.

Joinville.

DE L'IMPRIMERIE DE RIGNOUX.

COLLECTION

COMPLÈTE

DES MÉMOIRES

RELATIFS

A L'HISTOIRE DE FRANCE,

DEPUIS LE RÈGNE DE PHILIPPE-AUGUSTE, JUSQU'AU COMMENCEMENT
DU DIX-SEPTIÈME SIÈCLE ;

AVEC DES NOTICES SUR CHAQUE AUTEUR,
ET DES OBSERVATIONS SUR CHAQUE OUVRAGE,

Par M. PETITOT.

TOME II.

PARIS,
FOUCAULT, LIBRAIRE, RUE DE SORBONNE, N° 9.
1824.

MÉMOIRES
DU SIRE DE JOINVILLE,

OU

HISTOIRE DE SAINT LOUIS,

ÉCRITE PAR JEAN SIRE DE JOINVILLE,

SÉNÉCHAL DE CHAMPAGNE.

AVERTISSEMENT.

Avant d'indiquer le plan que nous avons suivi dans notre travail sur les Mémoires de Joinville, il est nécessaire de faire connoître les diverses éditions qui en ont été faites.

Ces Mémoires furent donnés au public pour la première fois en 1547. Antoine-Pierre de Rieux en trouva un exemplaire manuscrit à Beaufort en Vallée, dans de vieux registres qui avoient appartenu au roi René. Il en corrigea le style, le fit imprimer à Poitiers sa patrie, et le dédia au roi François Ier.

En 1617, Claude Menard, lieutenant en la prévôté d'Angers, amateur des antiquités françaises, en faisant des recherches dans les papiers des monastères échappés aux ravages des guerres civiles du seizième siècle, rencontra un autre manuscrit des Mémoires de Joinville : il le corrigea et le publia.

En 1668, Du Cange, à qui l'on devoit déjà une excellente édition des Mémoires de Ville-Hardouin, en publia une des Mémoires de Joinville. Très-versé dans le vieux langage, après avoir soigneusement comparé les versions de Rieux et de Menard, et concilié leurs contradictions, il sut en tirer un texte clair, précis, en conservant parfaitement le caractère des écrits publiés en français sous le règne de saint Louis. Du Cange joignit à ces Mémoires un grand nombre de dissertations curieuses sur les mœurs, la législation et les coutumes du treizième siècle.

En 1750, la bibliothèque du Roi fit à Lucques l'acquisition d'un nouveau manuscrit de Joinville qui avoit appartenu à Antoinette de Bourbon, mariée en 1513 à Claude de Lorraine, premier duc de Guise. Ce manuscrit avoit été retouché : il étoit moins complet que le texte donné par Du Cange. On n'en fit aucun usage.

En 1761, trois savans bibliographes, MM. Mellot, Sallier et Caperonnier, publièrent *in-folio* une belle édition de Joinville, d'après un manuscrit nouvellement acquis par la bibliothèque du Roi, et qu'on croit avoir été enlevé à Bruxelles, en 1746, par le maréchal de Saxe. Il n'y a pas lieu de douter que cette édition ne présente, à peu de chose près, le vrai texte de Joinville ; mais ce texte est presque inintelligible pour ceux qui ne sont pas très-familiarisés avec le vieux langage. Les savans éditeurs joignirent aux Mémoires plusieurs morceaux historiques du même temps, tels que les Annales du règne de saint Louis par le bénédictin Guillaume de Nangis, la Vie de ce prince par le confesseur de la reine Marguerite son épouse, et le long récit des miracles qui, après sa mort, s'opérèrent sur son tombeau. Ces morceaux étoient fort intéressans, mais ne donnoient pas une idée complète de ce règne fameux. Pour atteindre ce but, il auroit fallu y joindre l'*Historia major* de Matthieu Paris, et plusieurs autres écrits du temps : ce qui auroit formé une collection trop volumineuse.

Malgré les soins que ces trois hommes recommandables donnèrent à leur édition, il s'y glissa quelques fautes graves

qui furent relevées lorsqu'elle parut. Dans la liste des chevaliers qui suivirent saint Louis à sa seconde croisade, on remarque les altérations les plus extraordinaires. « Rien ne
« surprend davantage, dit un critique du temps, que de
« voir *l'apostolle Climent* (c'est-à-dire le Pape) mis au
« nombre des chevaliers qui accompagnèrent saint Louis.
« Personne n'ignore qu'aucun pape n'a jamais passé la mer
« pour aller combattre en personne les Infidèles. Qui ne
« seroit pas étonné de voir le nom du pape Clément placé
« dans cette liste (page 22) entre messire Pierre Rembant
« et messire Flastre de Henequerqus, dans l'ordre qui
« suit :

« Messire Pierre Rembant.
« L'apostolle Climent.
« Messire Flastre de Henequerqus.

« Il n'est pas douteux que le titre d'*apostolle* ne signifie le
« Pape : c'est le nom qu'on lui donnoit du temps de saint
« Louis : Joinville ne le qualifie pas autrement dans son
« Histoire. C'étoit le pape Clément iv qui occupoit alors
« le Saint-Siége : c'est donc ce pontife que la liste imprimée
« au Louvre met au rang des chevaliers qui accompagnè-
« rent saint Louis à sa seconde croisade; et cette énorme
« bévue découvre si clairement l'ignorance du copiste,
« qu'elle suffiroit seule pour décréditer cette pièce informe
« et mal digérée. »

Nous sommes loin d'adopter cette extrême sévérité du critique. Nous pensons seulement que les savans éditeurs négligèrent de revoir attentivement la pièce dont il s'agit. La faute vint de ce que le copiste qu'ils employèrent passa un mot et fit deux articles d'un seul. Le texte que nous suivons porte : *Messire Rambauz parent l'apostolle Clément*, c'est-à-dire parent du pape Clément. Nous ne rappelons cette erreur, qui ne fut pas la seule qu'on releva dans l'édition de 1761, que pour montrer combien il est difficile de ne pas se tromper quelquefois en faisant des recherches sur nos antiquités souvent si obscures, et pour réclamer l'indulgence des lecteurs si, malgré les soins que nous donnons à notre travail, il nous arrivoit de tomber dans quelque faute involontaire.

Le manuscrit publié par MM. Mellot, Sallier et Capéronnier, a donné la solution d'une difficulté qui avoit beaucoup embarrassé Du Cange. La dédicace du manuscrit qu'il a suivi porte : *A tres noble, tres excellant et tres puissant roy Loys, fils de tres digne et de tres saincte mémoire le roy sainct Loys*, etc. ; et l'auteur ajoute que cet ouvrage lui a été demandé par la mère du roi, veuve de saint Louis. Du Cange fait à ce sujet beaucoup de conjectures qui ne le satisfont point, parce que les deux successeurs de saint Louis ne s'appelèrent pas *Louis*, mais *Philippe*. Son embarras venoit de ce que son texte se trouvoit altéré dans cet endroit. Celui de MM. Mellot, Sallier et Caperonnier, porte dans la dédicace : *A son bon seigneur Looys, filz du roy de France, par la grace de Dieu roy de Navarre*, et il n'y est pas question que la reine fût veuve de saint Louis : ce qui lève toutes les difficultés. En effet, Louis-Hutin, fils de Philippe-le-Bel, perdit sa mère Jeanne de Navarre en 1305, et fut héritier de ce royaume du vivant de son père, qui ne mourut qu'en 1314. Il est donc clair que les Mémoires de Joinville furent dédiés à Louis-Hutin, arrière-petit-fils de saint Louis alors roi de Navarre, et que ce fut la reine Jeanne qui les demanda quelque temps avant sa mort.

Il nous reste à rendre compte du plan que nous avons suivi dans notre travail.

A l'exemple des premiers éditeurs de la Collection des Mémoires relatifs à l'Histoire de France, nous avons préféré le texte de Du Cange à celui de MM. Mellot, Sallier et Caperonnier, quoique nous soyons convaincus que ce dernier se rapproche le plus de l'original. Il nous a semblé qu'il étoit inutile de multiplier les difficultés que pourront éprouver quelques lecteurs peu familiers avec le vieux langage. A l'exception de l'altération que nous venons de remarquer, le texte que nous adoptons est entièrement conforme à celui du dernier manuscrit; il ne diffère qu'en ce qu'il est plus clair, et que l'orthographe en est moins barbare. Du reste, le même ton, la même naïveté y règnent; et l'on a l'avantage, en s'en servant, de mettre cet ouvrage plein de charme à la portée d'un plus grand nombre de personnes. Nous aurions pu imprimer le texte le plus ancien à côté de celui de Du Cange; mais il nous a paru que ce seroit inutilement grossir le volume, et que nous avions assez fait pour les amateurs enthousiastes du vieux langage, en leur donnant le texte pur des Mémoires de Ville-Hardouin.

Les récits de Joinville n'offrent des détails étendus que sur la première croisade entreprise par saint Louis, qui forme seulement une période de six années. Le reste se compose d'anecdotes isolées qui se rattachent à un règne de quarante-quatre ans. Nous avons cru devoir tracer un tableau de ce règne qui, nous l'espérons, répandra quelque lumière sur les Mémoires, et qui pourra servir à les compléter.

Nous y joignons un choix des meilleures dissertations de Du Cange, et cinq extraits des manuscrits arabes de la bibliothèque du Roi, traduits en français par M. Cardonne (1), interprète pour les langues orientales. Ces derniers morceaux se trouvent dans l'édition de 1761, et en forment l'une des parties les plus curieuses. On y remarque des particularités pleines d'intérêt; et l'on y voit l'idée que se faisoient les Sarrasins, tant de saint Louis, leur adversaire le plus redoutable, que des forces dont il pouvoit disposer.

(1) M. Cardonne, secrétaire interprète du Roi pour les langues orientales, professeur des langues turque et persane au collége royal, censeur royal, inspecteur de la librairie, mourut en 1783.

NOTICE

SUR JOINVILLE.

La famille de Joinville étoit, dans le treizième siècle, l'une des plus distinguées de la Champagne. Vers le milieu du siècle précédent, Étienne, surnommé Devaux, l'un des aïeux de l'auteur des Mémoires, devint très-puissant. Il épousa la comtesse de Joigny, qui lui apporta en mariage ce fief et plusieurs autres seigneuries. Ce fut lui qui fit bâtir le château de Joinville.

L'oncle et le père du sire de Joinville s'étoient couverts de gloire, le premier, sous le règne de Philippe-Auguste, en suivant le comte de Flandre à la conquête de Constantinople; le second, dans la minorité de saint Louis, en défendant la ville de Troyes contre les efforts réunis de presque tous les seigneurs de France.

Jean sire de Joinville, dont nous nous occupons, naquit, suivant Du Cange, vers l'année 1224. Pendant son enfance, il fut attaché, conformément aux usages de ce temps, à Thibaut IV, comte de Champagne, son seigneur, dont il se concilia la bienveillance par la gaîté de son humeur et par l'aimable franchise de son caractère. Ayant perdu de bonne heure son père, il épousa en 1239, n'étant âgé que de seize ans, Alix de Grandpré, aussi jeune que lui, et consulta moins dans ce mariage ses intérêts de fortune que son inclination. La faveur dont il jouissoit près de Thibaut lui fit obtenir la charge de sénéchal qu'avoit occupée son père, et il fut en outre grand-maître de la maison des comtes de Champagne.

Lorsqu'en 1245 la croisade fut publiée, il paroît qu'il connoissoit à peine le Roi dont il devoit par la suite acquérir l'amitié et la confiance. Louis étoit devenu l'objet de l'amour de ses peuples; les Français de toutes les conditions brûloient de partager ses dangers, et Joinville, qui n'avoit encore que vingt-deux ans, ne fut pas des derniers à prendre la croix pour faire l'apprentissage de la guerre sous un si grand prince. Béatrix sa mère vivoit encore, et jouissoit en douaire de la plus grande partie des terres de la famille; il fut donc obligé d'engager presque tous ses biens et ceux de son épouse, pour fournir aux frais du voyage. A peine leur resta-t-il douze cents livres de rente; ils avoient deux enfans en bas âge, et Joinville crut faire plus pour eux en rendant son nom illustre qu'en ménageant le patrimoine qu'il devoit leur laisser.

Avec cette libéralité imprévoyante qui caractérise la première jeunesse, il prit à sa solde dix chevaliers, parmi lesquels se trouvoient trois bannerets (1), dé-

---

(1) Chaque chevalier avoit à sa suite un certain nombre de soldats; les bannerets en avoient davantage. Ainsi la troupe de Joinville formoit une petite armée.

pense évidemment au-dessus de ses moyens. Lorsque l'époque du départ fut arrivée, Joinville et ses jeunes compagnons donnèrent des fêtes, et parurent vouloir s'étourdir sur la carrière dangereuse dans laquelle ils entroient ; mais à cette gaîté bruyante succédèrent bientôt des réflexions plus sérieuses. Joinville assembla ses vassaux, et leur déclara qu'avant de partir pour un voyage dont il ne savoit pas s'il devoit revenir, il vouloit réparer tous les dommages qu'il avoit pu faire ; ensuite il se retira pour les laisser libres de dresser leurs réclamations. *Je ne veux*, disoit-il, *emporter un seul denier à tort*. Après s'être assuré qu'il n'avoit, sous ce rapport, rien sur la conscience, il se confessa ; prit le bourdon des mains de l'abbé de Cheminon, et quitta son château de Joinville pour n'y plus rentrer qu'à son retour de la croisade. Il fit dans les environs plusieurs pèlerinages, pieds nus, et revêtu d'une tunique blanche. En allant ainsi de Blicourt à Saint-Auban, il passa près de son château, où demeuroient son épouse et ses deux enfans ; il n'osa tourner ses regards sur cette habitation chérie, et résista, bien malgré lui, à la tentation si naturelle d'aller embrasser encore une fois sa jeune famille. Il peint lui-même, dans ses Mémoires, cette situation de la manière la plus touchante. Lorsqu'il eut remporté sur sa tendresse cette victoire pénible, il alla dîner à la Fontaine-l'Archevêque, et partit pour Marseille avec sa troupe.

Il joignit le Roi dans l'île de Chypre, rendez-vous général des Croisés. Dès-lors il se trouva dans l'impossibilité de payer sa petite armée, et fut obligé de prier

Louis de la prendre à sa solde. Ses propositions furent acceptées; il entra au service de ce prince, dont il gagna bientôt les bonnes grâces par sa gaîté, sa franchise et son courage.

Cette union, qui nous rappelle sous plus d'un rapport celle de Henri IV et de Sully, différoit cependant en ce que c'étoit Joinville qui paroissoit doué de cet enjouement plein d'agrément et de liberté avec lequel nous aimons à nous représenter le Béarnais; et que Louis montroit, au contraire, cette gravité et cette sagesse profonde qui caractérisoient le ministre de Henri. Il s'établit entre le Roi et Joinville une familiarité dont celui-ci n'abusa jamais : il savoit revêtir les avis les plus sérieux des formes les plus piquantes; et ses saillies, aussi naïves qu'innocentes, étoient la plus douce distraction d'un prince que sa piété ne sauvoit pas toujours de la mélancolie. Il étoit bien vu de la reine Marguerite, dont l'esprit avoit des rapports avec le sien; et la position qu'avoit prise un homme de ce caractère dans la cour de saint Louis forme la partie la plus curieuse et la plus singulière de ses Mémoires.

Joinville, dans cet ouvrage, n'a omis aucune circonstance de ses aventures personnelles pendant cette croisade malheureuse. Nous ne répéterons pas des récits auxquels le caractère de l'auteur donne tant de charme. Nous nous bornerons seulement à remarquer qu'aucun chevalier ne montra plus d'intrépidité dans les dangers, plus de générosité dans les victoires, plus de patience dans les revers. Il savoit égayer par des mots piquans les situations les plus désespérées;

et son livre doit surtout plaire à ceux que le sort a rendus témoins et victimes de ces funestes catastrophes qui accompagnent trop souvent les expéditions lointaines.

Après avoir partagé en Égypte la captivité de son maître, il le suivit en Syrie, où ses conseils pleins de fermeté contribuèrent beaucoup à sauver les foibles débris d'une armée découragée.

De retour en France, il devint le principal dépositaire de la confiance du Roi; et son crédit, grâce à la manière franche et loyale dont il en usoit, ne lui fit point d'ennemis. En 1255, il fut chargé de l'importante négociation du mariage d'Isabelle, fille de saint Louis, avec le jeune Thibaut v, roi de Navarre, qui venoit de succéder à son père Thibaut iv. Trois ans après, ce prince lui témoigna sa reconnoissance en lui donnant le village de Germey, pour en jouir en augmentation de fief, à la charge de l'hommage lige.

Pendant la longue paix qui suivit la première croisade de saint Louis, Joinville se partageoit entre les cours de France et de Champagne, où il étoit également bien venu. Lorsqu'il étoit à Paris, le Roi l'admettoit souvent à sa table, et lui donnoit la plus grande preuve de confiance, en le chargeant de recevoir les requêtes à la porte du palais. Il prenoit part aux jugemens, et quelquefois on le voyoit assis à côté de saint Louis lorsque ce prince rendoit la justice à ses vassaux sous les arbres du bois de Vincennes.

Dans le cercle intime que le Roi avoit formé pour

se délasser des soins du trône par le plaisir de la conversation, il aimoit à mettre aux prises avec Joinville Robert de Sorbonne son chapelain, qui venoit de fonder le fameux collége de ce nom. La gravité de l'ecclésiastique ne tenoit pas contre l'enjouement du chevalier; et ces luttes innocentes, qui n'alloient jamais jusqu'à l'aigreur, faisoient le principal agrément de cette petite société. Louis intervenoit alors, et ses décisions, pleines de modération et de justesse, rapprochoient les deux rivaux.

Lorsqu'en 1268 le Roi convoqua tous les barons à Paris pour une nouvelle croisade, Joinville s'y rendit quoique malade, et quoiqu'il ne fût pas vassal immédiat de la couronne de France. Malgré son dévouement pour un prince qui l'avoit comblé de bienfaits, il s'excusa de partir sur ce que ses vassaux avoient trop souffert pendant la dernière expédition. Il venoit d'ailleurs de contracter un second mariage; ayant perdu Alix de Grandpré, il avoit obtenu la main d'une autre Alix, fille et unique héritière de Gautier sire de Risnel.

Le Roi ne parut pas lui savoir mauvais gré de son refus; mais les regrets de Joinville furent bien vifs, lorsqu'il apprit que ce grand prince étoit mort près de Tunis. Il conserva chèrement sa mémoire; et son imagination étoit tellement frappée de cette idée, que long-temps après il crut le voir en songe: ce qui le décida sur-le-champ à lui faire bâtir une chapelle dans son château.

Philippe-le-Hardi, successeur de saint Louis, lui

témoigna la même confiance. En 1283, ce prince, qui avoit la garde et la tutèle de Jeanne, reine de Navarre et comtesse de Champagne, fille unique de Henri successeur de Thibaut, fut obligé de faire un voyage en Arragon. Pendant son absence, il chargea Joinville de gouverner le comté de Champagne.

Quoique Philippe-le-Bel, parvenu au trône deux ans après, eût moins de considération pour Joinville, dont la nouvelle cour affectoit de déprécier le mérite, il continua, pendant les premières années de ce règne, à gouverner la Champagne sous les ordres de Jeanne, qui étoit devenue reine de France. Cette princesse ne partageoit pas, à l'égard du vieux sénéchal, la froideur de son époux.

Vers la fin du règne de Philippe-le-Bel, lorsque ce prince accabloit ses sujets d'impôts et établissoit en France le pouvoir arbitraire, en feignant de favoriser la liberté des peuples, Joinville jusqu'alors si fidèle se révolta contre lui.

Cette insurrection, dont Philippe n'eut pas le temps de voir la fin, fut appaisée en 1315 par Louis-Hutin son successeur, qui nomma des commissaires pour faire une enquête au sujet des réclamations qu'on avoit vues éclater de toutes parts contre les mesures prises par son père.

La même année, le jeune Louis somma toute la noblesse de le joindre dans la ville d'Arras pour aller combattre les Flamands. Joinville répondit à cet appel de la manière la plus noble, et quoique âgé de plus de quatre-vingt-douze ans il prit les armes. Nous plaçons dans une note (1) cette lettre de Joinville, monument précieux qui nous a été conservé par Du Cange. On y verra le ton que prenoient les grands vassaux avec les rois de France, et le langage dans lequel sont écrits les Mémoires originaux publiés par MM. Mellot, Sallier et Caperonnier.

Il nous reste à dire quelques mots de ces Mémoires, qui se recommandent assez par eux-mêmes, mais qui jusqu'à présent ont été considérés plutôt sous le rapport de l'érudition que sous celui de la littérature.

(1) « A son bon amey seigneur le roy de France et de Navarre.

« A son bon seigneur Loys par la grace Dieu roy de France et
« de Navarre, Jehans sires de Joinville, ses senechaux de Cham-
« paigne, salut et son service apareilié. (1) Chiers sire, il est bien
« voirs (2) ainsis comes mandey le m'avez que on disoit que vous *estiés*
« *appaisiés as Flamans* (3), et par ce, Sire, que nous cuidiens que
« voirs fust (4), nous n'aviens fait point d'aparoyl (5) pour aleir à
« vostre mendement, et de ce, Sire, que vous m'avez mandey que
« vous serez à Arras pour vous edrecier des tors (6) que li Flamainc
« vous font, il moy semble, Sire, que vous faites bien, et Dex (7)
« vous en soit en aiide, et de ce que vous m'avez mendey que ge (8)
« et ma gent fussiens à Othie à la moiennetey (9) dou moys de joing,
« Sire, savoir vous fez que ce ne puet estre bonnement. Quar vos
« lettres me vinrent le secont dimange de joing, et vinrent huit
« jours devant la recepte de vos lettres (10), et plus tost que je pourray
« ma gent seront aparilié pour aleir où il vous plaira. Sire, ne vous
« desplaise de ce que je au premier parleir ne vous ay apalley que
« bon signour, quar autrement ne l'ai-je fait à mes signeurs les autres
« roys qui ont estey devant vous, cuy Dex absoyle (11), nostre sires
« soit garde de vous. Donney le secont dimange dou mois de joing
« que vostre lettre me fut apourtée l'an 1315. »

(1) Il est prêt à le servir. — (2) Il est bien vrai. — (3) Que vous aviez fait la paix avec les Flamands.—(4) Nous pensions que cela étoit.—(5) Préparatif. (6) Vous venger des torts.—(7) Dieu. — (8) Que moi. — (9) A la moitié. — (10) Je ne les reçus que huit jours après. — (11) Que Dieu absolve.

Il est cependant peu d'ouvrages dont la lecture soit plus agréable et plus attachante; le caractère de l'auteur s'y déploie tout entier : on le voit tour à tour courtisan aimable, chevalier loyal, ami sensible et chrétien plein de ferveur.

Nous avons déjà donné quelque idée du tableau qu'il fait de son départ, de ses précautions pour tranquilliser sa conscience, et du courage avec lequel il résiste au désir d'embrasser sa femme et ses enfans : ce tableau si touchant nous paroît digne des meilleurs historiens. Mais son récit inspire encore plus d'intérêt lorsqu'il est arrivé en Égypte, et surtout lorsque l'armée commence à éprouver des revers. Tantôt on le voit céder au malheur avec une résignation attendrissante; tantôt il prend son parti gaiement, et semble se figurer, contre toute apparence, que ces calamités auront un terme.

Lorsqu'une maladie contagieuse consume l'armée, lorsque lui-même en est atteint, il fait célébrer la messe dans sa chambre par son chapelain, frappé aussi de cette espèce de peste. Le voyant près de s'évanouir, il s'élance de son lit, le soutient, et l'exhorte à reprendre courage pour terminer le sacrifice. « Adonc, continue-t-il, s'en revint ung peu, « et ne le lessé jusques adce qu'il eust achevé son « sacrement : ce qu'il fist. Et aussi acheva il de « celebrer sa messe, et onques puis ne chanta, « et mourust. Dieu en ayt l'ame. » Y a-t-il rien de plus touchant que cette expression si simple : *et onques puis ne chanta?* Et ne voit-on pas qu'elle a donné l'idée, à l'auteur de la tragédie des Templiers, du beau vers par lequel il peint la fin de leur supplice :

Mais il n'étoit plus temps, les chants avoient cessé.

Dans une autre occasion, n'ayant auprès de lui que son cousin le comte de Soissons, attaqué sur un pont par une multitude d'ennemis, n'espérant point de secours, criblé de traits, brûlé par le feu grégeois, il s'entretient gaiement avec son jeune ami, et se flatte de l'espoir qu'ils pourront encore raconter les désastres de cette journée en *chambre devant les dames*.

Ce mélange d'enjouement, de patience et de résignation, donne à la partie des Mémoires qui concerne la croisade un attrait qu'on chercheroit vainement dans tout autre ouvrage de ce genre, parce qu'il tient au caractère particulier de l'auteur encore plus qu'à son talent ; mais ce qui rend cet ouvrage l'un des monumens historiques les plus précieux, c'est qu'on peut y suivre saint Louis dans tous les détails de sa vie privée. On l'y voit converser avec un ami pour lequel il n'a rien de caché ; on remarque l'élévation de ses sentimens, la profondeur de sa politique, la justesse de son esprit, et la bonté de son cœur. On entre dans son intérieur, et l'on apprend comment il vivoit avec sa mère, avec son épouse, avec ses enfans. Ses œuvres de charité attendrissent, et les innocentes distractions qu'il se permet font une impression pleine de calme et de douceur.

Joinville composa ses Mémoires dans un âge très-avancé, à la sollicitation de Jeanne de Navarre, femme de Philippe-le-Bel et mère de Louis-Hutin. Suivant les traditions les plus vraisemblables, il mourut en 1319, à plus de quatre-vingt-quinze ans. Il fut enterré dans l'église de Saint-Laurent de Joinville, et sa statue fut placée sur son tombeau. Voici son épitaphe, que quelques savans croient apocryphe.

Quisquis es, aut civis, aut viator,
Adsta ut lugeas, ut legas.
Nosti quem nunquam vidisti,
Terris datum anno Domini 1224, cœlo natum 1319,
Nomine, virtute, scriptis, famâ nondum mortuum,
Polo immortalem, utique solo
Dominum Joannem de Joinville,
Magnum olim Campaniæ Seneschallum,
In bello fortissimum, in pace æquissimum,
In utroque maximum,
Nunc ossa et cineres.
Tanti viri animam in cœlis viventem immortales amant,
Corpus in terris superstites mortales colunt;
Ingenium candidum, affabile et amabile,
Ludovico regi sanctissimo gratissimum, principibus laudatissimum,
Galliæ utilissimum, patriæ suæ perhonorificentissimum,
Immortales amant, mortales colunt, omnes honorant.
Nos zonâ sancti Josephi e terrâ sanctâ asportatâ ab eo feliciter donati,
Domino subditi, cives nostrati, amici munerario,
Inclytis corporis ejus exuviis, cinerumque reliquiis,
Ruiturum nunquam amoris fidelissimi, amantissimæque fidei monumentum
III. M. LL. PP. S.
Plura ne explora, sed plora et ora, ac abi obiturus.

Les auteurs de l'Art de vérifier les dates disent que cette épitaphe fut trouvée dans la sépulture du sire de Joinville en 1629, au côté droit du grand autel de l'église Saint-Laurent, sise dans l'intérieur du château de Joinville.

Dans le quinzième siècle, Marguerite, héritière de la maison de Joinville, épousa Ferry de Lorraine, seigneur de Guise. François de Lorraine, duc de Guise, un de leurs descendans, vivoit du temps de Henri II, qui érigea la baronnie de Joinville en principauté par lettres vérifiées au parlement de Paris le 9 mai 1552. Ainsi l'illustre maison de Guise descendoit par les femmes du sire de Joinville.

TABLEAU

DU RÈGNE DE SAINT LOUIS.

Lorsque Louis VIII rendit les derniers soupirs au château de Montpensier en Auvergne, le 8 novembre 1226, n'étant âgé que de trente-neuf ans, cette mort, aussi prématurée qu'inattendue, mit la France en péril. De grandes mesures avoient été prises par ses trois prédécesseurs pour affermir l'autorité royale, donner une direction uniforme aux forces de l'État, et rendre plus supportable le sort des peuples, en soumettant à des formes pacifiques et régulières des différends qui renaissoient sans cesse, et ne se décidoient que par la violence. L'abaissement progressif des grands vassaux, l'affranchissement des communes dépendantes de la couronne, l'extension des justices royales, avoient été essayés, non sans succès, par Louis-le-Gros, continués moins heureusement par Louis-le-Jeune, et presque consommés pendant le règne long et glorieux de Philippe-Auguste. Ainsi cette grande aristocratie féodale [1] dont Hugues Capet,

---

[1] La féodalité ou puissance indépendante des seigneurs fut affoiblie par saint Louis, attaquée vivement par Philippe-le-Bel et Louis-Hutin, presque abolie par Louis XI; et sa ruine fut entièrement consommée par le cardinal de Richelieu. Il n'est donc pas ici question des priviléges qui lui survécurent, et que la révolution a détruits.

montant sur le trône des Carlovingiens, avoit été obligé de consacrer toutes les prétentions, tendoit à devenir une monarchie dans la véritable acception de ce mot.

Mais la mort de Louis VIII interrompit tout-à-coup cet important ouvrage auquel il avoit puissamment concouru pendant les trois années de son règne. Rien n'étoit affermi, et de profonds ressentimens fermentoient dans les cœurs d'un grand nombre de seigneurs dont les familles avoient été humiliées ou dépouillées. Leur puissance n'ayant été qu'entamée et non détruite, et la force étant encore entre leurs mains, ils brûloient d'en faire usage, poussés par les deux passions qui influent le plus sur les révolutions politiques, l'ambition et la vengeance. La France n'avoit à leur opposer qu'une femme étrangère et un enfant de douze ans. Entrons dans le détail de cette situation vraiment extraordinaire.

Quatre grands vassaux, possesseurs d'une partie considérable du royaume, s'opposèrent au gouvernement de Blanche de Castille dès le commencement de sa régence.

Au premier rang nous trouvons Pierre Mauclerc, comte de Bretagne [1]. Ce prince, arrière-petit-fils de Louis-le-Gros, d'abord comte de Dreux, avoit épousé Alix, héritière de la Bretagne. Le nom de *Mauclerc* ou *Mauvais clerc* lui avoit été donné, soit parce qu'ayant été destiné dans sa jeunesse à l'état ecclésiastique il

---

[1] La Bretagne étoit alors un comté; elle ne fut érigée en duché-pairie qu'au mois de septembre 1297, par Philippe-le-Bel. Cela n'empêche pas quelques historiens contemporains de Mauclerc de l'appeler duc de Bretagne.

avoit préféré le parti des armes, soit parce qu'il s'étoit permis d'abolir dans ses États quelques priviléges du clergé. Esprit remuant, difficile, inconstant, et n'ayant pu se corriger qu'après avoir éprouvé de grands revers, il ne supportoit pas l'idée de voir une princesse espagnole à la tête des affaires, et préféroit, s'il ne parvenoit pas à se rendre indépendant, reconnoître le roi d'Angleterre pour suzerain. Ses forces étoient considérables, et ses domaines s'étendoient jusqu'à quinze lieues de Paris.

Hugues de Lusignan, comte de La Marche, étoit moins puissant ; mais le caractère ambitieux et indomptable de sa femme Isabelle d'Angoulême le rendoit un ennemi très-dangereux. La destinée de cette princesse avoit été des plus singulières. Promise dès sa plus tendre enfance à Hugues de Lusignan qu'elle aimoit, élevée dans la famille de ce prince, au moment de l'épouser, elle avoit été enlevée par Jean-sans-Terre, roi d'Angleterre, qui l'avoit forcée à recevoir sa main. Après avoir vécu dix-sept ans avec cet époux et lui avoir donné plusieurs enfans, sa mort la rendant libre, elle revint en France, et se maria bientôt avec celui dont elle avoit reçu les premiers soins. Mais son caractère étoit entièrement changé. Jean-sans-Terre lui avoit communiqué ses horribles et honteuses passions : on la croyoit capable de tous les crimes. Humiliée, après avoir été long-temps assise sur un des premiers trônes du monde, de n'être que la femme d'un comte, et de ne plus porter que le vain titre de reine, elle avoit voué une haine implacable au jeune Louis et à sa mère, et comptoit sur les puissans secours de son fils Henri III, roi d'Angleterre.

Raymond VII, comte de Toulouse, fils de celui contre lequel Philippe-Auguste avoit dirigé la croisade des Albigeois, et dont Louis VIII, dans la dernière année de sa vie, vouloit anéantir la puissance, quoique dépouillé d'une grande partie de ses domaines, étoit encore maître de Toulouse. La persécution que sa famille éprouvoit depuis vingt ans avoit multiplié ses partisans. La mort imprévue de Louis VIII, son ennemi le plus redoutable, en augmenta le nombre. Tous fondèrent leurs espérances sur une minorité qui devoit être longue.

Thibaut IV, comte de Champagne, eût été encore plus dangereux que les trois princes dont nous venons de parler, si l'inconstance de son caractère, une passion insensée, et un horrible soupçon qui pesoit injustement sur lui, n'eussent mis beaucoup de désordre dans ses résolutions et dans ses entreprises. Ses domaines s'étendoient aux environs de Paris. Maître de Meaux et de la Brie, il disposoit en quelque sorte des subsistances de la capitale. On a vu, dans la notice sur Ville-Hardouin, les précautions que Philippe-Auguste avoit prises contre ce prince, orphelin avant sa naissance. Ces précautions avoient irrité l'orgueil du jeune comte, et l'auroient porté vraisemblablement à la révolte au moment de la mort de Philippe, si la beauté et plus encore les vertus de Blanche de Castille, femme de Louis VIII son successeur, n'eussent inspiré à Thibaut un amour que les obstacles sembloient augmenter, et dont l'ascendant, à la moindre lueur d'espérance, détruisoit tous les projets ambitieux que le dépit avoit fait concevoir. Thibaut venoit de désobéir à Louis VIII au moment où ce prince fut attaqué de la maladie qui le conduisit au tombeau. On supposa, sans le moindre fondement, que sa haine pour le Roi et son penchant pour la Reine l'avoient entraîné à un forfait entièrement contraire à son caractère, et qu'il avoit fait empoisonner Louis VIII. Cette horrible imputation devoit lui inspirer l'indignation la plus forte contre les ministres de Blanche, et l'unir, en quelque sorte malgré lui, aux ennemis de cette princesse.

C'étoit à la bataille de Bouvines, donnée douze ans auparavant, que Philippe-Auguste avoit presque détruit la puissance des grands vassaux révoltés contre lui. Deux de ces princes étoient tombés entre ses mains, et se trouvoient encore étroitement gardés, l'un à Péronne, l'autre dans la tour du Louvre. Ferrand, comte de Flandre, époux de Jeanne, fille aînée de Baudouin, premier empereur de Constantinople, n'étoit que médiocrement regretté par sa femme, qui pensoit même, suivant quelques auteurs, à faire casser son mariage pour contracter de nouveaux liens. Renaud, comte de Boulogne, d'un âge avancé, n'inspiroit pas plus de regrets à sa famille. Philippe son gendre, frère de Louis VIII, oncle du jeune Roi, prétendant à la régence, gouvernoit le fief de son beau-père, et ne faisoit aucun vœu pour la délivrance de ce prince. La Régente pouvoit profiter des dispositions de Jeanne et de Philippe pour les empêcher de se déclarer contre elle. Elle avoit en son pouvoir deux prisonniers dont la délivrance confondroit en un instant les projets d'une femme ambitieuse, peut-être infidèle, et d'un prince qui ne devoit sa puissance qu'à la captivité de celui dont il avoit épousé la fille.

Les relations de la France avec les États voisins fixoient aussi l'attention de Blanche. Il n'y avoit rien à craindre du côté de l'Espagne. Les rois d'Arragon, de Navarre et de Castille, occupés de leurs querelles particulières, et de leurs guerres avec les Maures qu'ils auroient chassés s'ils avoient pu s'unir franchement contre eux, n'étoient pas disposés à donner des secours au comte de Toulouse. L'Allemagne et l'Italie étoient dans le plus grand désordre par les différends de l'empereur Frédéric II et du pape Grégoire IX. L'Angleterre, livrée quelque temps auparavant à la guerre civile et étrangère, révoltée contre le roi Jean-sans-Terre qui n'avoit su réparer ses fautes que par des crimes, ayant, au milieu des plus horribles calamités, obtenu de ce prince une charte dont elle s'honore encore aujourd'hui, venoit de se réunir autour du trône de son jeune fils Henri III, qui, étroitement lié avec le comte de La Marche dont la femme étoit sa mère, devoit nécessairement prendre part aux troubles de la France. Il possédoit la Guyenne et quelques portions de l'Anjou, du Poitou et de la Saintonge. Ces provinces étoient gouvernées par Richard son frère.

Telle étoit la situation de la France lorsque Blanche de Castille fut appelée à la régence. Éloignée de son époux pendant la courte maladie qui l'enleva, elle ne put recueillir ses dernières volontés; mais l'archevêque de Sens et les évêques de Beauvais et de Chartres, qui l'assistèrent à la mort, déclarèrent, par acte authentique scellé de leur sceau, que son intention avoit été que Blanche gouvernât jusqu'à la majorité de son fils; et Matthieu de Montmorency, connétable de France (1), auquel Louis VIII avoit confié la garde du jeune Louis, fit la même déclaration. C'étoit en France la première fois que la régence étoit confiée à une femme : cette femme étoit une étrangère. Quelles vertus et quels talens ne lui falloit-il pas pour détruire les préventions qui de tous côtés s'élevoient contre elle, et pour continuer le grand ouvrage entrepris par les quatre derniers rois! Fille d'Alphonse VIII, roi de Castille, elle vint en France en 1200, ayant à peine quatorze ans, et elle épousa le prince Louis, qui avoit quelques mois de moins qu'elle. Peu d'années après elle obtint l'estime et l'entière confiance de Philippe-Auguste son beau-père. Malgré sa jeunesse, elle étoit admise à tous les conseils; et ses avis, dont l'énergie étoit tempérée par ce tact délicat qui n'appartient qu'à une femme, furent souvent suivis. La politique, pour laquelle elle avoit beaucoup d'attrait, parce que son génie y étoit éminemment propre, ne la détourna point de ses devoirs de mère. Elle voulut elle-même nourrir ses enfans. Sa tendresse jalouse ne souffroit pas que d'autres femmes en prissent soin : et quand leur âge permit de leur donner quelque instruction, ce fut encore elle seule qui y présida. Lorsque Louis VIII parvint au trône, elle prit plus de part au gouvernement. Les deux époux étoient unis par les mêmes

(1) Matthieu II, petit-fils de Matthieu I, que nous avons vu dans le volume précédent concourir à la prise de Constantinople. Il fut surnommé *le Grand*.

sentimens, les mêmes principes et les mêmes projets. Blanche ne quittoit presque jamais le Roi : habituée aux fatigues, elle le suivoit à la guerre et dans ses voyages ; elle ne se séparoit de lui que lorsqu'il la chargeoit de gouverner en son absence.

A la mort de Louis VIII, elle étoit âgée de quarante ans : mais sa beauté calme et parfaite, animée cependant par un esprit supérieur et plein d'agrément, étoit encore plus séduisante que dans sa première jeunesse. La passion que le comte de Champagne nourrissoit pour elle avoit éclaté en diverses occasions : un regard, un mot avoient suffi pour la réprimer. La manière dont elle composa son ministère fit naître dans le cœur de ce prince une jalousie aussi folle que son amour.

Elle donna les sceaux à Guérin, vice-chancelier de Philippe-Auguste, nommé chancelier par Louis VIII, chevalier de l'ordre de l'Hôpital, évêque de Senlis, vieillard plein d'expérience dans le gouvernement, magistrat aussi intègre que savant. Le connétable Matthieu de Montmorency, déjà couvert de gloire sous les règnes de Philippe-Auguste et de Louis VIII, eut la direction des affaires militaires et le commandement suprême de l'armée. Romain, cardinal de Saint-Ange, partagea la confiance de Blanche avec ces deux grands hommes : il étoit plus jeune et moins austère que le chancelier ; et son état, sa piété, la pureté de ses mœurs, n'empêchèrent pas le comte de Champagne de concevoir les soupçons les plus extraordinaires. Indigné de ce qu'on l'accusoit d'avoir fait empoisonner le Roi, plus épris que jamais de la Reine devenue libre, consumé par la jalousie, en proie à une foule de passions différentes, il étoit capable des plus fausses démarches, et de toutes les espèces d'indiscrétions.

Le premier soin de Blanche fut de hâter le couronnement de son fils. Les seigneurs furent convoqués à Reims pour le 29 novembre. La ligue des mécontens n'étant pas encore formée, plusieurs obéirent en murmurant : d'autres, et ce fut le plus petit nombre, restèrent chez eux. Pierre Mauclerc, l'un des plus ardens, prit ce dernier parti. Thibaut de Champagne, dans la position difficile où il se trouvoit, après plusieurs irrésolutions se mit en route ; mais la Régente, instruite des bruits qui couroient sur ce prince, craignant que la présence de celui qu'on accusoit faussement d'avoir empoisonné le Roi ne troublât l'auguste cérémonie, ou du moins n'y causât un affreux scandale, lui envoya l'ordre de se retirer. Il se soumit, et la comtesse sa femme arriva seule à Reims ; la comtesse de Bretagne s'y rendit aussi, malgré les protestations de son époux. Le comte de Boulogne, oncle du Roi, à qui la régence appartenoit de droit si Louis VIII n'y eût appelé Blanche, cacha son ressentiment, et parut entièrement résigné ; il craignoit la délivrance de son beaupere : le même motif amena la comtesse de Flandre. Le comte de Toulouse, en guerre ouverte avec le Roi, ne demanda point de trêve.

Au milieu de toutes ces semences de troubles, le sacre se fit avec une grande magnificence vingt-et-un jours après la mort de Louis VIII. On exprimeroit difficilement l'effet que cette cérémonie produisit sur les peuples. On voyoit un enfant de douze ans, de la figure la plus noble et la plus touchante, que la Providence appeloit sur un trône ébranlé par les factions, et qui n'avoit d'appui qu'une mère aussi intéressante que lui, dont la présence inspiroit, il est vrai, l'amour et le respect, mais qui n'avoit pas encore déployé sur un grand théâtre cette force de caractère, cette profonde connoissance de la politique, qualités renfermées jusqu'alors dans sa famille, et que son époux seul avoit pu remarquer.

Le siége de Reims étant vacant, Jean de Bazoche, évêque de Soissons, l'un des suffragans, fit la cérémonie. Les comtesses de Champagne et de Flandre se disputèrent l'honneur de porter l'épée devant le Roi : la Régente décida que cet honneur appartenoit au comte de Boulogne, qu'elle avoit intérêt de ménager. A cette cérémonie se trouvoit un prince dont nous avons beaucoup parlé dans le premier volume de cette collection : Jean de Brienne, roi de Jérusalem, que sa haute réputation de valeur devoit appeler deux ans après au trône de Constantinople, vit l'aurore du règne de saint Louis.

Après le sacre, la plupart des seigneurs rapportèrent dans leurs châteaux un mécontentement plus grand encore que celui qu'ils avoient éprouvé en apprenant les dernières dispositions de Louis VIII. Réunis à Reims, ils s'étoient excités mutuellement, et la ligue s'étoit formée sous les yeux mêmes de la Reine. Aussitôt ils avoient négocié avec Henri III, roi d'Angleterre, qui vouloit profiter de la minorité pour recouvrer la Normandie, confisquée sur Jean-sans-Terre par Philippe-Auguste. Le comte de Boulogne, oncle du Roi, étoit l'ame de cette faction : il n'osoit se déclarer; mais, en cas de succès, la régence lui étoit promise.

De retour chez eux, les seigneurs firent connoître leurs prétentions. Ayant à leur tête les comtes de Bretagne, de La Marche, de Champagne et de Toulouse, ils déclarèrent qu'ils vouloient qu'on mît en liberté les comtes Ferrand et Renaud, et qu'on rendît toutes les terres usurpées sous les deux derniers règnes. Ces propositions n'étoient qu'un prétexte pour se faire des partisans. Leur véritable but étoit de renverser la Régente, et de confier le pouvoir au comte de Boulogne, dont ils attendoient toute sorte de concessions. Le comte de Toulouse, contre lequel Louis VIII, au moment de sa mort, faisoit vivement la guerre, venoit de repousser loin des murs de sa capitale Imbert de Beaujeu, commandant des troupes royales; et ce succès donnoit aux mécontens les plus grandes espérances.

Blanche, malgré les dangers dont elle étoit menacée, rejeta les demandes des seigneurs. Elle s'empressa de lever une armée; et, joignant l'art des négociations aux préparatifs de la guerre, elle parvint non-seulement à se faire de nouveaux partisans, mais à porter la division parmi ses ennemis. Robert, comte de Dreux, frère du comte de Bretagne Hugues IV, duc de Bourgogne, embrassèrent ses intérêts. Elle mit en liberté Ferrand, comte de Flandre, persuadée qu'instruit de la conduite qu'avoit tenue son épouse pendant sa captivité, il se réconcilieroit difficilement avec elle, et que les troubles domestiques de cette famille l'empêcheroient de se mêler des troubles de l'État. Elle retint dans sa prison le malheureux Renaud de Boulogne, victime de la politique; la menace de le relâcher contint son gendre dans l'apparence de la soumission. La Reine donna en outre à Philippe une somme de six mille livres à prendre chaque année au trésor du Temple à Paris, et le prince promit de ne plus réclamer aucun apanage.

Elle ne fit aucun effort ni aucune démarche pour ramener le comte de Champagne : l'aveugle passion de ce prince lui fit rompre les engagemens qu'il venoit de prendre, et braver les bruits affreux qui couroient sur lui. La Régente, ayant avec elle le jeune Roi, venoit de se mettre à la tête de l'armée : tout-à-coup on annonce l'arrivée de Thibaut : il se jette aux pieds du Roi, et, suivant un historien contemporain, il regarde avec tendresse la Reine, dont le maintien étoit aussi noble qu'imposant. « Pardieu, « madame, lui dit-il, mon cœur et tous mes biens « sont à vous. Pour vous servir, il n'est rien que je « ne sois prêt à entreprendre. Jamais, s'il plaît à « Dieu, je ne prendrai les armes contre vous ni « contre votre fils. » Après cet hommage inattendu, continue la grande Chronique, il se retira tout pensif: la beauté de la Reine, ses doux regards se retraçoient dans son souvenir, et il se livroit à toutes les illusions de l'amour; mais bientôt, se rappelant la vertu de Blanche et le rang élevé qu'elle occupoit, il abandonnoit ses chimères, et tomboit dans la tristesse la plus profonde.

La défection du comte de Champagne, et l'armée du Roi qui s'avançoit dans la Touraine, commandée par Matthieu de Montmorency, effrayèrent les seigneurs dont les préparatifs n'étoient pas achevés.

Ils vinrent trouver la Régente à Vendôme; et elle eut la sagesse de ne pas abuser de leur position, pour exiger d'eux des conditions trop rigoureuses. [1227.] Un mariage fut projeté entre l'un des frères du Roi et la fille du comte de Bretagne; et le comte de La Marche rendit les terres qu'il avoit obtenues du feu Roi, moyennant une indemnité payable en dix ans. Les seigneurs, pour perpétuer leur ligue, auroient voulu que le roi d'Angleterre fût compris dans le traité. La Régente s'y refusa. Quelque temps après elle conclut avec ce prince une trêve d'un an, sans y faire mention des seigneurs français.

Cependant à cette époque le malheureux comte Renaud mourut dans sa prison. Son gendre le comte Philippe, n'ayant plus aucun intérêt à ménager la Régente, reprit ses desseins ambitieux : mais la paix qu'on venoit de faire le força d'en suspendre l'exécution.

Blanche, de retour à Paris, étoit trop éclairée pour ne pas voir que cet arrangement n'avoit aucune solidité. Le même mécontentement régnoit parmi les seigneurs; et l'extrême habileté de la Régente les avoit déconcertés plutôt que découragés. Elle chercha donc l'appui d'un prince étranger qui pût balancer l'influence que le roi d'Angleterre avoit parmi les seigneurs français. Profitant du besoin que l'empereur Frédéric II avoit d'alliés pour résister au pape Grégoire IX, elle fit avec lui un traité par lequel ce prince prit l'engagement de ne donner aucun secours aux seigneurs, et de ne favoriser en aucune manière l'ambition de Henri III. Ce traité, que les succès de la Reine rendirent inutile, n'annonçoit pas moins sa haute prudence.

Dès l'année suivante [1228] ses soupçons se réalisèrent. Une confédération, plus nombreuse que la première, se forma : au milieu de la paix, des émissaires couroient de châteaux en châteaux, exagéroient les forces des seigneurs mécontens, promettoient que le roi d'Angleterre viendroit à leur secours, s'indignoient qu'une femme espagnole gouvernât la France, calomnioient son intimité nécessaire avec le cardinal de Saint-Ange, et se servoient de tous les moyens propres à soulever les esprits. On dit qu'une assemblée secrète des principaux confédérés eut lieu dans le voisinage de la Flandre, et qu'on y promit le trône à Enguerrand de Coucy, seigneur très-illustre mais peu riche, dont on vouloit faire un fantôme de roi. On dit aussi que le comte de Boulogne, oncle du jeune Louis, qui n'aspiroit qu'à la régence et qui ne vouloit pas détrôner son neveu, montra du mécontentement; que cependant il donna des secours aux révoltés, espérant profiter des troubles qu'ils exciteroient. Cette circonstance, rapportée par quelques historiens modernes, n'est pas suffisamment prouvée par les anciens monumens.

Quoi qu'il en soit, la Régente étoit instruite de tous les desseins des confédérés. Elle avoit profité de son ascendant sur le comte de Champagne pour obtenir de lui qu'il feignît de s'unir à eux, sans cesser de lui être dévoué. Elle apprit par lui que le comte de Bretagne devoit commencer la guerre, que les seigneurs appelés par le Roi ne lui ameneroient qu'un petit nombre d'hommes, et qu'on profiteroit du désordre pour l'envelopper.

Thibaut retourna dans ses États, promettant aux confédérés son assistance, et ayant au contraire le projet de voler au secours de la Reine. Son absence lui fit ignorer un autre projet beaucoup plus dangereux, et qui pensa faire tomber Blanche au pouvoir de ses ennemis.

Cette princesse étoit depuis quelques jours avec son fils dans la ville d'Orléans, qui faisoit partie du domaine de la couronne. Elle se mit en route pour revenir à Paris, se croyant en paix, et n'ayant pris aucune précaution pour sa sûreté. A peine étoit-elle dans le voisinage d'Étampes, que tout-à-coup son cortége fut enveloppé par les confédérés. Quelques fidèles serviteurs montrent le plus grand courage, et parviennent à sauver le jeune Roi et sa mère, qui se réfugient en désordre dans la tour de Montlhéry. Blanche fait instruire les Parisiens de son danger. Toute affaire est aussitôt suspendue dans cette grande ville : le peuple prend les armes, et se précipite sur la route d'Orléans. La foule est si grande autour de Montlhéry qu'on peut à peine y pénétrer. C'est au milieu de ce peuple dévoué que la Reine, vivement touchée de ce mouvement unanime d'amour, et le jeune Roi exprimant sa reconnoissance par des gestes naïfs, reviennent à Paris, aux applaudissemens de la multitude. Joinville a peint ce beau dévouement des Parisiens, dont il paroît qu'il fut témoin.

La Reine marcha contre le comte de Bretagne avec son activité ordinaire : le comte de Champagne lui amena des troupes; elle surprit Mauclerc, et ce prince fut encore obligé de demander la paix.

La confédération paroissoit rompue; et le comte de Toulouse, dont les succès contre Imbert de Beaujeu ne s'étoient pas soutenus, craignant d'être abandonné et de ne pouvoir résister seul au Roi, voulut négocier, et prit pour médiateur le comte de Champagne. Les conférences eurent lieu à Meaux, ville appartenant à ce dernier.

Les plus grands intérêts alloient être débattus dans cette négociation, et la tranquillité future de la France dépendoit de son issue. Sous le règne de Philippe-Auguste, une secte dangereuse, née dans le pays des Albigeois, s'étoit étendue dans le comté de Toulouse et dans les contrées voisines. Un fanatisme sombre distinguoit les sectaires, et devint plus violent par les moyens qu'on employa pour le réprimer. Raymond VI, alors comte de Toulouse, parut partager quelques-unes des erreurs de ses sujets; et cette adhésion, qui ne fut cependant jamais ni avouée ni entière, contribua beaucoup à les répandre. On publia une croisade contre ces hérétiques, en accordant aux Croisés les mêmes priviléges que s'ils alloient combattre les Infidèles. Simon de Montfort, qui s'étoit déjà distingué par de hauts faits d'armes, plein de bravoure, mais en même temps ambitieux et cruel, fut nommé chef de l'expédition, avec la promesse d'être mis en possession des pays dont il feroit la conquête. Alors des flots de sang furent répandus, et des cruautés inouïes furent exercées par les deux partis. Simon de Montfort et Raymond VI moururent avant que la querelle fût décidée. Raymond vii disputa ses États contre Amaulry, fils de Simon, qui, dégoûté de cette guerre, céda ses droits sur le pays conquis au roi Louis. viii. Ce prince étant mort au moment où ses troupes alloient prendre Toulouse, et les premiers troubles de la minorité ayant diminué les forces d'Imbert de Beaujeu, il étoit important pour la Régente de faire une paix solide avec le comte de Toulouse, sur lequel les mécontens fondoient de grandes espérances.

Le traité fut conclu à Paris le 12 avril 1229. On peut le regarder comme un chef-d'œuvre de la politique de la Reine. Elle ne réduit pas le comte au désespoir, et ne le force pas à songer aux moyens d'éluder le traité au moment même où il le signe; mais, d'un autre côté, elle obtient de lui des garanties certaines de sa conduite future. Elle accepte Jeanne, fille unique du comte, pour un de ses fils : cette princesse devra hériter de tous les domaines qui composent le diocèse de Toulouse. Si elle meurt sans enfans, ces domaines retourneront au Roi; si elle épouse un autre prince, les enfans nés de ce mariage ne pourront y prétendre. Blanche reconnoît que le comte doit jouir en toute propriété de l'Agénois, du Rouergue, de la partie de l'Albigeois en deçà du Tarn, et de presque tout le Quercy. Les fortifications de Toulouse et de trente autres villes seront détruites. Le comte chassera de ses États les perturbateurs et les hérétiques; il fera respecter le clergé, maintiendra ses priviléges, et réparera les églises détruites. Il entretiendra dans la ville de Toulouse quatre professeurs de théologie pour éclairer ceux que l'ignorance jeteroit dans l'erreur, et conserver la saine doctrine. Il prendra la croix, et fera cinq ans la guerre aux Infidèles. Suivant l'esprit du temps, cette dernière satisfaction étoit toujours imposée à ceux qu'on avoit soupçonnés d'hérésie.

Le jour même du traité, qui étoit le jeudi saint, le comte se réconcilia dans l'église de Notre-Dame. Le clergé le soumit à des formules de pénitence publique qui ont excité les déclamations de plusieurs modernes. Une philosophie plus élevée auroit remarqué que tels étoient les usages du temps; elle en auroit expliqué la cause et l'origine, et n'auroit pas jugé les mœurs du treizième siècle d'après celles du dix-huitième.

La jeune comtesse Jeanne fut dès-lors remise à la Régente, qui se chargea de son éducation. Un concile fut ensuite tenu à Toulouse, et l'on y établit un tribunal ecclésiastique chargé de faire des enquêtes contre les hérétiques : tribunal auquel le mot *enquête* a fait donner le nom d'Inquisition, et qui n'avoit alors presque aucun rapport avec l'Inquisition actuelle d'Espagne.

Cependant les seigneurs, contenus d'abord par la fermeté de Blanche, ne pouvoient pardonner au comte de Champagne sa défection. Quelque temps après la signature du traité fait avec le comte de Toulouse, et dont Thibaut avoit été médiateur, ils se liguèrent contre lui. Leurs manifestes renouveloient toutes les anciennes calomnies, et l'accusoient hautement d'avoir été le meurtrier de Louis VIII, dont l'indigne épouse ne rougissoit pas de le protéger. Ils crurent enfin avoir trouvé un moyen certain de le dépouiller et de le perdre.

On a vu dans la notice sur Ville-Hardouin que Henri II, comte de Champagne, en partant pour la Terre-Sainte dans les dernières années du douzième siècle, avoit déclaré que s'il mouroit son fief passeroit à son jeune frère; et que ce prince, qui fut nommé Thibaut III, périt à la fleur de l'âge, laissant enceinte Blanche de Navarre son épouse, qui mit bientôt au monde Thibaut IV, dont nous nous occupons dans ce moment. Cependant Henri II, pour obtenir le trône de Jérusalem auquel Richard, roi d'Angleterre, l'appeloit, épousa en Palestine Isabelle, seconde fille d'Amaulry, dernier roi. Cette princesse, mariée d'abord à Humphroi de Thoron, lui avoit été enlevée par Conrad de Montferrat, qui l'épousa et mourut bientôt. Quand elle passa dans les bras de Henri, son premier mari vivoit encore : ce qui rendoit ce troisième mariage aussi nul que le second. Elle eut de Henri, qu'elle perdit peu de temps après, deux filles, dont l'aînée, Marie, mourut en bas âge, et l'autre, nommée Alix, devint reine de Chypre.

Pendant la longue minorité de Thibaut IV, Alix n'avoit point fait valoir ses prétendus droits sur le comté de Champagne; mais les seigneurs se servirent de cette princesse pour ruiner entièrement le comte, qu'ils regardoient comme un traître. Ils firent venir en France la reine de Chypre; et, soutenue par un parti nombreux, elle attaqua celui qu'elle accusoit de l'avoir dépouillée de l'héritage de son père. Thibaut, dans ses réponses, se fondoit sur la donation faite par Henri II à ses parens, donation sanctionnée tant par le roi de France que par les pairs du royaume. Il rappeloit aussi que la naissance d'Alix n'étoit pas légitime. L'affaire dura plus de trois ans, pendant lesquels le comte de Bretagne et les confédérés firent contre la Régente diverses entreprises que nous raconterons plus tard, afin de ne pas interrompre ce qui concerne le comté de Champagne.

Thibaut, fatigué de soutenir un procès qu'il pouvoit perdre, craignant de n'être pas soutenu par la Reine occupée alors d'autres affaires plus importantes, faisoit des vœux, soit pour conclure un arrangement avec Alix, soit pour désarmer la haine des confédérés. Les seigneurs, instruits de ces dispositions, et beaucoup moins animés contre Thibaut que contre Blanche dont ils vouloient à tout prix renverser le pouvoir, se rapprochèrent volontiers de lui. Sa femme Agnès de Beaujeu venoit de mourir [11 juillet 1231]. Irrité par les dédains de Blanche qui ne lui laissoit aucun espoir, ayant besoin d'un appui dans la situation pénible où ses inconséquences l'avoient fait tomber, il désiroit contracter une alliance qui augmentât ses forces. Le comte de Bretagne lui proposa d'épouser Yolande sa fille. Le dépit le décida promptement : mais les lois féodales lui défendoient de se marier sans le consentement du Roi; et Blanche, au milieu des dangers qu'elle couroit, avoit constamment les yeux fixés sur un vassal dont elle connoissoit l'inconstance et la légèreté. On mit donc le plus grand mystère dans les apprêts de ce mariage. La jeune épouse devoit être amenée par des chemins détournés à l'abbaye du

Val-Secret, située dans un lieu désert non loin de Château-Thierry. Thibaut devoit s'y rendre furtivement, et le mariage n'auroit été connu qu'après avoir été consommé.

Malgré toutes ces précautions, Blanche fut instruite à temps d'un projet qui pouvoit avoir pour son fils les conséquences les plus funestes. Sans balancer, elle y mit opposition, et fit entendre à Thibaut une voix à laquelle il lui fut toujours impossible de résister. Soit donc que cette démarche de la Reine lui fît concevoir quelque espérance, soit qu'il redoutât sa colère, soit plutôt par suite de son inconséquence accoutumée, il trahit de nouveau les seigneurs confédérés, et fit au comte de Bretagne le plus sanglant outrage, en refusant d'épouser sa fille.

Alors la ligue la plus redoutable se forma contre lui. Le duc de Bourgogne Hugues IV, et plusieurs autres seigneurs qui n'avoient point pris part aux troubles, en firent partie. Le comte de Boulogne, oncle du Roi, dont jusqu'alors les brigues avoient été secrètes, se déclara ouvertement. La ruine de Thibaut sembloit décidée, et devoit bientôt être suivie de celle de la Régente. Alix, reçue avec honneur dans l'armée des confédérés, y prit le titre de comtesse de Champagne; et le comte de Boulogne, comme chef de la ligue et frère de Louis VIII, appela Thibaut en duel, lui reprochant d'avoir empoisonné ce prince.

La Champagne et la Brie furent envahies : les sujets de Thibaut se révoltèrent contre lui, et favorisèrent ses ennemis, qui pénétrèrent jusqu'à Troyes. Cette ville, assiégée par une armée nombreuse et enivrée de ses succès, fut défendue avec le plus grand courage par Simon de Joinville, sénéchal de Champagne, père de l'auteur des Mémoires.

Blanche et son fils âgé de quinze ans volèrent au secours de Thibaut. Le jeune Roi paroissoit à la tête des troupes, faisoit sous les yeux de sa mère l'apprentissage de la guerre, et gagnoit l'amour des soldats par sa valeur précoce autant que par son affabilité. Avant de commencer sérieusement les hostilités, Blanche envoya, de la part du Roi, l'ordre aux seigneurs d'évacuer la Champagne. Ils répondirent d'abord avec insolence, et reprochèrent à la Reine d'être protectrice du meurtrier de son époux; ensuite ils supplièrent le Roi de se retirer, et de ne pas s'exposer dans une guerre où il n'avoit aucun intérêt. Ils offrirent, pour épargner le sang et pour vider promptement la querelle, de se battre contre Thibaut avec une armée moins nombreuse que la sienne. Le Roi rejeta lui-même toutes ces propositions : il répondit, avec une fermeté bien au-dessus de son âge, qu'il ne pouvoit abandonner un vassal opprimé; que, d'après les lois du royaume, son devoir étoit de le secourir, et qu'il ne vouloit pas être spectateur inactif d'un combat. Cette noble réponse montra tout ce que devoit être saint Louis.

La Régente avoit pris des mesures plus efficaces que les armes pour dissoudre la ligue. Plusieurs seigneurs en furent détachés par sa seule présence; d'autres furent gagnés, et le plus redoutable de tous se trouva forcé de l'abandonner pour aller défendre ses propres États. Le comte de Boulogne avoit contribué à prolonger la prison du comte Ferrand, qui devoit sa délivrance à Blanche : excité par celle-ci, Ferrand fit une invasion sur les terres de Philippe, qui s'empressa de rentrer dans le devoir pour repousser ce nouvel ennemi.

Aussitôt on négocia : les seigneurs ne voulurent pas avoir la honte d'abandonner entièrement Alix, qui cependant n'avoit été que l'instrument de leur ambition. Ses intérêts furent ménagés dans un traité qui montre la haute politique de la Régente. Il fut convenu qu'Alix renonceroit à ses droits sur la Champagne moyennant une pension de deux mille livres, et quatre mille livres une fois payées. Thibaut, dont les terres avoient été dévastées, étoit hors d'état de remplir cet engagement. Le Roi paya, en obtenant la cession des comtés de Blois, de Chartres, de Sancerre, et de la vicomté de Châteaudun, qui furent réunis au domaine de la couronne. Ainsi toutes les tentatives faites contre la Régente ne servoient qu'à augmenter le pouvoir royal.

Pendant ces longues discussions avec le comte de Champagne, Pierre Mauclerc et le comte de La Marche avoient fait plusieurs entreprises qui ne leur avoient pas réussi. Richard, frère du roi d'Angleterre, commandoit en Guyenne : le comte de Bretagne se lia intimement avec lui. D'un autre côté, la comtesse de La Marche employa tout l'ascendant qu'elle avoit sur son fils Henri III, afin de le déterminer à profiter des troubles de la France pour venir lui-même reconquérir la Normandie et les autres provinces qui avoient autrefois appartenu à l'Angleterre. Elle lui représentoit que Blanche et ses ministres étoient généralement détestés, et que le peuple n'attendoit que sa présence pour se soulever. Mais ce prince plongé dans les plaisirs, ne voyant dans le rang suprême que le moyen de satisfaire ses passions, entouré de favoris qui le rendoient l'objet de la haine et du mépris de ses sujets, ajoutoit peu de foi à ces promesses brillantes. D'ailleurs, si l'on en croit les auteurs contemporains, son ministre Hubert du Bourg étoit secrètement pensionné par Blanche. Il ne répondit donc que foiblement à l'attente des confédérés, et ne fit passer en France que le nombre de troupes absolument nécessaires pour que le comte de Bretagne, qui le premier devoit se déclarer, ne fût pas accablé. Il vouloit entretenir les troubles, sans procurer à ses alliés des moyens suffisans pour obtenir un avantage décisif : politique qui favorisoit beaucoup les grands desseins de la Régente.

Cette princesse, parfaitement instruite des préparatifs et des négociations de Pierre Mauclerc, se mit en campagne avec son fils au milieu d'un hiver rigoureux, et vint assiéger Bellesmes, ville du Perche [1229]. Le jeune prince, devenu l'idole des troupes, partagea leurs fatigues, et malgré l'extrême délicatesse de sa santé donna l'exemple de la patience et du courage. Blanche, ne le quittant jamais, toujours à cheval à ses côtés, fixoit tous les regards, et sembloit s'élever au-dessus de son sexe. Le connétable de Montmorency conçut et exécuta le plan de l'attaque; Bellesmes fut emportée. Le comte de Bretagne fut ensuite vaincu, et Richard lui reprocha de l'avoir trompé sur les dispositions des peuples.

Ce revers ne découragea point Mauclerc et la comtesse de La Marche. Ils employèrent le reste de l'année en négociations avec le roi d'Angleterre, et parvinrent à lui persuader de venir lui-même en France avec une armée, lui assurant que sa présence seule suffiroit pour produire une révolution. Afin de donner à ce prince des gages certains de sa fidélité, Mauclerc le reconnut pour son seigneur, et se rendit ainsi coupable de félonie envers son Roi. Comptant sur un secours si puissant, il fit partir un chevalier du Temple chargé de défier la Régente et son fils. Ils étoient dans ce moment à Saumur, où la Reine, toujours prévoyante, avoit rassemblé une armée.

Dès le mois de février 1230 elle commença les hostilités, et prit la ville d'Angers; mais elle ne put profiter de ce succès, parce que ses vassaux, parmi lesquels se trouvoient un grand nombre de mécontens, ne voulurent pas, suivant les lois féodales, prolonger leur service au-delà de quarante jours.

Cependant le roi d'Angleterre vint débarquer à Saint-Malo, et se rendit à Nantes, où le comte de Bretagne lui rendit son hommage. Blanche, employant constamment les négociations au milieu de la guerre, parvint à détacher quelques seigneurs bretons de leur prince. André de Vitré, Raoul de Fougères, le seigneur de Coëtquent, se déclarèrent pour elle; ils avoient été opprimés par Mauclerc, et saisirent cette occasion de se venger. D'un autre côté, ses invitations pressantes rappelèrent autour d'elle un grand nombre de vassaux. Avec leur secours, elle marcha sur Ancenis, passage important de la Loire, et s'en empara. Le bruit de ses succès intimida le comte de La Marche qui vint à Clisson se soumettre au Roi, et lui livra les places d'Issoudun et de Langez.

La Reine réunit dans Ancenis une assemblée de seigneurs et de prélats qui déclara Mauclerc déchu de son fief et de la tutèle de ses enfans. Pour appuyer cette grande détermination par un succès, elle alla mettre le siége devant Oudon, où elle apprit qu'on venoit de faire entrer une garnison anglaise. Cette ville autrefois considérable, et qui n'est plus aujourd'hui qu'une bourgade, fut emportée d'assaut et rasée.

Nantes n'en est éloignée que de quelques lieues. Le roi d'Angleterre, qui s'y trouvoit, ne fit aucun mouvement pour secourir cette malheureuse ville. Uniquement occupé de fêtes et de festins, il ne sembloit être venu en France que pour y continuer la vie molle et voluptueuse qu'il menoit à Londres.

Blanche ne crut pas devoir profiter de ce succès pour pénétrer plus avant dans la Bretagne, pays peu fertile où ses troupes auroient pu éprouver les horreurs de la famine, et qu'un territoire rempli de ravins, presque couvert de bois, et coupé de distance en distance par des haies impénétrables, rendent très-propre à repousser une invasion. Elle ne comptoit pas non plus sur la fidélité entière de son armée : ses succès seuls pouvoient la lui attacher. La Reine quitta donc la Bretagne avec son fils, après y avoir laissé les troupes nécessaires pour s'opposer aux progrès des Anglais, et convoqua dans la ville de Compiègne une assemblée des grands vassaux. L'ascendant qu'elle avoit obtenu par ses succès aplanit toutes les difficultés ; les seigneurs parurent se soumettre sincèrement au Roi, et la condamnation du comte de Bretagne fut confirmée.

Tandis qu'on tenoit cette assemblée, Henri III,

sans s'inquiéter du sort de son nouveau vassal, voulut se montrer dans les provinces qui étoient encore sous son obéissance. Il traversa l'Anjou, le Poitou, et vint en Guyenne, où il fut reçu par son frère Richard. En retournant en Bretagne, il apprit le résultat de l'assemblée de Compiègne; et convaincu qu'il ne pouvoit plus compter sur les divisions des seigneurs, il prit le parti de repasser en Angleterre. Avant son départ, il conclut avec la Régente une trêve de trois ans, dans laquelle Mauclerc eut le bonheur d'être compris, à la prière de son frère le comte de Dreux, qui étoit resté fidèle.

Depuis cinq ans que Blanche avoit le pouvoir, ce fut la première fois qu'elle put compter sur un repos durable. Au milieu des agitations et des craintes de toute espèce auxquelles elle fut en proie, on la vit, dans les courts intervalles de tranquillité que ses succès lui faisoient obtenir, s'occuper de l'éducation de son fils. Les plus habiles maîtres lui furent donnés. D'après le plan conçu par la Reine, ils lui enseignèrent le latin, langue qui lui devint par la suite si familière qu'il lisoit avec facilité les Pères de l'Église et les auteurs anciens. Mais sa principale étude fut celle de l'histoire : la Reine s'en entretenoit souvent avec lui, et l'habituoit, par des applications fréquentes, à en tirer les plus hautes leçons de politique. Ce fut là qu'il apprit dès son enfance à mépriser ces ruses et ces faussetés qu'on décore du nom d'habileté dans les affaires ; et qu'il adopta pour principe de ne consulter jamais que la justice, soit dans son gouvernement intérieur, soit dans ses relations du dehors.

Aussitôt que le calme fut rétabli, sa mère lui fit

préférer, à toutes les distractions de son âge, l'érection de ces nobles monumens qui perpétuent la mémoire des rois. Il fit rebâtir presque entièrement l'abbaye de Saint-Denis, et fonda celle de Royaumont dans le Beauvoisis. Cette maison, qu'il avoit vue s'élever dans son enfance, et dont les vastes constructions l'avoient occupé long-temps, lui fut toujours chère. C'étoit la retraite qu'il préféroit; et souvent, dans la suite, il alloit s'y délasser des soins de la royauté.

Quelques lois importantes furent faites à cette époque, et Blanche voulut que son fils assistât aux discussions qu'elles occasionèrent dans le conseil.

L'état des juifs en France avoit souvent fixé l'attention des rois ses prédécesseurs. On avoit cru réprimer leur cupidité en les plongeant dans l'abjection la plus profonde. Ils étoient *serfs* de droit; et, par une contradiction singulière, ils tomboient en forfaiture lorsqu'ils se convertissoient. Cependant, malgré tous les moyens employés pour les avilir, on remarque que sous Philippe-Auguste ils possédoient une grande partie des maisons de Paris. Un parlement assemblé dans la ville de Melun par la reine Blanche ne s'occupa que de réprimer leurs usures exorbitantes. Il leur défendit toute espèce de prêts, donna trois ans de terme à leurs débiteurs, et déclara nulles les obligations qu'ils n'auroient pas fait voir dans l'année à leurs seigneurs.

En 1229 le clergé de France avoit obtenu une ordonnance qui forçoit les personnes excommuniées par les évêques à se faire absoudre dans un terme fixé, sous peine de saisie de leurs biens. La Régente modifia cette ordonnance; et l'on voit, par un passage de Joinville (partie 1re), que dans la suite le Roi l'abolit entièrement.

Les évêques avoient profité des premiers troubles de la minorité pour accroître leur puissance. Lorsque leurs intérêts temporels étoient contrariés par les seigneurs, ils mettoient le pays en interdit, fermoient les églises, et faisoient cesser le service divin. Les images, les saintes reliques étoient posées par terre en signe de deuil. Il ne restoit des sacremens que le baptême pour les enfans, et la pénitence pour les personnes en danger de mourir. Le conseil du Roi réprima ces abus, et fit même saisir le temporel de quelques prélats. Le pape Grégoire IX, si jaloux des priviléges ecclésiastiques, reconnut, à ce qu'il paroît, la nécessité de cette mesure hardie pour le temps; car, à la même époque, il défendit par une bulle d'interdire les chapelles du Roi.

Pendant cette longue anarchie produite par la ligue des seigneurs, et à laquelle la Régente venoit de mettre fin, l'Université de Paris, cette première école du monde, avoit été aussi agitée par des troubles, et se trouvoit presque dissoute. Un obscur démêlé, qui n'auroit eu aucune suite dans des temps tranquilles, pensa détruire pour jamais cette belle institution. En 1229, les écoliers et les bourgeois étoient allés se divertir au faubourg Saint-Marceau, qui étoit séparé de la ville. Il faut observer qu'alors ceux qui portoient le nom d'écoliers étoient des hommes faits qui venoient de toutes les parties de la France et de l'Europe poursuivre des cours de théologie, de philosophie et de droit. Les écoliers et les bourgeois prirent dispute, et ces derniers furent battus. La Reine ordonna de punir les auteurs du trouble, sans avoir égard aux priviléges de l'Université, qui déroboient au juge ordinaire les causes de ses membres et de ses suppôts. Le prévôt de Paris surprit les écoliers réunis un jour de fête dans une campagne voisine; il les attaqua : quelques-uns furent tués. L'Université demanda sur-le-champ une satisfaction éclatante, qui lui fut refusée. Alors elle quitta Paris, et se dispersa dans les provinces et chez l'étranger. Quelques professeurs s'établirent dans les villes d'Orléans et d'Angers, et l'on croit que telle fut l'origine de ces deux Universités; d'autres passèrent dans la Bretagne et en Angleterre, chez les ennemis les plus acharnés de la Régente, qui s'empressèrent de leur donner asyle et protection. Les écoliers mécontens firent d'affreux libelles contre la Reine, et renouvelèrent les anciennes calomnies sur ses liaisons avec le cardinal de Saint-Ange.

Les calomnies ne s'arrêtèrent pas là. Le jeune Louis entroit dans l'adolescence : sa figure, pleine d'agrément et de grâces, produisoit une impression profonde sur tous ceux qui l'approchoient; et quelques femmes ne cachèrent pas cette impression. On prétendit qu'il avoit déjà des maîtresses, et que sa mère, pour conserver plus long-temps le pouvoir, avoit la bassesse de favoriser ce penchant. La rumeur alla si loin, qu'un religieux osa se présenter à Blanche comme l'organe des personnes pieuses, et lui reprocher sa complaisance. La Reine, lui sachant gré de sa hardiesse, daigna lui répondre. « Le Roi mon fils, continua-t-
« elle, est la créature que j'aime le plus : et cepen-
« dant si, pour sauver sa vie, il falloit permettre qu'il
« offensât Dieu, j'aimerois mieux le voir mourir. » Ce

mot se grava profondément dans le cœur de Louis ; et, par la suite, il le répétoit souvent à ses enfans.

Pendant les troubles, la Régente, ne négligeant aucune partie du gouvernement, s'étoit occupée de remplacer les professeurs de l'Université de Paris dont elle n'avoit pu calmer le mécontentement. L'ordre des Frères prêcheurs fondé en Espagne par saint Dominique, et l'ordre des Frères mineurs fondé en Italie par saint François d'Assise quelques années auparavant, étoient alors dans toute la ferveur de leur zèle. De concert avec Guillaume, évêque de Paris, personnage très-distingué dont nous aurons encore occasion de parler, la Reine établit d'abord une chaire de théologie tenue par un dominicain qu'elle fit venir d'Espagne ; puis elle permit aux franciscains d'enseigner dans les colléges déserts. Lorsque la paix fut rétablie, elle consentit à traiter avec les professeurs mécontens ; le pape Grégoire IX intervint dans cette affaire : les religieux conservèrent les chaires dont ils étoient pourvus. Par une bulle du 13 avril 1231, l'Université fut rétablie sur un nouveau plan, et les priviléges des professeurs et des écoliers furent confirmés. Blanche crut avoir augmenté l'éclat de l'Université, en adjoignant aux séculiers les Frères prêcheurs et mineurs, qui étoient alors l'objet de la vénération des peuples ; mais elle ne prévit pas les désordres que ce mélange produiroit : désordres dont nous aurons à nous occuper, et qui n'éclatèrent qu'après sa mort.

Vers le même temps, la Reine perdit deux de ses plus fermes appuis. Le connétable Matthieu de Montmorency, sous la garde duquel Louis VIII avoit mis son épouse et son fils, et que nous avons vu à la tête des armées de la Régente, mourut à Paris [novembre 1230], et fut enterré dans l'abbaye du Val, où une statue lui fut élevée. A la bataille de Bouvines, il s'étoit singulièrement distingué, et avoit pris seize bannières. Il eut pour successeur dans la charge de connétable Amaulry de Montfort, qui à cette condition avoit cédé à Louis VIII ses droits sur le comté de Toulouse. Le chancelier Guérin le suivit au tombeau. Ce magistrat respectable avoit administré la justice sous trois rois; c'est à lui que nous devons la première idée du trésor des chartres : il voulut que les titres de la couronne ne suivissent plus le Roi dans ses voyages, et qu'ils fussent déposés dans un lieu sûr.

La Reine ne fut consolée de la perte de ces deux grands hommes que par les belles qualités de son fils, qui commençoit à prendre beaucoup de part au gouvernement. Elle s'occupa sérieusement de le marier. Ses vues s'étoient portées d'abord sur Jeanne, fille du comte de Toulouse, qu'elle faisoit élever sous ses yeux; mais l'extrême jeunesse de cette princesse la lui fit réserver pour un autre de ses fils, et elle se décida pour Marguerite, fille aînée de Raymond Bérenger, comte de Provence, d'origine espagnole comme elle, puisqu'il descendoit des rois d'Arragon et des comtes de Barcelone. C'étoit, dit Nangis, une charmante princesse, parfaitement élevée, et joignant une grande franchise à beaucoup de délicatesse dans l'esprit. Elle n'étoit âgée que de quatorze ans; et déjà les poètes provençaux avoient célébré ses charmes et ses qualités brillantes. Le but de Blanche, en l'unissant à son fils, étoit de réunir à la couronne le comté de Provence, dont Marguerite étoit l'héritière présomptive. Gautier, archevêque de Sens, et Jean de Nesles furent envoyés pour la demander : ils l'obtinrent facilement, et l'emmenèrent en France, où elle fut mariée et couronnée dans la cathédrale de Sens.

Ce mariage, qui réunit une jeune cour autour de la nouvelle Reine, nous donne lieu de jeter un coup d'œil sur les autres fils de Blanche, qui, sortis de l'enfance, vont jouer un rôle dans les affaires. Elle avoit eu de Louis VIII onze enfans; six lui avoient été enlevés : et sa famille se composoit alors du Roi, qui étoit le principal objet de ses affections et de ses soins; de Robert, qui fut depuis comte d'Artois; d'Alphonse, qui devint comte de Poitiers et de Toulouse; de Charles, d'abord comte d'Anjou et de Provence, ensuite roi de Naples; et d'Isabelle, que nous verrons mourir comme une sainte.

Au moment où la trêve avec l'Angleterre alloit expirer, le comte de Boulogne, oncle du Roi, chef secret des mécontens, mourut subitement. Les seigneurs, irrités d'avoir perdu cet allié puissant, répandirent contre la Reine et le comte de Champagne les mêmes calomnies qu'à l'époque de la mort de Louis VIII : ils accusèrent Blanche d'avoir fait empoisonner son beau-frère, et Thibaut d'être son complice. Ce prince excitoit surtout leur jalousie parce qu'il venoit d'hériter du royaume de Navarre par la mort de Sanche VII, frère de la comtesse Blanche, sa mère.

Le comte de Bretagne se mit alors à la tête des mécontens, qui le reconnurent pour leur unique chef. Il vouloit se venger des humiliations qu'il avoit reçues dans les ligues précédentes. Le comte de La Marche, et surtout Isabelle sa femme, veuve de Jean-sans-

Terre, implacable ennemie de Blanche, le poussoient à la révolte, en lui promettant les secours de l'Angleterre. Quoique ces secours fussent très-incertains, parce que la foiblesse de Henri III commençoit à soulever ses sujets contre lui, Mauclerc prit les armes, et obtint d'abord quelques avantages. Mais Louis eut bientôt assemblé une armée nombreuse, et entra dans la Bretagne par trois côtés différens [1235]. Le duc effrayé sollicita une trève de quelques mois, et promit de se soumettre s'il n'étoit pas secouru dans un délai fixé. Il passa sur-le-champ en Angleterre, demanda vainement les secours qu'on lui avoit fait espérer, et revint au désespoir se jeter aux pieds du Roi, qui eut encore la bonté de lui pardonner. Cette clémence inattendue parut faire sur lui une profonde impression.

Mais avant que cette importante affaire fût terminée, le comte de Champagne devoit encore donner une nouvelle preuve de son inconstance. Devenu roi de Navarre, héritier des trésors de son oncle, il sentit impatiemment le joug qui lui étoit imposé. Le dépit se mêloit à ses desseins ambitieux; car quoique Blanche eût alors près de cinquante ans, il n'étoit pas guéri de sa folle passion. Pressé, par le comte de La Marche et par Isabelle, de s'unir étroitement avec le comte de Bretagne, il donna sa fille unique à Jean de Dreux, fils de ce prince. Les noces se firent précipitamment, et la Reine n'en fut instruite que lorsqu'il n'étoit plus temps de s'y opposer. Irritée de ce manque de foi et de cet acte de rebellion, elle somma Thibaut de lui remettre les places qu'il devoit livrer s'il violoit le traité par lequel il s'étoit engagé à ne pas marier sa fille sans le consentement du Roi. Aussitôt le roi de

Navarre lève une armée, et se ligue avec les comtes de Bretagne et de La Marche. Cependant, pour avoir le temps de se préparer à la guerre, il réclame l'intervention du Pape. Depuis quelque temps il avoit pris la croix, et il se flattoit que cette démarche le mettroit à couvert de toute entreprise du côté de la France. En effet, Grégoire IX s'intéresse pour lui ; mais la Régente passe outre, en donnant à la cour de Rome les explications nécessaires. Une armée est assemblée à Vincennes : Louis en prend le commandement, marche sur la Brie, fait trembler Thibaut qui se soumet, et donne pour gage de sa fidélité les villes de Bray-sur-Seine et de Montereau. Il promit en outre de partir incessamment pour la Palestine.

Cette même année, le 25 mai 1236, Louis, ayant atteint l'âge de vingt-un ans, fut déclaré majeur : la régence cessa, mais la reine Blanche conserva la plus grande influence dans le gouvernement.

Le premier acte du pouvoir de Louis fut de réprimer des prétentions exagérées du clergé, que les derniers troubles n'avoient fait qu'accroître. Voici quelle fut l'origine de ce démêlé, qui, grâce à l'extrême prudence de la Reine et de son fils, n'occasiona aucun scandale. Au mois de septembre 1235, vingt-huit seigneurs s'étoient assemblés à Saint-Denis, et avoient dressé une requête au Pape, par laquelle ils s'élevoient contre l'ambition des ecclésiastiques. Ils se plaignoient de ce que l'archevêque de Reims et l'évêque de Beauvais, quoique vassaux et hommes-liges du Roi, ne vouloient pas répondre en sa cour touchant leur temporel, et cherchoient à changer les anciens usages. D'après le vœu de cette assemblée, qui sans doute ne s'étoit pas réunie sans le consentement du gouvernement, le Roi rendit une ordonnance par laquelle il déclara que les seigneurs ne seroient pas tenus de répondre aux tribunaux ecclésiastiques dans les matières profanes, et que les ecclésiastiques seroient obligés dans toute cause civile de répondre aux tribunaux du Roi et des seigneurs. Cette première tentative de Louis pour fixer irrévocablement les attributions de l'autorité ecclésiastique et de l'autorité civile irrita le Pape, qui, par une lettre du 15 août 1236, s'efforça de déterminer le jeune prince à revenir sur cette mesure, et le menaça même de l'excommunier s'il refusoit d'obéir. Le Roi se montra ferme dans une résolution qu'il croyoit juste, et parvint bientôt, par des explications franches, à calmer le courroux de Grégoire IX.

Cependant les Croisés qui devoient suivre le roi de Navarre à la Terre-Sainte, emportés par un faux zèle, maltraitèrent les Juifs, et en tuèrent même quelques-uns, sous prétexte qu'ils ne vouloient pas recevoir le baptême. Ce même Pape, qui venoit de soutenir les prétentions injustes du clergé de France, déploya dans cette occasion une doctrine digne des siècles les plus éclairés. « Il ne faut, écrivit-il à Louis, con- « traindre personne à recevoir le baptême, parce « que, comme l'homme est tombé par son libre ar- « bitre, il doit aussi se relever par son libre arbitre, « étant appelé par la grâce. » (Lettre du 9 septembre 1236.) Ces sentimens n'étoient pas alors, ainsi qu'on le croit communément, étrangers à la cour de Rome : nous la verrons encore, même au milieu des guerres les plus acharnées, prêcher la véritable tolérance.

Thibaut, qui différoit toujours son départ pour la croisade, vint à la cour de France pour ratifier le traité qu'il avoit conclu. Ce prince y avoit beaucoup d'ennemis. On l'accusoit toujours d'avoir empoisonné le roi Louis VIII et le comte de Boulogne. Sa passion pour la reine Blanche, qui paroissoit la principale cause de son voyage, le rendoit, suivant le jugement qu'on en portoit, odieux ou ridicule. Robert, le plus âgé des jeunes frères du Roi, dont le caractère n'étoit pas exempt d'étourderie et de légèreté, recueillit avidement toutes ces préventions, et fit au roi de Navarre un affront public. Les domestiques de ce prince coupèrent la queue du cheval de Thibaut, et attachèrent, sans qu'il s'en aperçût, des haillons à ses habits. Le Roi, très-irrité de l'outrage fait à une tête couronnée, condamna ces malheureux à mort; mais Robert les défendit généreusement, s'avoua seul coupable, obtint leur grâce, et fit des excuses au roi de Navarre. Cette leçon n'empêcha point Thibaut d'entretenir Blanche de son amour toutes les fois qu'il en trouva l'occasion. Ses importunités la forcèrent à le renvoyer de la cour. Alors il composa des vers très-connus, où il reconnoît qu'il est justement châtié par sa dame, où il déclare que, puisque cette dame l'en prie, il partira ; où enfin il semble tirer de cette rigueur de nouveaux motifs pour persister dans son inclination.

Malgré les précautions prises par Blanche pour maintenir la paix dans le comté de Toulouse, la guerre civile alloit s'y rallumer, si la sagesse de Louis n'en eût étouffé les premières étincelles. Un tribunal ecclésiastique avoit été, comme on l'a vu, établi à

Toulouse pour réprimer les hérétiques; et ce tribunal étoit tenu par les dominicains. Soit que ces religieux eussent abusé de leur pouvoir, soit qu'on n'eût pu s'habituer à leur obéir, les magistrats civils s'élevèrent contre eux. Le comte de Toulouse, persuadé que les dominicains étoient ses ennemis particuliers, se déclara pour les magistrats. La révolte éclata, les dominicains furent chassés, et quelques-uns périrent dans le tumulte. Grand courroux de la cour de Rome, soulèvement des catholiques, commencement de guerre civile. Le Roi parvint à tout pacifier. Il obtint du Pape que le tribunal ecclésiastique seroit suspendu, et il amena les deux partis à recourir à son sénéchal qui siégeoit à Carcassonne. Ce juge royal maintint l'exécution du traité, réconcilia les ennemis les plus acharnés, et étouffa une querelle qui auroit pu embraser la France.

C'est à cette époque [1237] qu'on place l'anecdote du *Vieux de la Montagne*, prince mahométan dont l'existence paroît très-romanesque, mais à laquelle de nouvelles recherches permettent d'ajouter foi. On dit que ce prince élevoit dans les voluptés et dans les délices de l'Asie un certain nombre de jeunes gens auxquels on persuadoit qu'ils devoient à leur chef une obéissance aveugle, et que, s'ils périssoient dans des entreprises périlleuses, ils renaîtroient pour être encore plus heureux. Ces jeunes gens, qui portoient le nom d'*assassins*, étoient envoyés par leur prince près des rois qu'il soupçonnoit d'être ses ennemis, et les égorgeoient. Le bruit que Louis entreprendroit bientôt une croisade détermina le Vieux de la Montagne à se défaire de ce prince. Il fit partir, suivant la tradition, deux hommes pour exécuter cet horrible dessein; mais bientôt après le repentir s'empara de lui : il donna contre-ordre, et en chargea deux émirs, qui coururent à la suite des assassins et les atteignirent à Marseille. On dit que cette tentative décida Louis à s'entourer d'une compagnie de gardes armés de massues.

Le Roi fut en même temps délivré d'un ennemi plus réel et plus redoutable. Pierre Mauclerc, comte de Bretagne, qui s'étoit si souvent révolté, abandonna tout-à-coup ses projets ambitieux. Jean son fils étant majeur, il lui céda son fief, et ne s'appela plus que Pierre de Braine, chevalier. Doué du plus grand courage et des talens militaires les plus distingués, il ne lui resta de son ancienne activité que le désir ardent de servir la religion et son Roi. Peu de temps après il fut appelé par le pape Grégoire ix pour être son principal conseiller.

Louis profita de ce moment de tranquillité pour marier deux de ses frères. Robert épousa Mathilde, sœur du duc de Brabant, et fut fait comte d'Artois; Alphonse, fiancé depuis long-temps à Jeanne, fille unique du comte de Toulouse, reçut sa main, et devint comte de Poitiers et d'Auvergne. Les jeunes princes furent faits chevaliers par le Roi : des fêtes brillantes, des tournois accompagnèrent ces diverses cérémonies, et dissipèrent la tristesse répandue sur la cour depuis la mort de Louis viii. Mais une pompe religieuse suivit de près ces pompes mondaines. La piété du jeune Roi n'avoit pu voir avec indifférence une des plus précieuses reliques, la couronne d'épines, engagée aux Vénitiens par Baudouin ii, empereur de Constantinople (*Voyez* Mémoires de Ville-Hardouin). Il la racheta; et toute sa cour la suivit, aux acclamations des peuples, depuis Villeneuve, près de Sens, jusqu'à Paris. Vers le même temps, le roi de Navarre partit pour la Terre-Sainte avec plusieurs seigneurs français, et parut étouffer, dans une expédition malheureuse, la passion qui lui avoit fait faire tant de folies.

En 1240, Louis, âgé de vingt-cinq ans, avoit une réputation de sagesse et de modération qui lui attiroit l'estime de tous ses voisins. Dans un âge si peu avancé, les circonstances et la confiance qu'il inspiroit le rendirent l'arbitre d'un différend qui intéressoit non-seulement la religion, mais le repos d'une grande partie de l'Europe. Les démêlés de l'empereur Frédéric II et du pape Grégoire IX étoient dans toute leur force; et les deux partis ne sembloient s'accorder que pour porter leur cause devant le jeune prince.

Cette lutte si longue, qui caractérise le siècle, est une des particularités les plus intéressantes du règne de saint Louis. Il faut donc remonter plus haut, afin d'en montrer l'origine et les développemens.

L'autorité temporelle que les papes croyoient avoir sur les peuples et sur les rois étoit fondée sur de fausses *décrétales*, ou décrets supposés des anciens papes et des conciles, recueillies au milieu des désordres du huitième siècle par Isidore, et complétées dans le douzième par le bénédictin Gratien. C'étoit une espèce de droit consacré par l'antiquité, et dont le défaut de critique et de moyens de faire des recherches exactes sur l'histoire empêchoit de découvrir les bases fragiles. Les papes, depuis quatre siècles, croyoient qu'ils pouvoient légitimement anéantir l'autorité temporelle des princes, lorsque ceux-ci se trouvoient coupables. Les empereurs et les rois ne rejetoient pas le principe : ils ne différoient avec les papes que sur l'application.

Mais cette doctrine n'auroit pu s'établir et durer plusieurs siècles, si les besoins des peuples et leur situation politique ne leur eussent en quelque sorte imposé la nécessité de l'adopter.

En s'élevant à des considérations plus importantes que des déclamations rebattues, on voit que cette puissance temporelle des papes, quoique illégitime d'après nos idées actuelles, a sauvé la société dans des temps où tout sembloit tendre à la dissoudre. Les guerres particulières, les duels judiciaires, l'idée généralement répandue parmi les grands que l'unique droit étoit la force, rendoient indispensable une autorité qui pouvoit seule apporter quelque remède aux maux dont les États étoient dévorés. Au milieu d'une anarchie sanglante, l'Église prescrivoit des trèves, et substituoit ses tribunaux paisibles aux tribunaux laïques, où la cause de l'innocence opprimée étoit abandonnée au sort des armes. Dans le monde chrétien, les papes étoient, par leur position, le lien de tous les princes ; leur médiation empêchoit souvent la ruine entière de ceux qui se trouvoient les moins forts ; ils avoient intérêt à maintenir dans l'Europe une balance de pouvoir qui pût contenir les ambitieux et protéger les foibles : enfin s'ils n'ont quelquefois que trop abusé de cet ascendant que les préjugés leur donnoient, on ne peut du moins s'empêcher de faire valoir en leur faveur l'opinion d'un célèbre philosophe moderne [1],

---

[1] Hume.

qui pense que leur puissance, partagée par un corps nombreux et respectable, essentiellement contraire à l'esprit guerrier, aux violences et aux excès qui en sont le résultat, a seule conservé dans l'Europe féodale ces chaînes secrètes sans lesquelles la société humaine ne peut exister (1).

Cette suprématie de l'Église romaine étant la loi du siècle, et se trouvant reconnue par tous les princes chrétiens dans les momens mêmes où elle les frappoit, il ne s'agit, en examinant les démêlés de la cour de Rome avec Frédéric II, et la conduite tenue par le roi de France dans cette affaire, que de rappeler les actions des deux rivaux, et de chercher au milieu de leurs excès lequel avoit pour lui la justice, d'après l'esprit et les préjugés du temps : unique moyen de répandre de la lumière sur les points obscurs de l'histoire, et de conserver l'impartialité qui doit toujours la caractériser.

Frédéric II, doué de plusieurs qualités éminentes, aimant les lettres, protégeant ceux qui les cultivoient, digne sous plusieurs rapports de gouverner un grand empire, étoit en même temps dévoré d'une ambition

---

(1) « Dans le moyen âge, dit M. Ancillon, où il n'y avoit point
« d'ordre social, la puissance des papes sauva peut-être l'Europe
« d'une entière barbarie : elle créa des rapports entre les nations les
« plus éloignées; elle fut un centre commun, un point de ralliement
« pour les États isolés.... Ce fut un tribunal suprême élevé au milieu
« de l'anarchie universelle, et dont les arrêts furent quelquefois
« aussi respectables que respectés : elle prévint et arrêta le despo-
« tisme des empereurs, remplaça le défaut d'équilibre, et diminua
« les inconvéniens du régime féodal. » (*Introduction au Tableau des révolutions du système politique de l'Europe, depuis la fin du quinzième siècle*, pages 133 et 157.)

insatiable, aspiroit à la monarchie universelle, et se trouvoit, comme tous les princes qui se livrent trop facilement à leurs passions, dominé par des ministres qui en abusoient. Il étoit en guerre avec les papes presque depuis le commencement de son règne, quoiqu'Innocent III lui eût frayé le chemin au trône. Neveu et héritier de Philippe de Souabe, détrôné par Othon IV, il étoit en danger d'être dépouillé du royaume de Naples, seul État qui lui restoit, si la cour de Rome ne l'eût protégé. Cette cour tenoit beaucoup, pour sa propre sûreté, à ce que les empereurs ne possédassent pas ce royaume : c'étoit probablement ce qui la déterminoit à soutenir Frédéric; et ce prince avoit promis, s'il devenoit empereur, d'en laisser la disposition au Pape.

Othon, vaincu par Philippe-Auguste à la bataille de Bouvines, fut abandonné de tous ses partisans : Frédéric, protégé par le Pape, parvint à l'Empire, et son élection fut confirmée en 1215 au concile de Latran. Frédéric, plein de reconnoissance pour la cour de Rome, prit la croix, et renouvela la promesse de ne pas conserver le royaume de Naples. Cependant il ne tint aucun de ses engagemens. Il ne partit point pour la Terre-Sainte, et donna le trône de Naples à son jeune fils Henri : procédés qui déplurent au Pape, et qui ne l'empêchèrent pas cependant de le couronner à Rome, dans l'église de Saint-Pierre, au mois de septembre 1220. Pendant cette auguste cérémonie, Frédéric fit de nouveau le vœu d'aller en Palestine.

Cinq ans s'écoulèrent encore sans que Frédéric eût accompli ce vœu. Pendant cet espace de temps il distribua des évêchés et des bénéfices ecclésiastiques dans le royaume de Naples, malgré les lois existantes qui réservoient ce droit aux papes; et, feignant toujours de vouloir partir pour la croisade, il épousa la fille de Jean de Brienne, roi de Jérusalem, dans l'intention de dépouiller son beau-père de ce royaume : projet qu'il exécuta peu d'années après.

En 1225, pressé par les représentations d'Honorius III, qui jusqu'alors avoit différé de sévir contre lui, il promit de partir dans deux ans pour la Terre-Sainte, se soumettant à l'excommunication s'il ne remplissoit pas ce nouvel engagement. Rien de plus solennel que ce traité : Frédéric prêta serment entre les mains de deux cardinaux à San-Germano, près du Mont-Cassin, le 25 juillet 1225.

Cependant Honorius prit des précautions contre Frédéric, dont il avoit eu le temps d'étudier le caractère. Une ligue de plusieurs villes de Lombardie fut formée pour s'opposer à l'ambition de l'Empereur. Alors Frédéric, feignant d'accomplir ses promesses, se rendit à Otrante comme pour s'embarquer : mais, sous le prétexte d'une maladie, il revint bientôt sur ses pas. Il est probable que le prudent Honorius n'auroit pas encore éclaté contre un prince auquel il étoit attaché par ses bienfaits; mais il venoit de mourir, et le fougueux Grégoire IX étoit parvenu à la tiare.

Ce pontife, vieillard austère et inflexible, regardant comme son devoir le plus sacré la conservation des droits acquis par ses prédécesseurs, joignoit à des vertus dignes d'estime le caractère le plus emporté. Révolté de la conduite de Frédéric, il l'excommunia dans l'église d'Agnani le 29 septembre 1227. Le texte de son sermon fut : *Il est nécessaire qu'il arrive des scandales.* Il reprochoit à l'Empereur d'avoir trompé les espérances des malheureux Chrétiens de la Palestine, et d'avoir rendu vains tous les préparatifs que la cour de Rome faisoit, depuis plusieurs années, pour les secourir. Frédéric, conseillé par Pierre Desvignes son chancelier, répondit au Pape de la manière la plus violente : sans entrer dans le fond de la question, sans se justifier de n'avoir pas accompli des sermens si souvent renouvelés, il lui prodigua les injures. Grégoire IX ne pouvoit être intimidé : il excommunia de nouveau l'Empereur. Celui-ci souleva les seigneurs romains contre le Pape, qui fut insulté par eux, en célébrant la messe, le lundi de Pâques 1228. Ne trouvant plus de sûreté dans Rome, mais décidé plus que jamais à ne pas fléchir, Grégoire habita successivement les villes de Rieti, de Spolette et de Pérouse, alors très-fortifiées.

A cette époque, Frédéric qui venoit de dépouiller son beau-père du titre de roi de Jérusalem, ayant appris la mort du sultan de Damas, et croyant qu'il seroit désormais facile de reconquérir la Terre-Sainte, partit malgré l'opposition du Pape qui vouloit qu'avant d'entreprendre cette expédition il se fût fait absoudre, et laissa, pour gouverner le royaume de Naples, Thomas, comte d'Acerra, l'un de ses lieutenans.

Aussitôt la guerre entre le Pape et le gouverneur impérial fut déclarée. Jean de Brienne, justement irrité contre l'Empereur son gendre, prit le commandement des troupes de l'Église; et le comte d'Acerra arma les Sarrasins qui occupoient quelques cantons de la Sicile et du royaume de Naples. Cette guerre fut violente, et il paroît qu'on y commit dans le commencement d'horribles cruautés : telle n'étoit pas l'intention de Grégoire IX, qui, malgré la fougue de son caractère, avoit les sentimens d'humanité qui convenoient à son rang. Il existe de lui une lettre très-remarquable qui suffit pour faire tomber bien des déclamations. Cette lettre est adressée au cardinal Pélage, son légat près de l'armée de Jean de Brienne, en date du 19 mai 1229. « Votre devoir, lui dit-il, « est de diminuer les horreurs de la guerre : il est indigne, dans l'armée de Jésus-Christ, de tuer ou de « mutiler ceux à qui l'on peut conserver la vie. Nous « avons appris ces cruautés avec la plus profonde « douleur. Ah! mon frère, il ne nous convient pas, à « nous qui rappelons au sein de l'Église ses enfans « égarés, de les irriter, en prenant plaisir à répandre « le sang. L'Église, qui donne sa protection aux criminels pour les délivrer de la mort, doit être bien « éloignée de tuer ou de mutiler. Nous vous ordonnons « donc de conserver avec soin ceux qui tomberont « désormais entre les mains de nos troupes, et de ne « leur faire aucun mal, afin qu'ils aient sujet de se « réjouir de leur captivité. » Ces sentimens de douceur et d'humanité, consignés dans une des lettres de Grégoire IX, donnent de ce pontife une idée toute différente de celle qu'en ont prise plusieurs historiens modernes.

Frédéric ne resta pas long-temps dans la Terre-Sainte. Après avoir partagé le royaume de Jérusalem avec les Sarrasins, et s'être lui-même couronné roi de ce pays désolé, il revint en Italie au moment où Jean de Brienne, appelé au trône de Constantinople, quittoit le commandement des troupes du Pape. Des négociations furent entamées. Frédéric demanda la paix; elle fut faite dans la ville d'Agnani, où l'Empereur vint trouver Grégoire, se mit à ses genoux, et reçut le baiser de paix.

Depuis 1230, époque à laquelle cette paix fut faite, jusqu'en 1236, la concorde entre les deux puissances ne fut qu'apparente. L'Empereur cherchoit à soulever les seigneurs romains, et le Pape maintenoit la ligue des villes de Lombardie. Deux causes réveillèrent l'aigreur entre Frédéric et Grégoire. Le pontife, toujours zélé pour la délivrance des Chrétiens de la Palestine, pressoit l'Empereur d'entreprendre une nouvelle expédition. Celui-ci, dans sa réponse, ne cacha point ses projets ambitieux. « L'Italie, dit-il, est mon héri« tage : j'aurois tort d'abandonner ce qui m'appartient « pour faire des conquêtes étrangères. » Le Pape n'insista point; mais il ne vit pas sans effroi que sa ruine étoit décidée. Dans la même année, Frédéric ayant perdu sa seconde femme Marie, fille de Jean de Brienne, voulut épouser Agnès, sœur d'Ortocar Primislas, roi de Bohême. Cette princesse, alors très-jeune, et qui depuis devint une sainte, sachant que Frédéric menoit une vie dissolue, pria le Pape d'engager Primislas à ne pas faire ce mariage. Grégoire ne put se refuser à cette médiation : la princesse prit le voile; le mariage fut rompu : ce qui donna le plus grand dépit à Frédéric. Cependant il dissimula son ressentiment; en se bornant à dire : « Si elle m'avoit « quitté pour un homme mortel, j'en aurois tiré ven-

« geance; mais je ne puis trouver mauvais qu'elle me
« préfère un époux céleste. »

Malgré ces sujets de brouillerie, la paix continua
de subsister, et ne fut rompue que par une nouvelle
tentative de Frédéric, à laquelle le Pape crut devoir
mettre l'opposition la plus forte. Ubalde, seigneur
italien, étoit possesseur de la Sardaigne : il la tenoit
en fief de l'Eglise romaine, et il avoit prêté au Pape
serment de fidélité. L'Empereur, voulant s'emparer
de cette île sous prétexte qu'elle appartenoit autrefois à l'Empire, s'en déclara roi, et fit épouser Adé-
lasie, fille d'Ubalde, par son fils naturel Henz ou
Henri.

Grégoire ix ne dissimula plus son indignation. Le 24
mars 1239, il excommunia solennellement Frédéric,
en rappelant tous ses anciens griefs contre lui. Dans la
réponse violente que l'Empereur fit faire au Pape par
son chancelier Pierre Desvignes, il ne s'éleva point
contre la suprématie du saint Siége, suprématie qui,
comme je l'ai observé, faisoit partie du droit public
de ce temps; mais il prétendit que Grégoire n'étoit
pas digne de ce rang. « Nous ne le craignons pas,
« dit-il dans sa réponse en date du 20 avril 1239,
« non par mépris de la dignité papale, à laquelle tout
« fidèle doit être soumis, et nous plus que les autres,
« mais par la faute de la personne qui s'est rendue
« indigne d'une place si éminente. »

Le Pape répliqua le 1er juillet suivant par une
inculpation qui paroît peu fondée, et qui a donné
lieu à beaucoup de fables dans les siècles suivans. Il
accusa Frédéric d'avoir dit publiquement que le monde

avoit été trompé par trois imposteurs, Moïse, Mahomet, et le dieu des Chrétiens. Frédéric combattit cette monstrueuse accusation par une profession de foi catholique.

Alors, des deux côtés, les passions ne connurent plus de bornes : et si jusque-là les torts avoient été souvent du côté de Frédéric, ils furent partagés depuis par Grégoire IX et ses successeurs. Le Pape s'efforça de soulever tous les princes chrétiens contre l'Empereur, disant qu'une croisade contre lui étoit plus méritoire qu'une croisade contre les Infidèles.

Ce fut dans cette circonstance, au commencement de l'année 1240, que le cardinal Jacques, évêque de Palestrine, légat de Grégoire IX, vint en France pour y publier l'excommunication contre Frédéric, et pour assembler un concile national. Nous allons voir Louis, dans tout le cours de son règne, tenir la balance la plus exacte entre ces rivaux implacables; s'élever, quoique encore dans la première jeunesse, au-dessus de deux princes renommés par leurs talens et leur longue expérience; concilier enfin, d'après les idées du temps, le respect qu'il devoit au saint Siége avec l'intérêt qu'il ne pouvoit s'empêcher de prendre à l'indépendance temporelle des souverains.

Le cardinal de Palestrine réunit à Meaux le concile national, et notifia aux évêques l'excommunication et la déposition de Frédéric. Il étoit chargé d'une mission encore plus importante auprès du Roi. Dans une entrevue particulière qu'il obtint de lui, il proposa, de la part du Pape, d'élever au trône impérial vacant Robert, comte d'Artois. La réponse de Louis fut remplie de sagesse, mais conforme au droit généralement reconnu alors qu'avoit l'Église de déposer les rois. Il s'étonna que Grégoire ix eût osé détrôner un si grand prince sans l'avoir convaincu des crimes qu'il lui reprochoit : il observa que si Frédéric avoit mérité cette punition, elle ne pouvoit lui être infligée que par un concile général. « Nous enverrons, ajouta-t-il, des « ambassadeurs à ce prince pour nous assurer de sa « foi : s'il est orthodoxe, pourquoi l'attaquerions-« nous ? S'il est dans l'erreur, nous le poursuivrons à « outrance. »

Louis envoya donc sur-le-champ des ambassadeurs à l'Empereur, qui protesta qu'il étoit bon catholique. L'un d'eux, chargé des instructions particulières du Roi, lui dit : « Dieu nous garde d'attaquer un prince « chrétien sans cause légitime! Ce n'est pas heureu-« sement l'ambition qui nous guide. Nous pensons « que notre maître, qui est parvenu à la couronne par « le droit de sa naissance, est au-dessus de tout prince « électif ; et il suffit au comte Robert d'être le frère « d'un si grand roi. » Les ambassadeurs recommandèrent cependant à Frédéric de ménager le Pape, et de se réconcilier avec lui. Il ne tint compte de ce conseil, et pressa plus vivement le pontife, qui dans cette circonstance difficile crut devoir convoquer un concile général. Frédéric, qui d'abord avoit demandé que le concile fût assemblé, et avoit promis de le reconnoître pour juge, y mit alors opposition. Il écrivit au Roi qu'il ne donneroit aucune sûreté aux évêques français qui traverseroient ses États pour se rendre à Rome. En effet, ses vaisseaux en arrêtèrent quelques-uns à la sortie du port de Gênes ; mais la fermeté avec laquelle Louis les réclama les fit bientôt relâcher. (*Voyez* Mémoires de Ville-Hardouin.)

Le Roi, qui s'étoit fait craindre de Frédéric, et dont le Pape imploroit l'appui, se préparoit à terminer, par des négociations nobles et franches, cette lutte cruelle, lorsqu'une nouvelle guerre qui pensa compromettre son trône fixa seule toute son attention.

Le comte de La Marche, Hugues de Lusignan, que nous avons vu jusqu'ici figurer en sous-ordre dans les ligues formées contre la régence, parut au premier rang dans cette guerre beaucoup plus sérieuse. Isabelle sa femme, veuve de Jean-sans-Terre et mère de Henri III, roi d'Angleterre, toujours livrée à l'ambition, à la haine et à la vengeance, passions irritées par les obstacles et augmentées avec l'âge, avoit déterminé son fils à passer de nouveau en France, lui promettant l'assistance des rois de Castille et d'Arragon, du comte de Toulouse et de plusieurs seigneurs mécontens. Cette ligue s'étoit formée dans le secret le plus profond.

Louis, sans défiance, vint tenir une cour plénière à Saumur, où se trouva le roi de Navarre, revenu de la croisade après avoir éprouvé de grands revers, et désormais vassal aussi loyal que fidèle. De là il se rendit à Poitiers pour installer son frère Alphonse dans ce fief. Cette cérémonie achevée, les vassaux du Roi se retirèrent suivant l'usage ; et ce prince n'avoit plus avec lui que sa maison et celle du comte son frère. Lusignan, qui venoit de faire hommage à ce dernier, se déclare alors, et fait entourer par ses troupes la ville de Poitiers. Le Roi, conservant dans ce danger pressant le sang-froid et la fermeté d'ame qui sembloient l'élever au-dessus de l'humanité, va presque seul trouver son ennemi dans le château de Lusignan, éloigné de six lieues, lui reproche sa trahison, l'effraie sur les suites, déconcerte pour le moment tous ses projets, et retourne à Paris sans le moindre obstacle.

Alphonse resté seul à Poitiers, et ayant reçu des renforts, somma Lusignan de venir renouveler son hommage aux fêtes de Noël. Ce prince, vivement touché des reproches de sa femme, regrettant de s'être laissé intimider par le Roi et de l'avoir laissé échapper, voulut imiter sa hardiesse, et ne montra qu'une audace insensée. Il se rendit à Poitiers, parut devant Alphonse, et lui déclara qu'il ne le reconnoissoit plus pour son seigneur. Il sortit au milieu de l'étonnement général, fit mettre le feu à la maison dans laquelle il avoit logé, s'élança sur un cheval qu'il avoit fait tenir prêt, et partit comme un éclair.

Louis, instruit des projets du roi d'Angleterre et craignant peu la ligue des autres princes, mit en état de défense les côtes de Bretagne et de Normandie, et rassembla dans la ville de Paris un parlement où Lusignan fut déclaré rebelle. Ensuite il marcha contre ce prince avec une nombreuse armée, et s'empara, sans presque trouver de résistance, de Montreuil en Gastine, de la tour de Berages, de Montcontour et de Fontenay-le-Comte. Lusignan, déconcerté par cette attaque soudaine, n'ayant encore obtenu de ses alliés que de vaines promesses, n'osoit tenir la campagne. Isabelle sa femme conçut alors le projet d'un crime affreux : elle prépara de ses mains un poison subtil. Des scélérats qui lui étoient dévoués furent chargés de se glisser comme transfuges dans la suite du Roi, et de répandre ce poison sur les mets qui lui étoient destinés. Ce complot fut heureusement découvert. Nangis, qui rapporte cet événement, raconte que lorsqu'Isabelle vit qu'elle avoit commis un crime inutile, elle s'abandonna au plus sombre désespoir, et voulut se délivrer de la vie en se frappant d'un poignard qu'elle portoit toujours avec elle. Ses femmes la dérobèrent à sa propre fureur. Ne pouvant parvenir à se donner la mort, continue Nangis, elle déchira sa guimpe, s'arracha les cheveux, et la fureur ainsi que les remords la firent tomber dans une maladie grave. Dès ce moment elle fut en horreur aux Français, et même à ses propres partisans; et son nom d'Isabelle fut changé en celui de Jézabel, dont sa conduite rappeloit le caractère et les forfaits.

Cependant son fils Henri III ne put amener tous les secours qu'il avoit promis. Sa foiblesse, son aveugle complaisance pour de vils favoris, lui avoient aliéné le cœur des Anglais; et le parlement avoit refusé les fonds nécessaires pour une expédition en France. Henri n'en partit pas moins avec une foible armée, et vint débarquer à Royan, près de l'embouchure de la Garonne. Isabelle s'empressa d'aller au devant de lui, et le reçut sur le rivage. « Mon cher fils, lui dit-elle, « vous montrez un bon naturel en venant secourir « votre mère et vos frères, que les fils de Blanche veu- « lent opprimer et fouler aux pieds. »

Henri, trompé sur sa position par les conseils de cette femme implacable, rejeta toutes les propositions pacifiques que Louis lui fit faire. Alors le roi de France poussa la guerre avec vivacité, afin de dissoudre la ligue, qui n'étoit pas encore bien unie. En peu de temps il fut le maître de toutes les places en deçà de la Charente. Celle de Taillebourg, alors très-forte, défendoit cette rivière. Le pont étoit étroit : il ne pouvoit y passer que quatre hommes de front.

Louis prend la résolution de s'emparer de cette ville dont la possession assuroit le succès de la guerre. Il fait entrer une partie de ses soldats dans des bateaux pour charger l'armée anglaise qui étoit sur l'autre bord, tandis qu'il commande lui-même l'attaque du pont. Après avoir forcé le premier poste, il est repoussé. Alors il met pied à terre, et, accompagné seulement de huit hommes d'armes, il se précipite l'épée à la main au milieu des ennemis, et pénètre jusqu'à l'extrémité du pont. Les Anglais l'entourent : il se défend avec un courage héroïque, repousse ceux qui fondent sur lui, range en même temps les chevaliers qui accourent pour le secourir, et, parvenu à mettre de l'ordre parmi ces derniers, il renouvelle impétueusement l'attaque, et emporte enfin le pont par un des plus beaux faits d'armes de ce siècle.

Le mouvement opéré par l'autre partie de l'armée ayant eu un plein succès, les Anglais furent mis en déroute; et Henri alloit être pris, lorsque Richard son frère, gouverneur de Guyenne, revenu depuis peu de la croisade, s'aboucha avec le comte d'Artois, et demanda un armistice. Conduit au Roi, cet excellent prince lui dit en souriant : « Monsieur le duc, la nuit « porte conseil; donnez-en une bonne au roi d'An- « gleterre, et faites en sorte qu'il en profite. »

Henri, rempli d'effroi, se réfugia dans Saintes, où il éclata en reproches contre le comte et la comtesse

de La Marche. « Où sont, leur dit-il, le comte de
« Toulouse, le roi d'Arragon, le roi de Castille, et
« tous ces seigneurs qui devoient se révolter? C'est,
« lui répondit Lusignan bien décidé à ne plus écouter
« Isabelle, c'est votre mère, Sire, qui a fait tout le
« mal. »

Simon de Montfort, petit-fils de celui qui avoit commandé la croisade contre les Albigeois, étoit au service du roi d'Angleterre, et portoit le nom de comte de Leicester, qu'il devoit bientôt rendre fameux par ses entreprises contre le prince qui l'avoit comblé de bienfaits. Moins intimidé que les autres généraux anglais, il fit rompre la trève, et livra près de Saintes une bataille où la fortune fut quelque temps incertaine, mais où Louis triompha une seconde fois. Le roi d'Angleterre, instruit que Lusignan négocioit secrètement avec ce prince, se réfugia précipitamment à Blaye, et son armée l'y suivit en désordre.

Alors le comte de La Marche, débarrassé d'un allié qui ne pouvoit plus que lui être à charge, envoya l'aîné de ses fils solliciter son pardon. Louis, toujours disposé à l'indulgence, consentit à donner la paix, à condition que Lusignan rendroit au comte de Poitiers Saintes, Montreuil, Fontenay, Langeai, Saint-Gelay et d'autres places; qu'il abandonneroit le fief de l'Aunis, et que les articles avantageux qu'il avoit obtenus dans le traité de Vendôme seroient révoqués. Lusignan vint ratifier ce traité avec Isabelle et ses deux autres fils. Cette femme altière se jeta aux pieds du Roi, qui parut ignorer son crime.

L'entreprise hardie de Lusignan n'avoit eu une si déplorable issue que parce que le comte de Toulouse, qui faisoit partie de la ligue, étoit tombé malade au moment de se mettre à la tête de son armée. Son inaction et les revers de Lusignan empêchèrent les rois de Castille et d'Arragon de se déclarer. Louis, vainqueur, pardonna encore une fois au comte de Toulouse : il n'exigea que la punition de quelques fanatiques qui avoient assassiné un dominicain et un franciscain.

Après toutes ces défections, le roi d'Angleterre se trouvoit dans la position la plus pénible. Abandonné par ceux qui l'avoient appelé en France, méprisé de ses sujets et de son armée, poursuivi par un ennemi victorieux, il craignoit les derniers malheurs. Quelques personnes ont pensé que Louis auroit pu profiter de cette occasion pour chasser les Anglais de la France. Mais cette manière d'user de la victoire étoit contraire à ses principes : d'ailleurs une maladie contagieuse consumoit ses troupes, et lui-même en étoit attaqué, quoique peu dangereusement. Il accorda donc au roi d'Angleterre une trève de cinq ans. Ce prince n'osa s'embarquer dans les ports de Guyenne, parce que Mauclerc, devenu simple chevalier, et ennemi aussi acharné de l'Angleterre qu'il lui avoit été autrefois dévoué, croisoit sur les côtes. Il obtint de Louis la permission de traverser la France jusqu'à Calais, à la tête de son armée découragée par les défaites et la maladie. Dans cette route pénible, où le roi de France fit généreusement prodiguer des secours à ses ennemis vaincus, il ne put empêcher ses sujets de tourner en ridicule leurs anciennes menaces : mais il défendit qu'on se moquât de Henri III en sa présence. « Le Roi mon frère, dit-il avec cette douceur
« qui le caractérisoit, m'en voudra davantage : on

« doit, à cause de sa dignité, parler de lui avec res-
« pect. Ses aumônes, ses bonnes œuvres le tireront de
« la position où de mauvais conseils l'ont placé. »
Quand Louis s'exprimoit et se conduisoit ainsi, il
n'avoit que vingt-huit ans. Paroissant entièrement rétabli de sa maladie, il revint à Paris en 1243.

N'ayant pu interrompre le récit de cette guerre
glorieuse, nous reprenons les affaires de l'Église où
nous les avons laissées.

Le 20 août 1241, le pape Grégoire IX mourut à
Rome, au moment où il étoit bloqué par les troupes
de Frédéric. Cette mort, qui paroissoit devoir changer la face des affaires et préparer les voies d'une
paix solide entre le saint Siége et l'Empire, ne fit
qu'augmenter le désordre.

La plupart des cardinaux étant prisonniers de Frédéric, il ne s'en trouva que dix pour l'élection ; leurs
suffrages se partagèrent entre Geoffroy, évêque de
Sabine, et Romain, cardinal de Saint-Ange, ancien
ministre de Blanche. L'Empereur rejeta le dernier, et
prit pour prétexte les mauvais bruits qui, disoit-il,
avoient couru sur sa liaison avec cette Reine : ce qui
prouve que la calomnie imaginée et répandue autrefois par le comte de Champagne avoit eu quelque
crédit en Europe. Geoffroy fut élu, prit le nom de
Célestin IV, et mourut seize jours après. Le siége fut
vacant un an et huit mois : Frédéric ne vouloit pas
relâcher les cardinaux prisonniers, et sembloit avoir
le projet bien arrêté d'empêcher qu'on ne choisît un
pape.

Louis, irrité de l'outrage fait à sa mère, ne sortit
pas cependant des bornes de sa modération accou-

tumée. Il pressa les cardinaux de procéder sans crainte à l'élection, et leur promit sa protection contre Frédéric. « Nous ne craignons, leur écrivoit-il, ni sa haine « ni ses artifices; et nous blâmons sa conduite parce « qu'il semble vouloir en même temps être empereur « et pape. »

Frédéric, craignant l'effet des menaces d'un prince dont il connoissoit la fermeté, mit enfin les cardinaux en liberté. Ils se réunirent dans la petite ville d'Agnani, où ils nommèrent, le 24 juin 1242, Sinibal, Génois de l'illustre maison de Fiesque, qui prit le nom d'Innocent IV. Sinibal avoit blâmé les emportemens de Grégoire IX : il s'étoit montré partisan des voies de modération et de douceur, et son élection devoit être fort agréable à l'Empereur. Celui-ci n'en témoigna cependant aucune satisfaction. « Je ne ferai, dit-il, « que perdre l'amitié d'un cardinal, et m'attirer la « haine d'un pape. » Mot qui révèle les projets gigantesques auxquels il étoit loin d'avoir renoncé.

Il envoya néanmoins près du nouveau pontife Pierre Desvignes son chancelier, et Tadée de Sesse, l'un de ses conseillers les plus habiles. Innocent IV offrit, de la part de l'Église, de donner toute satisfaction à Frédéric s'il avoit éprouvé quelque dommage, et demanda dans cette affaire l'arbitrage des princes chrétiens. Ces propositions furent éludées; et l'année suivante Louis, dont le Pape avoit invoqué la médiation, chargea le comte de Toulouse de négocier la paix. Frédéric parut la vouloir sincèrement : il y eut même un traité favorable à la cour de Rome. Mais bientôt Frédéric, peu fidèle à tenir ses promesses les plus sacrées, refusa d'exécuter le traité, tâcha de surprendre le Pape, et lui tendit des piéges auxquels le hasard seul le fit échapper.

Innocent IV fit une dernière tentative pour obtenir la paix de l'Empereur. Il s'avança jusqu'à Sestri le 28 juin 1244; et ce jour même il apprit que trois cents chevaliers devoient l'enlever la nuit suivante. Il ne fit part de son danger qu'à ses plus intimes confidens. A minuit, après avoir congédié sa cour comme s'il eût voulu se livrer au repos, il dépose les marques de sa dignité, s'arme à la légère, monte sur un excellent cheval, et part secrètement. Il avoit fait onze lieues avant le point du jour ; et le 29 il parut aux portes de Civita-Vecchia, où une flotte génoise l'attendoit pour le conduire dans sa patrie. Là il s'embarque avec sept cardinaux, auxquels il avoit donné rendez-vous; et, après avoir couru mille dangers, il arrive à Gênes le mardi 5 juillet.

Le Pape, ne se croyant pas encore en sûreté contre les ressentimens d'un ennemi implacable, désira vivement d'obtenir un asyle en France. Il profita d'un chapitre général qui alloit se tenir à Citeaux, où Louis devoit se trouver, pour faire solliciter cette grâce. Il écrivit donc à l'abbé, en le priant de supplier le Roi, à genoux et les mains jointes, de prendre sa défense contre Frédéric : il ajoutoit qu'il espéroit être reçu en France comme l'avoient été jadis Alexandre III persécuté par Frédéric Ier, et saint Thomas de Cantorbéry proscrit par Henri II.

Louis arriva quelques jours après à Citeaux, accompagné de la reine Blanche. Cette princesse avoit obtenu de Grégoire IX la permission d'entrer dans les couvens d'hommes avec douze dames de sa suite.

Robert, comte d'Artois, Alphonse, comte de Poitiers, six barons auxquels le Roi témoignoit la plus grande confiance, et deux envoyés de Frédéric, se rendirent aussi dans cette abbaye, où devoient être débattus les plus grands intérêts. L'abbé de Citeaux remplit avec beaucoup de zèle la commission dont il avoit été chargé par le Pape. Louis fut attendri de la position du pontife ; mais, ne se laissant pas entraîner par ce premier mouvement, il mit l'affaire en délibération dans son conseil. Les barons, et même la reine Blanche, pensèrent qu'il seroit imprudent, dans les circonstances où l'on se trouvoit, de recevoir le Pape en France. Quoique le public fût moins à portée que de nos jours de s'occuper des affaires politiques, cependant les différends de la cour de Rome avec l'Empereur duroient depuis si long-temps, et avoient fait tant d'éclat, que chacun prenoit parti pour l'une ou l'autre puissance. Des scandales avoient même eu lieu dans quelques églises, lorsqu'on avoit publié l'excommunication prononcée par Grégoire ix. Les barons craignirent donc que la présence du Pape ne rendît cette division plus active, et que le pouvoir royal ne fût éclipsé par celui de la tiare. Louis se rendit à cet avis. Il refusa l'asyle, mais il promit de secourir l'Église s'il la voyoit injustement opprimée. Le Pape, qui se croyoit en droit de disposer des couronnes, faisoit une cruelle épreuve des vicissitudes humaines : presque tous les royaumes chrétiens lui étoient fermés ; car, ayant fait la même demande aux rois d'Angleterre et d'Arragon, il en avoit reçu la même réponse. Cependant son ame inflexible et ferme ne fut point ébranlée : il se rendit à Lyon, ville qui relevoit alors de l'Empire, mais dont l'archevêque étoit seigneur temporel, et depuis long-temps indépendant. Les cardinaux vinrent l'y joindre, et il y convoqua un concile général pour le mois de juin de l'année suivante [1245]. Deux objets de la plus haute importance devoient y être traités : le moyen de rendre la paix à l'Église, et les secours réclamés par les Chrétiens de la Terre-Sainte, ainsi que par l'empire de Constantinople. Toutes les têtes couronnées y furent appelées.

Louis, victorieux de tous ses ennemis, étoit également recherché par les deux princes dont les divisions fixoient les regards du monde chrétien. Tandis que le Pape imploroit son appui, Frédéric sollicitoit son alliance. Ce prince auroit voulu obtenir pour son fils Conrad, qui devoit lui succéder, Isabelle, sœur du Roi, âgée alors de dix-neuf ans; mais la jeune princesse, élevée par sa mère dans la plus haute piété, dédaignant des grandeurs dont elle avoit pu dès son enfance apprécier la vanité, déclara qu'elle vouloit se consacrer à Dieu. Nous la verrons bientôt fonder une abbaye célèbre, et se montrer la digne sœur de saint Louis.

La reine Blanche avoit conservé beaucoup d'empire sur son fils. Quoiqu'il ne suivît pas toujours ses conseils pour les affaires d'État, dont il faisoit sa principale étude, il lui montroit une grande soumission dans tout ce qui concernoit l'intérieur du palais. Sa tendresse excessive la fit abuser quelquefois de cet ascendant qu'elle ne perdit jamais. Ayant lieu d'être satisfaite de la jeune reine Marguerite, dont l'esprit vif et piquant répandoit une gaieté décente dans une cour sévère, et dont les qualités solides méritoient toute l'estime de son époux, elle sembla craindre que le cœur de Louis ne se livrât trop à un attachement où le penchant l'entraînoit autant que le devoir. Elle chercha donc à réprimer ce qu'elle trouvoit de trop passionné dans le commerce des deux époux; souvent elle les séparoit sous divers prétextes. Un jour surtout elle se permit un acte d'autorité qui resta profondément gravé dans la mémoire de Marguerite, et qui mit beaucoup de froideur entre ces deux princesses. La jeune Reine étoit malade, et Louis se trouvoit auprès d'elle; Blanche entra dans la chambre, témoigna de l'humeur, prit son fils par la main, et lui dit : « Venez, vous ne faites rien ici. — Hélas ! « s'écria douloureusement Marguerite, ne me laisse- « rez-vous pas voir monseigneur en la vie ni en la « mort ? » Ce n'étoit pas, comme on le verra bientôt, l'ambition qui dirigeoit Blanche dans cette conduite qui lui auroit aliéné un tout autre fils : c'étoit une tendresse jalouse qui ne vouloit souffrir aucun partage.

Louis, fortement occupé des affaires de l'Église, ne perdoit pas de vue les moyens d'assurer pour toujours la paix dans son royaume. Par une suite nécessaire des anciennes guerres avec l'Angleterre, et des principes du gouvernement féodal, plusieurs seigneurs, propriétaires de fiefs dans les deux États, reconnoissoient en effet deux souverains. Lorsque la guerre éclatoit, ils choisissoient le parti qui leur paroissoit le plus avantageux, et n'éprouvoient d'autre inconvénient qu'un séquestre temporaire de la part du souverain contre lequel ils se déclaroient. Louis, convaincu par l'expérience que cette double vassalité nuisoit au bien de l'État, en ce qu'elle donnoit des prétextes en quelque sorte légitimes d'avoir des relations avec l'ennemi, décida que les seigneurs seroient tenus de choisir, dans un délai fixé, entre les deux suzerains, et qu'ils ne garderoient des fiefs que dans l'un des deux royaumes. Ses victoires l'avoient rendu redoutable : il n'éprouva aucune opposition. Ce fut alors que Simon de Montfort, que nous avons vu figurer à la bataille de Saintes, devint définitivement un seigneur anglais, et ne s'appela plus que le comte de Leicester.

Au milieu des grands événemens qui se préparoient, une maladie mit en danger les jours du Roi, et changea le cours des choses. Louis n'avoit pas été entièrement guéri de la fièvre contagieuse dont il s'étoit trouvé frappé dans sa dernière expédition. Sa santé, depuis cette époque, avoit toujours été languissante; l'activité de son esprit et les affaires importantes dont il s'étoit occupé lui avoient fait négliger toute espèce de soins. Se trouvant à Pontoise au mois de décembre 1244, il éprouva une rechute; le mal fit d'étonnans progrès, et bientôt on désespéra de sa vie. Il n'étoit âgé que de trente ans, et les bienfaits qu'il avoit répandus sur la France le rendoient l'objet de son amour. Aussitôt que son danger fut connu, plusieurs prélats et plusieurs seigneurs accoururent à Pontoise, d'où ils transmettoient à chaque instant des nouvelles qui ne calmoient point les inquiétudes des Français. Dans toutes les églises on fit des aumônes, des prières et des processions pour fléchir la colère du ciel. La reine Blanche pria Eudes Clément, abbé de Saint-Denis, de tirer des caveaux les corps des saints martyrs, et de les exposer : cérémonie qui ne se faisoit que dans les plus grandes calamités. De toutes parts on vint à Saint-Denis ; les châsses furent portées dans les rues ; on les suivoit nu-pieds et fondant en larmes.

Au moment où l'on n'avoit plus aucun espoir, Louis tomba dans un long évanouissement. Les personnes qui le servoient le crurent mort, et firent sortir les deux reines. Il ne restoit dans la chambre que deux dames : l'une voulut couvrir le visage du Roi ; l'autre s'y opposa, ne pouvant se figurer qu'il eût rendu le dernier soupir. A l'instant il parut se ranimer, et prononça ces mots : « La lumière de « l'orient s'est répandue sur moi par la grâce du Sei- « gneur, et m'a rappelé d'entre les morts. » Les transports de joie succèdent au désespoir : les deux reines rentrent, pouvant à peine croire qu'elles ont retrouvé un fils et un époux. Mais quel est leur étonnement lorsqu'ayant fait appeler Guillaume, évêque de Paris, elles l'entendent prier ce prélat de lui donner la croix ! Elles se jettent à ses pieds, le conjurant d'attendre qu'il soit guéri. Il répond qu'il ne prendra point de nourriture avant d'avoir obtenu le signe de la croisade. Guillaume n'ose le lui refuser.

Le rétablissement de Louis fut prompt. Il fixa son départ à deux ans, et écrivit aux Chrétiens de la Terre-Sainte de reprendre courage, leur promettant de puissans secours.

Cependant le concile général convoqué dans la ville de Lyon s'assembla le 28 juin 1245, et fixa toute l'attention de Louis, qui cependant ne jugea pas à propos de s'y rendre. Le seul souverain qui s'y trouva fut l'empereur de Constantinople Baudouin II, qui venoit solliciter des secours. Un grand nombre de templiers et d'hospitaliers, et un corps de troupes commandé par Philippe de Savoie, veilloient à la sûreté du Pape, et assuroient la liberté des délibérations du concile.

Innocent IV accusa Frédéric d'hérésie et de sacrilége, sans cependant rappeler la fable des trois imposteurs : il lui reprocha d'avoir peuplé de Sarrasins une ville du royaume de Naples, et d'entretenir des concubines de la même nation. Il insista principalement sur ce que l'Empereur avoit manqué à toutes ses promesses. Ce dernier reproche étoit le seul véritablement fondé. Tadée de Sesse, que nous avons vu employé dans les précédentes négociations, prit la défense de Frédéric. Il ne put prouver que son maître avoit été fidèle à sa parole ; mais il se permit des récriminations contre le Pape, et, répondant longuement à l'un des reproches qui touchoit le moins le fond de la question, il soutint que si Frédéric avoit eu des concubines mahométanes, on ne pouvoit plus le reprendre de cette faute, puisqu'il les avoit renvoyées. Le Pape, sans avoir égard à cette défense, et malgré les représentations de l'ambassadeur de France, prononça dans le concile la condamnation de Frédéric, le 17 juillet 1245. Il le déclara privé de tout honneur et dignité, dont il s'étoit rendu indigne par ses crimes ; il délia tous ses sujets du serment de fidélité ; il défendit enfin que personne lui obéît comme empereur et comme roi. En même temps il écrivit aux électeurs de choisir un autre chef.

L'Empereur étoit alors à Turin. On peut se figurer l'effet que produisit sur lui cet acte d'un concile général auquel précédemment il en avoit appelé contre les emportemens de Grégoire IX. La violence de son caractère ne connut plus de bornes; et cet esprit superbe, que la douceur auroit peut-être ramené, fut entièrement aliéné quand il sentit que la force pouvoit seule le tirer du danger où il se trouvoit. Lorsqu'il reçut le décret du concile, il s'écria : « Le « Pape m'a déposé : d'où lui vient cette audace ? Qu'on « m'apporte mes cassettes. » Il les ouvre. « Voyez, « dit-il, si mes couronnes sont perdues. » Il en met une sur sa tête. « Je possède encore, continue-t-il, « ma couronne impériale : le Pape et le concile ne « me l'ôteront pas avant qu'il y ait bien du sang ré- « pandu. Au reste, observa-t-il, ma condition devient « meilleure ; j'étois obligé d'obéir au Pape en quelque « chose, ou du moins de le respecter : maintenant je « ne lui dois plus rien. »

La fureur de Frédéric ne l'empêcha pas de prendre d'abord les mesures que la prudence lui conseilloit. Il se pressa d'envoyer près de Louis son chancelier Pierre Desvignes, chargé de le prier d'être médiateur, arbitre, et de faire la paix à quelque prix que ce fût. Le Roi désapprouvoit la conduite précipitée du Pape, et craignoit que la prolongation de cette querelle ne nuisît au succès de la croisade. Il eut une entrevue avec lui dans l'abbaye de Cluny vers la fin de novembre 1245, et rien ne perça des conférences, parce que la reine Blanche y fut seule admise. Au mois d'avril de l'année suivante, il s'aboucha de nouveau avec Innocent IV dans le même lieu, et l'entretien très-remarquable de ces deux souverains nous a été conservé.

Frédéric offroit d'aller à la Terre-Sainte et d'y passer le reste de ses jours, pourvu que le Pape lui donnât l'absolution, et couronnât son fils Conrad. Louis insistoit pour que le Pape accueillît des propositions aussi favorables à l'Église. Mais Innocent ayant une science profonde des hommes et des affaires, connoissant d'ailleurs parfaitement le caractère de l'Empereur, ne pouvoit se fier à ces nouvelles promesses. Plus elles étoient spécieuses, plus il craignoit qu'elles ne fussent un piége. C'étoit peut-être bien juger en politique: mais étoit-ce juger en chef de l'Église? Le Roi sentit parfaitement cette distinction que les papes n'étoient plus habitués à faire. « Ne faut-il pas, dit-il au pontife, suivant l'Évan-
« gile, tendre les bras à celui qui demande miséri-
« corde? Considérez les circonstances où nous nous
« trouvons : la Terre-Sainte est en danger, nous
« n'avons aucun espoir de la secourir si Frédéric,
« maître des ports, se déclare contre nous. Il fait de
« grandes promesses : je vous prie de les accepter,
« tant pour moi que pour les pélerins et pour toute
« l'Église. Recevez un prince qui s'humilie, et imitez
« la bonté de celui dont vous êtes le vicaire sur la
« terre. » Le Pape, trop prévenu contre Frédéric, demeura inflexible, et tout espoir de paix s'évanouit.

Dès-lors les affaires de Frédéric déclinèrent, surtout en Allemagne, où son fils Conrad commandoit comme roi des Romains. Les électeurs ecclésiastiques s'assemblèrent à Wurtzbourg, et donnèrent l'Empire à Henri, landgrave de Thuringe, qui d'abord remporta une victoire sur Conrad, mais qui bientôt après fut vaincu à son tour, et mourut de chagrin. Guillaume, comte de Hollande, âgé de vingt ans, lui fut substitué : il se montra digne de sa nouvelle fortune, et se maintint long-temps contre les efforts de Conrad et de Frédéric.

La mort de Raymond Bérenger, comte de Provence, qui arriva le 19 août 1245, auroit pu faire renaître des troubles en France, si les dernières victoires de Louis n'eussent déraciné toutes les factions. Raymond n'avoit point eu de fils. L'aînée de ses quatre filles, Marguerite, étoit unie au roi de France; les deux suivantes avoient épousé, l'une le roi d'Angleterre, l'autre Richard, frère de ce prince, et avoient reçu leur dot en argent. La cadette, Béatrix, qui n'étoit pas encore mariée, fut déclarée par son père héritière du comté de Provence, conformément au droit romain, alors adopté dans ce pays, qui laisse aux pères toute liberté de tester. Ce riche héritage étoit vivement désiré par le comte de Toulouse, à qui même Béatrix avoit été promise : mais l'autorité de Louis prévalut sur cet engagement, et son jeune frère Charles devint l'époux de la princesse. Le Roi reçut son hommage comme comte de Provence, et lui donna en outre l'Anjou et le Maine. Tel fut le commencement de cette maison d'Anjou, qui posséda long-temps le trône de Naples au milieu des plus horribles désastres.

Le peu de succès que Louis avoit obtenu dans ses

deux entrevues avec le Pape, et sans doute les intrigues de Frédéric, qui s'étoit fait en France un grand nombre de partisans, irritèrent les seigneurs, et les portèrent à former une association qui donne une idée fort juste de l'esprit du temps. On a vu que depuis plusieurs siècles les tribunaux ecclésiastiques avoient considérablement étendu leurs attributions : ce qui étoit alors un bien plutôt qu'un mal, parce que du moins ces tribunaux ne permettoient jamais le combat, tandis que les juridictions seigneuriales abandonnoient tout au hasard et à la force : décisions sanglantes qu'on appeloit bien faussement *le jugement de Dieu*. Les barons, sous le prétexte de faire revivre leurs anciens priviléges, dressèrent un acte par lequel, après avoir commencé par se plaindre de ce que les enfans des serfs jugeoient suivant leurs lois les hommes libres, et avoir considéré que le royaume de France n'avoit pas été conquis par des clercs, mais par des guerriers, ils défendirent expressément que qui que ce fût, clerc ou laïque, appelât quelqu'un devant un juge ecclésiastique, excepté pour cause d'hérésie, de mariage ou d'usure, sous peine de la confiscation des biens et de la mutilation d'un membre. Une commission permanente, composée du duc de Bourgogne, du comte Pierre de Bretagne, du comte d'Angoulême et du comte de Saint-Paul, fut chargée de l'exécution de cet acte : et cette commission eut même le pouvoir de juger de la validité d'une excommunication.

Les emportemens et l'inflexibilité du Pape déterminèrent Louis à ne pas s'opposer à cette association. Innocent, fort irrité, menaça les seigneurs : ce fut en vain. Ne pouvant les effrayer, il prit le parti de les séduire : plusieurs bénéfices furent donnés à leurs parens et à leurs amis ; il leur accorda les dispenses et les indulgences dont ils eurent besoin. Par ce moyen il refroidit insensiblement leur ardeur ; et cette association, qui pouvoit lui faire tant de mal, n'eut aucune suite.

Cependant le Roi, non par crainte des reproches du Pape, mais par le désir de remplir un vœu fait au ciel, se préparoit sérieusement à la croisade. Odon de Châteauroux, cardinal-évêque de Tusculum, autrefois chancelier de l'église de Paris, actuellement légat, vint la prêcher. Une foule immense se précipitoit sur ses pas : il suffisoit qu'un Roi chéri fût à la tête de cette noble entreprise, pour que tous les Français se disputassent l'honneur de le suivre.

Ce fut alors que la reine Blanche, qui toujours avoit désapprouvé ce dessein, tenta sur son fils un dernier effort pour le lui faire abandonner. Si cette princesse avoit eu, comme l'ont dit mal à propos quelques historiens, une ambition insatiable et la passion de gouverner seule, certainement elle n'eût pas détourné Louis, qui depuis quelques années ne suivoit pas toujours ses avis, d'une expédition lointaine qui devoit la rendre pendant long-temps la maîtresse absolue de la France. Sa véritable passion étoit, comme je l'ai montré, son amour pour son fils. Accompagnée de Guillaume, évêque de Paris, qui partageoit ses craintes, elle alla trouver le Roi.

Ce prélat fit d'abord observer à Louis qu'il avoit fait ce vœu précipitamment, sans consulter personne, dans le délire de la fièvre, et qu'un tel vœu n'enga-

geoit pas. Il lui dit qu'il obtiendroit facilement une dispense du Pape à cause de la foiblesse de sa santé, qui ne lui permettoit pas d'entreprendre, sans le plus grand danger, un si long voyage. Ensuite il lui peignit de la manière la plus pathétique la situation de la France à peine pacifiée. Non-seulement les forces de Frédéric et les artifices du roi d'Angleterre sont à redouter; mais on doit craindre l'esprit séditieux des Poitevins, et l'inquiétude des Albigeois. L'Allemagne et l'Italie étant livrées aux fureurs des guerres civiles, il est difficile, pour ne pas dire impossible, d'aller à la Terre-Sainte, et d'y conserver des communications avec la France. Blanche prit alors la parole, et puisa ses raisons plus dans sa tendresse que dans la politique. « Mon cher fils, dit-elle à
« Louis, écoutez les conseils de vos amis, et ne vous
« en rapportez pas uniquement à votre propre sens.
« Souvenez-vous que l'obéissance à une mère est
« agréable à Dieu. Restez ici la Terre-Sainte n'y
« perdra pas. Vous enverrez des troupes en plus
« grand nombre que si vous partiez vous-même. Dieu
« n'exige pas l'impossible. L'état où vous étiez lorsque
« vous avez fait le serment fatal : est pour vous une
« excuse suffisante. » Louis, après avoir réfléchi quelques momens, répondit : « Vous croyez que ma
« raison étoit égarée lorsque j'ai pris la croix : hé
« bien, je la quitte, comme vous le désirez. » Alors il la détacha et la remit entre les mains de l'évêque. Blanche, transportée de joie, croyoit avoir triomphé, lorsque son fils poursuivit ainsi : « Maintenant, vous
« n'en doutez point, je ne suis pas dans le délire,
« je ne suis pas malade. Or je vous demande ma

« croix; et Dieu m'est témoin que je ne prendrai « point de nourriture que vous ne me l'ayez ren- « due. » La Reine et l'évêque, fondant en larmes, crurent reconnoître la volonté de Dieu dans cette persévérance aussi pieuse qu'héroïque; et, sans insister davantage, ils mirent le sort de ce vertueux prince entre les mains de la Providence.

Cette grande résolution n'a pas été exempte de reproches dans un siècle où l'on a eu le tort de juger les mœurs anciennes d'après les préjugés modernes. En déclamant beaucoup contre les croisades, on a traité de fanatisme le dévouement de saint Louis. On auroit dû, avant de prononcer d'une manière si tranchante, se reporter aux temps dont on vouloit tracer l'histoire, et juger au moins les croisades d'après les règles les plus communes de la politique. Avec plus de réflexion et moins de prévention, on auroit vu que ces expéditions avoient non-seulement pour objet de favoriser les pélerinages et de secourir les Chrétiens d'Orient, mais encore de mettre l'Italie à couvert des invasions des Sarrasins, et de les affoiblir en Espagne: double résultat qui fut entièrement obtenu. On auroit vu que les guerres particulières qu'entraînoit le régime féodal furent sinon suspendues, du moins beaucoup diminuées par ces entreprises, auxquelles les seigneurs s'empressoient de prendre part; que les forces dont les Chrétiens se servoient pour se détruire eux-mêmes furent par là tournées contre leur ennemi commun; qu'enfin la prospérité des peuples, l'affranchissement des villes et la tranquillité publique devinrent la suite nécessaire de ces grandes expéditions. D'après ces observations, on auroit sans doute conclu que la résolution de Louis ne fut ni aveugle ni fanatique.

Le nombre des Croisés s'augmentoit tous les jours; mais l'enthousiasme étoit plus fort dans les provinces qu'à la cour. Quelques jeunes seigneurs n'auroient pas craint de s'épargner beaucoup de fatigues, et de profiter de l'absence de leurs parens pour augmenter, sous la régence, leurs dignités et leur fortune. Louis, dont la piété n'étoit pas étrangère à une gaieté douce et décente, employa pour les engager à le suivre un moyen qui prouve combien il connoissoit le caractère français. C'étoit alors l'usage que les rois distribuassent aux seigneurs de leur cour des *livrées* ou des manteaux richement brodés et uniformes. La veille de Noël, Louis en fit distribuer pour la messe, qui devoit être célébrée pendant la nuit. L'obscurité empêcha ceux qui les reçurent de les examiner; mais quel fut leur étonnement lorsque le matin ils aperçurent qu'ils avoient tous des croix brodées sur leurs épaules! La valeur française ne leur permettoit pas de reculer. Ils tournèrent la chose en plaisanterie, quoiqu'ils la prissent au sérieux, et ils dirent en riant, que le Roi étoit un *habile pécheur d'hommes*.

Tout se préparoit pour la croisade, et Louis avoit fixé son départ au mois de juin 1248. Quelque temps auparavant, il tint à Paris un parlement où il fut décidé que toutes les guerres particulières seroient suspendues pendant cinq années, que les Croisés seroient pour trois ans à l'abri des poursuites de leurs créanciers, et que le clergé paieroit le dixième de ses revenus pour les frais de la guerre. En même temps le Roi envoya par tout le royaume des ferères prêcheurs et mineurs, pour s'informer s'il avoit fait tort à quelques particuliers ; et ses grands baillis reçurent l'ordre de concourir à cette opération. Tel étoit l'esprit du temps : et les croisades avoient cela d'avantageux pour les foibles, que les puissans, avant de s'engager dans ces entreprises périlleuses, donnoient pour gage de leur conversion sincère la réparation de tous les maux qu'ils avoient pu causer. Louis, qui n'avoit fait que du bien à ses peuples, se soumettoit lui-même à cette enquête ; où sa conscience lui répondoit qu'il n'auroit à revenir que sur des erreurs involontaires.

Avant de nous occuper du départ des Croisés, nous terminerons ce qui concerne l'empereur Frédéric, qui mourut pendant que Louis étoit en Syrie. Ce prince avoit été vaincu près de Parme par les guelfes, et ses affaires n'alloient pas mieux en Allemagne. Abattu par les revers, il implora de nouveau la médiation de Louis, qui fit un dernier effort auprès du Pape. Le Roi conjura le pontife de recevoir Frédéric dans sa bonté paternelle, et s'il avoit encore des griefs contre lui, d'en faire le sacrifice au bonheur du monde chrétien et au succès de la croisade. Innocent, enivré des victoires de ses partisans, ne répondit qu'en promettant au Roi de veiller sur la France pendant qu'il seroit absent, et de la protéger tant contre les entreprises de Frédéric que contre celles du roi d'Angleterre.

L'année suivante [1249], Frédéric, toujours malheureux, fut attaqué dans la Pouille d'une maladie grave. Pierre Desvignes, en qui depuis plusieurs années il avoit placé toute sa confiance, fut accusé d'avoir corrompu le médecin pour servir les projets ambitieux de Mainfroy, fils naturel de Frédéric, qui vouloit s'emparer du royaume de Naples. Le médecin, convaincu d'avoir essayé d'empoisonner l'Empereur, fut pendu; et Desvignes, à qui l'on brûla les yeux, fut promené dans plusieurs villes et jeté dans une prison, où il se donna la mort. Toutes les espèces d'infortunes semblèrent se réunir pour accabler Frédéric pendant cette année, qui précéda celle de sa mort. Hents, l'un de ses fils, auquel il avoit donné la Sardaigne, mourut après avoir été fait prisonnier par les Bolonais; un autre fils, dont le nom n'est point connu, fut tué dans le royaume de Naples; et Mainfroy, le seul de ses enfans naturels qui lui restât, celui qu'il chérissoit le plus, le trahissoit. Dans son désespoir, il implora la compassion du Pape, qui rejeta ses prières.

Retiré dans la Pouille, le malheur parut avoir aigri son caractère, jusqu'alors doux et modéré dans tout ce qui ne regardoit pas les affaires de l'Église. Il accabla les peuples d'impôts, condamna aux galères ceux qui ne pouvoient les payer, et se fit détester. Livré aux sentimens les plus violens et les plus exaltés, il tomba de nouveau malade à Florenzola. On dit qu'au moment où il sembloit hors de danger, Mainfroy l'étouffa en lui mettant un oreiller sur le visage. Son corps fut conduit à Montréal où il avoit désiré d'être enterré, et la litière qui le portoit fut escortée par deux cents Sarrasins qui formoient sa garde : circonstance qui contribua, d'après les idées du temps, à faire détester sa mémoire par les Chrétiens. Ainsi mourut, le 13 décembre 1250, à l'âge de cinquante-sept ans, ce prince doué d'une multitude de belles qualités, et qui, pour son malheur, ne sut pas en faire un bon usage. Il possédoit le grec, le latin, et presque toutes les langues vivantes. Une traduction latine des OEuvres d'Aristote, faite sur des manuscrits grecs et arabes, parut sous ses auspices. Les lettres lui doivent une partie des progrès qu'elles firent dans ce temps, et les universités de Vienne et de Naples le regardent comme leur fondateur. Tant de qualités, qui le rendoient digne de régner, furent ternies par une ambition insatiable, et par une fausseté qui dégradoit son caractère. On l'a vu prodiguer les sermens, et se faire un jeu de les violer. Ce fut ce qui rendit Grégoire ix et Innocent iv implacables dans les persécutions dont il fut enfin la victime. Ne pouvant se fier à sa parole, ils ne crurent trouver leur salut que dans sa ruine. L'examen de ses démêlés avec la cour de Rome prouve qu'il eut presque toujours tort, d'après le droit public et les préjugés du siècle : ce qui ne justifie pas cependant les papes d'avoir abusé contre lui des avantages de la victoire.

En faisant ses préparatifs de départ, Louis eut soin d'appaiser parmi les seigneurs tous les différends qui pouvoient occasioner des troubles pendant son absence. Il fut l'arbitre d'une cause fort singulière, la plus importante qu'il eut à juger, et qui, malgré ses sages précautions, fit naître par la suite une guerre cruelle.

Baudouin, comte de Flandre, qui conquit l'Empire grec, en partant pour la croisade avoit laissé son fief à Jeanne, qui épousa Ferrand de Portugal, fait prisonnier à la bataille de Bouvines. Jeanne avoit une sœur cadette nommée Marguerite, fort jeune alors, et qui fut mise sous la tutèle de Bouchard d'Avesnes. Bouchard étoit dans les ordres sacrés : ce qui ne l'empêcha pas d'aimer sa pupille, d'obtenir qu'elle répondît à sa passion, et de l'épouser; mais le remords s'empara bientôt de lui : il se sépara de son épouse, et partit pour Rome afin d'obtenir son pardon. Le Pape consentit à le lui accorder, à condition qu'il ne verroit plus Marguerite, et qu'il feroit un pélerinage dans la Terre-Sainte. Bouchard, bien décidé à se soumettre, revint en Flandre pour faire ses préparatifs, revit par hasard sa jeune épouse, et n'eut plus la force de la quitter. L'excommunication dont il fut frappé ne put vaincre une passion devenue plus forte que jamais : il vécut long-temps avec Marguerite, et en eut deux enfans. Cependant, comme il n'avoit jamais été tranquille sur sa position, le repentir prit le dessus à mesure que l'amour s'éteignit, et de concert avec son épouse il se sépara d'elle pour se livrer aux exercices de la pénitence. Marguerite, ayant succédé à Jeanne et à Ferrand, épousa Guillaume de Dampierre, dont elle eut trois fils et deux filles. Devenue veuve de cet époux, elle ne prit aucune précaution pour fixer le sort de sa double famille. Alors les Dampierre et les d'Avesnes se disputèrent, de son vivant, la succession des comtés de Flandre et de Hainault. Louis considérant que Marguerite avoit fait de bonne foi son premier mariage, et qu'ainsi les enfans qui en étoient sortis ne pouvoient être regardés comme illégitimes, décida que la Flandre appartiendroit à l'aîné des Dampierre, et le Hainault à l'aîné des d'Avesnes.

Louis prit encore plusieurs précautions pour assurer la tranquillité de son royaume. La plus sage fut d'emmener avec lui le duc de Bourgogne et les comtes de Bretagne, de La Marche et de Toulouse. Ce dernier ne le suivit pas immédiatement. L'ancien comte de Bretagne Mauclerc, entièrement revenu de ses erreurs, voulut partager les dangers de son Roi, se croisa comme simple chevalier, et fut d'une grande utilité, tant par son courage que par sa longue expérience dans la guerre. Une trêve fut conclue avec l'Angleterre pour tout le temps de la croisade.

Rien n'arrêtoit plus Louis, qui, pensant au déplorable état de la Terre-Sainte, brûloit de commencer son expédition. Depuis la croisade de son aïeul Philippe-Auguste, où la ville d'Acre avoit été prise, les affaires des Chrétiens d'Orient avoient toujours été en déclinant. Jean de Brienne, appelé au trône de Jérusalem, avoit fait en Égypte une campagne brillante, et s'étoit emparé de Damiette; mais n'ayant pu profiter de son succès, à cause de l'abandon d'une partie de ses troupes, il avoit été obligé de renoncer à cette conquête. L'empereur Frédéric son gendre n'avoit fait à Jérusalem qu'une courte apparition, et n'avoit remporté de ce voyage que la vaine gloire de s'être couronné lui-même dans l'église du Saint-Sépulcre, avec le consentement des Sarrasins. Thibaut, roi de Navarre, le dernier des princes français qui fût allé dans la Terre-Sainte, avoit échoué complètement. Pour comble de désastres, un peuple barbare venu à ce qu'on croit de la Perse, et poussé par les successeurs de Gengiskan, s'étoit précipité sur la Palestine, que n'avoit pu défendre le sultan d'Égypte. Les Corasmins s'étoient emparés de Jérusalem, avoient passé au fil de l'épée une multitude de Chrétiens et de Musulmans, et venoient d'être presque exterminés par le sultan de Damas.

Le vendredi 12 juin 1248, Louis, accompagné de ses frères Robert comte d'Artois, et Charles comte d'Anjou, se rendit à Saint-Denis. Le cardinal de Châteauroux déploya l'oriflamme, et donna au Roi le bourdon et la pannetière, attributs des pélerins. Alphonse, comte de Poitiers, ne devoit partir que l'année suivante : jusque là il étoit chargé d'aider la reine Blanche dans le gouvernement du royaume. La reine Marguerite avoit déclaré qu'elle vouloit suivre son époux. Le cortége traversa Paris, et fut conduit par les processions jusqu'à l'abbaye de Saint-Antoine, où Louis devoit se séparer de sa mère, et lui donner ses dernières instructions.

Blanche, dont le caractère étoit si ferme dans tout ce qui n'intéressoit pas son amour maternel, qui ne s'étoit jamais séparée de son fils, qui avoit préservé son enfance de tant de dangers, ne pouvoit s'habituer à l'idée de son départ. Son esprit paroissoit frappé du pressentiment qu'elle ne le reverroit plus. Pour gagner un jour, elle le suivit dans la commanderie de Saint-Jean près de Corbeil, où il devoit s'arrêter. Là fut réuni le parlement, qui auroit dû se tenir dans l'abbaye de Saint-Antoine. La régence fut solennellement donnée à Blanche; elle eut le pouvoir de composer le conseil, de choisir les grands baillis, de conférer les bénéfices : honneurs qui ne la flattoient plus, puisqu'elle ne devoit pas les partager avec son fils, et qu'elle n'acceptoit que pour consacrer les derniers momens de sa vie à le servir. Elle ne put encore se séparer de lui dans ce lieu. Avide de jouir des momens qui lui restoient pour rassasier ses yeux de la vue de ce fils chéri, elle voulut le suivre jusqu'à l'abbaye de Cluny, sur le territoire de laquelle l'armée devoit se rassembler. Ce fut dans ce monastère célèbre, où tout sembloit inviter au détachement des choses humaines, qu'ils se firent leurs adieux. Ils ne purent trouver de soulagement à leur douleur qu'au pied des autels du Dieu que Louis alloit servir; et, malgré la ferveur dont leurs cœurs étoient pénétrés, cette dernière séparation fut déchirante. Ils ne dévoient plus se revoir sur la terre.

Louis, ayant quitté sa mère, se mit à la tête de son armée. Il étoit alors âgé de trente-trois ans : sa taille avantageuse le faisoit paroître avec éclat devant des troupes qu'il avoit déjà conduites à la victoire. La délicatesse de sa santé rendoit sa physionomie plus intéressante; ses cheveux étoient blonds, et coupés courts suivant la mode du temps; la simplicité de ses vêtemens le distinguoit des autres chefs. L'armée le reçut avec des transports de joie, et se mit en marche pour Aigues-Mortes, port du Bas-Languedoc que Louis avoit fait creuser.

Nous ne ferons qu'un récit succinct de cette croisade dont Joinville a donné tous les détails, et nous ne nous étendrons que sur quelques circonstances qu'il a omises (1).

Louis s'embarqua, le 25 août 1248, dans le port d'Aigues-Mortes. Sa flotte étoit composée de trente-huit grands vaisseaux, et d'une multitude de bâtimens de transport : deux Génois la commandoient. Des magasins considérables avoient été formés dans l'île de Chypre où régnoit Henri de Lusignan, descendant des rois de Jérusalem. Ce fut vers cette île qu'on cingla, sans avoir encore des idées bien arrêtées sur le point qu'on attaqueroit. Le trajet fut heureux ; et pendant le long séjour que Louis fut obligé de faire à Nicosie, il déploya ces vertus vraiment royales qui l'avoient fait chérir en France. La discorde régnoit parmi ceux qui devoient lui servir d'auxiliaires, et sans lesquels il ne pouvoit réussir dans son entreprise : sa justice et sa bonté parvinrent à les concilier. A Chypre, les Latins et les Grecs étoient divisés, les hospitaliers ne s'accordoient pas avec les templiers, les Génois et les Pisans, rivaux de commerce, se faisoient une guerre continuelle : en Palestine, le roi d'Arménie prince chrétien, et le prince d'Antioche se battoient pour quelques portions de territoire, et les Sarrasins profitoient de leurs inimitiés. L'ascendant que les vertus de Louis lui donnoit sur tous ceux avec lesquels il avoit à traiter se fit sentir à ces ennemis qui paroissoient irréconciliables : si leurs fureurs ne furent pas entièrement calmées, ils en suspendirent les effets.

(1) Nous joignons à ce tableau historique la traduction du récit officiel de cette croisade, rédigé en latin par saint Louis lui-même, et adressé aux prélats, barons et bourgeois de France. Il est daté d'Acre, août 1250.

Lorsque ces arrangemens eurent été faits, un grand conseil fut tenu à Nicosie pour décider de quel côté se dirigeroit l'attaque. Les uns demandoient qu'on descendît à Saint-Jean-d'Acre, et qu'on marchât aussitôt sur Jérusalem. Les hospitaliers et les templiers appuyoient fortement cet avis téméraire. Les autres, parmi lesquels se trouvoit le roi de Chypre, très-instruit des affaires de l'Orient, pensoient qu'il falloit, à l'exemple de Jean de Brienne, faire une invasion en Égypte. Le sultan de ce pays étant maître de Jérusalem, et pouvant porter en très-peu de temps des forces considérables sur cette ville, il étoit nécessaire de le vaincre d'abord, pour s'établir ensuite solidement dans la Palestine. Louis adopta cet avis, qui étoit en effet le plus sage.

Il partit de Nicosie au mois de mai 1249, renforcé par Guillaume de Ville-Hardouin, prince d'Achaïe, qui voulut partager l'honneur de cette grande entreprise. La flotte, battue par la tempête à la vue des rivages d'Égypte, parut enfin devant Damiette. Quelques chefs demandoient qu'on ne fît la descente que lorsque plusieurs vaisseaux écartés par les vents auroient rejoint l'armée. Louis, en habile capitaine, ne voulut pas refroidir l'ardeur de ses soldats, et ranimer par son hésitation le courage des Sarrasins qui étoient rangés en bataille sur le rivage. Il ordonna que la descente s'opérât sur-le-champ. « Nous serons invincibles, dit-il aux chefs qui l'en-
« touroient, si la charité chrétienne nous rend insé-
« parables. Abordons hardiment, quelle que soit la
« résistance des ennemis. Ne considérez point ma
« personne : c'est dans l'armée bien unie que se

« trouvent le Roi et l'Église. Je ne suis qu'un homme
« dont Dieu peut d'un souffle éteindre l'existence. Tous
« les événemens possibles nous sont favorables. Si
« nous succombons, nous sommes martyrs; si nous
« sommes vainqueurs, Dieu est glorifié, et la gloire
« de la France augmentée. Dieu, qui prévoit tout, ne
« m'a pas envoyé ici en vain : il a sans doute quelque
« grand dessein. Combattons pour lui, il triomphera
« pour nous, non pour notre gloire, mais pour la
« sienne. »

D'une voix unanime on demande le combat : alors l'armée, presque toute portée sur des bateaux plats, se dirige vers une île qui n'étoit séparée de Damiette que par un bras du Nil, et qui étoit jointe à cette ville par un pont de bois. Louis étoit à la tête, précédé par l'oriflamme, et accompagné du légat, qui tenoit la croix. A quelque distance du rivage, il se jette dans la mer, et aborde des premiers. Les Sarrasins ne peuvent résister. Ils se retirent dans leurs retranchemens, y sont attaqués, vaincus, et prennent la fuite, sans même avoir eu le temps de brûler le pont. Dans cette victoire, où l'armée des Croisés ne perdit que très-peu de monde, Hugues de Lusignan, comte de La Marche, fut tué; il avoit été l'un des plus dangereux perturbateurs du royaume : sa mort expia sa vie.

Les Français n'avoient remporté une victoire si facile que parce que Meleck-Sala, sultan d'Égypte, s'étoit trouvé dans l'impossibilité de se mettre à la tête des Sarrasins. Frappé d'une maladie mortelle, il n'avoit pu qu'exhorter ses soldats à se bien défendre; mais l'absence de leur général les avoit découragés. Effrayés de la défaite qu'ils venoient d'éprouver, ils n'espérèrent même pas pouvoir défendre Damiette, quoique cette ville fût très-fortifiée.

Tout-à-coup les Croisés virent s'élever de cette ville une épaisse fumée et des flammes. Ignorant la cause de cet incendie, ils se tenoient sur leurs gardes, lorsque des esclaves chrétiens vinrent leur dire que l'on avoit reçu la nouvelle de la mort du Sultan, et que les Sarrasins évacuoient Damiette. Le Roi se défia de cet avis, et envoya des personnes sûres examiner ce qui se passoit dans la ville. Elles rapportèrent qu'il ne s'y trouvoit que quelques Chrétiens échappés au massacre ordonné par le chef des Musulmans avant leur départ. Ce succès inattendu ne donna point d'orgueil à Louis : il en rapporta tout l'honneur au Dieu qui le protégeoit. Il entra dans Damiette, accompagné de la reine Marguerite, tous deux pieds nus et la tête découverte. Ce fut ainsi qu'ils allèrent à la principale mosquée, dédiée autrefois par Jean de Brienne à la sainte Vierge, et que le légat venoit de rendre au culte chrétien.

Il paroît que les Croisés se trompèrent sur l'époque du débordement du Nil, et que cette erreur leur fit prendre la résolution de passer l'été à Damiette : résolution qui causa leur perte, parce qu'un si long repos dans un pays chaud énerva l'armée, et que les Sarrasins eurent le temps de reprendre courage. Il est probable que si Louis eût voulu marcher aussitôt sur le Caire, il s'en seroit rendu maître, et que la guerre eût été terminée. Le climat réveilla dans les soldats des passions que les fatigues eussent étouffées : ils se livrèrent à toute sorte d'excès ; le pillage éloigna les marchands qui apportoient des vivres, et des lieux de débauche furent établis, même dans le voisinage de la résidence du Roi. Il réprimoit ces désordres; mais la multitude des coupables rendoit les punitions presque impossibles.

A la fin d'octobre 1249, le comte de Poitiers, l'un des frères du Roi, vint joindre l'armée avec l'arrière-ban du royaume. Il étoit accompagné de sa femme et de la comtesse d'Artois. Raymond de Toulouse, père de la comtesse de Poitiers, n'avoit pas tenu la promesse qu'il avoit faite au Roi de partir avec son gendre : il s'étoit contenté de venir faire ses adieux à sa fille quelques momens avant qu'elle s'embarquât à Aigues-Mortes. Étant mort peu de temps après dans la ville de Milhaud, il avoit confié par son testament la régence du comté de Toulouse à Sicard d'Alaman, qui n'avoit pas la confiance de Blanche. Cette princesse cassa le testament, et fit prendre possession du fief au nom du comte de Poitiers par Hervé de Chevreuse, et par Philippe, trésorier de Saint-Hilaire.

L'arrivée du comte de Poitiers avec un renfort considérable ranima les espérances des Croisés. La saison étant devenue favorable pour la guerre, on tint un grand conseil à Damiette. Deux questions y furent agitées : Faut-il s'emparer d'Alexandrie ? ou vaut-il mieux aller attaquer le Caire, centre de la puissance des sultans d'Égypte ? Les chefs les plus sages furent d'avis de s'assurer d'Alexandrie, retraite sûre en cas de défaite. Le comte d'Artois, bouillant et téméraire, insista vivement pour qu'on marchât sur la capitale, s'appuyant de cet axiome : *Qui veut tuer le serpent écrase sa tête.* Malheureusement Louis adopta ce conseil, qui lui parut le plus expéditif et le plus hardi. Aussitôt tous les préparatifs furent faits pour cette expédition périlleuse. La reine Marguerite et les comtesses d'Artois et de Poitiers restèrent à Damiette, tandis que leurs époux alloient s'exposer à mille dangers.

Le sultan Meleck-Sala, sur le point de mourir, effrayé du danger que son peuple couroit, fit proposer la paix. Il offroit de rendre le royaume de Jérusalem, consentoit à ce que les Français gardassent Damiette, délivroit tous les prisonniers chrétiens, et payoit les frais de la guerre. Louis, convaincu qu'un tel traité ne seroit pas exécuté par le successeur de Meleck, rejeta ces propositions qui sembloient si avantageuses. Le Sultan mourut quelques jours après. Son fils aîné Almoadan étoit en Mésopotamie. On lui envoya des courriers pour le conjurer de venir défendre l'Égypte, et en l'attendant on confia le commandement à Facardin, général expérimenté.

Cependant les Français s'avançoient sur le Caire. Le Nil les arrêta devant la ville de Masoure. Il n'étoit pas guéable dans cet endroit, et Louis perdit un temps précieux à faire construire une digue que la violence du courant, et l'armée des Sarrasins qui étoit de l'autre côté, ne permirent pas d'achever. Un Bédouin découvrit un gué moyennant cinq cents besans d'or, et le comte d'Artois conjura le Roi son frère de le laisser passer le premier avec le petit corps d'armée qu'il commandoit. Le Roi, qui connoissoit son imprudence et sa témérité, n'y consentit qu'à regret; mais il exigea de lui la promesse de ne pas attaquer avant que toutes les troupes fussent réunies.

Le comte d'Artois n'eut pas plus tôt passé le Nil qu'il oublia les engagemens qu'il venoit de prendre.

Il arriva près du camp des Sarrasins, et le surprit au moment où Facardin leur chef étoit dans le bain, et faisoit peindre sa barbe. Ce général monte à cheval presque nu, veut en vain mettre ses troupes en bataille : il est tué au milieu du désordre, et le camp tombe au pouvoir des Français [mardi gras 1250]. Le comte d'Artois, enivré par ce succès, veut marcher aussitôt sur Masoure où les Sarrasins se retiroient. Le grand-maître des templiers, Guillaume de Sonnac, lui rappelle les promesses qu'il a faites au Roi, et lui fait en vain observer que, n'ayant avec lui que deux mille hommes, il se perdra s'il s'engage plus avant. Le prince irrité lui répond : « Voilà l'esprit « perfide des templiers. On a raison de dire que tout « l'Orient seroit conquis depuis long-temps, si vous « n'y mettiez obstacle par vos artifices. Vous craignez « de voir finir votre domination si ce pays est soumis « aux Chrétiens. Vous êtes d'accord avec les Sarra-« sins. » Le grand-maître, outré de ce reproche injuste, ne s'oppose plus à l'impétuosité du prince. On poursuit les Sarrasins avec acharnement, on entre à leur suite dans Masoure, et le pillage commence. Les Sarrasins s'aperçoivent bientôt du petit nombre de leurs ennemis. Sous les ordres de Bondoctar, simple soldat qui depuis devint célèbre, ils se rallient, reviennent à la charge. Les habitans les secondent, les Français se trouvent coupés ; on se bat à outrance dans les rues, dans les maisons ; et le comte d'Artois est tué, après avoir fait des prodiges de valeur.

Louis venoit de passer le Nil, lorsqu'il fut instruit du danger de son frère. Il envoya des secours, marcha lui-même; mais il fut repoussé par une multitude de Sarrasins, et son expérience dans la guerre lui fit voir que s'il avançoit davantage il seroit coupé de son ancien camp, où se trouvoit encore le duc de Bourgogne avec une partie de l'armée. Il se rapprocha du fleuve, et fut attaqué dans ce mouvement rétrograde. Sa résistance fut héroïque. Il se précipita plusieurs fois au milieu des ennemis, et il obtint tout l'avantage de ce combat.

Ce fut là qu'il apprit la mort de son frère; ses larmes coulèrent : mais il ne vit en lui qu'un martyr, et sa douleur, adoucie par cette idée, ne le détourna pas des soins qu'il devoit à son armée. Il rétablit, par un pont jeté sur le Nil, ses communications avec le duc de Bourgogne, et attendit une nouvelle attaque de l'ennemi.

Bondoctar, élu général par les Sarrasins, répandit le bruit que le Roi avoit été tué, et fit exposer l'armure du comte d'Artois, qui servit à confirmer cette nouvelle. Ensuite il enveloppa les Français par des troupes innombrables qui lui étoient venues de toutes les parties de l'Égypte. Malgré le feu grégeois dont les Sarrasins se servoient et dont les Français n'avoient pas l'usage, malgré la supériorité du nombre, Bondoctar ne put entamer l'armée chrétienne. Le Roi étoit partout, et la victoire le suivoit constamment. Charles d'Anjou son frère se trouvant en péril pour s'être trop engagé, Louis vola à son secours, dispersa ceux qui l'entouroient, et parvint à le sauver.

On conseilloit au Roi de retourner à Damiette, et d'y attendre les secours d'Europe. Ce conseil, dicté par la prudence, lui parut peu digne du courage que l'armée avoit déployé. Il ne put supporter l'idée de paroître fuir devant l'ennemi.

Almoadan, fils du sultan Meleck, si long-temps attendu par les Sarrasins, arriva enfin avec une armée levée dans la Syrie. Il envoya sur-le-champ défier le Roi, et le sommer de fixer un jour pour une bataille décisive. « Assigner un jour, répondit Louis, ce seroit
« excepter tous les autres. Demain, aujourd'hui, à
« l'instant même. » Cette réponse frappa le jeune Sultan, qui aima mieux laisser l'armée chrétienne se consumer par la disette et les maladies, que d'acheter par des flots de sang une victoire douteuse.

Il intercepta les communications de cette armée avec la ville de Damiette, d'où elle tiroit ses subsistances; et bientôt elle fut livrée aux horreurs de la famine. D'un autre côté, une multitude de corps morts jetés dans le Nil avoient été arrêtés par le pont qui joignoit les deux camps, et y répandirent l'infection. Le scorbut, les fièvres malignes, la dysenterie exercèrent leurs ravages. Presque tout le monde en fut atteint. Dans cette épreuve terrible, Louis se montra plus grand que jamais. Joinville raconte avec beaucoup de détail les soins qu'il eut des malades, et les consolations qu'il donnoit aux mourans. Un trait qu'il ne rapporte pas montre jusqu'à quel point il étoit révéré et chéri de ses serviteurs. Un de ses valets de chambre, se trouvant à l'extrémité, dit à Guillaume de Chartres qui l'assistoit : « J'attends mon saint maî-
« tre; je ne mourrai pas que je n'aie eu le bonheur
« de le voir. » Louis s'empressa d'aller près du mourant, qui expira doucement dans ses bras.

Bientôt il fut atteint lui-même de la maladie contagieuse. Les chefs de l'armée demandèrent une trêve aux Sarrasins, qui consentirent à rendre Jérusalem pourvu qu'on rendît Damiette. L'accord eût été conclu, si Almoadan n'eût exigé que le Roi lui fût donné en ôtage. A cette proposition, toute l'armée se souleva ; et Geoffroi de Sargines, l'un des plus braves officiers attachés à la garde du Roi, fut l'organe de sa volonté unanime. Louis vouloit se sacrifier pour l'armée, et l'armée vouloit se sacrifier pour lui. Noble débat, où le vœu des sujets l'emporta sur le dévouement du monarque !

Les ordres furent donnés pour s'éloigner du fleuve et pour se retirer à Damiette. Le Roi, qui se portoit mieux, fit embarquer les malades sur le Nil avec une forte escorte, et se mit à l'arrière-garde de l'armée, n'ayant à ses côtés que le fidèle Sargines. On le supplioit de s'embarquer avec le légat. « Je ne puis me « résoudre, répondit-il, à quitter tant de chevaliers « qui ont exposé leur vie pour le service de Dieu et « pour le mien. Je veux ou les ramener avec moi, ou « mourir prisonnier avec eux. »

La retraite commença, et les Sarrasins n'en furent que plus animés à harceler les Chrétiens. Sargines, presque seul, défendoit le Roi, qui étoit toujours à l'arrière-garde, poste le plus périlleux. Louis arriva dans une petite ville appelée Casel presque mourant. Les fatigues de la journée avoient épuisé ses forces. Il n'eut, pour le servir dans la maison abandonnée où il fut logé, qu'une pauvre bourgeoise de Paris qui avoit suivi l'armée.

Les Sarrasins en force attaquèrent Casel. Gaucher

de Châtillon, l'un des plus braves chevaliers après Sargines, défendit long-temps presque seul la rue où Louis étoit logé; il fut tué. Philippe de Montfort, qui vint le remplacer avec les débris de l'arrière-garde, entra en accommodement avec l'émir qui commandoit les Sarrasins. Une trêve alloit être obtenue, lorsqu'un des hérauts d'armes nommé Marcel, troublé sans doute par le danger que couroit son maître, vint dire que le Roi ordonnoit de se rendre.

Cet ordre, qui n'avoit pas été donné, rompit la négociation. Louis et ses deux frères les comtes de Poitiers et d'Anjou furent arrêtés et conduits à Masoure. L'oriflamme tomba au pouvoir des ennemis. Les malades qui s'étoient embarqués furent massacrés ou faits prisonniers. Le légat seul put arriver à Damiette, où il instruisit la reine Marguerite des affreux désastres que les Croisés venoient d'éprouver.

Cette princesse, enceinte et sur le point d'accoucher, ne tomba point dans le découragement. Persuadée que la conservation de Damiette pouvoit seule assurer la délivrance de son époux, elle pourvut avec beaucoup d'habileté à la défense de cette ville. Les fortifications en furent réparées par son ordre, et elle prit à sa solde plusieurs Génois et plusieurs Pisans qui, s'étant croisés à leurs frais, vouloient s'embarquer. Mais si la Reine affectoit de la sérénité lorsqu'elle paroissoit en public, ses inquiétudes n'en étoient que plus fortes quand elle rentroit dans la solitude de son intérieur. N'ayant pour garder sa chambre qu'un vieux chevalier de plus de quatre-vingts ans, elle exigea sa promesse qu'il la tueroit, si les Sarrasins s'emparoient de la ville et vouloient la faire prisonnière. Ce fut dans cette circonstance qu'elle mit au monde un fils auquel elle donna le nom de *Tristan*, pour conserver le souvenir des malheurs qui avoient entouré son berceau.

Louis prisonnier n'avoit conservé que son bréviaire, qu'il lisoit aussi tranquillement que s'il eût été dans l'oratoire de son palais. Privé de tout, il excitoit l'admiration des Sarrasins par sa bonté, sa patience et sa douce résignation. Plusieurs chevaliers, pouvant encore disposer de sommes considérables, vouloient se racheter séparément, sans s'inquiéter du sort de leurs compagnons d'infortune. Il les en empêcha. « Laissez-moi, leur dit-il, le soin de vous délivrer « tous. Je vous promets que je ne quitterai point ma « prison, si je ne fais sortir tous ceux qui sont venus « ici avec moi. »

Il traita de sa rançon et de celle des Chrétiens avec le Sultan; mais, au moment où l'accord étoit terminé, Almoadan, qui s'étoit aliéné les principaux officiers de son armée, fut assassiné par eux. En lui finit la race des *Aioubites*, ou enfans de Job, dont Saladin fut le premier prince, et qui avoit duré quatre-vingt-deux ans. Le règne des Mamelucks, chefs de la révolution, commença. C'étoit des esclaves mahométans et chrétiens que Meleck-Sala avoit formés dès leur enfance au métier de la guerre, et qu'il avoit eu l'imprudence d'élever aux premiers emplois. Un Mameluck apporta au Roi le cœur d'Almoadan. « Que me « donneras-tu, lui dit-il, pour t'avoir délivré d'un « ennemi qui t'eût fait mourir s'il eût vécu? » Louis ne répondit pas. « Choisis, poursuivit le Musulman, « de me faire chevalier, ou de mourir. — Fais-toi

« Chrétien, lui dit Louis, et je te ferai chevalier. »

Cependant les Mamelucks confirmèrent enfin le traité fait avec le malheureux Almoadan; Sargines alla faire rendre Damiette aux Sarrasins; la Reine et les princesses rejoignirent leurs époux; et cette armée, réduite de plus de moitié, s'embarqua pour la Syrie.

Louis voulut y aller avant de revenir en France, tant pour empêcher la ruine totale des Chrétiens de la Terre-Sainte, que pour négocier la délivrance de ses sujets qui étoient encore en Égypte, et qui n'auroient jamais revu leur patrie s'il les eût abandonnés. Plusieurs seigneurs quittèrent le Roi et partirent pour la France; l'ancien duc de Bretagne, qui avoit rendu les plus grands services, mourut en route. Louis arriva dans la ville d'Acre le 8 mai 1250.

Le sultan de Damas étoit alors en guerre avec le sultan d'Égypte, et Louis put profiter de leurs divisions; mais, toujours fidèle à ses promesses, il refusa de se liguer avec le sultan de Damas, à moins que les Mamelucks n'exécutassent pas les conditions du traité. Après des négociations très-longues, presque tous les Français prisonniers en Égypte furent mis en liberté, grâce à leur Roi qui ne voulut jamais les abandonner. Leur délivrance n'avoit pas été l'unique motif de son voyage en Syrie: il vouloit encore fortifier les diverses places de la Palestine que tenoient les Chrétiens, et les mettre en état de résister aux Sarrasins, jusqu'à ce qu'il pût entreprendre une nouvelle croisade. Les guerres qu'il eut à soutenir avec les Mamelucks et le sultan de Damas, qui, après avoir voulu l'attacher à leur parti, se réunirent contre lui, rendirent fort difficile l'exécution de ce projet: cependant il parvint à rendre presque imprenables les villes de Césarée, de Jaffa et de Sidon. Le Vieux de la Montagne, profitant de sa foiblesse apparente, lui fit faire de nouvelles menaces; mais les chevaliers du Temple et de l'Hôpital ayant dit à l'ambassadeur qu'ils le jeteroient dans la mer s'il insistoit, et cet envoyé ayant rendu compte à son maître de la réception qu'on lui avoit faite, ce prince si redoutable pour ceux qui le craignoient admira le courage du Roi, et lui envoya des présens.

Pendant son séjour en Syrie, la reine Blanche le conjura souvent de revenir. Ébranlé par ces instances d'une mère chérie, mais tenant beaucoup à terminer ce qu'il avoit entrepris, il réunit un grand conseil, et mit l'affaire en délibération. Plusieurs chevaliers, fatigués d'une si longue guerre, furent d'avis de partir pour la France; Joinville et quelques seigneurs soutinrent courageusement l'opinion contraire, qui fut adoptée par le Roi : on se contenta de renvoyer près de Blanche les comtes de Poitiers et d'Anjou.

Cependant la maladie contagieuse qui en Égypte avoit fait perdre tant de monde exerça encore ses ravages en Syrie. Louis n'en fut pas atteint, quoiqu'il ne passât point de jour sans soigner lui-même les malades, et sans présider aux derniers devoirs qu'on rendoit aux morts. Quelques chevaliers montroient de la répugnance à partager ces tristes soins auxquels il consacroit les intervalles de repos que lui laissoit la guerre. « Ils ont souffert la mort, répondoit-il en
« montrant les corps inanimés des victimes de la con-
« tagion : nous pouvons bien souffrir quelque chose
« pour eux. N'ayez point de dégoût en les appro-
« chant; ils sont martyrs, et en paradis. »

Le sultan de Damas, soit par perfidie, soit par admiration des vertus de Louis, offrit de lui laisser faire le pélerinage de Jérusalem. C'étoit là le plus grand désir du Roi, et presque l'unique but de ses longs travaux. Il en fut détourné, non par la crainte d'une trahison, mais par l'idée qu'il ne convenoit pas à un prince de son rang d'aller, désarmé, visiter les saints lieux : il pensa que, d'après son exemple, tous les rois qui viendroient en Palestine croiroient avoir assez fait en allant à Jérusalem avec l'autorisation des Sarrasins, et sans les combattre. Mais s'il ne vit point Jérusalem, il visita presque tous les autres lieux célèbres par les mystères de notre religion. Il alla au mont Thabor, à Cana, à Nazareth. Lorsqu'il aperçut cette dernière ville, il descendit de cheval, et se mit à genoux; ensuite, quoiqu'il fût accablé de fatigue, il se rendit à pied dans ce lieu qui fut le berceau de Jésus-Christ, et y communia de la main du légat. Jamais, dit son confesseur, Dieu n'avoit été adoré avec tant de ferveur, depuis que le mystère de l'Incarnation avoit été accompli à Nazareth.

Les sinistres pressentimens de la reine Blanche se réalisèrent à la fin de l'année 1252. Attaquée à Melun d'une maladie grave, elle expira le 1er décembre, faisant des vœux pour son fils et pour la France. Elle avoit, comme on le verra, maintenu la paix dans le royaume, et réprimé tous les troubles que l'absence du Roi avoit causés. La nouvelle de la captivité de Louis lui avoit porté le coup mortel.

Le Roi étoit à Jaffa, lorsque le légat fut instruit de cette mort : les comtes de Poitiers et d'Anjou l'avoient chargé d'y préparer leur frère. Le cardinal, ayant pris avec lui l'archevêque de Tyr et Geoffroy de Beaulieu, confesseur de Louis, alla trouver ce prince, et lui dit qu'il avoit à lui parler en particulier. Son air triste troubla le Roi, qui le conduisit de chambre en chambre jusqu'à sa chapelle. Il en ferma la porte, et s'assit devant l'autel. Le légat commença par lui rappeler les bienfaits que Dieu avoit répandus sur sa jeunesse, principalement en lui donnant une mère qui l'avoit élevé saintement, et dont la fermeté et la constance avoient sauvé le royaume de l'anarchie. Les sanglots interrompirent le légat, et Louis ne put plus douter de la mort de Blanche. Alors il se mit à genoux devant l'autel, et fondit en larmes. « Mon Dieu, dit-il, je vous rends grâce de m'avoir « conservé ma mère jusqu'à ce jour, et de ce que « vous l'avez rappelée dans votre sein pour la faire « jouir du bonheur éternel. O mon Dieu ! il est bien « vrai que j'aimois ma mère plus que toutes les autres « créatures ; mais que votre volonté soit faite, et que « votre nom soit béni. » Le légat, après avoir fait la recommandation de l'ame, laissa Louis avec son confesseur : ils prièrent et pleurèrent ensemble. Quelques jours après, le Roi se montra aux seigneurs, et donna les ordres pour revenir en France.

La reine Marguerite partagea la douleur de son époux, quoiqu'elle fût peu attachée à Blanche, dont elle avoit eu à se plaindre ; elle gémissoit de ce que Louis étoit inconsolable, et s'inquiétoit surtout de ce que la jeune Isabelle sa fille étoit tombée, par la mort de la Reine-mère, sous la garde des hommes. Marguerite avoit supporté les fatigues d'un si long voyage avec un courage extraordinaire. Douée d'un esprit vif et piquant, elle égayoit souvent par des saillies pleines de sel les soucis dévorans dont Louis étoit tourmenté. Douce et familière avec les chevaliers, elle leur apprenoit, par son exemple, à supporter leurs maux avec constance.

Le Roi laissa pour défendre la Palestine le brave Geoffroy de Sargines, qui en Égypte lui avoit donné tant de preuves de dévouement. Ce chevalier, qui étoit alors fort jeune, devint par la suite sénéchal et viceroi de Jérusalem, et se maintint plus de trente ans contre toutes les forces des Sarrasins.

Louis partit de Syrie le 24 avril 1254. La traversée fut pénible: Près de l'île de Chypre, le vaisseau qui portoit la famille royale fut endommagé par un banc de sable. On pressoit le Roi de le quitter : il s'y refusa, quoique le danger fût réel, par la seule crainte de laisser plusieurs Français dans l'impossibilité de revenir dans leur patrie. Enfin les Croisés débarquèrent en Provence, et Louis, après tant de désastres, fut rendu à ses peuples.

Il faut revenir sur ce qui s'étoit passé dans le royaume pendant son absence.

Blanche, devenue régente pour la seconde fois, recevoit avidement toutes les nouvelles qui arrivoient de l'armée des Croisés. Après la prise de Damiette, un des chefs écrivit à un commandeur templier, resté en France, qu'on marchoit sur le Caire. L'évêque de Marseille, à qui la lettre fut communiquée, la répandit; et l'on crut que Louis s'étoit rendu maître de la capitale de l'Égypte. On fit des réjouissances qui furent interrompues par l'horrible nouvelle de la captivité du Roi. Le deuil succède à l'alégresse ; le Pape fait prêcher une nouvelle croisade, et la Régente désespérée ordonne des armemens en France.

Dans ce moment de désolation, un aventurier, profitant de l'émotion qui régnoit partout, voulut tenter une révolution. Job, né en Hongrie, déserteur de l'ordre de Citeaux, se montra dans quelques villes de Flandre, et prêcha une croisade d'une espèce nouvelle. Il soutenoit qu'il n'appartenoit ni aux nobles ni aux prêtres de délivrer Jérusalem, et que cet honneur étoit réservé aux bergers. Un grand nombre de paysans se réunirent autour de lui, et prirent le nom de *pastoureaux*. A la tête de trente mille hommes, Job entra dans Amiens. Animé par ses premiers succès, il y déclama avec violence contre les seigneurs, et surtout contre la cour de Rome, qu'il appeloit la Babylone moderne. Son armée s'étant accrue d'une multitude de vagabonds et de femmes perdues, il vint à Paris, où Blanche, trompée par de faux rapports, le laissa entrer, croyant qu'il seroit possible de former de ces fanatiques une armée régulière avec laquelle on délivreroit son fils. Les pastoureaux se livrèrent à toute sorte d'excès. Leur chef, habillé en évêque, prêchoit dans les églises, confessoit, rompoit des mariages, et portoit partout le désordre. L'Université, menacée, se barricada dans ses colléges. La Régente, manquant dans ce moment de troupes disponibles, ne put que laisser passer ce torrent. Les pastoureaux, après avoir mis Paris à contribution, et y avoir fait de nombreuses recrues, se dirigèrent vers Orléans, au nombre de cent mille. Ils y commirent des crimes, et quelques prêtres furent jetés par eux dans la Loire. Ensuite ils allèrent à Bourges.

Blanche avoit eu le temps de rassembler des forces suffisantes. Elle les envoya contre eux. Ils furent aisément dissipés dans les plaines du Berry, et Job perdit la vie en fuyant. Cette troupe immense se dispersa en divers corps, pour échapper plus facilement aux poursuites. Partout on les réprima. Un des chefs périt à Bordeaux, et l'on prétendit avoir trouvé sur lui un billet écrit en arabe, par lequel il s'engageoit à livrer aux Infidèles un certain nombre de Chrétiens.

Le retour en France des deux frères du Roi, et la nouvelle de sa délivrance, donnèrent quelque consolation à la Régente, et ranimèrent les espérances d'un peuple plongé dans l'abattement. Les deux princes passèrent en Angleterre, et n'obtinrent de Henri III que de vaines promesses. Quelque temps après, une révolte éclata en Guyenne contre ce prince : il demanda permission à Blanche de passer en France pour aller la réprimer. Les circonstances où l'on se trouvoit, la crainte que sa présence n'excitât de nouveaux troubles, la lui firent refuser.

Après la mort de la Régente, la guerre éclata dans la Flandre entre les d'Avesnes et les Dampierre, que Louis s'étoit efforcé de réconcilier. Charles d'Anjou prit parti pour les Dampierre, parce que, de concert avec leur mère Marguerite qui s'étoit déclarée contre ses enfans du premier lit, ils avoient cédé à la France Valenciennes et le comté de Hainault. Cette guerre très-violente duroit encore au retour du Roi, qui réconcilia de nouveau cette famille divisée, et lui rendit généreusement les possessions que l'animosité lui avoit fait abandonner.

Conrad, fils aîné de Frédéric, s'étoit pressé, aussitôt après la mort de son père, de recueillir sa succession. Il avoit remporté en Italie de grands avantages sur Innocent IV, et s'étoit même emparé de Naples. Le Pape, que cette conquête effrayoit beaucoup, prit le parti d'offrir à Charles d'Anjou la couronne de Sicile : couronne que le frère de saint Louis crut alors devoir refuser, mais que nous lui verrons bientôt accepter. Au milieu de ses victoires, Conrad mourut subitement dans la ville d'Aviéto en 1254, empoisonné, dit-on, par son frère naturel Mainfroy, qu'on accusoit déjà d'avoir fait périr Frédéric, leur père. Il ne laissoit pour héritier de ses droits en Allemagne et en Italie qu'un enfant de deux ans, nommé Conradin, qu'il avoit eu d'Élisabeth de Bavière. Cet enfant, dont le sort devoit être si malheureux, commença son règne sous les plus tristes auspices. Guillaume de Hollande, son compétiteur en Allemagne, étant mort quelque temps après, Richard, frère du roi d'Angleterre, et Alphonse, roi de Castille, furent appelés à l'Empire ; et l'investiture du royaume de Sicile fut donnée à Edmond, l'un des fils de Henri III. Richard seul fit valoir ses droits en Allemagne ; Edmond, retenu par les troubles de l'Angleterre, ne passa point en Italie, où le Pape soutint long-temps le fardeau de la guerre.

Berthold, marquis d'Hombrouck, avoit été chargé d'abord de la tutèle du jeune Conradin, et l'avoit mis sous la protection du saint Siége, pour fléchir le Pape. Mainfroy, dont l'ambition auroit été trompée si la paix eût été solide, accusé d'avoir fait périr le père et l'aïeul de cet enfant, s'empara de sa tutèle, feignit de se réconcilier avec Innocent, lui fit la guerre aussitôt qu'il eut trouvé l'occasion favorable, et battit ses troupes dans les environs de Nocera. On dit qu'Innocent IV ne put supporter la douleur que lui causa cette défaite. Il mourut au mois de décembre 1254. Renaud, cardinal, évêque d'Ostie, neveu de Grégoire IX, devint pape sous le nom d'Alexandre IV.

La France ne prit aucune part à ces événemens, dont quelques-uns arrivèrent depuis le retour du Roi, mais que nous avons dû placer dans le même cadre, afin de donner au récit plus de clarté.

Louis, débarqué en Provence, signala son arrivée par de nouveaux bienfaits. Il sentoit la nécessité d'entretenir une longue paix, afin de réparer les désastres de la croisade. Pendant sa route jusqu'à Paris, il écouta les réclamations de toute espèce qui lui furent faites, accorda au Languedoc et à la Provence une ordonnance qui favorisoit le commerce de ces deux provinces, et y maintint l'usage de rendre la justice d'après le droit écrit. Arrivé à Paris, il publia une autre ordonnance rapportée par Joinville, et qui a pour principal objet d'empêcher la corruption des juges.

Il nomma prévôt de cette grande ville Étienne Boyleuve ou Boyleau, juge intègre et sévère qui, sans acception de personne, fit respecter les lois, réprima les désordres, et jeta les fondemens de cette police civile qui se perfectionna dans les siècles suivans. Ce fut alors qu'on vit le Roi réaliser une grande idée depuis long-temps conçue, et dont le but étoit de faire jouir tous ses sujets, de quelque condition qu'ils fussent, d'une liberté véritable. Il classa tous les marchands et artisans des villes qui lui appartenoient en différens corps de communautés, sous le nom de confréries. Les premiers réglemens de ces confréries furent dressés par lui. Il y mit tant de justice et de prévoyance, que toutes les fois que depuis cette époque on a voulu faire des réformes dans les corps de métiers, on a été obligé de revenir aux statuts de saint Louis, de les faire revivre, ou d'y puiser les véritables principes de l'institution.

La croisade ayant ruiné beaucoup de familles illustres, il fit faire un dénombrement de la noblesse indigente, et assigna des fonds pour la secourir. Il accueilloit avec attendrissement les veuves et les orphelins de ces braves chevaliers qu'il avoit vus périr à ses côtés. Il s'informoit avec soin de leur situation; et, mettant dans ses bienfaits le discernement le plus délicat, il savoit les distribuer de manière à ne blesser ni la vertu timide qui n'ose faire valoir ses droits, ni l'avidité orgueilleuse qui ne croit jamais être assez payée. Ses sollicitudes s'étendirent aussi sur les pauvres laboureurs qui pouvoient avoir souffert, soit par l'invasion des pastoureaux, soit par les désastres de leurs seigneurs. Des commissaires envoyés par lui dans les campagnes en dressèrent un rôle qu'il examinoit lui-même. Il donnoit, à ceux qui étoient encore en état de travailler, les moyens de reprendre leur culture; aux infirmes et aux impotens, de quoi subsister. « Les « serfs, disoit-il, appartiennent à Jésus-Christ comme « nous; et dans un royaume chrétien nous ne devons « pas oublier qu'ils sont nos frères. »

Vers le même temps, une horrible famine désola la Normandie. Louis secourut cette province restée fidèle, malgré les intrigues du roi d'Angleterre qui prétendoit en être injustement dépouillé. Il y fit transporter des grains à ses frais. « Il est juste, disoit-il, « que j'assiste dans leur détresse ceux qui m'assistent « dans leur abondance. » On doit remarquer que toutes ces largesses ne se faisoient pas aux dépens des peuples des autres provinces. Les rois de France étoient alors propriétaires de vastes domaines qui servoient seuls à l'entretien de leur cour. Ils s'imposoient des privations lorsqu'ils vouloient être généreux, et donnoient veritablement ce qu'ils donnoient.

Jusque là, pour s'assurer que la justice étoit exactement rendue dans ses domaines, Louis s'étoit contenté, comme ses prédécesseurs, d'envoyer des commissaires chargés de surveiller les sénéchaux et les baillis. Il voulut remplir lui-même cette auguste fonction : ce fut l'objet des voyages continuels qu'il fit depuis dans ses États. A son approche, les opprimés reprenoient courage, les foibles comptoient sur une protection puissante, et les hommes en place s'empressoient de réparer les abus d'autorité. Les dépenses de ces voyages n'étoient nullement onéreuses aux peuples des villes et des campagnes. Un prélat (c'étoit ordinairement l'archidiacre de Paris), et un seigneur honoré de la confiance du Roi, suivoient la cour de quelques journées. Ils s'informoient, dans tous les lieux où elle avoit logé, si quelques dégâts avoient été commis. Ces dégâts étoient aussitôt réparés des deniers du prince, sans que ceux, dit Mézerai, qui étoient grevés, eussent seulement la peine de demander justice, bien loin de se consumer en frais extraordinaires pour l'obtenir.

Outre les juridictions ordinaires des sénéchaux et

des baillis de ses domaines, il faisoit tenir auprès de lui une cour de justice qu'on appeloit *les Plaids de la porte*. C'étoit là qu'il recevoit l'appel des causes de ses vassaux jugées en première instance par ses officiers. On le voyoit en été rendre ainsi lui-même la justice, soit dans le jardin de son palais situé dans l'emplacement où se trouve aujourd'hui la place Dauphine, soit sous les arbres du bois de Vincennes : tableau touchant de nos antiques mœurs, dont la poésie et l'éloquence se sont emparées pour en proposer l'exemple aux siècles modernes, sans réfléchir que c'étoit à titre de seigneur féodal que Louis jugeoit ses sujets, et que la constitution des monarchies actuelles, entièrement différente, rend plus ou moins dans toute l'Europe la justice indépendante du pouvoir suprême.

Louis ne négligea rien pour préparer ce résultat, qui constitue la véritable liberté des peuples. Suivant l'usage, ses vassaux immédiats composoient sa cour de justice. Profitant de leur inexactitude, et de leur dégoût pour les affaires, il les remplaçoit par des hommes de loi. Ces hommes, distingués par leur science et leur mérite, furent par la suite les seuls juges ; et c'est là l'origine de nos parlemens, qui sous les règnes suivans devinrent indépendans et sédentaires.

Son amour pour la justice se montra surtout dans une affaire où Charles d'Anjou son frère étoit intéressé. Ce prince, dont le caractère violent se développera bientôt, à la suite d'un différend avec un simple chevalier avoit fait mettre en prison son adversaire, qui sollicita la protection du Roi. Louis témoigna son indignation à Charles. « Croyez-vous,

« lui dit-il, qu'il doive y avoir plus d'un roi en
« France, et que vous serez au-dessus des lois parce
« que vous êtes mon frère ? » Le chevalier fut mis en
liberté, le Roi lui donna des défenseurs, et il gagna
son procès.

Lorsqu'à l'occasion de ses domaines quelques différends s'élevoient entre lui et ses sujets, il développoit lui-même toutes les raisons contraires à ses intérêts, et se montroit en quelque sorte le défenseur de ses adversaires. Il agissoit ainsi pour dérober le poids que l'autorité royale pouvoit mettre dans la balance de la justice, et pour ôter à ses conseillers toute crainte de lui déplaire s'ils décidoient contre lui.

On a vu qu'avant de partir pour la croisade il auroit voulu qu'on réparât tous les torts que sous son règne, ou même sous ceux de ses prédécesseurs, des particuliers pouvoient avoir éprouvés. Ce travail n'ayant pu être terminé avant son départ, il s'en occupa plus ardemment lorsqu'il fut de retour, et que la crainte du danger n'eut plus aucune influence sur cette résolution généreuse. Les commissaires qui en étoient chargés ne trouvèrent que des injustices faites sous les règnes précédens, et qu'on ne put réparer, parce que les héritiers des opprimés n'existoient plus. Louis résolut de donner aux pauvres non-seulement ce qui avoit été mal acquis, mais ce qui même laissoit le plus léger doute sur la légitimité de la possession. Il consulta sur cet objet le pape Alexandre IV, qui lui répondit par ces belles paroles : « Nous nous réjouissons, et nous
« bénissons le Seigneur qui a rempli votre ame des
« lumières de la justice. De là vient votre courage dans
« la défense de la loi orthodoxe, votre fermeté dans la

« conservation des libertés ecclésiastiques; de là cette
« pureté et cette délicatesse de conscience qui vous
« rend agréable à Dieu, et qui vous fait trouver du
« plaisir dans l'exercice de toutes les vertus. »

Ce fut avec les fonds affectés à ces œuvres de justice et de charité que Louis augmenta les revenus de l'Hôtel-Dieu de Paris, et fonda successivement les Hôtels-Dieu de Pontoise, de Vernon et de Compiègne; la maison des Quinze-Vingts, destinée à servir de retraite aux pauvres aveugles; le couvent des Filles-Dieu, où la religion rappeloit à la vertu les femmes que leurs passions avoient égarées; une multitude de maladreries (il y en avoit huit cents) où les lépreux, objets de l'horreur des hommes, étoient recueillis, et recevoient tous les soins que leur malheur réclamoit.

Souvent, dans ces momens de loisirs que les autres princes emploient à des distractions frivoles, il disoit à ceux qui l'entouroient : « Allons visiter les pauvres
« de tel village, et portons-leur des consolations et des
« secours. » On le suivoit dans les retraites de la misère; et si l'aspect déchirant des infortunes humaines révoltoit quelquefois les courtisans, ils ne pouvoient s'empêcher d'admirer cette ardente charité qui faisoit en quelque sorte de leur Roi un ange sur la terre.

Ces dépenses considérables faites pour les pauvres ne l'empêchoient pas de conserver au trône l'éclat qu'il doit avoir. Dans les occasions importantes, il déployoit l'appareil le plus pompeux; et ses cours plénières, comme l'observe Joinville, effaçoient celles des autres princes de l'Europe.

Tous ces bienfaits portant jusqu'à l'enthousiasme l'amour de ses peuples, leur laissoient toujours la crainte qu'il ne s'exposât une seconde fois dans un voyage d'outre-mer. Il n'avoit point quitté la croix ; et ce signe, qui frappoit leurs regards toutes les fois qu'il se montroit en public, répandoit quelque nuage sur le bonheur dont il les faisoit jouir.

Les loisirs qu'il déroboit au soin des pauvres étoient employés à des occupations dignes d'un grand roi. Il avoit entendu dire en Syrie qu'un sultan faisoit recueillir les livres nécessaires aux Musulmans, et qu'il en formoit une bibliothèque ouverte à tous les savans. Voulant imiter ce noble exemple, il fit transcrire tous les manuscrits qui se trouvoient dans les monastères, et fit ranger ces précieux exemplaires dans une salle voisine de la Sainte-Chapelle. Il alloit souvent travailler dans cette bibliothèque, au milieu des personnes que l'amour de l'étude y attiroit; et quand il s'y trouvoit des hommes peu instruits, il leur expliquoit lui-même les plus beaux passages des Pères de l'Église. Le soin de cette bibliothèque étoit confié à Vincent de Beauvais, frère prêcheur, lecteur du Roi, et chargé de l'éducation des enfans de France.

Henri III, comme je l'ai dit, étoit venu en Guyenne pour appaiser une révolte, et n'avoit pas obtenu de la reine Blanche la permission de passer par la France pour s'y rendre. Le calme étant rétabli dans cette province, il fit la même demande au Roi, qui, ayant réparé tous les maux causés par son absence, et ne craignant plus aucune faction, déclara qu'il verroit avec plaisir le roi d'Angleterre.

Le voyage de ce prince donna lieu, sur sa route, à plusieurs fêtes brillantes: il vint à Paris, et fut logé au Temple. Les fêtes recommencèrent, et la reine Marguerite eut la satisfaction de se voir réunie à ses sœurs, dont la première étoit l'épouse du roi d'Angleterre, la seconde de Richard, frère de ce prince, et la troisième de Charles d'Anjou. Dans un dîner, Louis voulut mettre Henri entre lui et le jeune roi de Navarre; Henri refusa cette place d'honneur. « Vous « êtes mon Seigneur, dit-il au roi de France, et le « serez toujours. » Ensuite Louis, à la prière du roi d'Angleterre, eut des conférences avec lui. Il le fit venir dans son palais, et l'y retint à coucher. « Il est « juste, lui dit-il avec cette grâce qui le caractérisoit, « il est juste que je sois le maître chez moi : je veux « cette nuit vous avoir en mon pouvoir. » Henri profita de l'extrême bonté et de la conscience scrupuleuse de Louis pour réclamer la Normandie enlevée à Jean-sans-Terre par Philippe-Auguste. Ses raisons frappèrent le Roi, et l'auroient peut-être déterminé à sacrifier à la justice les intérêts de son royaume, si ses ministres et les barons ne lui eussent prouvé que la confiscation faite par son aïeul sur Jean-sans-Terre, en punition de l'assassinat du jeune Arthur, étoit conforme aux lois, et aux règles de la plus étroite équité. Henri partit pour l'Angleterre, sans abandonner l'espérance d'obtenir ce qui venoit de lui être refusé.

A la suite de ces fêtes, le Roi maria Isabelle, sa fille la plus chérie, avec le jeune Thibaut, roi de Navarre. Le père de ce prince, que nous avons vu tenir une conduite si bizarre dans le commencement de ce règne, étoit mort en 1253, une année avant la reine Blanche. Louis affectionna son gendre, le traita comme son fils, et prit soin de lui inspirer les vertus qui convenoient à son rang. Peu de temps après, il traita du mariage de Louis, son fils aîné, avec Bérengère, fille d'Alphonse x, roi de Castille. Il fut convenu que cette union seroit faite lorsque les deux jeunes fiancés auroient atteint quelques années de plus.

Ce fut alors que le saint Roi, croyant avoir établi sa famille et assuré la tranquillité de son royaume, eut le désir de se consacrer entièrement à Dieu. L'affection particulière qu'il avoit pour les frères prêcheurs le faisoit pencher pour cette règle sévère. Avant de se déterminer, il assembla sa famille, et lui communiqua ses desseins. La reine Marguerite fit les derniers efforts pour le détourner de cette résolution : elle lui fit observer que ses enfans en bas âge avoient besoin d'être dirigés par lui, que les troubles de la France se ranimeroient sous un jeune prince inexpérimenté, et qu'enfin la volonté de Dieu l'ayant placé sur le trône, son devoir étoit d'y rester. Les instances de son épouse, celles de ses frères et de Louis son fils, lui firent abandonner ses projets de retraite. Il n'en reprit qu'avec plus d'ardeur ses devoirs de roi.

Il se trouvoit à Paris quelques personnes qui tournoient en ridicule son excessive piété. Une femme nommée Sarette s'approcha de lui un jour qu'il tenoit ses plaids du palais. « Fi, fi, lui dit-elle; devriez-vous « être roi de France? Il eût mieux valu que tout autre « que vous occupât le trône : vous n'êtes le roi que « des frères prêcheurs, des frères mineurs, des prê« tres et des clercs. » Les gardes, révoltés de l'insolence de cette femme, vouloient la maltraiter. « Certes, « répondit le Roi en souriant, elle dit vrai; je conviens « que je ne suis pas digne d'être roi : il eût mieux valu

« qu'un autre que moi le fût. Mais puisque Dieu m'a
« appelé à régner, je dois obéir à ses décrets, et rem-
« plir sur la terre la mission qu'il m'a confiée. » Sarette
se retira frappée de la bonté et de la modestie de
saint Louis, et le repentir qu'elle éprouva la punit
mieux que si le Roi eût souffert qu'on la traduisît en
justice.

Depuis le commencement de son règne, Louis avoit
fait tous ses efforts pour abolir les guerres particulières. A son retour de la croisade, il avoit ordonné
qu'aucun seigneur offensé ne songeât à se venger avant
d'avoir laissé passer quarante jours : ce qui fit donner
à cette ordonnance le nom de *Quarantaine du Roi*.
En 1257, il en rendit une autre datée de Corbeil, par
laquelle il abolit entièrement ces sortes de guerres,
et charge ses sénéchaux de punir tous ceux qui voudroient se faire justice par les armes. Tel étoit le
respect qu'il inspiroit, que cette ordonnance, si contraire à l'esprit du temps, fut exécutée tant qu'il vécut.
L'année suivante, il fit un traité avec Jacques, roi
d'Arragon, dont la famille avoit depuis long-temps
des prétentions sur des villes et des territoires dépen-
dans du comté de Toulouse : il lui céda ses droits sur
les comtés de Barcelone et de Roussillon, et Jacques
renonça à ses prétentions sur Carcassonne, Béziers et
le Lauragais.

Une négociation bien plus importante fut terminée
en 1259. Henri III réclamoit toujours la Normandie :
il cherchoit, en faisant agir des ecclésiastiques, à jeter
des alarmes dans la conscience du Roi, seul moyen
d'obtenir de lui quelques concessions. Louis consentit,
de son plein gré, à donner des dédommagemens qu'il

crut justes; et, traitant le roi d'Angleterre en inferieur, il régla lui seul les conditions sur lesquelles seroit fondée une paix solide. Il céda donc à Henri le Limosin, le Périgord, le Quercy et une partie de la Saintonge, en réservant l'hommage qui lui étoit dû comme seigneur suzerain. Henri, de son côté, s'engagea par serment à renoncer pour lui et ses successeurs à la Normandie, à l'Anjou, au Maine, à la Touraine et au Poitou. Ce traité, que les victoires remportées par le Roi pouvoient seules faire paroître désavantageux pour la France, fit murmurer les seigneurs. « Je sais, leur dit Louis, que le roi d'Angleterre n'a
« aucun droit sur ces provinces, et que son père les a
« légitimement perdues : mais nous sommes beaux-
« frères, nos enfans sont cousins germains. Je veux
« établir solidement la paix entre les deux royaumes;
« et, pour cela, il ne faut pas abuser de la victoire.
« J'aurai d'ailleurs un roi pour vassal. Henri est mon
« homme : il ne l'étoit pas auparavant. »

Henri revint en France, et rendit hommage lige à Louis pour les terres qu'il possédoit dans ce royaume. Au milieu des fêtes qu'amenoit cette cérémonie, le jeune Louis, héritier présomptif de la couronne, mourut à l'âge de seize ans. Pour se distraire de leur douleur, le Roi et la Reine reconduisirent Henri jusqu'à Saint-Omer, et visitèrent à leur retour la Picardie.

Louis vit alors se terminer une contestation qui duroit depuis cinq ans entre les docteurs séculiers de l'université de Paris, et les frères prêcheurs et mineurs : contestation qui pouvoit compromettre le progrès des études et la tranquillité de la capitale.

On se souvient que pendant la régence l'Université, à la suite d'une querelle avec les bourgeois, s'étoit dissoute, et que les franciscains et les dominicains avoient été appelés pour remplacer les professeurs absens. Revenus à Paris, les docteurs séculiers avoient pris de l'ombrage en voyant les moines en possession d'enseigner, et s'étoient montrés jaloux du succès qu'ils obtenoient. Thomas d'Aquin, franciscain, et Bonaventure, dominicain, brilloient à la tête des réguliers par des talens de dialectique très-estimés dans ce siècle. Guillaume de Saint-Amour, docteur séculier, avoit autant de réputation qu'eux, mais il ne savoit pas commander à un caractère fougueux et irascible. Un livre attribué à Jean de Parme, général des franciscains, intitulé *Introduction à l'Évangile éternel*, ouvrage rempli de rêveries mystiques et d'erreurs graves, fit éclater la querelle, quoique les réguliers l'eussent désavoué. Les docteurs séculiers prétendirent que c'étoient là les principes de leurs adversaires; et Saint-Amour composa un livre plein d'énergie, intitulé *les Périls des derniers temps*, dans lequel il attaquoit la vie monastique, et représentoit les réguliers comme des hypocrites précurseurs de l'Ante-Christ, des flatteurs des rois, des fauteurs de la licence.

Le Pape condamna le livre de Saint-Amour, et prescrivit à l'Université de recevoir les réguliers dans son sein. Elle désobéit, et brava l'excommunication. Saint-Amour fut obligé de fuir, et ses partisans le regardèrent comme un martyr. Alors Thomas d'Aquin publia une apologie des réguliers, dans laquelle il réfuta victorieusement les sophismes de son adversaire. Il convient des torts de quelques religieux, mais il soutient que leur règle est utile et sainte. Il reproche à Saint-Amour d'être tombé dans l'exagération, en prétendant que les moines ne doivent tirer aucun salaire de leurs prédications. Il lui prouve que cette opinion est contraire à la parole de Dieu, qui dit que les apôtres doivent vivre de l'Évangile. Il anéantit enfin toutes les calomnies répandues par le docteur. Cette réponse, *plus solide et plus suivie*, comme l'observe l'abbé Fleury, que la diatribe de Saint-Amour, fut accompagnée d'une autre apologie composée par Bonaventure : et toutes deux relevèrent les réguliers dans l'opinion. Saint-Amour se priva, par son opiniâtreté, des moyens de rendre encore ses talens utiles à la jeunesse, et les moines purent enseigner concurremment avec les séculiers. La modération de leurs deux illustres chefs, qui furent placés depuis au rang des saints, les empêcha d'abuser de la victoire; et par esprit de paix ils cédèrent, dans tous les actes publics, le premier rang aux docteurs séculiers.

C'est à cette année [1260] qu'on peut fixer l'époque de la plus grande prospérité de la France sous le règne de saint Louis. Ses sages réglemens sur les corps de métiers avoient eu les résultats les plus heureux. La police qu'il établit dans les jeux et les spectacles publics rendit le séjour des villes aussi tranquille qu'agréable. Il s'occupa de tracer des grandes routes, de creuser des canaux, pour rendre le commerce plus facile. Le royaume, épuisé par de longues guerres civiles et par les croisades, se repeuploit, et les revenus des domaines de la couronne étoient doublés.

Ce fut dans ce moment de bonheur et de gloire que Louis reçut la plus grande preuve d'estime, de confiance et de respect que jamais des étrangers aient donnée à aucun roi. L'Angleterre étoit plongée dans les désordres d'une révolution. Le parlement, irrité des folles dépenses de Henri III et de son penchant pour les favoris, s'étoit révolté contre ce prince. Sous prétexte de procurer l'exécution de la grande charte accordée par son père, ils lui avoient arraché à Oxford le consentement de former une commission de vingt-quatre seigneurs pour réformer le gouvernement. Le comte de Leicester, qui, comme on l'a vu, avoit quitté le nom de Montfort, étoit à la tête des rebelles. Les deux partis commencèrent les hostilités ; mais n'ayant obtenu aucun avantage décisif, ils se déterminèrent, par un compromis du 16 décembre 1263, à prendre le roi de France pour arbitre. Henri étoit sûr que Louis ne profiteroit pas de sa position pour lui nuire ; les seigneurs savoient, par les sages lois qu'il avoit données à son peuple, que les principes d'une sage liberté ne lui étoient pas étrangers.

Le roi et la reine d'Angleterre vinrent en France ; les seigneurs y firent passer des députés. Les conférences se tinrent dans la ville d'Amiens, et les deux partis plaidèrent leur cause devant le roi de France. Le 23 janvier 1264, il rendit une sentence pleine de sagesse, et bien faite pour calmer les troubles, si jamais les factions pouvoient entendre le langage de la politique et de la raison. Elle portoit que les statuts d'Oxford seroient annulés comme injurieux à la dignité royale ; que toutes les lettres que Henri auroit pu écrire dans cette occasion seroient supprimées ; que les seigneurs rendroient les forteresses dont ils s'étoient emparés ; que le Roi formeroit son conseil à sa volonté; qu'il rentreroit dans tous les droits de ses prédécesseurs; qu'amnistie pleine et entière seroit accordée pour le passé; que les priviléges, chartes, libertés et coutumes qui existoient auparavant continueroient de subsister.

Les deux partis se retirèrent satisfaits en apparence; mais Leicester interpréta la sentence en faveur de sa faction. Malgré la foible résistance de Henri III, il s'empara du ministère et exerça bientôt une autorité despotique. Édouard, fils aîné de Henri, se mit à la tête des royalistes et leva des troupes. Il gagna la bataille d'Evesham, délivra son père, et Leicester fut massacré.

En 1262, Louis maria son fils Philippe, qui depuis lui succéda, à Isabelle, fille de Jacques, roi d'Arragon. Ce mariage avoit éprouvé des difficultés qui ne peuvent s'expliquer qu'en reprenant la suite des démêlés de Mainfroy, tuteur du jeune Conradin, avec le pape Alexandre IV.

Mainfroy, doué de tous les talens de son père Frédéric II, en faisoit un usage encore plus funeste. On a vu que, dans sa jeunesse, il fut accusé de deux assassinats. Régent et maître absolu du royaume de Naples, il avoit fait depuis 1257 une guerre heureuse contre le Pape, qui, obligé de quitter Rome, s'étoit réfugié successivement dans les villes d'Agnani et de Viterbe. Alexandre IV mourut dans cette dernière ville le 25 mai 1261, laissant à Jacques Pantaléon, patriarche de Jérusalem, né Français, qui lui succéda sous le nom d'Urbain IV, un État en proie à tous les fléaux qui suivent une longue invasion, et des prétentions aussi élevées que si le saint Siége eût été dans la situation la plus tranquille.

L'année suivante, Mainfroy, dont le pouvoir s'affermissoit, voulut se faire un allié du roi d'Arragon, en donnant sa fille Constance à Pierre, fils de ce prince. Louis traitoit en même temps le mariage de son fils Philippe avec Isabelle, fille du même roi; et le Pape sollicitoit vivement Charles d'Anjou d'accepter l'investiture du royaume de Naples, à laquelle le prince Edmond, l'un des fils du roi d'Angleterre, avoit renoncé. Louis ne s'étoit pas encore expliqué sur l'offre faite à son frère, lorsqu'il apprit les négociations entre le roi d'Arragon et Mainfroy; il voulut rompre avec le premier, mais il fut trop facilement ramené à son projet par un acte de Jacques, dans lequel ce prince s'engageoit à ne jamais soutenir Mainfroy contre l'Église romaine. Les deux mariages se firent : et telle fut l'origine des prétentions des maisons d'Arragon et d'Anjou sur le royaume de Naples, et des guerres longues et sanglantes qui en furent le résultat.

Mainfroy, comptant sur l'alliance qu'il venoit de faire, poussa la guerre contre Urbain, qui mit en interdit le royaume de Naples. Les magistrats de cette ville envoyèrent au Régent des députés pour le supplier de faire la paix avec le Pape. « J'enverrai, leur « répondit Mainfroy, trois cents Sarrasins qui feront « dire la messe par force; faites embarquer dans une « galère les prêtres et les moines qui refuseront de « se soumettre. » En même temps, s'étant procuré des intelligences dans la ville d'Orviette, où le Pape demeuroit, il souleva le peuple contre ce pontife, qui, attaqué d'une maladie dangereuse, fut obligé de se faire transporter à Pérouse, où il mourut le 2 octobre 1264.

Gui Fulcodi, cardinal, évêque de Sabine, légat en Angleterre, fut élu pape. Il n'avoit pu passer dans ce royaume à cause de la guerre civile, et demeuroit à Boulogne-sur-Mer lorsqu'il apprit son élection. Il partit après avoir vu Charles d'Anjou, et s'être assuré qu'il accepteroit l'investiture du royaume de Naples aux conditions voulues par le saint Siége. Arrivé en Italie, il se déguisa en mendiant pour ne pas tomber dans les mains de Mainfroy, dont les troupes occupoient tous les passages. Tel fut l'abaissement d'un pontife qui se croyoit en droit de disposer des couronnes. Il arriva heureusement à Pérouse, où il fut couronné le 22 février 1265. Il prit le nom de Clément IV.

Charles d'Anjou, aussi brave que Louis, mais n'ayant pas ses vertus, ambitieux, violent, vindicatif, avoit depuis quelques années le titre de sénateur de Rome. C'étoit une fonction que les Romains confioient à quelque seigneur puissant, chargé de maintenir leurs priviléges. L'usage étoit qu'elle ne durât que deux ans. Mécontens des seigneurs italiens, trop peu puissans pour les protéger efficacement, ils l'avoient donnée à Charles d'Anjou pour sa vie. Ce prince ne s'étoit pas rendu à Rome, mais Jacques de Gausselin y étoit son lieutenant.

Le cardinal de Sainte-Cécile vint en France offrir à Charles la couronne de Naples. Il leva les scrupules de Louis, en lui prouvant que Conrad avoit été déposé légitimement, et en lui faisant observer qu'Edmond, n'ayant depuis plusieurs années fait aucun effort pour occuper ce trône, avoit, par le fait, perdu tous ses droits.

On négocia : et des conditions qui ne pouvoient convenir qu'à un prince disposé à tout sacrifier pour obtenir une couronne furent imposées à Charles d'Anjou. Il fut convenu que tout ce qui avoit été fait par Frédéric et par Mainfroy seroit révoqué, que le clergé seroit rétabli dans son indépendance, que ses causes seroient soustraites aux tribunaux laïques, que les priviléges de la noblesse et des villes seroient maintenus, et que jamais Charles et ses successeurs ne deviendroient empereurs, ni maîtres de la Lombardie et de la Toscane. Charles dut se démettre dans trois ans de la dignité de sénateur de Rome; il s'engagea pour lui et ses successeurs à payer au Pape à son avénement huit cents onces d'or, à lui présenter tous les trois ans une haquenée blanche, et à se reconnoître son homme lige.

On dit que Béatrix, femme de Charles, la seule des princesses de Provence qui ne fût pas reine, et brûlant de l'être, détermina son époux à souscrire à toutes ces conditions. Elle vendit ses bijoux pour subvenir aux frais de la guerre; une croisade fut publiée contre Mainfroy et Conradin, des troupes d'aventuriers s'enrôlèrent sous les bannières du nouveau Roi, et l'on ne parla plus en France que de la conquête prochaine du royaume de Naples.

Louis et son épouse Marguerite ne partagèrent pas cet enthousiasme. Le Roi voyoit avec peine une entreprise qui troubloit le repos dont il avoit voulu faire jouir ses sujets; il l'auroit empêchée, s'il ne l'avoit crue juste. La Reine n'étoit pas bien avec sa sœur Béatrix : elle étoit jalouse de ce qu'étant sa cadette, elle eût hérité du comté de Provence.

L'expédition de Naples offroit beaucoup de difficultés. La puissance de Mainfroy paroissoit affermie. Il avoit pour allié l'empereur Michel Paléologue, devenu maître de Constantinople; un corps nombreux d'excellentes troupes mahométanes étoit à sa solde; il étoit soutenu par plusieurs seigneurs allemands, et par tous les gibelins d'Italie.

Charles, accompagné de son épouse, partit de Marseille en 1265, avec une flotte de quatre-vingts voiles. Débarqué à Civita-Vecchia, il occupa bientôt Rome, où il fut reconnu comme sénateur. Le Pape étoit alors à Pérouse, et n'osoit en sortir. Mainfroy tenta, mais vainement, de surprendre Rome. Ensuite il essaya de faire empoisonner son rival; mais ce complot fut découvert, et les coupables punis. Cependant Charles étoit vivement pressé par les troupes de Mainfroy, et ses projets auroient peut-être échoué, si une nouvelle armée levée en France, où l'on prêchoit toujours la croisade, ne fût venue augmenter ses forces. Cette armée traversa l'Italie, et se grossit d'une multitude de guelfes. Lorsqu'elle fut arrivée, le Pape délégua cinq cardinaux qui couronnèrent Charles et son épouse dans l'église de Saint-Pierre.

Quelques jours après cette cérémonie, le prince français se mit en campagne et marcha sur Naples. Le pont de Cepérano, sur le Garigliano, qui séparoit le royaume de Naples de l'État ecclésiastique, étoit un poste très-fortifié. Charles l'emporta presque sans résistance. On dit qu'il lui fut livré par Richard, comte de Caserte, à qui la défense en étoit confiée, parce que Mainfroy avoit séduit la femme de ce général, quoiqu'elle fût sa propre sœur.

Charles, profitant de ce premier succès, battit les Sarrasins près de San-Germano, s'empara du monastère du mont Cassin, et rétablit les moines que Mainfroy avoit chassés ; il prit ensuite Capoue, et poursuivit son ennemi jusque dans les plaines de Benevent, où fut livrée la bataille de ce nom. Charles, avant de donner le signal du combat, s'aperçut que les Français avoient des épées moins longues que celles des Allemands ; il ordonna à ses soldats de ne se servir que de la pointe : on lui obéit avec transport. Mainfroy ne peut résister à l'impétuosité française : son armée est mise en déroute : il meurt en se défendant avec courage.

Alors tout le royaume de Naples se soumit à Charles d'Anjou ; mais son caractère violent lui fit beaucoup d'ennemis. Il ne suivit pas les conseils du Pape, qui l'engageoit à pardonner aux partisans de Mainfroy : au contraire, il exerça contre eux des vengeances cruelles. Un prince qu'il avoit comblé de bienfaits se mit bientôt à la tête des mécontens. Henri, prince de Castille, après s'être révolté contre son roi, avoit été obligé de se réfugier à Tunis. Instruit que le trône de Naples étoit occupé par un de ses parens, il vint à cette cour et y fut accueilli. Mais, joignant l'ingratitude à la perfidie, il se lia secrètement avec les partisans de la maison de Souabe ; et ce fut par ses intrigues que le jeune et malheureux Conradin fut rappelé dans un pays où il devoit trouver la mort.

Élisabeth, mère de Conradin, qui vivoit avec lui en Allemagne dans un château fortifié, chercha vainement à le détourner de cette entreprise téméraire. Il partit avec le jeune Frédéric, duc d'Autriche, son ami et son parent. A peine fut-il arrivé à Trente, qu'une armée nombreuse de gibelins lui fut acquise : après s'être arrêté quelque temps à Véronne pour mettre de l'ordre parmi ses troupes, il marcha contre Charles, en prenant le titre de roi de Naples. Ce prince, occupé dans ses États à calmer les révoltes qui éclatoient de tous côtés, ne put aller au devant de Conradin, qui s'empara de Rome, où il se fit couronner empereur. Tout paroissoit favoriser le jeune prince; mais il n'avoit pas encore vu l'ennemi qu'il avoit à combattre. Charles l'attendit près du lac Celano : il n'avoit que dix mille hommes, et l'armée de son rival étoit de trente mille. Le prince français, suppléant au nombre par le courage et la science militaire, mit en réserve toute la noblesse qu'il avoit amenée de France. Les troupes françaises se replièrent d'abord, et Conradin se crut vainqueur; mais tandis que ses soldats pilloient le camp, Charles paroît tout-à-coup avec sa réserve, et se précipite sur une armée débandée : le combat recommence avec fureur ; on se mêle, on lutte homme contre homme, des flots de sang sont répandus, et la victoire se déclare enfin pour les Français.

Conradin s'étoit sauvé dans un château voisin de la mer, appartenant à Frangipani, seigneur romain. Au moment où il vouloit passer dans la Sicile, qui s'étoit déclarée pour lui, il fut arrêté avec Frédéric et conduit à Charles. Ce prince, qui venoit d'obtenir une victoire si glorieuse, la souilla par l'abus qu'il en fit. Il ne craignit pas de livrer à une commission de juges nommés par lui Conradin et le duc d'Autriche, princes souverains, que toutes les lois reconnues alors rendoient indépendans de lui. Ils furent condamnés à mort, comme des rebelles pris les armes à la main. L'échafaud fut dressé sur la place du marché; le duc d'Autriche périt le premier; Conradin montra le plus grand courage : il demanda pardon à son jeune ami d'avoir causé sa perte, ramassa sa tête sanglante, et la couvrit de baisers. Ensuite il jeta son gant au milieu du peuple, en déclarant qu'il cédoit ses droits à qui le vengeroit. Satisfait d'avoir fait ce dernier acte de pouvoir, il présenta sa tête aux bourreaux. Ainsi mourut un prince, à peine âgé de seize ans, qui donnoit les plus grandes espérances, et qui fut victime des imprudences et des excès de son père et de son aïeul. On dit que son gant fut ramassé par le chevalier Trucksez de Walbourg, qui le porta sur-le-champ à Pierre d'Arragon, époux de la fille de Mainfroy.

Les juges nommés par Charles d'Anjou firent périr plusieurs partisans de Conradin. Henri, le plus coupable, fut épargné comme proche parent du Roi : Hélène, femme de Mainfroy, et Manfredini son fils, moururent prisonniers dans le château de l'OEuf.

Élisabeth, mère de Conradin, ayant appris la détention de son fils, avoit quitté précipitamment l'Allemagne pour venir solliciter sa grâce et payer sa rançon : elle apprit en route sa mort affreuse.

Charles lui refusa les restes de cet enfant chéri : tout ce qu'elle put obtenir fut que son corps seroit enterré dans une église.

Clément IV blâmoit ces exécutions sanglantes; mais ses remontrances n'avoient aucun pouvoir sur son orgueilleux vassal.

Pendant que Charles d'Anjou croyoit affermir son pouvoir par des cruautés, Louis son frère continuoit de faire le bonheur de la France. En 1266, il confirma les statuts du collége de Sorbonne; dès l'année 1250, cet établissement avoit été fondé par Robert de Sorbon, dont parle souvent Joinville, et qui vivoit dans l'intimité du Roi : il étoit destiné à donner l'instruction gratuite à de pauvres étudians en théologie. La Reine, alors régente en l'absence de son fils, avoit mis à la disposition de Robert une maison voisine du palais des Thermes; les fondations s'étoient augmentées; et Louis, de retour, avoit accordé toute sa protection à cette société, qui depuis a répandu tant d'éclat sur l'université de Paris.

Le Roi, quoique sa santé fût très-affoiblie, quoiqu'il pût à peine monter à cheval et qu'il fût dans l'impossibilité de porter une armure, n'oublioit pas qu'il s'étoit dévoué au service de Dieu dans la Terre-Sainte. Il n'avoit jamais quitté la croix. Les événemens qui se passèrent en Palestine en 1267 réveillèrent son zèle, et il prit la résolution d'entreprendre une nouvelle croisade.

Sargines étoit toujours à Saint-Jean-d'Acre; et Plaisance, princesse d'Antioche, veuve de Henri de Lusignan, gouvernoit ce qui restoit du royaume de Jérusalem. Bondoctar, que nous avons vu parvenir au pouvoir suprême par le courage qu'il déploya en Égypte, avoit soumis tous ses rivaux ; et son pouvoir s'étendoit sur l'Égypte, l'Arabie, Alep, Jérusalem et Damas. Presque toutes les places de Syrie fortifiées par Louis étoient tombées en sa puissance. Acre restoit seule, et couroit les plus grands dangers.

A ces nouvelles désastreuses, un parlement fut convoqué à Paris. Le Roi s'y présenta portant dans ses mains la couronne d'épines, et fit le tableau le plus touchant des maux que souffroient les Chrétiens d'Orient. L'attendrissement fut général quand on vit ce prince adoré, malgré les infirmités dont il étoit accablé, se dévouer une seconde fois à la délivrance des saints lieux; mais l'enthousiasme fut moins vif qu'il ne l'avoit été en 1248. Les déplorables suites de cette entreprise étoient encore présentes à la mémoire de tout le monde : ceux qui en avoient fait partie étoient devenus vieux, et par conséquent moins propres à une expédition de ce genre; l'enfance de leurs fils n'avoit été entretenue que des calamités qu'on avoit éprouvées. Le légat donna la croix aux trois fils du Roi, qui étoient en état de porter les armes, et au jeune Thibaut, roi de Navarre. Charles d'Anjou, roi de Naples, le comte de Poitiers et de Toulouse, frère du Roi, le jeune comte d'Artois, fils de Robert, et Édouard, fils du roi d'Angleterre, se croisèrent aussi, et attirèrent plusieurs seigneurs. Mais l'espèce de froideur qu'on mettoit à remplir un devoir pénible montroit que le goût pour ces entreprises périlleuses commençoit à s'éteindre, et sembloit présager que si le succès le plus éclatant ne couronnoit pas celle-ci, elle seroit la dernière.

Le départ fut fixé à deux ans. On envoya des secours considérables à Sargines, et Louis employa le temps qu'il devoit encore passer en France à donner de la stabilité aux institutions dont il avoit jeté les fondemens. Tout annonçoit dans sa conduite qu'il s'attendoit à périr loin de sa patrie.

Ce fut alors, si l'on en croit plusieurs historiens, qu'il publia l'ordonnance qui porte le nom de *Pragmatique sanction*, et dans laquelle Bossuet trouve les vrais principes des libertés de l'Église gallicane. Les sanglans démêlés des empereurs et des papes, dont Louis avoit été témoin pendant tout le cours de sa vie, et qu'il avoit tenté vainement d'appaiser, lui inspirèrent l'idée de fixer les bornes des deux puissances, en conservant à l'une et à l'autre toute l'influence qu'elles doivent avoir pour le bonheur et le repos des peuples. La Pragmatique porte que les prélats et collateurs de bénéfices jouiront de leurs droits, sans que la cour de Rome puisse y porter atteinte par des réserves et des grâces expectatives, et qu'enfin les églises cathédrales et abbatiales auront la liberté de faire les élections. La simonie est expressément défendue; les promotions, collations, provisions et dispositions des prélatures se feront d'après les principes établis par le droit commun, par les conciles et par les Pères. Les papes ne pourront lever des taxes qu'avec la permission du Roi et du consentement de l'Église gallicane.

La mort du pape Clément IV, qui arriva la même année, la vacance du saint Siége qui dura trois ans, la puissance de Charles d'Anjou, dont le royaume touchoit à l'État ecclésiastique, et qui, quoique vassal des papes, pouvoit leur être très-redoutable, empêchèrent alors la cour de Rome de réclamer contre cette ordonnance, qui devint la base du droit ecclésiastique de la France.

Non content d'avoir, sous ce rapport, assuré autant qu'il étoit en lui le repos de ses sujets, le Roi voulut, par un corps complet de législation civile, faire cesser l'anarchie qui régnoit depuis tant de siècles. L'ordonnance qui s'appelle les *Établissemens de saint Louis*, et qui paroît avoir été publiée à peu près à cette époque, contient deux cent huit articles. Elle se compose de lois romaines, de canons des conciles, et d'ordonnances particulières. Louis fit un choix des ordonnances de ses prédécesseurs qui tendoient au but qu'il vouloit atteindre, et y joignit celles qu'il avoit rendues à diverses époques de son règne, en les modifiant de manière à en faire un ensemble régulier. Ce code, si utile pour le temps où il fut fait, n'est remarquable aujourd'hui que parce qu'on y découvre les nombreux abus que le prince s'efforça de réprimer. Il interdit les guerres particulières, les épreuves, les duels judiciaires; il donne plus d'étendue aux cas royaux; il trace les règles d'une procédure légale; il assure les droits des diverses classes de la société; et sans altérer les anciennes coutumes, auxquelles les peuples tiennent plus qu'à leurs lois, il les fait tourner au bien général, en les appliquant à des institutions propres à maintenir la paix et à faire régner la justice.

Louis fit aussi, avant de partir, des dispositions pour assurer le sort de ses enfans. Philippe, son héritier présomptif, Jean Tristan, comte de Nevers, et Pierre, comte d'Alençon, devoient le suivre. Il donna le comté de Clermont à Robert son plus jeune fils, âgé de douze ans, qui épousa par la suite Béatrix de Bourbon, et dont la branche parvint au trône trois siècles après, dans la personne de Henri IV. Il maria Blanche avec Ferdinand, fils d'Alphonse, roi de Castille. Ses deux dernières filles Marguerite et Agnès, qui devinrent plus tard duchesses de Brabant et de Bourgogne, étoient encore dans l'enfance.

Il s'étoit occupé lui-même, comme le père le plus tendre, de l'éducation de cette nombreuse famille. On le voyoit surveiller les exercices de ses enfans, et il se faisoit accompagner par eux dans ses œuvres de charité, afin de leur inspirer de bonne heure ces sentimens de commisération et de bonté qu'il regardoit comme les plus précieuses qualités des rois. Tous les soirs, dit Nangis, il les faisoit venir auprès de lui, et leur rappeloit, en les entretenant de leurs études, les actions des bons rois et empereurs : il développoit à ces jeunes cœurs tout ce qu'il y avoit de sublime dans les actes de générosité, de clémence et de justice de ces grands princes, et les engageoit à se régler sur de tels modèles.

Étant sur le point de partir, il rendit les derniers devoirs à sa sœur unique Isabelle de France, morte à l'âge de quarante-cinq ans, abbesse du couvent de Longchamp, dont elle étoit fondatrice. Cette princesse, qui avoit été demandée en mariage par Conrad, fils de Frédéric II, aima mieux se retirer dans un cloître que de partager le trône impérial : elle y trouva le bonheur. En tout semblable à son frère, elle excita l'admiration et l'amour des religieuses confiées à ses soins, et mourut comme une sainte. Livrée à l'étude, et aux exercices de piété, elle devint tellement familière avec le latin, qu'elle corrigeoit les lettres dans cette langue que ses chapelains écrivoient en son nom. L'imagination ardente des religieuses de Longchamp lui attribua plusieurs miracles racontés par celle à qui nous devons l'histoire de sa vie. Nous n'en citerons qu'un, qui pourra servir à montrer combien ces pieuses filles aimoient leur abbesse, et avoient la conviction qu'elle étoit une sainte. La nuit de sa mort, la religieuse dont nous avons les Mémoires veilla constamment dans sa cellule, placée vis-à-vis du corps de bâtiment qu'occupoit la princesse. Le temps étoit serein ; et la religieuse, interrompant souvent ses prières, tantôt contemploit le ciel comme le séjour futur de celle qui étoit mourante, tantôt fixoit ses regards sur les mouvemens qui se faisoient dans l'appartement d'une personne si chère. Au moment où le soleil alloit paroître, tout lui sembla tranquille, et elle tomba dans une rêverie profonde ; mais tout-à-coup elle en fut tirée par une symphonie céleste qui porta dans son ame le calme le plus doux et l'attendrissement le plus délicieux. Le jour étoit venu, et c'étoit précisément le moment où la princesse avoit rendu le dernier soupir.

La reine Marguerite ne devoit pas suivre son époux. Quoiqu'il eût pour elle l'estime et la tendresse dont elle étoit digne, il ne lui donna point la régence, se souvenant sans doute des murmures que le testament de son père avoit causés, et craignant que son royaume, gouverné par une femme, n'éprouvât pendant son absence les malheurs dont les talens extraordinaires de la reine Blanche n'avoient pu le préserver. Il nomma régens Matthieu, abbé de Saint-Denis, et Simon, sire de Nesles : s'ils mouroient, ils devoient être remplacés par Philippe, évêque d'Évreux, et Jean de Nesles, comte de Ponthieu. Ils prirent le titre de lieutenans du Roi, et furent chargés de l'exercice entier de la puissance royale. La nomination aux bénéfices fut confiée à un conseil de conscience.

Louis partit de Vincennes en 1270, après avoir fait ses adieux à Marguerite, qui ne sembla pas regretter le pouvoir qu'avoit eu sa belle-mère. Le rendez-vous étoit à Aigues-Mortes, où les vaisseaux génois qui devoient transporter l'armée se firent long-temps attendre. Là fut tenu un grand conseil; on délibéra si l'on attaqueroit de nouveau l'Égypte, ou si l'on iroit au secours de la Syrie. Louis avoit depuis long-temps un projet qu'il ne fit connoître que dans ce moment.

Muley-Mostança, roi de Tunis, avoit entretenu des relations avec lui, et montroit du penchant pour la religion chrétienne, disant qu'il se convertiroit s'il le pouvoit sans compromettre sa sûreté. Louis espéroit qu'en allant en force à Tunis, il fourniroit à ce prince l'occasion de se déclarer. S'il n'étoit pas sincère, la conquête de ses États, que le Roi croyoit facile, favoriseroit le succès de la croisade, en enlevant au sultan d'Égypte les munitions, les recrues et les chevaux qu'il tiroit de ce pays. Cette conquête d'ailleurs seroit utile à la chrétienté, en ce qu'elle couperoit la communication des Mamelucks avec les Maures de Maroc et d'Espagne. Charles d'Anjou, qui avoit fortement appuyé ce plan, n'étoit pas aussi désintéressé que son frère. Le roi de Tunis lui devoit un tribut qu'il ne payoit pas. Ses États étoient l'asyle des mécontens de Naples, et ses flottes menaçoient la Sicile d'une invasion. Charles désiroit donc de profiter de la croisade pour humilier cette puissance.

La flotte française partit enfin d'Aigues-Mortes, et, après avoir relâché à Cagliari, arriva devant Tunis.

Cette ville, située dans le voisinage de l'ancienne Carthage qui n'étoit plus qu'une petite place défendue par un château, offroit des fortifications formidables. La descente s'opéra près de Carthage, dont on s'empara facilement. On logea dans cette ville les princesses qui avoient courageusement suivi leurs époux. C'étoient Isabelle d'Arragon, femme de l'héritier de la couronne; Yolande de Bourgogne, comtesse de Nevers; Jeanne de Châtillon, comtesse d'Alençon; Isabelle, fille du Roi, reine de Navarre; Jeanne de Toulouse, comtesse de Poitiers; et Anicie de Courtenay, comtesse d'Artois.

Louis, après s'être assuré que le roi de Tunis l'avoit trompé, essaya d'attaquer cette ville; mais, contre son attente, elle étoit en état de se défendre long-temps, et une population immense sembloit décidée à s'ensevelir sous ses ruines. Il prit donc la résolution d'attendre les renforts que devoit amener le roi de Naples. Mais l'armée se consuma sur un rivage aride; l'ennui, le découragement s'emparèrent des soldats; et la chaleur devenant excessive, le défaut d'eau pure fit naître des maladies contagieuses qui moissonnèrent en peu de jours le tiers de l'armée. Le prince Philippe et le roi de Navarre, attaqués les premiers, parvinrent à se rétablir; mais Louis eut le chagrin de voir mourir Jean Tristan, comte de Nevers, cet enfant de la douleur, né à Damiette dans des circonstances encore plus horribles.

Bientôt il tomba malade lui-même, sentit que son

heure étoit venue, et ne négligea cependant aucun soin de la royauté. Il oublioit ses maux, pour soulager ceux des autres. Philippe son fils aîné, encore malade et tourmenté d'une fièvre quarte, ne le quitta plus, depuis le moment où il fut obligé de garder le lit; et ce fut alors que Louis traça pour son successeur cette belle instruction sur les devoirs des rois, qui se trouve dans Joinville.

Le danger devenant pressant, on lui apporta le viatique. Malgré sa foiblesse, il descendit de son lit, et le reçut à genoux. Dans ce moment, on lui entendit souvent répéter ces mots : *Fac nos, Domine, prospera mundi despicere, et nulla ejus adversa formidare..... Esto, Domine, plebi tuæ sanctificator et custos.* Il pensoit surtout aux dangers que couroit son armée. « Dieu, disoit-il, ayez pitié de ce peuple « qui m'a suivi sur ce rivage! Conduisez-le dans sa « patrie, faites qu'il ne tombe pas entre les mains de « vos ennemis, et qu'il ne soit pas contraint à renier « votre saint nom. » Le jour qui précéda sa mort, ne pouvant plus parler que très-bas, il disoit à ceux qui prêtoient l'oreille : « Pour Dieu, cherchons comment « il seroit possible de faire prêcher la foi à Tunis. « Qui pourroit-on y envoyer ? » Dans ses courts instans de délire, il répétoit : « Jérusalem! Jérusalem! « nous irons à Jérusalem. » Enfin, lorsque le moment de sa mort approcha, il reprit toute sa connoissance. Il se fit mettre sur un petit lit de cendre : les bras croisés sur la poitrine, les yeux levés au ciel, il rendit l'esprit sur les trois heures après midi, le lundi 25 août 1270. On remarqua avec surprise que la mort n'avoit mis aucun désordre dans ses traits; sa bouche étoit vermeille, son teint animé : il paroissoit jouir d'un doux repos.

Le portrait de ce grand prince a été tracé dans une multitude de panégyriques. Les philosophes les plus opposés à la religion qu'il professoit lui ont accordé leur suffrage, et ont même témoigné pour lui la plus vive admiration. Nous avons cherché à le peindre par ses actions; et nous nous bornerons à conclure que les vertus chrétiennes portées à leur plus haut degré non-seulement n'obscurcissent pas les qualités qui conviennent aux rois, mais leur donnent une perfection à laquelle on peut à peine croire que l'humanité puisse parvenir.

Lorsque Louis rendoit les derniers soupirs, la flotte napolitaine arrivoit devant Carthage. Le trouble où l'on étoit empêcha qu'on ne répondît à ses signaux. Charles d'Anjou se jeta dans une barque, aborda sur le rivage, et apprit la mort de son frère ; il courut à la maison où Louis venoit d'expirer, et baisa sa main en fondant en larmes. Les chefs voulurent charger Geoffroy de Beaulieu de porter le corps à Saint-Denis : l'armée tout entière s'y opposa. Elle ne voulut pas, dans sa détresse, être privée du précieux dépôt qui sembloit lui promettre la faveur du ciel.

Philippe-le-Hardi, devenu roi à l'âge de vingt-six ans, reçut l'hommage de ses deux oncles et du roi de Navarre. Il remporta trois victoires qui n'eurent point de résultat décisif, mais qui lui donnèrent les moyens de faire une paix honorable. Le 1er novembre 1270, il fut convenu que le port de Tunis seroit déclaré franc, que les Chrétiens arrêtés à l'approche des Croisés seroient mis en liberté, qu'ils jouiroient de l'exercice de leur religion, et qu'ils pourroient bâtir des églises. Le roi de Tunis s'engagea de nouveau à payer un tribut au roi de Naples, et fut chargé d'acquitter les frais de la guerre.

Les princes Édouard et Edmond d'Angleterre arrivèrent au moment où ce traité venoit d'être conclu, et ne voulurent pas y adhérer. On partit de Tunis, et l'on arriva heureusement à Trapani. La croisade fut rompue dans cette ville. Édouard seul partit pour Saint-Jean-d'Acre, où il n'obtint que de foibles succès. Le jeune roi de Navarre mourut à Trapani des suites de la maladie qu'il avoit eue à Carthage. Isabelle sa femme, la fille chérie de saint Louis, inconsolable de la mort de son père et de son époux, partit pour la France, et périt, à la fleur de l'âge, aux îles d'Hyères. Le roi Philippe perdit là reine son épouse, Isabelle d'Arragon, en traversant la Calabre. Cette princesse, étant grosse, tomba de cheval au passage d'un gué, et mourut à Cosenza.

En Italie et en France, on accompagnoit en procession les restes de Louis, qu'on regardoit déjà comme un saint. En arrivant à Paris, ils furent déposés dans l'église de Notre-Dame. Le lendemain, le roi Philippe les porta lui-même sur ses épaules jusqu'à Saint-Denis. On prétend que les sept monumens de pierre qu'on voyoit avant la révolution sur cette route marquoient les lieux où ce prince s'étoit reposé. La reine Marguerite, veuve de saint Louis, ne mourut qu'en 1286, dans un couvent de cordelières qu'elle avoit fondé au faubourg Saint-Marceau.

RÉCIT OFFICIEL

DE L'EXPEDITION DE SAINT LOUIS

EN ÉGYPTE,

FAIT PAR LUI-MÊME;

TRADUIT DU LATIN.

Louis, par la grâce de Dieu roi des Français, à ses chers et fidèles prélats, barons, chevaliers, citoyens, bourgeois et autres qui habitent le royaume de France, à qui les présentes lettres parviendront, salut. Pour l'honneur et pour la gloire du saint nom de Dieu, nous croyons devoir vous instruire de ce qui nous est arrivé.

Après la prise de Damiette, que le Seigneur Jésus-Christ, dans son ineffable miséricorde, avoit mise au pouvoir des Chrétiens par une espèce de miracle, événement glorieux dont vous avez dû être instruits, nous avons tenu un grand conseil, et nous sommes partis de cette ville le 20 du mois de novembre dernier, avec notre armée de terre et notre flotte, marchant contre les Sarrasins réunis et campés près de la ville qu'on appelle Massoure. Dans cette marche, nous avons été souvent attaqués par les ennemis, et ils ont toujours été battus : un jour surtout nous leur avons tué beaucoup de monde.

Alors nous avons appris que le sultan d'Égypte étoit mort, et qu'avant de fermer les yeux il avoit envoyé vers son fils, résidant en Orient, pour l'inviter à venir sur-le-champ en Égypte; qu'il lui avoit fait prêter serment par son armée, et que, jusqu'à l'arrivée de ce prince, il avoit laissé le soin de la guerre à un de ses émirs nommé Facardin. Lorsque nous nous sommes approchés de Massoure, nous avons trouvé que ces nouvelles étoient vraies.

Près de cette ville, il nous a été impossible d'attaquer les Sarrasins, parce qu'un bras du Nil appelé Thanis, séparé du principal cours de ce fleuve, couloit entre leur armée et la nôtre. Nous avons donc placé notre camp entre le Nil et le Thanis. Là, ayant encore été attaqués par les Sarrasins, plusieurs d'entre eux ont péri par le fer, et un beaucoup plus grand nombre a été précipité dans les eaux.

Le bras du Nil appelé Thanis n'étant pas guéable, nous avons commencé à construire une digue pour le passage de notre armée. Pendant plusieurs jours, nous avons fait d'immenses travaux, dépensé des sommes énormes, et couru de grands dangers. Les Sarrasins, mettant toutes sortes d'obstacles à notre entreprise, ont opposé des machines à celles que nous avions élevées; ils ont renversé les tours de bois que nous avions établies sur la digue, ou les ont brûlées avec le feu grégeois.

Nous avions perdu toute espérance d'achever cette digue, lorsqu'un transfuge de l'armée des Sarrasins est venu nous indiquer un gué peu éloigné, où l'armée chrétienne pourroit passer le fleuve. Après avoir tenu conseil avec nos barons et les principaux chefs de notre armée, il a été décidé à l'unanimité, le lundi avant les Cendres, que le lendemain mardi gras, de grand matin, nous irions au lieu désigné, en laissant une partie de nos troupes pour garder le camp. Le lendemain donc, arrivant à ce gué, nous y avons traversé le fleuve, non sans de grands dangers, car il étoit plus profond qu'on ne nous l'avoit dit. Il a fallu que nos chevaux se missent à la nage, et gravissent des bords élevés et escarpés.

Après ce passage, nous nous sommes dirigés vers les machines que les Sarrasins avoient élevées contre notre digue.

Notre avant-garde les ayant attaqués, plusieurs ont péri par le fer, et quelques-uns de leurs émirs ont été au nombre des morts. Alors le désordre s'est mis dans notre armée; les nôtres, après s'être dispersés dans le camp des ennemis, sont arrivés jusqu'à Massoure, tuant tous ceux qu'ils trouvoient sur leur passage; mais enfin les Sarrasins, ayant aperçu leur imprudence, ont repris courage, les ont entourés de toutes parts, et accablés. Dans cette affaire, nous avons perdu un grand nombre de barons, de chevaliers, de templiers et d'hospitaliers, dignes de tous nos regrets. Là est tombé notre cher et illustre frère le comte d'Artois, qui a été privé de cette vie mortelle. Nous devons plutôt le féliciter que le plaindre; car nous sommes certains qu'il a obtenu la couronne de martyr, et qu'il est à présent dans la céleste patrie.

Profitant de ce désordre, les Sarrasins se sont précipités sur nous de tous côtés, nous ont lancé une grêle de traits, et nous ont harcelés jusqu'à neuf heures du soir, pendant que nous n'avions aucune baliste pour les repousser, qu'une partie de nos chevaliers étoient hors de combat, et que le plus grand nombre de nos chevaux étoient tués ou blessés. Cependant, avec l'aide de Dieu, nous avons gardé notre camp et rallié nos troupes.

Nous avons établi notre camp près des machines des ennemis dont nous nous sommes emparés, et nous avons construit un pont pour communiquer avec le reste de notre armée placée au-delà du fleuve. Le lendemain, plusieurs des nôtres ayant reçu l'ordre de s'approcher de nous, se sont établis près de notre camp: nous avons alors détruit les machines des Sarrasins, et nous avons élevé des abris sur le pont, afin qu'on pût passer sans danger d'une rive à l'autre.

Le vendredi suivant, les Sarrasins ayant réuni toutes leurs forces dans le dessein de nous exterminer, nous ont attaqués avec une impétuosité dont nous n'avions pas encore eu d'exemple. Secourus par la divine Providence, nous leur avons résisté; nous avons repoussé leurs attaques, et nous leur avons tué beaucoup de monde. Au bout de quelques jours, le fils du Sultan, arrivant de l'Orient, est venu près de Massoure : les Sarrasins, transportés de joie, l'ont reçu au son des tambours, comme leur seigneur, et leurs forces ont été augmentées par les troupes qu'il a jointes à leur armée.

Depuis ce moment nous ne savons par quel jugement sévère de Dieu toutes les affaires ont tourné contre nos espérances. Des maladies pestilentielles ont attaqué les hommes et les chevaux : il ne s'est trouvé presque personne parmi nous qui n'ait eu à pleurer des amis morts ou mourans. L'armée chrétienne étoit consumée et diminuée de moitié. La disette de vivres étoit telle, que plusieurs périssoient de faim. Les bâtimens expédiés de Damiette ne pouvoient arriver jusqu'à nous, parce que les galères et les petits vaisseaux des Sarrasins les arrêtoient sur le Nil. Nos ennemis, après s'être emparés d'un grand nombre de nos bateaux, ont encore pris successivement, malgré les efforts de nos soldats, deux caravanes qui portoient à notre camp des vivres et des munitions.

La disette complète de subsistances et de fourrages a porté parmi nos troupes le découragement et la désolation. Accablés de souffrances, tant à cause de la disette qu'à cause des maladies, la nécessité nous a forcés de quitter notre camp, et de nous retirer sur Damiette, notre dernière ressource. Mais comme le sort des hommes ne dépend pas de leur volonté, mais de celui qui, dirigeant leurs pas, dispose d'eux suivant les décrets de sa providence, pendant que nous étions en marche, le 5 avril, les Sarrasins ayant réuni leurs forces, nous ont attaqués de toutes parts. Par la permission divine, et pour l'expiation de nos péchés, nous sommes tombés entre leurs mains, nous et nos chers frères les comtes de Poitiers et d'Anjou, et ceux qui nous suivoient par terre, sans que personne ait pu s'échapper : nous avons été jetés dans des prisons, non sans perdre un grand nombre des nôtres, et sans répandre beaucoup de sang. La plupart de ceux qui s'étoient embarqués ont été pris également; plusieurs ont été égorgés; et des bâtimens remplis de malades ont été brûlés sans pitié.

Nous étions depuis quelques jours en prison, lorsque le Sultan nous a fait proposer une trêve. Il demandoit avec instance et menace que, sans délai, nous lui rendissions Damiette avec tout ce que nous y avions trouvé, et que nous lui donnassions une indemnité pour tous les frais qu'il avoit faits depuis le commencement de la guerre. Après de longues négociations, nous sommes enfin convenus d'une trêve de dix ans, aux conditions qui suivent :

Le Sultan devoit mettre en liberté nous et ceux qui nous avoient suivis en Égypte, ainsi que tous les Chrétiens, de quelque pays qu'ils fussent, qui avoient été pris depuis que Kiemel son aïeul avoit fait la paix avec l'Empereur. Il consentoit à ce que les Chrétiens de la Terre-Sainte gardassent en paix toutes les parties du royaume de Jérusalem dont ils étoient en possession avant notre arrivée. De notre côté, nous nous sommes engagés à rendre Damiette, et à payer huit cent mille besans pour la rançon des captifs, et pour les frais de la guerre. Nous avons pris aussi l'engagement de mettre en liberté tous les Sarrasins que nous avions faits prisonniers depuis notre arrivée, ainsi que ceux qui avoient été pris dans le royaume de Jérusalem, depuis la paix faite par l'Empereur. Il a été convenu en outre que les effets que nous laisserions à notre départ seroient en sûreté, confiés à la garde du Sultan, pour nous être rapportés en France à la première occasion favorable. Les Chrétiens malades à Damiette, et ceux qui pour vendre ce qu'ils y possédoient resteroient quelque temps dans cette ville, pouvoient revenir dans leur pays par mer ou par terre, quand ils le voudroient, sans aucun empêchement quelconque. Le Sultan devoit donner une escorte à ceux qui sur-le-champ demanderoient à se retirer dans le royaume de Jérusalem.

Ainsi nous avons conclu cette trêve avec le Sultan, et nous l'avons cimentée l'un et l'autre par des sermens. Déjà le Sultan étoit en marche avec son armée pour venir à Damiette, où toutes les conditions du traité devoient être exécutées, lorsque Dieu a permis un grand événement. Quelques soldats sarrasins, appuyés par la majorité de l'armée, se sont précipités sur le Sultan, le matin, lorsqu'il sortoit de table, et lui ont fait de grandes blessures. Ils l'ont tué à coups de sabre, au moment où il quittoit sa tente pour se sauver; et cela, en présence de presque tous les émirs et d'une multitude de Sarrasins. Après cet attentat, plusieurs soldats, encore enflammés de fureur, sont venus dans notre tente, comme s'ils vouloient, ainsi que l'ont craint plusieurs des nôtres, nous faire périr avec tous les Chrétiens. Mais la clémence de Dieu a calmé leur colère : ils se sont bornés à requérir avec instance l'exécution du traité fait avec le Sultan. Après beaucoup de menaces, il a plu au Seigneur, ce père des miséricordes, ce consolateur des affligés prêt à exaucer ceux qui l'implorent, que nous confirmassions ce traité, et que nous reçussions le serment que ces hommes ont prêté, suivant les formules de leur religion. Nous avons en même temps fixé l'époque où les captifs seroient délivrés, et où Damiette seroit rendue.

Ce n'est pas sans regret que nous avons fait ce traité, d'abord avec le Sultan, ensuite avec les soldats; mais nous savions d'une manière certaine qu'il étoit impossible de conserver Damiette. Ainsi, d'après le conseil des barons de France, nous avons mieux aimé, pour l'utilité de la chrétienté, rendre cette ville que nous ne pouvions plus défendre, que d'exposer la vie de nos chevaliers et de nos soldats. Le jour fixé, les émirs ont été mis par nous en possession de la ville de Damiette, et ils ont délivré nous, nos deux frères, les comtes de Bretagne, de Flandre, de Soissons, les barons, les chevaliers, tant du royaume de

France que des royaumes de Jérusalem et de Chypre. Leur exactitude à exécuter cette partie du traité nous a fait espérer qu'ils délivreroient aussi tous les autres Chrétiens qu'ils avoient en leur pouvoir.

Après avoir terminé cette importante affaire, nous avons quitté l'Égypte, en y laissant des commissaires chargés de recevoir les captifs chrétiens, et de garder les objets que le petit nombre de vaisseaux qui nous restoit nous empêchoit d'emporter. A notre arrivée à Saint-Jean-d'Acre, pensant toujours aux Chrétiens qui restoient prisonniers, nous avons envoyé de nouveaux commissaires avec des vaisseaux pour les ramener, et pour rapporter ce qui nous appartenoit, savoir : des machines de guerre, des tentes, et plusieurs autres objets; mais les émirs ont retenu long-temps nos commissaires, qui les sollicitoient avec instance d'exécuter le traité, en leur promettant toujours de leur accorder leur demande. Enfin, après les avoir fait attendre plusieurs mois, au lieu de douze mille Chrétiens qu'ils auroient dû délivrer, ils n'en ont remis à nos commissaires qu'environ quatre cents, dont plusieurs ont été obligés de payer une rançon. Ils n'ont voulu, au reste, rendre aucun des objets que nous avions laissés à Damiette.

Mais ce qui fait horreur après une trêve conclue et jurée, c'est ce qui nous a été raconté par nos commissaires et par quelques captifs dignes de foi. Les Sarrasins ont fait choix d'un certain nombre de jeunes chrétiens; ils les ont amenés devant eux comme des victimes; et, levant le fer sur leur tête, ils les ont sommés d'apostasier. Plusieurs, par foiblesse, ont abandonné leur religion; d'autres, comme des héros, ont persisté dans leur foi, malgré les tourmens. En combattant ainsi, ils ont obtenu la couronne des martyrs; leur sang, nous n'en doutons pas, criera au Seigneur pour le peuple chrétien; ils seront nos défenseurs devant le souverain juge, et nous seront plus utiles dans cette céleste patrie que s'ils étoient restés avec nous sur la terre.

Plusieurs malades qui avoient été laissés à Damiette ont été égorgés; et nous n'avons plus l'espérance de voir l'exécution du traité, quoique nous ayons rempli fidèlement tous nos engagemens.

Après avoir conclu cette trêve, nous pensions que les Chrétiens de la Terre-Sainte seroient tranquilles, du moins jusqu'à son expiration : et nous avions formé le dessein de revenir en France; déjà même nous avions fait les préparatifs de notre départ. Mais voyant clairement, par ce qui étoit arrivé, que les émirs ne craignoient pas de violer tous leurs sermens, nous avons consulté les barons de France, les prélats, les chevaliers du Temple, de l'Hôpital, et de l'Ordre Teutonique, et les barons du royaume de Jérusalem. La plupart nous ont fait considérer que notre départ causeroit la ruine entière de la Terre-Sainte, surtout dans l'état de foiblesse et de misère où elle se trouvoit aujourd'hui. Ils nous ont aussi représenté que les captifs chrétiens qui sont encore en Égypte se regarderoient comme perdus, et n'auroient plus aucun espoir d'être délivrés. Ils ont donc pensé que notre séjour ici pourroit être de quelque utilité, et qu'avec le secours du Seigneur nous serions en état de concourir à la délivrance des prisonniers, et à la conservation des places qui restent aux Chrétiens dans le royaume de Jérusalem. Ils se sont fondés principalement sur ce que le sultan de Damas est en guerre avec les Égyptiens, et sur ce que l'on assure qu'il ira bientôt venger la mort du sultan d'Égypte. Après avoir attentivement examiné toutes ces choses, pénétrés de compassion pour les malheurs de la Terre-Sainte, au secours de laquelle nous étions venus, voulant assister nos pauvres captifs dont nous partageons les peines, quoique beaucoup de gens nous aient pressés de quitter ce pays désolé, nous avons mieux aimé différer notre départ, et rester quelque temps en Syrie, que d'abandonner la cause de Jésus-Christ, et de laisser nos prisonniers sans espérance.

Nous ferons partir pour la France nos chers frères le comte de Poitiers et le comte d'Anjou, pour la consolation de notre mère chérie et de notre royaume.

Que tous ceux qui portent le nom de Chrétien prennent part à notre entreprise; et vous surtout, ecclésiastiques, que le Seigneur semble avoir choisis pour donner l'exemple du dévouement et du courage. Nos ennemis, outre les blasphèmes qu'ils vomissoient en notre présence, frappoient la croix avec des verges, et la fouloient aux pieds. Levez-vous donc, soldats de Jésus-Christ, réunissez-vous, préparez-vous à venger les injures faites à votre Dieu : suivez l'exemple de vos pères, qui se sont distingués entre les nations par l'ardeur de leur foi, et qui ont rempli l'univers de leur gloire. Nous vous avons précédés dans cette noble carrière : venez, suivez-nous; vous serez récompensés, quoique vous arriviez tard. Le père de famille de l'Évangile traite aussi bien les derniers ouvriers de sa vigne que les premiers. Préparez-vous; que ceux à qui Dieu inspirera ce noble désir soient disposés à partir au mois d'avril ou de mai de l'année prochaine; que ceux qui n'auront encore pu faire leurs préparatifs profitent d'un second passage qui aura lieu à la Saint-Jean.

Il n'y a point de temps à perdre. Dans une affaire de cette importance, tout retard est dangereux. Vous, prélats, exhortez les fidèles à cette sainte entreprise, et priez le Très-Haut pour le succès [1].

Donné à Saint-Jean-d'Acre l'an 1250, au mois d'août.

[1] Nous avons un peu abrégé cette péroraison, sans cependant retrancher rien d'essentiel.

AVIS DE L'ÉDITEUR.

On compte assez sur l'attention des lecteurs pour n'expliquer qu'une fois le même mot : répéter les explications déjà données, ce seroit multiplier les notes à l'infini, et grossir inutilement le volume.

A TRES-NOBLE,

TRES-EXCELLENT ET TRES-PUISSANT

ROY LOYS, [1]

Filz de tres-digne et de tres-sainte memoire le roy saint Loys, par la grace de Dieu roy de France, de Navarre, de Champaigne et de Brie; conte palatin.

Jehan sire de Jonville, seneschal de Champaigne, humble et entiere amour vous doint [2] Jesus a ma priere, et salut.

Tres-noble et puissant seigneur, vous plaise savoir que feuë ma tres-excellante dame vostre mere que Dieu absoille [3], *en son temps pour la grant amour qu'elle avoit à moy, aussi qu'elle savoit bien que tres-loiallement j'avoye amé et servy ledit sei-*

---

[1] Nous avons prouvé dans l'avertissement que cette dédicace est adressée à Louis Hutin, et que ce fut la reine Jeanne de Navarre qui pria Joinville d'écrire des Mémoires sur la vie de saint Louis. (*Voyez* l'Avertissement, page 6.)

[2] *Vous doint:* vous donne; *doint*, du verbe *doigner*. — [3] *Absoille:* absolve; *absoille*, du verbe absoiller.

gneur roy SAINT LOYS son bon espoux, et suivy en maints lieux et places, me pria et requist tant affectueusement qu'elle put, que pour l'onneur de Dieu je feisse faire et escrire un livret et traité des tres-dignes et tres-saints faitz et ditz dudit seigneur roy SAINT LOYS : ce que tres-humblement luy promis faire et accomplir à mon povoir. Et parce que à vous, TRES-EXCELLANT ET PUISSANT SEIGNEUR, qui estes l'aisné filz et hoir, et qui avez succedé au royaume aprés ledit seigneur roy SAINT LOYS vostre-dit pere, envoye le livret, comme congnoissant que à nul autre vif plus que à vous n'appartient de l'avoir, affin que vous, et tous autres qui l'aurez et l'orrez (1) lire, y puissiez prouffiter par imitation des euvres et exemples que y trouverez, et que Dieu nostre pere createur en soit servy et honoré.

(1) *Orrez :* entendrez.

HISTOIRE DE SAINT LOYS,

IX. DU NOM,

ROY DE FRANCE,

PAR JEHAN SIRE DE JONVILLE, GRAND SENESCHAL DE CHAMPAIGNE.

PREFACE.

En nom de la tres-sainte et tres-souveraine Trinité, le Pere, le Fils et le saint Esperit, amen. Je JEHAN SIRE DE JONVILLE, grant seneschal de Champaigne, foys escrire et rediger en memoire la vie et tres-saints faits et dits de tres-digne et tres-sainte memoire monseigneur SAINT LOYS, ROY DE FRANCE, ce que j'en vis et ouy le temps et espace de six ans entiers, moy estant en sa compaignie ou saint veage (1) et pelerinage d'outre-mer, et depuis aprés que fusmes revenus. Lequel livret est divisé en deux parties. La premiere partie parle et enseigne comment ledit seigneur roy SAINT LOYS soy regit (2) et gouverna selon Dieu et nostre mere Sainte Eglise, et au prouffit et utilité de son royaume. La seconde partie parle de ses grans

---

(1) *Veage :* voyage. — (2) *Soy regit :* se régit.

chevalleries et faits d'armes, affin de trouver l'un aprés l'autre, et pour esclercir et eslever l'entendement de ceulx qui le liront et oyrront. Par lesquelles choses on pourra voir et congnoistre clerement que jamés nul homme de son temps, vivant dés le commencement de son regne et jusques à la fin, n'a vescu si saintement et justement qu'il fist. Pourtant me semble que on ne luy a mye (1) assez fait, que on ne l'a mis ou nombre des martyrs, pour les grans paines qu'il souffrit ou pelerinage de la Croiz, par l'espace de six ans que je fu en sa compaignie; car, ainsi que nostre Seigneur Dieu est mort pour l'umain lignage en la croiz, à semblable mourut croisé à Tunes (2) le bon roy SAINT LOYS. Et pource que nul bien n'est à preferer à l'ame raisonnable, à ceste cause je commenceray à la premiere partie, qui parle de ses bons enseignemens et saintes paroles, qui est pour la norriture de l'ame.

(1) *Mye :* pas. — (2) *Tunes :* Tunis.

PREMIERE PARTIE
DE L'HISTOIRE.

Celuy saint homme roy saint Loys toute sa vie ayma et craignit Dieu de tout son povoir sur toute rien, et si l'ensuivit en ses euvres, et bien l'appert; car, ainsi comme Dieu est mort pour tout son peuple, comme dit est devant, aussi semblablement a mis le bon roy saint Loys par plusieurs foiz son corps en danger et aventure de mort pour le peuple de son royaume, ainsi que sera touché cy-aprés. Le bon seigneur Roy, lui estant par une foiz en grant maladie qu'il eut à Fontaine-bliaut, dist à monseigneur Loys son aisné filz (1) : « Beau filz, je te pry que tu te
« faces amer au peuple de ton royaume; car vraie-
« ment je aymerois mieulx que ung Escossoys (2) vint
« d'Escosse, ou quelque autre loingtain estrangier,
« qui gouvernast le peuple du royaume bien et loïau-
« ment, que tu te gouvernasses mal à point et en
« reprouche. »

Le saint Roy ama tant vérité, que aux Sarrazins et Infidelles propres ne voulut il jamés mentir, ne soy desdire de chose qu'il leur eust promise, nonobstant qu'ilz fussent ses ennemis, comme touché sera cy-

---

(1) Ce prince naquit en 1244, et mourut âgé de 16 ans, en 1260. —
(2) L'Ecosse étoit alors considérée comme un pays très-éloigné, et les Ecossais voyageoient beaucoup.

aprés. De sa bouche fut-il très-soubre et chaste; car onques en jour de ma vie ne luy oy deviser ne souhaitier nulles viandes, ne grant appareil de chouses delicieuses en boire ne en manger, comme font maints riches homs : ainçois (1) mengeoit et prenoit paciemment ce que on luy ataignoit et mettoit devant lui. En ses paroles il fut si atrampé (2), que jamés jour de ma vie ne luy oy dire aucune mauvaise parole de nully (3), ne onques ne luy oy nommer le deable, lequel nom est bien espandu, et à present fort commun par le monde : ce que je croy fermement n'estre pas agreable à Dieu, mais ainçois luy desplaist grandement. Son vin atrampoit par mesure, selon la force et vertu que avoit le vin, et qu'il le povoit porter. Il me demanda par une foiz en Chippre pourquoy je ne metoye de l'eau en mon vin. Et je luy respondy que ce faisoient les medecins et cirurgiens, qui me disoient que j'avois une grosse teste et une froide fourcelle (4), que je n'auroye povoir d'endurer. Et le bon Roy me dist qu'ils me decepvoient, et me conseilla de le tramper, et que si je ne apprenoye à le tramper en ma jeunesse, et que je le voulisse faire en vieillesse, les goutes et les maladies que j'avoye en la fourcelle me croistroient plus fort; ou bien si je beuvois vin pur en ma vieillesse, que à tous les coups je m'en yvreroye ; ce qu'est trop laide chose à vaillant homme de soy enyvrer.

Le bon seigneur Roy me demanda une foiz si je voulois estre honnouré en ce monde present, et en

---

(1) *Ainçois* veut dire ici *au contraire*; ce mot a plusieurs autres significations. — (2) *Atrampé* : modéré, tempérant. (3) *Nully* : aucun, personne, qui que ce soit. — (4) *Fourcelle* : estomac.

la fin de moy avoir paradis. Auquel je respondy que ouy, je le vouldroye bien ainsi. Adonc me dist-il : « Gardez-vous donques bien que vous ne facez ne « diez (1) aucune villaine chose à votre escient, que si « tout le monde le savoit et congnoissoit, que vous « n'ayez honte et vergoigne de dire : J'ay ce fait, ou « j'ay ce dit. » Et me dist pareillement que jamés je ne dementisse ne dédisse nully de ce qu'il diroit devant moy, si ainsi estoit que (2) je n'y eusse honte, dommage ou peché à le souffrir. Et disoit que souventesfois de desdire aucun sourdent (3) dures paroles et rudes, et dont plusieurs foiz les hommes s'entretuënt et diffament, et que mil hommes en estoient morts.

Il disoit aussi que on se devoit porter, vestir et aourner chacun selon son estat et condition, et de moienne maniere, affin que les preudes gens (4) et anciens de ce monde ne puissent dire ne reproucher à autrui : Tel en fait trop; et aussi que les jeunes gens ne disent : Tel en fait peu, et ne fait point d'onneur à son estat. Et par ce dit me remembré-ge (5) une foiz du bon seigneur Roy, père du Roy qui ors (6) est, pour les pompes et bobans (7) d'abillemens et cottes brodées que on fait tous les jours maintenant és armes. Et disoie audit Roy de present que onques en la voie d'outre mer, où je fûz avecques son pere et s'armée, je ne viz une seule cotte brodée, ne selle du roy sondit père, ne selles d'autruy. Et il me respondit que

(1) *Ne diez* : ni disiez. — (2) *Si ainsi estoit que* : à moins que. — (3) *Sourdent*, du verbe *sourdre*, sortir, jaillir. — (4) *Preudes gens* : c'étoit le nom qu'on donnoit aux échevins. Ici ce mot signifie *les sages*. — (5) *Remembré-ge* : *remembrer*, se ressouvenir. — (6) *Ors* : maintenant. — (7) *Bobans* : faste, luxe.

à tort il les avoit brodées de ses armes, et qu'elles lui avoient cousté huit livres parisiz. Et je luy dis qu'il les eust mieux emploiez de les avoir donné pour Dieu, et avoir fait ses atours de bon sendal (1) renforcé, batu à ses armes, comme le Roy son père faisoit.

Le bon Roy m'appella une foiz, et me dist qu'il vouloit parler à moy, pour le subtil sens qu'il disoit congnoistre en moy. Et en presence de plusieurs me dist : « J'ay appellé ces freres (2) qui cy sont, et vous
« fois une question et demande de chose qui touche
« Dieu. La demande fut telle : Senneschal, dist-il,
« quelle chose est-ce que Dieu? Et je lui respons :
« Sire, c'est si souveraine et bonne chose, que meil-
« leure ne peut estre. Vraiement, fit-il, c'est moult
« bien respondu ; car cette vostre responce est es-
« cripte en ce livret que je tiens en ma main. Autre
« demande vous foys-je : savoir lequel vous aimeriez
« mieulx, estre mezeau et ladre (3), ou avoir com-
« mis et commettre un pechié mortel. Et moy, qui
« onques ne luy voulu mentir, luy respondi que
« j'aimeroie mieulx avoir fait trante pechez mortelz
« que estre mezeau. Et quand les freres furent depar-
« tis de là, il me rappelle tout seulet, et me fist seoir
« à ses piedz, et me dist : Comment avez-vous ozé
« dire ce que avez dit? Et je luy respons que encore
« je le disoye. Et il me va dire : Ha! foul musart (4),
« musart, vous y estes deceu ; car vous sçavez que nulle

---

(1) *Sendal* : taffetas. — (2) *Ces freres* : ces moines. — (3) *Mezeau et ladre* : ces deux mots sont synonymes : *lépreux, corrompu, gâté*. La lèpre étoit alors très-commune, surtout dans la Terre-Sainte. — (4) *Musart* : étourdi, nonchalant, fainéant.

« si laide mezellerie n'est comme de estre en pe-
« ché mortel ; et l'ame qui y est est semblable au
« deable d'enfer. Parquoy nulle si laide mezellerie
« ne peut estre. Et bien est vray, fist-il; car quand
« l'omme est mort, il est sane (1) et guery de sa me-
« zellerie corporelle. Mais quand l'omme qui a fait
« pechié mortel meurt, il ne sçet pas, ny n'est cer-
« tain qu'il ait en sa vie eu telle repentence, que Dieu
« lui vueille pardonner. Parquoy grant paours (2) doit-
« il avoir que celle mezellerie de pechié lui dure lon-
« guement, et tant que Dieu sera en paradis. Pour-
« tant vous prie, fist-il, que pour l'amour de Dieu
« premier, puis pour l'amour de moy, vous retien-
« gnez ce dit en vostre cueur, et que vous aimez beau-
« coup mieux que mezellerie et autres maulx et mes-
« chiefs vous viensissent au corps, que commettre en
« vostre ame un seul pechié mortel, qui est si infame
« mezellerie. »

Aussi illeques (3) me enquist si je lavoye les piez
aux pouvres le jour du jeudi saint. Et je lui dis : « Fy,
« fy en malheur; ja les piedz de ces vilains ne laveray-
« je mie. Vraiement, fist-il, c'est très-mal dit; car
« vous ne devez mie avoir en desdaing ce que Dieu
« fist pour noustre enseignement. Car lui, qui estoit
« le maistre et Seigneur, lava ledit jour d'icelui jeudi
« saint les piedz de tous ses apoustres, et leur dist
« que ainsi que lui, qui estoit leur maistre, leur avoit
« fait, que semblablement ilz fissent les ungs aux
« autres. Ainsi donques vous prie que pour l'amour
« de luy premier, et de moy, le vueillez accoustumer

(1) *Sane* : sain. — (2) *Paours* : peur. — (3) *Illeques* : dans ce moment,
ici, là.

« de faire. » Il ama tant toutes gens qui craignoient et aymoient Dieu parfaitement, que pour la grant renommée qu'il oyt dire de mon frere sir Gilles de Bruyn (1), qui n'estoit pas de France, de craindre et amer Dieu, ainsi que si faisoit-il, il luy donna la connestablie de France.

Advint par une fois que, pour la grant renommée qu'il oyt de maistre Robert de Sorbon (2), d'estre preudoms (3), il le fit venir à luy, et boire et mangei à sa table. Et estions une fois lui et moy l'un auprés l'autre, buvans et mangeans à la table dudit seigneur Roy. Et parlions conseil (4) l'un à l'autre. Quoy voyant le bon Roy nous reprint, en disant : « Vous faites mal « de conseiller cy. Parlez haut, afin que voz compai- « gnons ne doubtent que vous parlez d'eulx en mal, « et que en medissez. Si en mengeant en compaignie « vous avez à parler aucunes choses qui soient à dire « et plaisantes, si parlez lors hault, que chacun vous « entende; ou si non, si vous taisez. »

Quant le bon Roy estoit en joie, il me faisoit questions, present maistre Robert, et me demanda par une foiz : « Senneschal, or me dictes la raison pour- « quoy c'est que preudomme vault mieulx que jeune « homme. » Lors commençoit noise et disputation entre maistre Robert et moy. Et quant nous avions longuement debatu et disputé la question, le bon

(1) *Sire Gilles de Bruyn :* lisez *Le Brun.* C'étoit le sobriquet de Gilles, seigneur de Trasegnies, connétable de Flandre, qui mourut en 1204, dans l'expédition de Constantinople. Gilles Le Brun son fils fut fait connétable par saint Louis, après la mort d'Imbert de Beaujeu. — (2) *Robert de Sorbon :* ce fut le foudateur du collége de Sorbonne ; saint Louis avoit en lui la plus grande confiance. — (3) *Preudoms :* homme sage et prudent. (4) *Parlions conseil :* parlions bas.

Roy rendoit sa sentence, et disoit ainsi : « Maistre
« Robert, je vouldroie bien avoir le nom de predoms,
« més que fusse bon preudomme, et le remenant (1)
« vous demourast. Car preudomme est si tres-grant
« chose, et si bonne, que ce mot, *Preudomme*, à
« nommer emplist la bouche. » Au contraire, disoit
le bon seigneur Roy que malle chose estoit l'autrui
prandre; car le rendre estoit si très-grief, que seulement à le nommer il escorchoit la gorge, pour les *rr*
qui y sont : lesquelles *rr* signifient les rentes au deable,
qui tous les jours atire à lui ceulx qui veullent rendre
le chasteil (2) d'autruy. Et bien subtilement le fait le
deable : car il seduit ses usuriers et rapineurs, et les
esmeut de donner à l'Eglise leurs usures et rapines
pour Dieu; ce qu'ils deussent rendre, et savent à qui.
Il me dist, estant sur ce propos, que je deisse de par
lui au roy Thibault son filz (3) qu'il se pransist garde
de ce qu'il faisoit, et qu'il ne encombrast son ame,
cuidant (4) estre quite des grans deniers qu'il donnoit et laissoit à la maison des Freres prescheurs de
Provins. Car le sage homme, tandis qu'il vit, doit
faire tout ainsi que bon exécuteur d'un testament;
c'est à savoir, que le bon executeur premierement, et
avant autre euvre, il doit restituer et restablir les
tors et griefz faiz à autrui par son trespassé : et du
residu de l'avoir d'icelui mort doit faire les aulmosnes
aux povres de Dieu, ainsi que le droit escript l'enseigne.

(1) *Le remenant :* ce qui reste, le surplus. — (2) *Chasteil :* biens, meubles. — (3) *Thibault son filz :* c'étoit son gendre auquel il donnoit ce nom. Thibaut II, roi de Navarre, avoit épousé Isabelle, fille de saint Louis. — (4) *Cuidant, cuider :* penser, croire, présumer, s'imaginer.

Le saint Roy fut ung jour de Pentecouste à Corbeil, accompaigné de bien trois cens chevaliers, où nous estions maistre Robert de Sorbon et moy. Et le Roy aprés disner se descendit au prael (1) dessus la chapelle, et ala parler au conte de Bretaigne, pere du duc qui à present est, de qui Dieu ait l'ame. Et devant tous les autres me print ledit maistre Robert à mon mantel, et me demanda, en la presence du Roy et de toute la noble compaignie : « Savoir mon (2) si le « Roy se seoit en ce prael, et vous allissiez seoir en « son banc plus hault de lui, si vous en seriez point « à blasmer ? Auquel je respondy que ouy vraiement. « Or donques, fist-il, faites vous bien à blasmer quant « vous estes plus richement vestu que le Roy. » Et je lui dis : « Maistre Robert, je ne fois mie (3) à blasmer, « sauf l'onneur du Roy et de vous ; car l'abit que je « porte, tel que le voiez, m'ont laissé mes pere et « mere, et ne l'ay point fait faire de mon auctorité. « Mais au contraire est de vous, dont vous estes bien « fort à blasmer et reprandre ; car vous, qui estes filz « de villain et de villaine, avez laissé l'abit de voz « pere et mere, et vous estes vestu de plus fin came- « lin (4) que le Roy n'est. » Et lors je prins le pan de son surcot (5) et de celuy du Roy, que je jongny l'un préz de l'autre, et lui dis : « Or regardez si j'ay « dit voir (6). » Et adonc le Roy entreprint à défendre maistre Robert de parolle, et lui couvrir son

---

(1) *Prael* : prairie, gazon. — (2) *Savoir mon* : je voudrois savoir. — (3) *Mie* : rien. — (4) *Camelin* : camelot. — (5) *Surcot* : habit ou robe, commun aux hommes et aux femmes ; il se mettoit par dessus les habits ordinaires. On l'appelle aujourd'hui *surtout*. — (6) *Voir* : vrai, sûr, certain.

honneur de tout son povoir, en monstrant la grant humilité qui estoit en lui, et comme il estoit piteable à chacun. Aprés ces choses, le bon Roy appella messeigneurs Phelippe, pere du Roy qui or (1) est, et aussi le roy Thibault, ses filz : et s'assit à l'uis (2) de son oratoire, et mist la main à terre, et dist à sesditz filz : « Seez-vous icy prés de moy, qu'on ne vous « voye. Ha! Sire, firent-ilz, pardonnez-nous, si vous « plaist : il ne nous appartient mye de seoir si prés de « vous. Et il me dist : Senneschal, seez vous cy. » Et ainsi le fis-je si prés de lui que ma robbe toucheoit la sienne ; et les fist asseoir emprés moy (3). Et adonques dist : « Grant mal avez fait, quant vous, « qui estes mes enfans, n'avez fait à la premiere foiz « ce que je vous ai commandé ; et gardez que jamés « il ne vous adviengne. » Et ilz luy dirent que non feroit-il. Et lors il me va dire qu'il nous avoit appellez pour se confesser à moy de ce que à tort il avoit defendu et soustenu maistre Robert contre moy. « Mais, fist-il, je le fis pource que je le vy si tres- « esbahy, qu'il avoit assez mestier (4) que lui secou- « russe et aidasse. Nonobstant que ne le fiz pas pour « maistre Robert defendre, et ne le croyez pas aussi ; « car, ainsi comme dit le senneschal, on se doit vestir « bien honnestement afin d'estre mieulx aimé de sa « femme, et aussi que voz gens vous en priseront « plus. » Et aussi dit le saige que l'on se doit vestir en telle maniere, et porter selon son estat, que les preudes du monde ne puissent dire : Vous en faites

---

(1) *Or* : à présent. — (2) *Uis* : porte. — (3) *Emprés moy* : auprès de moi. — (4) *Mestier* : besoin.

trop; n'aussi les jeunes gens : Vous en faites peu, comme dit est devant.

Cy aprés oirrez (1) ung enseignement que le bon Roy me donna à congnoistre. Quant nous revenions d'oultre mer, et nous estant devant l'isle de Chippre, par ung vent qu'on appelle garbun (2), qui n'est pas des quatre maistres vens regnans en mer, que nostre nef hurta et donna ung grant coup à ung roc, tellement que les mariniers en furent tous esperduz et tous desesperez, en dessirant leurs robbes et leurs barbes, le bon Roy saillit (3) hors de son lit tout deschaux, une cotte vestuë, sans plus, et se alla getter en croiz devant le corps precieux de nostre Seigneur, comme celui qui ne attendoit que la mort. Et tantost aprés se appaisa le vent. Le landemain me appella le Roy, et me dist : « Senneschal, sachez que Dieu
« nous a monstré une partie de son grant povoir; car
« ung de ces petiz vens, que à peine le sceit-on nom-
« mer, a cuidé noyer le roy de France, sa femme,
« enfans et famille. » Et dit saint Anceaume que ce sont des menasses de nostre Seigneur, ainsi que si Dieu vouloit dire : Or voyez et congnoissez que si j'eusse voulu permettre tous fussiez noyez. Et le bon Roy respont : « Sire Dieu, pourquoi nous me-
« nasses-tu? Car la menasse que tu nous faiz n'est
« point pour ton preu (4), ne pour ton advantage : et
« si tu nous avoys tous perduz tu n'en seroys ja plus
« pouvre; et aussi si tu ne nous avoys tous perduz tu
« n'en serois ja plus riche. Donques la menasse de toy

---

(1) *Oirrez :* vous entendrez. — (2) *Garbun :* du sud-ouest. — (3) *Saillit :* sauta. — (4) *Preu :* profit, avantage.

« c'est pour nostre prouffit, non point pour le tien,
« si nous le savions congnoistre et entendre. Par cette
« menasse, fait le saint Roy, devons nous savoir
« que si en nous a aucune petite chose desplaisante
« à Dieu, que nous la devons hastivement ouster :
« et aussi à semblable ce que savons lui plaire à estre
« fait, soigneusement et à diligence le devons nous
« faire et accomplir. Et si ainsi le faisons, nostre
« Seigneur nous donnera plus de bien en ce monde
« et en l'autre que n'en sçaurions deviser (1). Aussi,
« si autrement faisons, il nous fera comme le sei-
« gneur fait à son mauvais sergent (2) ; car si le mau-
« vais sergent ne se veult chastier pour la menasse de
« son seigneur, sondit seigneur le fiert (3) en corps,
« en biens, et jusques à la mort, ou pis si possible
« estoit. Donques si fera nostre Seigneur au mauvais
« pecheur qui pour sa menasse ne se veult amender;
« car il le frappera en soy ou en ses choses cruel-
« lement. »

Le bon saint homme Roy se efforça de tout son povoir à me faire croire fermement la loy chrestienne que Dieu nous a donnée, ainsi que vous orrez. Et disoit que nous devons si fermement croire les articles de la foy, que, pour nul meschief (4) qu'on nous peust faire au corps, nous ne devons aller, faire ne dire au contraire. Et outre, disoit que l'ennemy de humaine nature, qui est le deable, est si subtil, que quant les gens meurent il se travaille de tout son povoir à les faire mourir en aucune doubte des articles de la foy. Car il voit et congnoist bien que il

---

(1) *Deviser*: exprimer. — (2) *Sergent*: serviteur. — (3) *Fiert*: frappe. — (4) *Meschief*: mal, malheur.

ne peut tollir (1) à l'omme les bonnes euvres qu'il a faites, et qu'il en a perdu l'ame s'il meurt en vraie creance de la foy catholique. Pour ce doit-on se prandre garde de cest affaire, et y avoir telle sehureté de creance, que on puisse dire à l'ennemy, quant il donne telle temptation : « Va-t'en, ennemy de nature « humaine, tu ne me mettras ja hors (2) de ce que je « croy fermement : c'est des articles de la foy ; ainçois « mieulx aymerois que tu me fisses tous les membres « trancher, et vueil vivre et mourir en cestui point. « Et qui ainsi le fait, il vainqt l'ennemy du baston « dont l'ennemy le vouloit occire (3). »

Pourtant disoit le bon Roy que la foy et creance de Dieu estoit une chose où nous devions croire parfaitement, sans doubte, et n'en fussions nous certains seulement que par l'oir dire. Et sur ce point me fist le bon Seigneur une demande; c'est à savoir comment mon pere avoit nom. Et je luy respons qu'il avoit nom Simon. « Et comment le savez-vous? fist-il. » Et je luy dis que bien en estois certain, et le crois fermement, pour tant que ma mere le m'avoit dit par plusieurs fois. Adonques fist-il : « Devez vous croire « parfaitement les articles de la foy que les apoustres « nostre Seigneur vous tesmoignent, ainsi que vous « ouez (4) chanter ou *Credo* tous les dimanches. » Il me dist que ung evesque de Paris, nommé Guillaume (5) en son droit nom, lui compta ung jour fut

---

(1) *Tollir :* enlever. — (2) *Tu ne me mettras ja ors :* tu ne me feras pas départir. — (3) *Occire :* tuer. — (4) *Ouez :* entendez. — (5) *Guillaume*, évêque de Paris, un des hommes les plus savans du treizième siècle. Il y eut de son temps de grands débats sur la pluralité des bénéfices.

que ung grant maistre en sainte theologie estoit venu à lui, pour parler et soy conseiller à lui. Et quant il deult dire son cas, il se print à pleurer tres-fort. Et l'evesque lui dist : « Maistre, ne pleurez point, et « ne vous desconfortez ; car nul ne peut estre si grant « pecheur que Dieu ne soit plus puissant de lui par- « donner. Ha ! dist le maistre, sachez, monseigneur « l'evesque, que je n'en puis mais si je pleure ; car j'ay « grant paeur de estre mescreant pour ung point : « c'est que je ne puis bonnement estre asseuré ou saint « Sacrement de l'autel, ainsi que sainte Eglise l'en- « seigne et commande à croire, dont mon cueur ne « peut estre asseuré ; et croy, fist le maistre, que ce « me vient de temptation de l'ennemy. Maistre, lui « dist l'evesque, or me dittes : Quant l'ennemy vous « envoie telle temptation, et vous met en telle erreur, « ce vous plaist-il point ? Dist le maistre : Certaine- « ment nenny ; mais au contraire me desplaist et « ennuye tant que plus ne pourroit estre. Or je vous « demande, fist l'evesque, si vous prandriez or, ne « argent, ne aucun bien mondain, pour regnier de « vostre bouche riens qui touchast au saint Sacre- « ment de l'autel, ny à aucun des saints Sacrements « de l'Eglise ? Vraiement, fist le maistre, soiez cer- « tain que nulle chose terrienne n'est que j'en voul- « sisse avoir prinse (1) : ainçois aymerois-je mieulx « que l'on me desmembrast tout vif, membre à mem- « bre, que avoir regnié le moindre desdiz saints Sa- « cremens. » Adonques l'evesque lui remonstra par

(1) *Soiez certain que nulle chose terrienne n'est que j'en voulsisse avoir prinse :* soyez certain que, pour toute chose au monde, je ne voudrois avoir perdu cette croyance.

exemple le grant merite qu'il gaignoit en la paine qu'il souffroit en ladite temptation, et lui dist : « Vous « savez, maistre, que le roy de France guerroye « contre le roy d'Angleterre; et savez que le chasteau « qui est le plus prés de la marche (1) desdiz deux « Roy, c'est La Rochelle en Poitou. Donques res- « pondez-moy : Si le roy de France vous avoit fait « bailler à garder le chasteau de La Rochelle qui est « si prés de la marche, et il m'eust baillé ou fait « bailler le chastel de Montlehery à garder, qui est « ou fin cueur de France, auquel deveroit le Roy « en la fin de sa guerre savoir meilleur gré, à vous « ou à moy, de lui avoir ainsi gardé ses chasteaux « de perdre? Certes, Sire, fist le maistre, je croy que « ce seroit à moy, qui lui auroie bien gardé La Ro- « chelle, qui est en lieu plus dangereux : et y est la « raison assez bonne. Maistre, fist l'evesque, je vous « certifie que mon cueur est semblable au chastel de « Montlehery; car je suis tout asseuré du saint Sa- « crement de l'autel, et des autres aussi, sans aucune « doubte y avoir. Pourtant vous dy que pour ung « gré que Dieu nostre createur me sceit de ce que « je le croy seurement et en paix, que au double vous « en sceit-il gré de ce que vous lui gardez vostre « cueur en perplecité et tribulation, et que pour nul « bien terrien, ne pour quelconque mal et adversité « qu'on vous peust faire au corps, vous ne le vouldriez « jamais regnier, ne abandonner d'avecques vostre foy « et creance. Dont je vous dis que beaucoup mieulx « lui plaist en ce cas vostre estat que ne fait le mien. « Dont suis tres-joieux, et vous prie que l'aiez en

(1) *Marche* : frontière.

« souvenance, et il vous secourera à vos besoings. » Quant le maistre eut ce entendu, il se agenouilla devant l'evesque, et se tint de lui moult content et bien paié.

Le saint Roy me compta (1) que une fois en Albigeois les gens du païs se tirerent par devers le conte de Montfort, qui lors gardoit pour le Roy la terre d'Albigeois, et lui disdrent qu'il viensist veoir le corps de nostre Seigneur, lequel estoit devenu en char et en sang entre les mains du prebstre; dont ilz estoient fort emerveillez. « Et le conte leur dist : Allez y vous au-
« tres qui en doubtez; car, quant à moy, je croy par-
« faitement et sans doubte le saint Sacrement de
« l'autel, ainsi que nostre mere sainte Église le nous
« tesmoigne et enseigne. Parquoy j'espère, pour le
« croire ainsi, en avoir une couronne en paradis plus
« que les anges, qui le voient face à face; parquoy il
« faut bien qu'ilz le croient. »

Encor me compta le bon saint Roy que une fois advint que au moustier de Clugny y eut une grant disputation de clercs et de Juifz, et que là se trouva ung chevalier viel et ancien, lequel requist à l'abbé d'icelui moustier qu'il eust ung peu d'audiance et congié de parler; ce que à paine lui octroia. Et adonc le bon chevalier se lieve de dessus sa potence (2) qu'il portoit à soy soustenir, et dist qu'on lui fist venir le plus grant clerc, et le plus grand maistre d'iceulx Juifz : ce que lui fut fait. Et le chevalier lui va faire ceste demande : « Maistre, respondez : croyez vous en
« la vierge Marie, qui porta nostre Sauveur Jesus

---

(1) Jean Vilani attribue ce trait à saint Louis lui-même. (*Chronique*, livre 6, ch. 7.) — (2) *Potence* : bâton, béquille.

« Christ en ses flans, et puis en ses braz, et qu'elle l'a
« enfanté vierge, et soit mere de Dieu? Et le Juif lui
« respond que de tout ce il ne croyoit riens. Et le
« chevalier lui dist : Moult (1) follement avez dit, et
« estes tres-fol hardy, quant vous, qui ne le croiez,
« avez entré en son moustier et en sa maison. Et
« vraiement, fist le chevalier, presentement le com-
« parerez. » Et il lieve sa potence, et fiert le Juif bien
estroit sur l'ouye, tant qu'il le coucha à terre renvercé.
Et ce voiant les autres Juifz, ilz vont lever leur maistre
tout blecé, et s'enfuyent; dont par ce demoura la disputation des clercs et des Juifz finee (2). Lors vint l'abbé
à icelui chevalier, et lui dist : « Sire chevalier, vous
« avez fait folie de ce que avez ainsi frappé. Et le
« chevalier lui respond : Mais vous avez fait encore
« plus grant folie d'avoir ainsi assemblé et souffert
« telle disputation d'erreurs ; car ceans avoit moult
« grant quantité de bons Chrestiens qui s'en feussent
« allez tous mescreans par l'argu (3) des Juifz. Aussi
« vous dy-je, me fist le Roy, que nul, si n'est grant
« clerc et theologien parfait, ne doit disputer aux
« Juifz. Mais doit l'omme lay, quant il oit mesdire
« de la foy chrestienne, defendre la chose non pas
« seulement de parolles, mais à bonne espee tran-
« chant (4), et en frapper les mesdisans et mescreans
« à travers du corps, tant qu'elle y pourra entrer. »

Son gouvernement fut tel que tous les jours il

---

(1) *Moult* : beaucoup. — (2) *Finee* : finie. — (3) *L'argu* : les raisonne-
mens. — (4) *A bonne espee tranchant* : c'étoit là le travers du temps,
auquel saint Louis lui-même n'étoit pas étranger. On doit remarquer
que l'abbé blâme l'emportement du chevalier : ce qui prouve que le
clergé, conformément au véritable esprit de la religion, ne négli-
geoit rien pour empêcher de pareilles violences.

oyoit ses Heures à note, et une messe basse de *Requiem*, et puis l'office du jour du saint ou sainte, s'il escheoit à note (1). Tousjours aprés disner il se repousoit en son lit, et puis quant il estoit sus il disoit des mors (2) avecques un de ses chappelains, et puis vespres : et tous les soirs il oit ses complies.

Ung jour fut que ung bon cordelier vint devant le bon Roy au chastel de Yeres, où nous descendismes de mer. Et lui dist par enseignement celui cordelier qu'il avoit leu la Bible, et autres bons livres parlans des princes mescreans; més que jamais il ne trouva que royaume se perdist, fust entre creans ou mescreans, fors que par faulte de droicture. « Or se preigne, fist « le cordelier, doncques bien garde le Roy que je voy « cy, qui s'en va en France, qu'il face administrer « bonne justice et droicture diligemment à son peuple; « à ce que nostre Seigneur lui seuffre et permette joir « de son royaume, et le tenir en paix et tranquillité « tout le cours de sa vie. » Et dit-on que ce bon preu‑ dom cordelier, qui enseigna ainsi le bon Roy, gist à Masseille, là où nostre Seigneur fait par lui maints beaux miracles. Icelui bon cordelier ne voulut onques demourer avecques le Roy, pour priere et requeste qu'il lui fist, que une seulle journée.

Le bon Roy n'oublia pas l'enseignement du bon cor‑ delier, ainçois a gouverné son royaume bien et loïau‑ ment selon Dieu; et a tousjours voulu justice estre faite et administrée, comme vous oirrez. Car de cous‑ tume, aprés ce que les sires de Neelles (3) et le bon

---

(1) *S'il escheoit à note* : s'il étoit mis en chant. *Note* veut dire *chant*. — (2) *Il disoit des mors* : il prioit pour les morts. — (3) *De Neelles* :

seigneur de Soissons, moy, et autres de ses prouches, avions esté à la messe, il failloit que nous alissions oir les pletz de la porte, que maintenant on appelle les requestes du Palais à Paris. Et quant le bon Roy estoit au matin venu du moustier, il nous envoioit querir, et nous demandoit comment tout se portoit, et s'il y avoit nul qu'on ne peust despescher sans lui. Et quant il en y avoit aucuns, nous le lui disions. Et alors les envoioit querir, et leur demandoit à quoy il tenoit qu'ilz n'avoient aggreable l'offre de ses gens; et tantost les contentoit, et mettoit en raison et droicture : et tousjours de bonne coustume ainsi le faisoit le saint homme Roy. Maintesfois ay veu que le bon saint, aprés qu'il avoit ouy messe en esté, il se alloit esbatre au bois de Vicennes, et se seoit au pié d'un chesne, et nous faisoit seoir tous emprés lui : et tous ceulx qui avoient affaire à lui venoient à lui parler, sans ce que aucun huissier ne autre leur donnast empeschement. Et demandoit haultement de sa bouche s'il y avoit nul qui eust partie. Et quant il y en avoit aucuns, il leur disoit : « Amys, taisez-vous, et on vous « delivrera (1) l'un aprés l'autre. » Puis souventesfoiz appelloit monseigneur Pierre de Fontaines (2) et monseigneur Geffroy de Villette (3), et leur disoit : « Delivrez-moi ces parties. » Et quant il veoit quelque chose à amender en la parolle de ceulx qui par-

---

Simon, fils de Raoul de Clermont. Il fut régent du royaume pendant le second voyage de saint Louis.

(1) *Delivrera* : expédiera. — (2) *Pierre de Fontaines*, jurisconsulte de ce temps-là, auteur d'un ouvrage intitulé *li Livres de la Reigne*, sur les formes de la justice. — (3) *Geffroy de Villette*, bailli de Tours en 1261, et ambassadeur à Venise en 1268.

loient pour aultrui, lui mesmes tout gracieusement
de sa bouche les reprenoit. Aussi plusieurs foiz ay veu
que oudit temps d'esté le bon Roy venoit au jardin de
Paris, une cotte de camelot vestuë, ung surcot de tiretaine (1) sans manches, et un mantel par dessus de
sandal noir : et faisoit là estendre des tappiz pour nous
seoir emprés lui, et là faisoit despescher son peuple
diligemment, comme vous ay devant dit du bois de
Vicennes.

Je vy une journée que tous les prelatz de France
se trouverent à Paris pour parler au bon saint Loys,
et lui faire une requeste. Et quant il le sceut, il se
rendit au palais pour là les oir de ce qu'ilz vouloient
dire. Et quant tous furent assemblez, ce fut l'evesque
Guy d'Auseure (2), qui fut filz de monseigneur Guilleaume de Melot, qui commença à dire au Roy, par
le congié et commun assentement de tous les autres
prelatz : « Sire, sachez que tous ces prelatz qui cy
« sont en vostre presance me font dire que vous les-
« sez perdre toute la chrestienté, et qu'elle se pert
« entre vos mains. Adonc le bon Roy se signe de la
« croiz, et dit : Evesque, or me dittes commant il se
« fait, et par quelle raison. Sire, fist l'evesque, c'est
« pour ce qu'on ne tient plus compte des excommu-
« nies; car aujourd'hui un homme aymeroit mieulx
« mourir tout excommunié que de se faire absoul-
« dre, et ne veult nully faire satisfaction à l'Eglise.
« Pourtant, Sire, ilz vous requierent tous à une voiz
« pour Dieu, et pour ce que ainsi le devez faire,
« qu'il vous plaise commander à tous vos baillifz,

(1) *Tiretaine*, étoffe grossière de laine. — (2) *Auseure* : Auxerre.

« prevostz, et autres administrateurs de justice, que
« où il sera trouvé aucun en vostre royaume qui
« aura esté an et jour continuellement excommunié,
« qu'ilz le contraignent à se faire absouldre par la
« prinse de ses biens. » Et le saint homme respondit
que tres-voulentiers le commanderoit faire de ceulx
qu'on trouveroit estre torçonniers (1) à l'Eglise et à
son presme (2). Et l'evesque dist qu'il ne leur appartenoit à congnoistre de leurs causes. Et à ce respondit
le Roy que il ne le feroit autrement. Et disoit que
ce seroit contre Dieu et raison qu'il fist contraindre
à soy faire absouldre ceulx à qui les clercs feroient
tort, et qu'ilz ne fussent oiz en leur bon droit. Et de
ce leur donna exemple du conte de Bretaigne, qui
par sept ans à plaidoié contre les prelatz de Bretaigne
tout excommunié, et finablement a si bien conduite
et menée sa cause, que nostre saint Pere le Pape les
a condampnez envers icelui conte de Bretaigne. Parquoy disoit que si dés la premiere année il eust
voulu contraindre icelui conte de Bretaigne à soy
faire absouldre, il lui eust convenu laisser à iceulx
prelatz contre raison ce qu'ilz lui demandoient outre
son vouloir; et que en ce faisant il eust grandement
meffait envers Dieu et envers ledit conte de Bretaigne. Aprés lesquelles choses ouyes pour tous iceulx
prelatz, il leur suffisit de la bonne responce du Roy;
et onques puis ne ouy parler qu'il fust fait demande
de telles choses.

La paix qu'il fist avecques le roy d'Angleterre fut
contre le vouloir de tout son conseil, qui lui disoit :

(1) *Torçonniers*, injustes, concussionnaires. — (2) *Presme*: prochain,
allié, celui qui a des droits à quelque chose.

« Sire, il nous semble que vous faites ung grant mal
« à vostre royaume, de la terre que vous donnez et
« laissez à ce roy d'Angleterre : et nous semble bien
« qu'il n'y a aucun droit, parce que son pere la
« perdit par jugement. » A quoy respondit le bon
Roy qu'il savoit bien que le roy d'Angleterre n'y
avoit point de droit. Mais il disoit que à bonne cause
il la luy devoit bien donner, disant ainsi : « Nous
« deux avons chacun l'une des deux sœurs à femme,
« dont noz enfans sont cousins germains; parquoy il
« affiert [1] bien qu'il y ait paix et union. Et m'est
« grant plaisir, dist le Roy, d'avoir fait la paix avec-
« ques le roy d'Angleterre, pource qu'il est à present
« mon homme, ce qu'il n'estoit pas devant. »

La loyauté du bon Roy a esté assez congnuë ou
fait de monseigneur Regnault de Troie [2], lequel
apporta à icelui saint homme unes lettres par lesquelles il disoit qu'il avoit donné aux hoirs de la contesse de Boulongne, qui puis n'aguere estoit morte, la
conté de Dammartin. Desquelles lettres les seaulx du
Roy, qui autresfoiz y avoient esté, estoient tous brisez et cassez : et n'y avoit plus desdiz seaulx que la
moitié des jambes de l'image du seel du Roy, et le
chantel [3] surquoy le Roy avoit les piedz. Et le Roy
monstra lesdites lettres à nous qui estions de son
conseil, pour le conseiller en ce. Et tous fusmes d'o-
pinion que le Roy n'estoit tenu à icelle lettre mettre
à exécution, et qu'ilz ne devoient joir dudit conté,

---

[1] *Il affiert :* il convient, il faut. — [2] *Regnault de Troie.* Il faut lire *Regnault de Tric.* Il s'agissoit de la succession de Mathilde, comtesse de Boulogne. — [3] *Le chantel,* ou *chanteau :* le côté du sceau où les pieds du Roi devoient être.

Et tantoust il appella Jehan Sarrazin son chambellan, et lui dist qu'il lui baillast une lettre qu'il lui avoit commandé faire. Et quant il eut la lettre veuë, il regarda au seel qui y estoit, et au remenant (1) du seel des lettres dudit Regnault, et nous dist : « Seigneur, « veez cy le seel de quoy je usoye avant mon parte- « ment du veage d'oultre mer, et ressemble ce demou- « rant de seel à l'impression du seel entier. Parquoy « je n'oseroye selon Dieu et raison ladite conté de « Dammartin retenir. Et lors appella-il mondit sei- « gneur Regnault de Troie, et lui dist : Beau sire, je « vous rens la conté que vous demandez. »

(1) *Au remenant :* à ce qui restoit.

SECONDE PARTIE

DE L'HISTOIRE.

Cy commance la seconde partie dudit present livre, en laquelle, comme j'ay dit devant, pourrez veoir de ses grans faiz et chevalleries. Ou nom de Dieu le tout puissant, icelui bon roy saint Loys, auquel par plusieurs foiz ouy dire, fut né le jour et feste monseigneur saint Marc, apostre et evangeliste. Celui jour portoit-on les croiz en procession en plusieurs lieux en France, et les appelloit-l'on les croiz noires (1). Qui fut une chose comme demie prophecie des gens qui en grant multitude, et presque en nombre infiny, moururent crucifiez és veages du saint pelerinage : c'est assavoir en Égipte et en Cartaige. Dont maint grant deul en a esté fait et mené en ce monde, et maintenant s'en mayne grant joie en paradis de ceulx qui en ce saint pelerinage moururent vrais crucifiez, et en la foy de Dieu.

Il fut couronné le premier dimenche des Avans, duquel dimenche la messe se commance à céz mots : « *Ad te levavi animam meam*. Qui vault à dire : « Beau sire Dieu, j'ai levé mon ame et mon cueur « envers toy, je me fie en toy. » Esquelles parolles

---

(1) *Croiz noires.* Le jour de saint Marc, toutes les églises étoient tendues de noir, et l'on faisoit des processions en mémoire d'une peste qui avoit désolé Rome du temps de saint Grégoire, pape.

avoit le bon Roy grant fiance, en le disant de sa personne, pour la grant charge qu'il venoit à prandre. Il eut en Dieu moult grant fiance dés son enfence et jusques à la mort ; car à la fin de ses darreniers jours tousjours reclamoit Dieu, ses saints et saintes ; et par especial pour intercesseurs avoit-il souvent monseigneur saint Jaques et madame sainte Genevieuve. Pour laquelle chose fut-il gardé de Dieu dés s'enfence jusques au darrenier point, quant à son ame, et aussi par les bons enseignemens de sa mere, qui bien l'enseigna à Dieu croire, craindre et amer en jeunesse, il a depuis tres-bien et saintement vesqu selon Dieu. Sa mere lui atraysit (1) toutes gens de religion, et lui faisoit ouir aux dimenches et festes et sermons la parolle de Dieu. Dont plusieurs foiz se recorda, et que sa mere lui avoit dit souventesfoiz qu'elle ameroit mieulx qu'il fust mort, qu'il eust commis ung seul peché mortel.

Bien lui fut besoing que dés son jeune aage Dieu lui aidast ; car sa mere estoit d'Espaigne, païs estrange, et demoura sans nulz autres parens ne amis en tout le royaume de France. Et pour ce que les barons de France le virent, lui et sa mere, personnes estranges, sans support, forz que de Dieu, ilz firent du conte de Boulongne, qui estoit oncle du Roy darreinerement trespassé son pere, leur chevetaine (2), et le tenoient comme pour leur seigneur et maistre. Et advint que, aprés que le bon Roy fut couronné, pour commencement de guerre aucuns desditz barons de France requisdrent à sa mere qu'elle leur

(1) *Lui atraysit* : attira vers lui. — (2) *Chevetaine* : chef, capitaine, commandant.

voulsist donner certaine grant quantité de terres ou royaume de France. Et pource qu'elle ne voulut, par ce que à elle n'appartenoit de diminuer le royaume oultre le vouloir de son filz, qui estoit ja roy couronné, iceulx barons se assemblerent tous à Courbeil. Et me compta le saint Roy que lui et sa mere, qui estoient à Montlehery, ne ozerent aller jusques à Paris, tant que (1) ceulx de la ville les vindrent querir en armes, en moult grant quantité. Et me dist que depuis Montlehery jusques à Paris le chemin estoit plain et serré des coustes (2) de gens d'armes et autres gens, qui crioient tous à haulte voix à nostre Seigneur qu'il lui donnast bonne vie et prosperité, et le voulsist garder contre tous ses ennemis, ainsi que Dieu fist en plusieurs lieux et passages, ainsi comme vous oirrez cy aprés.

Advint que les barons de France se assemblerent à Courbeil, et machinerent entr'eux d'un commun assentement qu'ilz feroient que le conte de Bretaigne se esleveroit contre le Roy. Et lui promisdrent, pour grant traison faire au bon Roy, qu'ilz yroient au mandement du Roy, et que se il les vouloit envoier contre icelui conte de Bretaigne guerroier, qu'ils ne meneroient avecques eulx que chacun deux chevaliers, afin que plus aiseement le conte peust convaincre (3) le bon roy Loys et sa mere, qui estoit femme d'estrange païs, comme avez ouy. Et ainsi que iceulx barons promisdrent audit conte de Bretaigne, aussi firent-ilz. Et ay ouy dire à plusieurs que le conte eust destruit et subjugué le Roy et sa

---

(1) *Tant que* : jusqu'à ce que. — (2) *Coustes* : troupes. — (3) *Convaincre* : vaincre.

mere, si n'eust esté l'aide de Dieu, qui jamais ne lui faillit. Car comme par permission divine, au grant besoing du bon Roy et à sa grant destresse, le conte Thibault de Champaigne s'esmeut à vouloir aller veoir le Roy. Et de fait, se partit avecques bien trois cens chevaliers moult bien en point, et arriverent à bonne heure, la grace à Dieu; car, par le secour d'icelui conte de Champaigne, il convint au conte de Bretaigne soy rendre au Roy, et lui crier mercy. Et le bon Roy, qui nullement ne appetoit (1) vengeance, considera que la victoire qu'il avoit euë estoit par la puissance et bonté de Dieu, qui avoit promeu le vaillant conte de Champaigne à l'aller veoir, et receut le conte de Bretaigne à merci. Et lors alla le Roy seurement par son païs.

Pourtant que aucunesfoiz en aucunes matieres adviennent des incidens servans au propos, je laisseray ung peu le principal de ma matiere. Et ce nonobstant, icy orrez aucunes choses dont est besoing les reciter pour entendre le traité et matiere dequoy on veult parler. Et dirons ainsi, et verité. Le bon conte Hanry le Large (2) eut de la contesse Marie son espouse, qui estoit seur du roy de France et de Richart roy d'Angleterre, deux filz, dont l'aisné eut nom Hanry, et l'autre Thibault. Celui Hanry s'en alla croisié en la Terre Sainte en pelerinage avecques le roy Phelippe et le roy Richart; lesquelz trois assiegerent la cité d'Acre et la prindrent. Et tantoust qu'elle fut prinse, le roi Phelippe s'en revint en France; dont il fut moult blasmé. Et demoura le roy Richart en la Terre

(1) *Appetoit* : désiroit. — (2) *Le large* : le généreux, celui qui fait des largesses.

Sainte, et là fist de tres-grans faiz d'armes sur les mescreans et Sarrazins; tant qu'ilz le doubterent (1) si fort, ainsi qu'il est escript ou livre de l'Istoire du veage de la sainte Terre, que quant les petiz enfans des Sarrazins crioient, leurs meres leur disoient : « Taisez-vous, taisez; veez cy (2) le roy Richart qui « vient vous querir. » Et tantoust de la paour que iceulx petiz enfans sarrazins avoient seullement de oir nommer le roy Richart, ilz se taisoient. Et semblablement quant les Sarrazins et Turcs estoient à cheval aux champs, et que leurs chevaulx avoient paour de quelque umbre ou buisson, et qu'ilz s'en effraioient, ilz disoient à leurs chevaulx en les picquant de l'esperon : « Et cuides-tu que ce soit le roy « Richart? » Qui est clerement à demonstrer qu'il faisoit de grantz faitz d'armes sur eulx, quant il estoit si craint. Celui roy Richart tant pourchassa par ses beaux faiz, qu'il fist donner à femme au conte Hanry de Champaigne, qui estoit demouré avecques lui, comme ay dit devant, la royne de Jerusalem. Et eut icelui Hanry de Champaigne de la Royne sa femme deux filles, dont la premiere fut royne de Chippre, et l'autre eût à femme messire Ayrart de Brienne, dont grant lignaige est issu, ainsi qu'il appert en France et en Champaigne. De la femme de mondit seigneur Ayrart de Brienne ne vous dirai-je à present riens, ainçois vous parleray de la royne de Chippre, pour ce qu'il est licite et convenable à continuer ma matiere. Et dirons ainsi.

Aprés que le bon Roy eut subjugué et vaincu le

---

(1) *Doubterent* : redoutèrent. — (2) *Veez cy* : voici.

conte Pierre de Bretaigne o ⁽¹⁾ l'aide du conte Thibault de Champaigne, les barons de France furent moult indignez contre icelui conte Thibault de Champaigne; et furent d'opinion entr'eulx pour desheriter ledit conte Thibault, qui estoit filz du second filz de Champaigne, qu'ilz envoieroient querir la royne de Chippre. Laquelle chose ne leur apparut pas trop prouffitable; mais furent aucuns d'iceulx barons, pour ce qu'ilz ne povoient venir à leurs fins, et qu'ilz veoient qu'on povoit clerement congnoistre leur mal, entrepreneurs de la paix faire entre lesditz conte Pierre de Bretaigne et le conte Thibault de Champaigne. Et fut la chose tant pourparlée d'un cousté et d'autre, que, pour l'appointement de paix faire entr'eulx, icelui conte Thibault de Champaigne promist prendre à femme et espouse la fille du conte Pierre de Bretaigne. Et fut la journée assignée à ce faire, et qu'on devoit la demoyselle amener audit conte de Champaigne pour la espouser à une abbaie de l'ordre des Freres prescheurs qui est lez Chasteautierry, en une ville que l'on appelle Valserre. Et ainsi comme j'ay entendu, le conte Pierre de Bretaigne, avecques les barons de France qui estoient presque tous parens, se partirent pour vouloir la demoyselle amener espouser au moustier de Valserre; et manderent le conte Thibault de Champaigne, qui estoit à Chasteautierry, qu'il viensist la demoyselle espouser selon sa promesse; et bien le vouloit faire. Mais soudain arriva à lui messire Geffroy de la Chappelle, qui lui presenta unes lettres de par le Roy, par lesquelles il lui rescripvoit : « Sire Thibault de Champaigne, j'ay en-

---

⁽¹⁾ *O* : avec.

« tendu que vous avez convenancé et promis à prandre
« à femme la fille du conte Pierre de Bretaigne. Pour-
« tant vous mande que, si cher que avez tout quant
« que amez ou royaume de France, que ne le facez
« pas. La raison pourquoy vous savez bien ; je jamais
« n'ay trouvé pis qui mal m'ait voulu faire que lui. »
Et quant le conte Thibault eut ce entendu, qui estoit
ja parti pour la demoyselle aller espouser, s'en retourna à Chasteauthierry dont il estoit party.

Quant le conte Pierre de Bretaigne et les barons
de France contraires du bon Roy, qui estoient attendans à Valserre, virent que le conte Thibault de
Champaigne les avoit trompez et deceuz, tout subit (1)
par despit, et en grant hayne que lors ilz conceurent
contre icelui conte de Champaigne, ilz manderent la
royne de Chippre, qui tantoust arriva à eulx. Et si
toust qu'elle fut venuë, tout d'un commun assentement, après leur parlementer, ilz envoierent querir
chacun de sa part tant de gens d'armes comme ilz
en peurent avoir, et partirent en faiz d'armes pour
entrer par devers la France és païs dudit conte Thibault, mesmement en Brie et en Champaigne. Et
aussi avoient ilz intelligence avec le duc de Bourgoigne, qui avoit à femme la fille du conte Robert de
Dreues : et que de sa part il entreroit en la conté de
Champaigne par devers la Bourgoigne. Et à la journée
assignée qu'ilz se devoient tous trouver ensemble
devant la cité de Troie, pour la prandre, le bon roy
Loys le sceut, qui pareillement manda tous ses gens
d'armes pour aller au secour du conte Thibault de
Champaigne. Et de fait, les barons ardoient et brus-

(1) *Subit :* aussitôt.

loient de leur part tout le pays par où ilz passoient : et aussi faisoit le duc de Bourgoigne, qui s'entendoit avecques eulx. Et quant le bon conte Thibault de Champaigne se vit ainsi fort assailli d'une part et d'autre, lui-mesmes brusla et destruisit plusieurs des villes de son pays, par especial Esparné (1), Vertu et Sezanne, affin que les barons et duc de Bourgoigne ne les trouvassent garnies avecques les autres villes et citez, et qu'elles lui feussent nuisibles. Et quant les bourgeois de Troye virent qu'ilz avoient perdu le sejour de leur bon maistre et seigneur conte de Champaigne, ils manderent subit Simon seigneur de Jonville, pere du seigneur de Jonville qui à present est, et dont le nom est escript ou prologue de ce present livre, qu'il les viensist secourir; et ainsi le fist le bon seigneur. Car incontinant à toute sa gent vint aprés les nouvelles à lui venuës, et fut devant la cité de Troye avant que le jour fust; et de sa part fist merveilles de secourir aux bourgeois, et tant que les barons saillirent à la cité prandre. Et force fut ausditz barons passer outre ladité cité, et s'en aller loger en la praierie avecques le duc de Bourgoigne. Et quant le bon roy de France sceut qu'ilz furent-là, il avecques sa gent s'adressa droit à eulx pour les combattre. Et ce voyans les barons, lui manderent par priere et requeste que son plaisir fust soy tirer arriere son corps, qu'ilz yroient combattre à l'encontre du conte de Champaigne et du duc de Lorraine, et à tous leurs gen-d'armes, avec trois cens chevaliers moins que lui, le conte et le duc n'auroient. Et le Roy leur respondit que nullement ilz ne se combatroient à sa gent,

---

(1) *Esparné* : Epernay.

s'il n'y estoit en personne. Quoy voiant les barons, incontinant presque confus lui manderent que tres-voulentiers ilz feroient entendre la royne de Chippre à faire paix avecques le conte Thibault de Champaigne. A quoy le bon Roy leur manda que à nulle paix n'entendroit, ne ne souffreroit que le conte de Champaigne y entendist, jusques à ce qu'ilz eussent vuidé la conté de Champaigne. Et deslors la responce ouye, ilz s'en partirent de là, et d'un repoux (1) s'allerent loger dessoubz July. Et le Roy s'alla loger à Ylles, dont il les avoit chassez. Et quant les barons virent que le Roy les poursuivoit ainsi de prés, ils deslogerent de July, et allerent loger à Langres, qui estoit en la conté de Nevers, qui tenoit de leur party. Et ainsi le bon roy saint Loys accorda la royne de Chippre avecques le conte de Champaigne, outre le gré et entreprinse des barons. Et la paix faite entr'eux en telle maniere, que, pour partage et droit successif, le conte de Champaigne donna à la royne de Chippre en tout deux mil livres de terre et revenu; en oultre quarante mil livres que le Roy paia pour le conte de Champaigne à une foiz paier, pour les deffraiz de ladite Royne. Pour lesquelz quarante mil livres le conte de Champaigne vendit au Roy les fiefs et seigneuries qui s'ensuivent : c'est assavoir le fyé de la conté de Blois, le fyé de la conté de Chartres, le fyé de la conté de Sanserre, et le fyé de la viconté de Chasteaudun. Et disoient aucuns que le Roy ne tenoit lesdiz fiez que pour engaigement; mais ce n'est mye verité, car je le demandé au bon Roy oultre mer, qui me dist que c'estoit par achapt.

(1) *D'un repoux* : en un jour de marche.

La terre que le conte Thibault donna à la royne de Chippre tient le conte de Brienne, qui à present est, et le conte de Joingny, pour ce que la ayeulle du conte de Brienne fut fille de la royne de Chippre, et femme du grant conte Gaultier de Brienne. Et affin que saichez dont vindrent les fiez que le seigneur de Champaigne vendit au Roy, dont cy-devant est faite mention, je vous fois assavoir que le grant conte Thibault, qui gist à Laingny, eut trois filz, dont le premier eut nom Hanry, le second Thibault, et le tiers Estienne. Celui Hanry, qui estoit l'aisné, fut depuis conte de Champaigne et de Brie, et fut appellé le Large conte Hanry, car large et abandonné (1) fut-il, tant envers Dieu que envers le monde. Envers Dieu fut-il large et abandonné, comme il appert à l'eglise de Saint-Estienne de Troie, et aux autres eglises qu'il fonda, et des grans dons qu'il y faisoit chascun jour, comme assez de memoire en est en Champaigne. Envers le monde fut-il large, comme bien apparut ou fait de Arthault de Nogent, et en moult d'autres lieux qui seroient trop longs à raconter. Mais du fait dudit Arthault feray cy mention. Celui Arthault estoit le bourgeois ung temps fut en qui icelui conte Hanry croioit le plus. Et fut, ledit Arthault si riches homs, que de ses deniers il fist faire le chasteau de Nogent. Or advint que le conte Hanry voulut ung jour descendre de son palais de Troie, pour aller ouir messe à Saint-Estienne le jour d'une Panthecouste. Et aux piedz des degrez de l'eglise se trouva à genoulz ung pouvre chevalier, lequel à haulte voix s'escrie et

---

(1) *Abandonné* : se prend ici en bonne part : il veut dire *dévoué*, plein de désintéressement.

dist : « Sire conte, je vous requier ou nom de Dieu
« qu'il vous plaise me donner de quoy je puisse marier
« mes deux filles que veez-cy, car je n'ay dequoy
« le faire. » Et Arthault de Nogent, qui estoit derriere le conte, dist à icelui chevalier : « Sire cheva-
« lier, vous faites mal de demander à monseigneur à
« donner ; car il a tant donné qu'il n'a plus quoy. »
Et quant le conte eut ce ouy, il se tourne devers Arthault, et lui dist : « Sire villain, vous ne dittes mie
« voir (1), de dire que je n'ay plus que donner : et
« si ay encores vous mesmes, et je vous donne à lui.
« Tenez, sire chevalier, je le vous donne, et le vous
« garantiray. » Subit le pauvre chevalier ne fut mie
esbahy, mais empoigne le bourgeois par sa chappe
bien estroit, et lui dist qu'il ne le laisseroit point aller
jusques à ce qu'il eust finé à lui (2). Et force lui fut
finer au chevalier à cinq cens livres. Le second frere
d'icelui Hanry le Large fut Thibault, qui fut conte
de Blois; et le tiers fut Estienne, qui fut conte de
Sansserre. Et ces deux freres là tindrent leurs contez
et seigneuries de leur frere aisné Hanry le Large, et
aprés lui de ses hoirs, qui tenoient le païs de Champaigne, jusques ad ce que le conte Thibault les vendit
au roy saint Loys, comme dit est devant.

Or revenons à nostre proupoux et matiere, et dirons
que aprés ces choses le Roi tint une grant court et
maison ouverte à Saumur en Anjou, et ce que j'en
diray c'est pour ce que je y estoie. Et vous certiffie
que ce fut la nompareille chose que je veisse onques,
et la mieulx aournée et apprestée. A la table du Roy
mengeoient le conte de Poitiers, lequel il avoit fait

---

(1) *Mie voir* : pas la vérité. — (2) *Finé à lui* : terminé avec lui.

nouvellement chevalier le jour d'une Saint Jehan, qui n'aguerre estoit passée : le conte Jehan de Dreux, qu'il avoit aussi fait nouvel chevalier : le conte de La Marche, le conte Pierre de Bretagne. Et à une autre table devant le Roy, à l'endroit du conte de Dreux, mengeoit le roi de Navarre, qui moult estoit paré et aourné de drap d'or, en cotte et mantel, la çainture, fermail (1), et chappel d'or fin, devant lequel je tranchoie. Devant le roy saint Loys servoient du manger le conte d'Artois et son frere, et le bon conte de Soissons, qui trancheoit du coustel. Et pour la table du Roy garder, estoit messire Ymbert de Beljeu, qui puis fut connestable de France, et messire Honourat de Coucy, et messire Archimbault de Bourbon. Et y avoit darriere ces trois barons bien trente de leurs chevaliers, en cotte de draps de soye, pour garde. Et darriere ces chevaliers y avoit grant quantité de huissiers d'armes et de salle, qui estoient au conte de Poitiers, portans ses armes batuës sur sendal. Le Roy si estoit habillé honnourablement, le plus qu'il avoit sceu le faire, qui seroit chose merveilleuse et longue à racompter. Et ouy dire à plusieurs de la compaignie que jamais ilz n'avoient veu tant de surcotz, ne d'autres garnimens de drap d'or à une feste, comme il y avoit à celle-là.

Aprés celle feste, le Roy conduisit le conte de Poitiers jusques audit lieu de Poitiers, pour reprandre ses fiefz et seigneuries. Inconveniant arriva lors au Roy du seigneur de La Marche, qui mesmes avoit mengié à sa table à Saumur; car il assembla secretement grans gensd'armes, pour soy armer contre le

(1) *Fermail* : agrafe.

Roy, tant qu'il en peut finer, et se tindrent à Lesignen lez Poitiers. Le bon Roy eust bien voulu estre à Paris. Et lui fut force de sejourner à Poitiers quinze jours, sans qu'il osast sortir. Et disoit-on que le Roy et le conte de Poitiers avoient fait mauvaisé paix au conte de La Marche. Parquoy il convint que le Roy, pour s'accorder, allast parler au conte de La Marche et à la royne d'Angleterre sa femme, qui estoit mere du roy d'Angleterre.

Et tantoust aprés que le Roy s'en fut retourné de Poitiers à Paris, ne tarda gueres que le roy d'Angleterre et le conte de La Marche se allierent à ung (1), à guerroier contre le bon roy saint Loys, et à tout moult grant compaignie de guerre, tant qu'ilz en peurent amasser. Et se rendirent de Gascoigne devant le chastel de Taillebourc, qui est assis sur une tres-malle riviere qu'on appelle Carente (2), en laquelle n'avoit là prés que ung petit pont de pierre bien estroit par où l'on peust passer. Et quant le Roy le sceut, il s'avança d'aller vers eulx à Taillebourc. Et si toust comme nos gens apperceurent les gens de l'ost (3) de noz ennemis, qui avoient le chastel de Taillebourc de leur cousté, incontinant moult perilleusement se prindrent à passer les ungs par dessus le pont, les autres par bateaux, et commancerent à courir sur les Anglois. Et tantoust y eut de grans coups donnez. Quoy voiant le bon Roy, il se va en grant peril mettre parmi les autres. Et y estoit le peril moult grant. Car pour ung homme que le Roy avoit quant il fut passé, les Anglois en avoient bien cent. Mais ce nonobstant, quant

---

(1) *A ung:* ensemble. — (2) *Carente:* Charente. — (3) *Ost:* armée.

les Anglois virent le Roy passé, tous se commancerent à effraier ainsi comme Dieu voulut, et s'en entrerent dedans la cité de Saintes. Et advint que en la meslée y eut plusieurs de noz gens parmi les Anglois qui entrerent avec eulx en la cité, et furent prins.

Et ay depuis ouy dire à aucuns d'eulx que celle nuitée le roy d'Angleterre et le conte de La Marche eurent grant discord l'un à l'autre en ladite cité de Saintes, ainsi qu'ilz oirent. Et disoit le roy d'Angleterre que le conte de La Marche l'avoit envoié querir, et qu'il lui avoit promis qu'il trouveroit grant secour en France. Et sur ce debat se meut le roy d'Angleterre de la cité de Saintes, et s'en alla en Gascongne, dont il estoit premier party (1). Et voiant le conte de La Marche qu'il estoit seul demouré, congnoissant qu'il ne povoit amender le mal fait, se rendit prisonnier du Roy, lui, sa femme et ses enfans. Dont de ce le Roy eut grant quantité des terres du conte, la paix faisant. Mais je ne sçay combien, pour ce que n'y estoie present. Car alors n'avois-je encor vestu nul haubert (2). Bien ay ouy dire que avec les terres que le Roy eut, encores le conte de La Marche lui quitta dix mil livres parisis de rente qu'il avoit sur lui par chacuns ans.

Aprés ces chouses, advint que le Roy cheut en une tres-grant maladie à Paris, et tellement fut au bas, ainsi que lui ouy dire, que une des dames qui le gardoit en sa maladie, cuidant qu'il fust oultre (3),

---

(1) *Dont il estoit premier party* : dont il étoit d'abord parti. —
(2) *Haubert* : cotte de maille. Les chevaliers avoient seuls droit de la porter. Joinville veut dire ici qu'il n'étoit pas encore chevalier. —
(3) *Qu'il fust oultre* : qu'il fût passé outre, qu'il fût mort.

lui voulut couvrir le visaige d'un linceul, disant qu'il estoit mort. Et de l'autre part du lit, ainsi que Dieu voulut, y eut une autre dame qui ne voulut souffrir que ainsi fust couvert le visaige, et que on le ensepulturast; mais tousjours disoit que encores avoit-il vie. Et tantost sur le discort d'icelles dames, Nostre Seigneur ouvra (1) en lui, et lui donna la parolle. Et demanda le bon Roy que on lui apportast la croix: ce que fut fait. Et quant la bonne dame sa mere sceut qu'il eut recouvert la parolle, elle en eut si grant joie que plus ne povoit; mais quant elle le vit croisié, elle fut aussi transsie comme s'elle l'eust veu mort.

Et pourtant que le bon Roy se croisa, aussi se croiserent Robert conte d'Artois, Alphons conte de Poitiers, Charles conte d'Anjou, qui fut depuis roy de Sicille, qui tous trois estoient freres du Roy, et Hugues duc de Bourgoigne, Guillaumme conte de Flandres, son frere Guion de Flandres, qui puis n'aguere mourut à Compiaigne, le vaillant conte Hugues de Saint Paoul, messire Gaultier son neveu, lequel moult bien se porta oultre mer, et eust moult vallu, s'il eust longuement vesqu. Aussi y furent le conte de La Marche, dont n'aguere parlions, et messire Hugues Le Brun, et son filz, le conte de Salebruche, messire Gaubert d'Apremont, et ses freres. En la compaignie duquel je Jehan de Jonville, pour ce que nous estions cousins, passé la mer en une petite nef que nous loüasmes. Nous estions vingt chevaliers, dont de sa part il faisoit le dixisme, et moy de ma part l'autre dixisme. Et fut aprés Pasques l'an de grace mil CC XLVIII. Et avant mon partement je manday mais hommes et subgetz de

(1) *Ouvra*: opéra.

Jonville, qui vindrent par devers moy la vigille de Pasques mesmes, qui fut le jour que naquit Jehan mon filz, seigneur d'Ancarville, qui fut de premiere femme seur du conte de Grant-pré. Je fuz toute la sepmaine à faire festes et banquetz avecques mon frere de Vauquelour, et tous les riches homs du païs qui là estoient, et disoient aprés que avions beu et mangé chanzons les ungs aprés les autres, et demenoit grant joie chascun de sa part. Et quant ce vint le vendredy, je leur dis : « Seigneurs, saichez que je m'en vois « oultre mer. Je ne sçay si je reviendray jamés, ou « non. Pourtant s'il y a nul à qui j'aye jamés fait au- « cun tort, et qui se vueille plaindre de moy, se tire « avant; car je le veulx amender, ainsi que j'ay de « coustume de faire à ceulx qui se plaignent de moy, « ne de mes gens. » Et ainsi le feys par commun dict des gens du païs, et de ma terre. Et affin que je n'eusse point de support, leur conseil tenant, je me tiré à cartier, et en voulu croire tout ce qu'ilz en rapporteroient sans contredict. Et le faisoie pource que je ne vouloie emporter ung seul denier à tort. Et pour faire mon cas je engaigé à mes amys grant quantité de ma terre, tant qu'il ne me demoura point plus hault de douze cens livres de terre de rente; car madame ma mere vivoit encores, qui tenoit la plus part de mes choses en doüaire. Je party moy dixisme de chevaliers, comme j'ay devant dit, avecques trois banieres. Et ces choses vous raconté-je pour ce que si n'eust esté l'aide et secour de Dieu, qui jamés ne me oublia, je n'eusse sceu porter tel fays par le temps de six ans que je fuz en la Terre Sainte en pelerinage.

Quant je fu prest de partir, et tout ainsi que je

vouloie mouvoir, Jehan sire d'Apremont et le conte de Salebruche envoierent par devers moy savoir si je vouloie que nous allissions ensemble, et qu'ilz estoient tous prestz eulx dixismes de chevaliers. Ce que tres-voulentiers je consenty, et feismes lever une nef à Masseille, qui nous porta et conduisit tous ensemble, harnois et chevaulx.

Et saichez que avant le partir le Roy manda à Paris tous les barons de France, et leur fist faire foy et hommage, et jurer que loyaulté ilz porteroient à ses enfans, s'aucune malle chose avenoit de sa personne ou saint veage d'oultre mer. Et aussi me manda-il. Mais moy, qui n'estois point subget à lui, ne voulu point faire de serement : et aussi n'estoit point m'entention de demourer. Et quant je voulu partir et me mettre à la voye, je envoié querir l'abbé de Cheminon (1), qui pour lors estoit tenu le plus preudomme qui fust en toute l'Ordre blanche, pour me reconcillier à lui. Et me bailla et ceignit mon escherpe, et me mist mon bourdon en la main. Et tantost je m'en pars de Jonville, sans ce que rentrasse onques puis ou chastel, jusques au retour du veage d'oultre mer. Et m'en allay premier à de saints veages qui estoient illeques (2) prés ; c'est assavoir à Bleicourt en pelerinage, à Saint Urban, et és autres lieux qui estoient prés de Jonville, tout à pié, deschaux, et en lange. Et ainsi que je allois de Bleicourt à Saint Urban, qu'il me failloit passer auprés du chastel de Jonville, je n'ozé onques tourner la face devers Jonville, de paeur d'avoir trop grant regret, et que le cueur me atten-

(1) *Cheminon* : abbaye du diocèse de Châlons, de l'ordre de Citeaux.
— (2) *Illeques* ou *illec* : là, dans ce lieu.

drist de ce que je laissois mes deux enfans, et mon bel chastel de Jonville, que j'avoys fort au cueur; mais subit tiré oultre avecques le conte de Salebruche mon compaignon, et nos gens et chevaliers; et alasmes disner à la Fontaine-l'Arcevesque devant Dongeux. Et illec l'abbé de Saint Urban, à qui Dieu face pardon, me donna à moi et à mes chevaliers de beaux joyaulx. Et puis prismes congié de lui, et nous en alasmes droit à Ausonne; et nous mismes, nous et nos harnois, en bateaux en la Saonne jusques à Lyon, et nos chevaulx et destriers (1) amenoit-on en main par dessus la riviere. Et quant nous fusmes à Lion, nous entrasmes en ce point en la riviere du Rosne pour aller en Arles-le-Blanc. Et ay bien souvenance que dessus le Rosne, à la rive, nous trouvasmes ung chasteau qu'on appelloit la Roche-gluy, lequel chasteau le Roy avoit fait abatre, pour ce que le sire du chasteau, que on appelloit Rogier, avoit grand bruit de mauvais renom, de destrousser et piller tous les marchands et pellerins qui là passoient.

Nous entrasmes ou mois d'aoust celui an en la nef à la roche de Masseille, et fut ouverte la porte de la nef pour faire entrer nos chevaulx, ceulx que devions mener oultre mer. Et quant tous furent entrez, la porte fut reclouse et estouppée, ainsi comme l'on vouldroit faire un tonnel de vin, pour ce que quant la nef est en la grant mer toute la porte est en eauë. Et tantost le maistre de la nau (2) s'escria à ses gens qui estoient ou bec (3) de la nef: « Est vostre besongne

---

(1) *Destriers* : chevaux de bataille. — (2) *Le maistre de la nau* : le pilote du vaisseau. — (3) *Ou bec* : à la proue, partie de l'avant du vaisseau.

« preste? sommes nous à point ? » Et ilz dirent que oy vraiement. Et quant les prebstres et clercs furent entrez, il les fist tous monter ou chasteau de la nef, et leur fit chanter ou nom de Dieu qui nous voulsist bien tous conduire. Et tous à haulte voix commencerent à chanter ce bel igne, *Veni, Creator spiritus*, tout de bout en bout. Et en chantant, les mariniers firent voille de par Dieu. Et incontinant le vent s'entonne en la voille, et tantost nous fist perdre la terre de veuë, si que nous ne vismes plus que ciel et mer, et chascun jour nous esloignasmes du lieu dont nous estions partiz. Et par ce veulx-je bien dire que icelui est bien fol, qui sceut avoir aucune chose de l'autrui, et quelque peché mortel en son ame, et se boute en tel dangier; car si on s'endort au soir, l'on ne sceit si on se trouvera au matin au sous de la mer.

Et vous diray la premiere chose merveilleuse qui nous arriva en mer : ce fut une grant montaigne toute ronde, que nous trouvasmes deyant Barbarie entour l'eure de vespres. Et quant nous l'eusmes passée nous tirasmes oultre toute cette nuyt. Et quant vint au matin, nous cuidions bien avoir fait cinquante lieuës et plus; mais nous nous trouvasmes encor devant celle grant montagne. Qui fut esbahy ce fut nous, et tantoust nageasmes comme devant tout celui jour, et la nuytée ensuivant; mais ce fut tout ung : car nous nous trouvasmes encore là. Adonc fusmes tous esbahiz plus que devant, et esperions (1) estre tous en peril de mort; car les mariniers disoient que tantoust les Sarrazins de Barbarie nous viendroient courir sus. Lors y eut ung tres-bon prodomme d'Eglise, que on ap-

(1) *Esperions* : craignions.

pelloit le doyan de Mauru, qui nous dist : « Seigneurs, « jamais je ne vy persecution en paroisse par force « d'eaulx, ou qu'il en fust besoing, ou quelque autre « inconveniant, que quant l'on avoit fait devotement « à Dieu la procession par trois foys au jour de sab- « medi, que Dieu et sa mere ne les delivrast du mal, « et ne les ramenast à ce qu'ilz demandoient. » Saichez que sabmedi estoit ce jour. Et tanstoust commenceasmes à faire procession à l'entour des maatz de la nef. Et me souvient bien que moy-mesmes m'y fiz mener et conduire par dessoubz les bras, pour ce que j'estoie tres-fort malade. Et incontinant perdismes la veuē d'icelle montaigne, et fusmes en Chippre le tiers sabmedi d'aprés que fut faite nostres tierce procession.

Quant fusmes arrivez en Chippre, le bon roy saint Loys estoit ja là, qui avoit fait faire provisions de vivre à grant habondance; car vous eussiez dit que ses celiers, quant on les veoit de loing, que ce fussent grans maisons de tonneaux de vin qui estoient les ungs sur les autres, que ses gens avoient achatez dés deux ans devant, qui estoient parmy les champs. Et semblablement les greniers de fromens, orges et autres blez, qui estoient à monceaulx aux champs : et sembloit quant on les veoit que ce fussent montaignes, tant estoient grans les monceaulx. Et devez savoir que bien eussiez creu que eussent esté montaignes; car la pluie, qui avoit batu les blez de long temps, les fist germer par dessus, tellement que on n'en veoit que l'erbe verte. Et advint que, quant on les voulut lever de là pour mener en Egipte, où tout l'ost du Roy aloit, on abatit les croustes de dessus avecques l'erbe, et trouva-l'on les blez dessoubz aussi beaux et frois comme qui n'aguere les eust batuz. Le bon Roy avoit tel desir d'aller en Egipte sans sejourner, ainsi que je luy ouy dire, que si n'eussent esté les barons et autres ses prouches, qui là lui firent attendre ses gens qui n'estoient encore tous venuz, que il fust hardiement parti seullet, ou o peu de compaignie.

Tandis que le Roy sejournoit en Chippre, le grant roy de Tartarie (1) envoya par devers luy son ambaxade, qui moult lui disdrent de bonnes paroles et debonnaires, nonobstant que ne fust s'entention (2). Entre lesquelles paroles lui mandoit le roy de Tartarie qu'il estoit tout prest, à son command, à lui aider à conquerir la Terre Sainte, et delivrer Jerusalem de la main des Sarrazins et Payans. Le Roy receut benignement icelle ambaxade, et envoia de ses gens pareillement en ambaxade devers iceluy roy de Tartarie, qui furent deux ans avant que retourner. Et envoia le Roy au roy de Tartarie une tente faite à la guise d'une chappelle, qui estoit moult riche et bien faite. La tente estoit de bonne escarlate fine. Et ce faisoit pour veoir s'il pourroit atraire le roy de Tartarie et sa gent à nostre foy et creance. Il fist entailler et enlever par image l'Annunciation de la vierge Marie mere de Dieu, avec tous les autres points de la foy. Et porterent ladite tente deux freres mineurs, qui entendoient le langaige sarrazin, que le Roy y envoya affin de les enorter (3) et enseigner com-

---

(1) *Le grand roy de Tartarie.* Ce prince n'étoit pas le kan de Tartarie ; c'étoit un de ses tributaires nommé *Ercatay*. — (2) *Nonobstant que ne fust s'entention :* quoique ce ne fût pas son intention. — (3) *Enorter :* exhorter.

ment ilz devoient croire la foy de Dieu. Et tantost s'en retournerent les deux freres mineurs devers le Roy, le cuidant trouver en Acre. Mais il estoit ja à Cezaire. Et lors s'en retournerent en France.

De savoir comment les autres messagiers que le Roy avoit transmis devers le roy de Barbarie furent receuz, ce seroit merveilles à raconter, ainsi que je le ouy compter au Roy et à eulx, mesmement depuis par plusieurs foiz le leur demandé. Mais je n'en diray icy riens, de paeurs de desrompre le principal de ma matiere encommancée.

Vous devez savoir que, du temps que je party de France pour venir oultre mer, je ne tenois alors point plus de douze cens livres de rente : et si me chargé moy dixisme de chevaliers, comme j'ay dit devant, avecques trois bannieres. Et quant je fu arrivé en Chippre, je n'avoie plus que douze vingtz livres tournois d'or ne d'argent, quant je eu payé ma nef : tellement que plusieurs de mes chevaliers me disdrent qu'ilz me habandonneroient si ne me pourveoye de deniers. Lors fu quelque peu esbahy en mon courage, mais tousjours avoye fiance en Dieu. Et quant le bon roy saint Loys sceut ma desconvenuë, il me envoia querir, et me retint à lui : et me donna le bon seigneur huit cens livres tournois. Et tantoust regracié (1) Dieu; car j'avois plus deniers qu'il ne m'en faisoit besoing.

Des princes du païs d'oultre mer, pource qu'il est besoing de parler de leur Estat et puissance, je vous en diray : et premier du souldan de Connie (2). Ce

---

(1) *Regracié* : je remerciai. — (2) *Souldan de Connie* : sultan d'Icone.

Souldan estoit le plus puissant roy de toute Paiennie; et fist faire une chose merveilleuse; car il fist fondre une partie de son or, et en fist faire de grans vesseaux en façon de potz de terre, là où on met le vin oultre mer. Et tenoit bien chacun de ces potz trois ou quatre muiz de vin. Et puis aprés il fist rompre les potz, et en estoient les pieces au descouvert en ung sien chastel. Et povoit veoir et toucher ung chascun qui entroit en ce chastel les masses d'or desdiz potz rompuz. Et disoit-on qu'il avoit bien six ou sept de ces grans potz d'or. Sa grant richesse apparut bien en ung pavillon que le roy d'Armenie envoya au roy de France qui estoit en Chippre. Le pavillon estoit estimé valoir cinq cens livres. Et lui manda le roy d'Armenie que l'un des serrais (1) du souldan de Connie le lui avoit donné. Et devez savoir que ce serrais estoit celui qui avoit en garde et gouvernement les pavillons du Souldan, et qui avoit la charge de lui faire nettoier chascun jour ses salles et maisons.

Celui roy d'Armenie, qui estoit en servage envers le souldan de Connie, s'en alla par devers le grant roy de Tartarie, et lui compta comment chascun jour icelui souldan de Connie lui faisoit la guerre et le tenoit en grant servage. Et pria le roy de Tartarie qu'il le voulsist secourir et aider; et mais qu'il lui baillast (2) de ses gens d'armes grant quantité, lui dist qu'il estoit content d'estre son homme et subgect. Ce que le roy de Tartarie voulut tres-voulentiers faire, et lui bailla grant nombre de gens d'armes. Lors s'en alla le roy d'Armenie à toute sa gent combatre au souldan de

---

(1) *Serrais* : valet de chambre. — (2) *Et mais qu'il lui baillast* : et s'il lui donnoit.

Connie; et avoient assez puissance l'un pour l'autre. Mais les Armeniens et Tartarins deffirent grant quantité de gens d'icelui Souldan; et tellement fist le roy d'Armenie, que pour la grant renommée qui estoit en Chippre de celle bataille qu'il avoit faite contre le Souldan, o l'aide des Tartarins, qu'il ne lui fut onques puis serf ne subgect. Et y eut beaucoup de noz gens qui passerent en Armenie pour aller en la bataille gaigner et prouffiter : desquelz onques puis n'en ouyt-on nouvelles.

Du souldan de Babiloine vous diray. Il se pensoit que le Roy allast guerroier le souldan de Hamault (1) qui estoit son ancien ennemy, et ainsi attendit le Roy jusques au temps nouvel, pour se vouloir joindre avecques luy à aller contre ledit souldan de Hamault. Et quant le souldan de Babiloine vit que le Roy ne venoit vers lui, il se partit, et alla assieger ledit Souldan devant la cité de Hamault mesmes, où il estoit. Et quant le souldan de Hamault se vit ainsi assiegé, il ne sceut pas trop bien comment se chevir (2); car bien savoit que si le souldan de Babiloine regnoit longuement, qu'il le conquerroit et confondroit. Mais il fist tant, par dons et promesses, à ung des varletz de chambre dudit souldan de Babiloine à qui il parla, qu'il le fist empoisonner. Et la maniere du faire fut que ce varlet de chambre, que on appelloit en office le serrais en leur mode, congnoissant que souventesfoiz aprés que le Souldan avoit joüé aux escheez, il se alloit coucher sur des nates qui estoient au pié de son lit, la nate sur laquelle se seoit tous les jours

---

(1) *Souldan de Hamault :* il faut lire *sultan de Haman*. — (2) *Chevir :* agir, se comporter.

le Souldan il envenima de poisons. Et advint que le Souldan tout deschaux se mist sur celle natte envenimée, et se tourna sur une escorcheure de mal qu'il avoit en une de ses jambes. Et incontinant le venin lui entra par celle escorcheure de mal ou corps, tellement qu'il devint perclus de tout le cousté du corps de celle jambe. Et quant le venin le poignoit au cueur, il estoit bien deux jours sans boire, menger ne parler. Ainsi ce fut cause que le souldan de Hamault demoura en paix, et faillut que le souldan de Babiloine fust emmené en Egipte par ses gens.

Tantoust que fusmes ou mois, il fut crié et fait commandement de par le Roy que toutes les navires fussent rechargées de vivres, pour estre prestz à partir quant le Roy le commanderoit. Et quant la chose fut faite et acomplie, le Roy, la Royne, et toute sa gent, se retirerent chascun en sa nef. Et le propre vendredi devant la Penthecouste celui an, le Roy fist crier que tous tirassent aprés lui le landemain, et que on allast droit en Egipte. Et le landemain jour de sabmedi toutes les naux se partirent et firent voille; qui estoit plaisante chose à veoir : car il sembloit que toute la mer, tant qu'on povoit veoir, fust toute couverte de toilles, de la grant quantité des voilles qui estoient tendus au vent; et y avoit dix-huit cens vesseaux, que grans, que petitz.

Le Roy arriva le jour de Penthecouste au bout d'un tertre qu'on appelloit la Pointe de Lymesson, avecques les autres vaisseaux d'entour lui, et descendirent à terre, et oirent messe. Mais grant desconfort arriva à celle foiz; car de bien deux mil huit cens chevaliers qui estoient partiz pour aller aprés le Roy, ne s'en trouva avecques lui à terre que sept cens : et tout le demourant ung vent orrible qui vint de devers l'Egipte les separa de leur voie, et de la compaignie du Roy, et les getta en Acre et en autres païs estranges bien loing, et ne les revit le Roy de long temps. Dont il et sa compaignie furent toute celle journée moult doulans et esbahiz; car on les croioit tous mors, ou en grant peril.

Le landemain de la Penthecouste le vent fut à gré. Et adonc le Roy et nous tous qui estions ô lui fismes voile de par Dieu, pour tousjours tirer avant. Et advint que en allant nous rencontrasmes le prince de la Morée et le duc de Bourgoigne ensemble, lesquelz avoient pareillement sesjourné au lieu de la Morée. Et arriva le Roy et sa compaignie à Damiete le jeudi d'aprés la Penthecouste, là où avoit grant compaignie à nous attendre. Car sur la rive de la mer nous trouvasmes toute la puissance du Souldan, qui estoient tres-belles gens à regarder. Le Souldan portoit les armes de fin or si tres-reluisant, que quant le souleil y frappoit il sembloit que ce fust proprement le souleil. Le tumulte qu'ilz menoient avecques leurs cors et naccaires (1) estoit une espouventable chose à ouïr, et moult estrange aux François.

Ce voiant, le Roy appella tous ses barons et conseillers pour savoir qu'il estoit de faire. Et ilz lui conseillerent qu'il attendist ses gens à revenir, pour ce qu'il ne lui en estoit pas demouré la tierce partie par la fortune du vent, comme j'ay devant dit. Mais le Roy de ce ne voulut rien croire, et disoit que par ce faisant il donneroit courage à ses ennemis, et aussi

---

(1) *Naccaires :* tambours.

par ce qu'il n'y avoit en la mer illecques prés aucun port là où il se peust descendre pour attendre ses gens à seureté. Et aussi disoit que ung fort vent le pourroit bien prandre, qui nous pourroit getter et separer loing les ungs des autres en païs estranges, comme il avoit fait ses autres chevaliers le jour de la Penthecouste darreniere. Et fut accordé à son plaisir que le vendredi devant la Trinité le Roy descendroit, et yroit combatre contre les Sarrazins, se à eulx ne tenoit. Et commanda le Roy à monseigneur Jehan de Belmont qu'il fist bailler à monseigneur Airart de Brienne, avecques qui j'estoie, une gallée (1) pour nous descendre, nous et nos gens d'armes, pour ce que les grans nefz ne povoient venir jusques à la rive de la mer à terre. Et ainsi que Dieu voulut, je me mis de ma nef en une petite gallée que je cuidoie avoir perduë, où estoient huit de mes chevaulx; laquelle gallée m'avoit donnée madame de Baruth, qui cousine germaine estoit du conte de Montbelial. Et au vendredi, monseigneur Airart de Brienne et moy tous armez alasmes devers le Roy, pour lui demander ladite gallée qu'il nous avoit octroiée. Mais missire Jehan de Belmont nous respondit, present le Roy, que nous n'en aurion ja point. Parquoy povez congnoistre que le bon Roy avoit autant affaire à entretenir sa gent en paix, comme il avoit à supporter ses fortunes et pertes.

Quant nos gens virent que nous ne amenions point de gallée, ilz se laisserent cheoirs en la barque à grant force. Et quant les mariniers virent que la barque affondroit en la mer peu à peu, ilz se retirerent en la

(1) *Gallée* : barque.

nef, et habandonnerent mes chevaliers en la barque. Lors je m'escrié, et demandé au maistre de combien ilz avoit trop de gens en la barque. Et il me dist qu'il y en avoit trop de dix-huit hommes d'armes. Et tantost l'en deschargé d'autant, et les mis en la nef où estoient mes chevaulx. Et ainsi que je menois de ces gens d'armes, ung chevalier fut, qui estoit à monseigneur Airart de Brienne, nommé Plouquet, qui voulut descendre de la grant nef en la barque : et la barque s'esloigne, et le chevalier cheut en la mer, et se noya.

Lors nous commençasmes à naviger par darriere la barque de la grant nef du Roy, et alasmes à terre. Et tantoust que les gens du Roy, qui venoient à terre comme nous, virent que nous allions plustoust qu'ilz ne faisoient, ilz nous escrierent que alissions arriver à l'enseigne saint Denis (1). Mais je ne les en voulu croire, ains alasmes arriver devant une grosse bataille de Sarrazins et de Turcs, là où il y avoit bien six mil hommes à cheval. Lesquelz si toust qu'ilz nous virent à terre, ilz frapperent des esperons droit à nous; et nous de ficher nos lances et nos escuz à terre en la sable, les pointes devers eulx. Et tantoust qu'ilz virent ce, et que nous cheminions à terre, ilz s'en retournerent tout souldain, et s'enfuirent.

Le bon preudom missire Baudouyn de Reims me manda, tantoust que fu à terre descendu, par l'un de ses escuiers, que je l'attendisse. Et je lui mandé par son messagier que tres-voulentiers le ferois, et que ung si vaillant homme, comme il estoit, valloit

(1) *A l'enseigne saint Denis :* au vaisseau qui portoit l'enseigne de saint Denis.

bien d'estre attendu. Dont il me sceut bon gré toute sa vie. Et tantoust arriva à nostre compaignie, avec bien mil chevaliers avecques lui. Et saichez que quant je fu à terre, je n'avoye lors avecques moy pié ne compaignon de tous mes gens que j'avoie amenez de mon païs. Mais non pource (1) Dieu m'a tousjours aidé de sa grace, dont je l'en lo (2).

A nostre main senestre (3) arriva le conte de Japhe, qui estoit cousin germain du conte de Montbelial, et du lignaige de la maison de Jonville. Celui conte de Japhe arriva moult noblement à terre; car sa gallée estoit toute painte et dedans et dehors à escussons de ses armes, lesquelles armes sont d'or à une croix de gueulles patée. Il avoit bien trois cens mariniers en sa gallée, qui chascun d'eulx portoit une targe (4) à ses armes, et à chascune targe y avoit ung penoncel (5) de ses armes batu à or. Et quant il alloit sur mer le faisoit bon veoir, à cause du bruit que menoient les panonceaux (6), et aussi le son des naccaires, tabours et cors sarrazinois qu'il avoit en sa gallée. Si toust que la gallée eut frappé en la sable, le plus avant qu'ilz la peurent mener, lui et ses chevaliers, et gens de guerre, sortirent moult bien armez et en point, et vindrent arriver couste (7) nous. Et tantoust fist le conte de Japhe tendre ses pavillons. Et si tost comme les Sarrazins les virent tenduz, ilz se assemblerent en grant nombre, et revindrent courans contre nous, ferans chevaulx des esperons. Et quand ilz virent que nous ne nous espoventasmes

(1) *Pource :* pour cela seulement. — (2) *Lo :* loue. — (3) *Senestre :* gauche. — (4) *Targe :* bouclier. — (5) *Penoncel :* bannière. — (6) *Panonceaux :* drapeaux. — (7) *Couste :* à côté de.

point, et que les attendions pié quoy, et eux de tourner le dos, et de s'en fuir arriere.

A la main destre arriva la gallée de l'enseigne saint Denis, à bien une portée d'arbaleste de nous. Et advint que, si comme elle fut à terre, ung Sarrazin s'en vint courant contre les gens d'icelle gallée. Or ne sçay pourquoy il le faisoit, ou qu'il ne peust son cheval arrester, ou bien cuidoit-il avoir secours de ses gens. Mais le pouvre fut tantoust tout decouppé et mis en pieces.

Quant le bon roy saint Loys sceut que l'enseigne saint Denis fut arrivée à terre, il sortit de son vessel, qui ja estoit prés de la rive, et n'eut pas loisir que le vesseau où il estoit fust à terre : ains se gette, outre le gré du légat (1) qui estoit avecques lui, en la mer, et fut en eauë jusques aux espaulles. Et s'en alla à eulx l'escu au coul, son heaume (2) en la teste, et son glaive ou poing. Et quant il fut à sa gent, il congneut les Sarrazins de leur cousté, et demanda quelz gens c'estoient. Et on lui dist que c'estoient Turcs et Sarrazins. Et il cuide prandre courre sur eulx tout seullet pour leur courir sus. Mais ses gens le firent arrester et demourer jusques à ce que tous ses gens d'armes fussent en leurs places, et tous armez.

Tantost envoierent les Sarrazins vers le Souldan par leur messager, qui estoit appellé Coullon, lui mandans que le Roy estoit arrivé, et par trois foiz le lui manderent. Mais onques response n'en eurent, par ce que le Souldan estoit malade. Et ce voians

---

(1) *Du légat :* c'étoit Odon, évêque de *Tusculum.* — (2) *Heaume :* casque à visière.

les Sarrazins, habandonnerent la cité de Damiete, cuidans que leur Souldan fust mort. Quant le Roy en ouit la nouvelle, il envoya savoir jusques à Damiete par l'un de ses chevaliers. Et tantoust le chevalier retourna devers le Roy, et lui rapporta qu'il estoit vray qu'il estoit mort, et s'en estoient fuiz les Sarrazins, et qu'il avoit esté jusques dedans leurs maisons. Lors le Roy fist appeller le legat et tous les prelatz de l'ost, et fist chanter *Te Deum laudamus*, tout du long. Et tantost le Roy monta à cheval, et toute sa gent, et nous en alasmes loger devant Damiete. Les Turcs mal advertiz partirent trop souldain qu'ilz ne nous coupperent les pontz qu'ilz avoient faitz de nefz; dont grant desplaisir nous eussent fait. Mais par autre voie ilz nous firent tres-grant mal et dommaige : de ce qu'ilz bouterent le feu par tous les endroits de la Soulde (1), là où toutes leurs marchandises et leur avoir de pris estoient, qu'ilz firent brusler à cautelle (2), de paeurs que nous en fussions aucunement avancez. Et fut une mesme chose comme qui bouteroit demain le feu ou petit pont à Paris, dont Dieu nous gard de tel dangier.

Or disons en nous mesmes quelle grace nous fist Dieu nostre createur, quant il nous deffendit de mort et de peril à l'ariver que fismes, quant nous courusmes à joie sur noz ennemis qui estoient à cheval. Quelle autre plus grant grace nous fist le bon Seigneur quant il nous livra Damiete sans dangier de noz corps, la-

---

(1) La *Soulde* : il faut lire la *Fonde*. C'étoit une espèce de grand marché où se trouvoient une multitude de boutiques et de magasins. — (2) *A cautelle*: par précaution.

quelle jamais n'eussions peu voir, si nous ne l'eussions euë par affamer. La grace est moult grande, bien le povons dire et veoir tout cler. Le roy Jehan (1) bien l'avoit autresfoiz prinse par famine, du temps de nos predecesseurs ; mais je doubte que le bon Seigneur Dieu peult autant dire de nous, comme il fist des enfans d'Israël, quant il les eut conduiz et menez en la terre de promission. Dont il leur reproucha, disant : *Et pro nihilo habuerunt terram desiderabilem*, et *quæ sequuntur*. Et le disoit pource qu'ilz l'avoient oublié, et il leur avoit tant fait de biens. Il les avoit saulvez et mis hors de la captivité de Pharaon, et leur donna la terre de promission. Ainsi pourra-il de nous qui l'oubliasmes, comme dit sera cy-après.

Et commenceray en la personne du Roy mesmes, lequel fist convoquer et appeller tous ses barons et les prelatz qui estoient venuz avec lui, et leur demanda conseil : Qu'il devoit faire des biens qu'il avoit trouvez en la cité de Damiete, et comment ilz se devoient departir. Ung patriarche (2) qui là estoit parla le premier, et lui dist : « Sire, il me semble « qu'il est bon que vous retiengnez tous les fromens, « orges, ris et autres vivres, affin que la ville ne « demeure point desgarnie, et que vous facez crier « en l'ost que tous les autres meubles soient appor- « tez en la maison du legat, sur peine de sentence « d'excommunie. » Auquel conseil se accorderent tous les barons et autres ; et ainsi fut fait. Et ne furent trouvez valoir les biens meubles, qui furent apportez cheux le légat, que six mil livres. Et quant tout fut

---

(1) *Le roy Jehan* : Jean de Brienne avoit pris Damiette en 1219. —
(2) *Ung patriarche* : c'étoit Guy, patriarche de Jérusalem.

assemblé en la maison dudit légat, le Roy et les barons envoyerent querir le bon preudoms missire Jehan de Valeri. Et quant il fut venu, le Roy lui dist ce qu'il avoit fait, et qu'il avoit esté trouvé par son conseil que le légat lui bailleroit les six mil livres que valloient les meubles qu'on avoit laissez, et portez en sa maison, affin qu'il despartist lesditz six mil livres là où il verroit estre à faire par raison, et où il seroit le mieulx employé. « Sire, fist le preudoms, je vous re-
« mercie tres-humblement de l'onneur que me faites;
« mais ne vous desplaise, car l'offre ne prandray-je
« point. Ja si Dieu plaist ne defferay les bonnes cous-
« tumes anxiennes, et telles que les ont tenus nos pre-
« decesseurs en la Terre Sainte : car quant on a prins
« sur ses ennemis aucune cité, ou gaigné aucun gros
« butin, de telz biens qu'on treuve en telle cité le
« Roy n'en doit avoir que le tiers, et les deux pars en
« doivent avoir les pelerins. Et ceste coustume tint
« moult bien le roy Jehan quant autresfois il print
« Damiete. Et ainsi que j'ay ouy dire à mes aisnez, le
« roy de Jerusalem qui fut devant le roy Jehan tint
« ceste coustume sans faillir d'un point. Mais avisez
« si vous me voulez bailler les deux pars des fromens,
« orges, ris, et des autres choses qu'avez retenuz; et
« tres-voulentiers les disperseray aux pelerins, pour
« l'onneur de Dieu. » Le Roy ne eut pas aggreable ce conseil, et demoura ainsi la chose. Dont maintes gens se tindrent très-mal contens du Roy, de quoy il avoit desrompu les bonnes coustumes anxiennes.

Les gens du Roy, quant ils furent à leur aise, et bien logez en celle cité de Damiete; eulx, qui deussent avoir entretenu debonnairement les marchans et gens suyvans l'ost avec leurs denrées et marchandises, leur loüoient et affermoient les esteaux et ouvrouers, pour vendre leurs marchandises aussi chiers comme ilz le pouvoient faire. Dont de ce la renommée en fut és païs estranges à ceulx qui venoient de loingtain païs amener les vivres à l'ost, qui se demourerent à venir; qui fut ung très-grand mal et dommage.

Les barons, chevaliers et autres, qui deussent avoir bien gardé leur bien, et l'avoir espergné pour s'en secourir en lieu et en temps, se prindrent à faire grans banquetz les ungs aux autres en habondance de viandes delicieuses. Et le commun peuple se print à forcer et violer femmes et filles. Dont de ce advint grant mal; car il faillut que le Roy en donnast congié à tout plain de ses gens et officiers. Car, ainsi que le bon Roy me dist, il trouva jusques à ung gect de pierre prés et à l'entour de son paveillon plusieurs bordeaux que ses gens tenoient. Et d'autres maulx y avoit plus que en ost qu'il eust jamés veu.

Or revenons au principal de nostre matière, et disons ainsi : Quant nous eusmes ainsi esté en ceste cité de Damiete, le Souldan avecques toute une grosse armée assaillirent notre ost par devers la terre. Et incontinant le Roy et ses gens d'armes se arment et mettent en point. Et affin de deffendre que les Turcs ne se meissent en nos herbergemens que avions aux champs, je allé par devers le Roy tout armé : lequel je trouvé pareillement armé; et aussi tous ses chevaliers d'entour lui seans sur formes (1). Et lui requis humblement qu'il me donnast congié d'aller, mes gens et

---

(1) *Seans sur formes* : montés sur leurs chevaux de bataille.

moy, jusques hors l'ost, courir sus aux Sarrazins. Mais tantoust que messire Jehan de Beaumont eut ouy ma requeste, il s'escria moult fort, et me commanda de par le Roy que je ne fusse si hardy issir de mon herbergier (1) jusques à ce que le Roy me le commanderoit. Vous devez savoir que avecques le Roy y avoit huit bons chevaliers et vaillans qui avoient eu et gaigné maintesfoiz le pris d'armes, tant decza la mer que oultre mer, et les souloit-on (2) appeler les bons chevaliers. D'entre lesquelz y estoient messire Geffroy de Sargines, messire Mahom de Marby, messire Phelippe de Nantuel, messire Ymbert de Beau-jeu connestable de France : lesquelz n'estoient mie là à ce jour, mais estoient aux champs hors de l'ost, et aussi le maistre des arbalestriers avecques grande quantité de gens d'armes, pour garder que les Turcs ne approuchassent de nostre ost. Et advint que messire Gaultier d'Entrache se fist armer à point, et bailler son escu et sa lance, et monta à cheval, et tantost fist lever le pan de son paveillon, et feroit des esperons courant contre les Turcs. Et ainsi qu'il partit de son paveillon tout seullet, fors un sien homme nommé Castillon, son cheval le gette par terre tout estendu, et s'enfuit son cheval tout couvert de ses armes vers noz ennemis. Pour ce que la pluspart des Sarrazins estoient montez sur jumens, pour ceste cause le cheval ala vers eulx courir aux jumens. Et oy dire à ceulx qui disoient l'avoir veu, que quatre Turcs vindrent au seigneur d'Entrache qui gisoit à terre, et en passant et rapassant par devant lui, lui donnerent de grans

(1) *Issir de mon herbergier* : sortir de mon quartier. — (2) *Et les souloit-on* : et on avoit coutume.

coups de masses. Et tellement fut en peril, que tantoust eust'esté mort, si le connestable de France ne le fust allé escourre (1) avecques plusieurs des gens du Roy qu'il avoit avecques lui. Et fut ramené par les bras jusques en son paveillon dont il estoit parti. Et tellement estoit navré des grands coups de masses qu'il avoit souffert, qu'il ne povoit plus parler. Tantoust lui furent adressez plusieurs medecins et chirurgiens. Et pour ce que leur sembloit qu'il n'estoit point en peril de mort, ilz le firent seigner ou braz, dont mal en print; car quant ce vint devers le soir, messire Aubert de........ me pria que nous l'alissions veoir, pour ce qu'il estoit homme de grant renom et vaillance. Ce que tres-voulentiers fismes, et alasmes vers lui. Et en entrant en son paveillon, l'un de ses escuiers nous vint à l'encontre dire que nous allissions bellement de paeur de l'esveiller. Ce que nous fismes, et le trouvasmes gisant sur son couvertoir (2) de menu ver dont il estoit enveloppé: et nous tirasmes tout doulcement vers sa face, et le trouvasmes mort. Dont nous et plusieurs fusmes tres-dolans d'un si preudom avoir perdu. Et quant on l'eut dit au Roy, il respondit qu'il n'en vouldroit mie avoir aucuns qu'ilz ne voulsissent autrement le croire, et obeïr à ses commandemens, que avoit fait celui seigneur d'Entrache, et que par son deffault mesmes il s'estoit fait tuër.

Or saichez que le Souldan donnoit de chascune teste de Chrestien, à qui la lui portoit, ung besant d'or. Et ces traistres Sarrazins entroient la nuyt en nostre ost, et là où ils trouvoient des gens de l'ost

---

(1) *Escourre* : secourir. — (2) *Couvertoir* : couverture.

dormans ça et là, leur coupoient la teste. Et advint qu'ilz tuerent la guette (1) du seigneur de Corcenay, et en emporterent la teste, et laisserent le corps gisant sur une table. Et devez savoir qu'ilz congnoissoient aucunement le train de nostre ost et armée; car les batailles de noz gens par les compaignies guettoit chascun son soir l'un aprés l'autre l'ost à cheval. Et les Sarrazins, qui congnoissoient ce train, entroient en l'ost aprés que le guet à cheval estoit passé, et fesoient secretement moult de maux et de meurtres. Et quant le Roy fut de ce adverti, il ordonna que desormais ceulx qui souloient faire le guet à cheval le feroient à pié. Et estoit notre ost si tres-serré, qu'ilz estaignoyent (2) froment de la foulle de gens du guet, qui les vous tenoient si à ung, que chascun s'entretouchoit sans qu'il y eust une seulle place vuyde.

Et fusmes ainsi longuement à Damiete; car le Roy ne trouvoit point en son conseil qu'il deust tirer oultre, jusques ad ce que son frere le conte de Poitiers, que le vent en avoit emmené en Acre, comme j'ay devant dit, fust venu, pour ce qu'il avoit avecques lui l'arriereban de France. Et de paeurs que les Turcs ne se ferissent (3) parmi l'ost avec leurs chevaulx, le Roy fist clourre le parc de l'ost à grans foussez; et sur les foussez y avoit arbalestriers à force, et autres gens, qui guettoient la nuyt, comme j'ay dit. La feste saint Remy fut passée avant que aucunes nouvelles fussent du conte de Poitiers, ne de ses gens. Dont le Roy et tous ceulx de l'ost furent à grant malaise et meschief; car on doubtoit, pour ce que autrement il ne venoit,

---

(1) *Guette*: sentinelle. — (2) *Estaignoyent*: détruisoient. — (3) *Ferissent*: lançassent.

qu'il fust mort ou en grant peril. Lors me souvint du bon doian de Maru, et racompté au legat la façon et maniere comment, par trois processions qu'il nous avoit fait faire sur la mer, nous fusmes delivrez du grant peril où nous estion, ainsi que j'ay devant escript. Le legat creut mon conseil, et fit crier trois processions en l'ost, qu'on feroit par trois sabmediz. La premiere procession commença en la maison du legat, et allerent au moustier Nostre Dame en la ville de Damiete. Et estoit le moustier en la mahommerie des Turcs et Sarrazins, et l'avoit fait dedier celui legat en l'onneur de la mere de Dieu la glorieuse vierge Marie. Et ainsi par deux sabmediz fut fait. Et faisoit à chacune des fois sermon le legat. Là estoit le Roy et autres grans seigneurs, à qui le legat donnoit grant pardon aprés qu'ilz avoient ouy le sermon. Dedans le tiers sabmedi arriva le bon conte de Poitiers avecques ses gens. Et bien lui fut mestier [1] de n'estre point venu durant le temps des deux sabmediz premiers; car je vous promets que ce temps durant il y eut sans cesser si grant tourmente en la mer devant Damiete, qu'il y eut bien douze vingtz vesseaulx, que grans, que petitz, tous brisez et perduz, et les gens qui les gardoient noiez. Parquoy si le conte de Poitiers fust lors venu, il eust esté en grand dangier d'estre noyé. Et croy que ainsi fust-il si Dieu ne lui eust aidé.

Quant le conte de Poitiers, qui estoit frere du Roy, fut arrivé, grand joye s'esmeut en toute l'armée. Et manda querir le Roy ses prouches barons et autres gens de son conseil, et leur demanda quel voie il devoit prandre, ou en Alixandrie, ou en Babilonne.

[1] *Mestier* : avantageux.

Le conte Pierre de Bretaigne, avecques plusieurs des autres barons, furent d'opinion que le Roy allast en Alixandrie, pource que devant la ville avoit bon port à arriver les nefz et bateaux pour avitailler l'ost. Mais à ceste opinion fut contraire le conte d'Artois, et dist que ja il n'yroit en Alixandrie premier que on eust esté en Babilonne, qui estoit le chief de tout le royaume d'Egipte. Et disoit par ses raisons que qui vouloit occir le serpent, il lui devoit premier escacher (1) la teste. A ce conseil se tint le Roy, et laissa la premiere opinion.

A l'entrée des Advens se partit le Roy et tout son ost pour aller en Babilonne (2), ainsi que lui conseilla le conte d'Artois. Et en la voie assez prés de Damiete trouvasmes ung fleuve qui issoit de la grant riviere : et fut advisé que le Roy sejourneroit là ung jour, tandis qu'on estoupperoit (3) ledit fleuve afin qu'on ne peust passer. Et fut la chose faite assez aiseement ; car on estouppa ledit fleuve ras à ras de la grant riviere, en telle façon que l'eauë d'un cousté et d'autre ne se haulsa point, et qu'on povoit passer à son aise. Que fist le Souldan ? Il envoya devers le Roy, cuidant le faire par cautelle, cinq cens de ses chevaliers des mieulx montez qu'il sceut choisir, disans au Roy qu'ils estoient venuz pour le secourir, lui et tout son ost ; mais c'estoit seulement pour delaier nostre venuë. Le jour de saint Nicolas, le Roy commanda que tout le monde montast à cheval, et defendit, sur paine de

---

(1) *Escacher* : écraser. — (2) *Babilonne* : c'étoit ainsi qu'on appeloit alors le grand Caire. — (3) *Tandis qu'on estoupperoit ledit fleuve* : tandis qu'on feroit une saignée à la riviere pour diminuer la hauteur de l'eau.

rebellion, que nul de ses gens ne fust tant hardi, qui touchast en mal à ung de ces Turcs Sarrazins que le Souldan avoit envoiez devers lui. Or advint que quant les Sarrazins virent que l'ost du Roy fut esmeu à partir, et que le Roy avoit fait defendre que nul ne les ouzast toucher, ilz s'en vindrent de grant courage tous en ung troppel (1) aux templiers, qui avoient la premiere bataille. Et l'un de ces Turcs-là donna de sa masse à l'un des chevaliers de la premiere bataille, qu'il getta devant les piedz du cheval du frere de Regnault de Bichers, qui estoit leur mareschal du Temple. Quoy voyant le mareschal, il s'escria à ses gens d'armes : « Or avant, compaignons; à eulx de « par Dieu, car ce ne pourrois-je souffrir. » Et adonc il fiert son cheval des esperons, et court sus aux Sarrazins, et toute la compaignie de l'ost aussi. Et saichez que les chevaulx des Turcs estoient tous foullez et travaillez, et les nostres tous frois et respousez; dont mal leur en arriva. Car j'ay depuis assez ouy dire qu'il n'en eschappa pas ung tout seul que tous ne fussent tuez, ou contraintz de leur getter en la mer et se noier.

Ici convient parler du fleuve qui passe par le païs d'Egipte, et vient de Paradis terrestre; car ces chouses faut savoir qui veult entendre ma matiere. Cetui fleuve est divers sur tous autres rivieres; car quant en une grosse riviere plus y chiet (2) de petites rivieres et de eauës, tant plus s'esparpille la riviere en de lieux à petitz ruisseletz : mais celui fleuve vient tousjours d'une façon, et quant il est en Egipte, de lui

(1) *Troppel* : troupe serrée. — (2) *Chiet* : tombe.

mesme il gette ses branches çà et là parmy le païs d'Egipte. Et quant ce vient le temps d'environ la Saint Remy, se espandent de lui sept branches en rivieres qui quierent les terres plaines (1). Et puis quant les eauës se sont retirées, les laboureux du païs viennent labourer la terre aprés le cours de l'eauë o charrues sans roes, et sement là fromens, orges, ris, commins, et y viennent si bien que ou ne sauroit que amender (2). On ne sceit dont celle crue vient, fors que de la grace de Dieu. Et si elle n'estoit, il ne viendroit nulz biens ou païs d'Egipte, pour les grans chaleurs qui y reignent, pource qu'ilz sont prés du souleil levant, et n'y pleut comme point, et de loing à loing. Celui fleuve est tout trouble de la presse que y mainent les gens du païs, et autres, vers le soir, pour avoir de l'eauë à boire. Et ne font seulement que escacher (3), en celle eauë qu'ilz y prennent, quatre amendes, ou quatre febves; et le lendemain elle est tant bonne à boire que merveilles. Quant celui fleuve entre en Egipte, il y a gens tous expers et accoustumez, comme vous diriez les pescheurs des rivieres de ce pays-cy, qui au soir gettent leurs reyz ou fleuve et és rivieres : et au matin souvent y trouvent et prannent les espiceries qu'on vent en ces parties de par deçà bien chierement et au pois : comme cannelle, gingembre, rubarbe, girofle, lignum aloes, et plusieurs bonnes chouses. Et dit-on ou païs que ces choses-là viennent de Paradis terrestre, et que le vent les abat des bonnes arbres

---

(1) *Quierent les terres plaines* : cherchent les terres basses, qui se répandent dans ces terres. — (2) *Que amender :* que faire de plus. — (3) *Escacher :* broyer, briser.

qui sont en paradis terrestre, ainsi comme le vent abat és forestz de ce païs le bois sec; et ce qui chiet en ce fleuve l'eauë amene, et les marchans le recuïllent, qui le nous vendent au pois.

Ilz disoient ou païs de Babilonne que maintesfoiz le Souldan avoit essaié de savoir dont venoit le fleuve, par gens expers qui suivirent le hault du cours d'icelui fleuve, et pourtoient avecques eulx pour vivre du pain qu'on appelle biscuit, pour ce qu'ilz n'en eussent point trouvé. Et lui rapporterent une foiz ses gens qu'ilz avoient suivy celui fleuve contremont (1), tant qu'ilz estoient allez jusques à ung grant tertre de riches taillées : sur lequel roc et tertre il n'estoit possible de monter, et de ce hault tertre cheoit le fleuve. Et leur sembloit avis que ou hault de la montaigne y avoit des arbres grant foison. Et sur icelui tertre disoient avoir veu grant quantité de diverses bestes sauvages, et de faczons fort estranges, comme lions, serpens, elephans et autres bestes, qui les venoient regarder dessus la rive de l'eauë, ainsi comme ilz les veoient monter contremont. Et tantoust les gens du Souldan s'en retournerent, et n'ouserent passer ne aller plus avant.

Donques, pour poursuir nostre matiere, disons que celui fleuve vient en Egipte, et gette ses branches parmy la terre commune, comme j'ay ja dit : dont l'une de ses branches vient à Damiete, l'autre en Alixandrie, l'autre à Tunis (2), et l'autre à Rexi. A celle branche qui vient à Rexi alla le roy de France à tout son ost, et se logea entre le fleuve de Damiete

---

(1) *Qu'ilz avoient suivy celui fleuve contremont* : qu'ils avoient remonté ce fleuve. — (2) *Tunis* : lisez *Thanis*.

et le fleuve de Rexi (1); et trouvasmes tout le povoir du Souldan logié sur le rivage du fleuve de Rexi, de l'autre part de nous, pour nous defendre et garder le passaige. Ce que leur estoit une chose bien aisée à faire; car nul de nous n'eust seu passer s'il ne se fust mis à nou (2), et n'y avoit point de passage. Le Roy eut conseil en lui de faire faire une chaussée par à travers la riviere pour passer aux Sarrazins. Et pour garder ceulx qui feroient ladite chaussée, il fit faire deux baffraiz (3), que on appelle chas chateilz (4); car il y avoit deux chateilz devant les chas, et deux maisons darriere pour recevoir les coups que les Sarrazins gettoient à engis (5); dont ilz en avoient seize tous droiz, dont ilz faisoient merveilles. Le Roy fist faire dix-huit engins, dont ung nommé Jousselin de Courvant fut le maistre inventeur et facteur, et de ces engins gettoient les ungs aversaires aux autres. Le frere du Roy guettoit de jour les chas, et nous autres chevaliers guettions la nuyt. Et furent la sepmaine de devant Noël que les chas chateilz furent faiz; et puis on commença à faire la chaussée. Mais autant qu'on en faisoit, les Sarrazins en deffaisoient autant de leur part; car ils

---

(1) *Le fleuve de Rexi :* cette branche du fleuve s'appelle *Thanis*. — (2) *A nou :* à la nage. — (3) *Baffraiz :* beffrois. Le beffroi étoit une machine de guerre construite en bois; elle avoit la forme d'une tour, étoit à divers étages, et portée sur quatre roues : elle s'approchoit fort près des villes. De là les soldats lançoient des flèches et des pierres. Pour garantir ces tours du feu grégeois, on les couvroit de cuirs. — (4) *Chas chateilz :* le chas étoit une espèce de galerie couverte que l'on attachoit aux murailles, et sous laquelle ceux qui devoient les saper étoient en sûreté. La machine dont parle ici Joinville étoit une galerie couverte, défendue par des tours de bois. — (5) *A engis :* avec des machines qui servoient à lancer des pierres.

faisoient de leur cousté de grans caves en la terre; et comme l'eauë se reculoit pour la chaussée qui se faisoit de nostre part, les foussez des Sarrazins se remplissoient d'eauë : et avenoit que tout ce que nous faisions en trois sepmaines ou ung mois, ilz le deffaisoient en ung jour ou en deux, et gastoient nos gens à coups de traitz, qui portoient la terre à faire ladite chaussée.

Les Turcs, quant leur Souldan fut mort de la maladie qui lui print devant Hamault, firent leur chevetain d'un Sarrazin qu'on appelloit Scecedun, filz du Seic [1], lequel chevetain l'empereur Ferrait [2] avoit fait chevalier. Et tantoust celui Scecedun envoia une partie de ses gens passer par devers Damiete, à une petite ville nommée Sourmesac, qui est sur le fleuve de Rexi, et vindrent frapper de ce cousté sur nos gens. Et le propre jour de Noël, tandis que j'estois à disner, mon compaignon Pierre d'Avalon, moy et tous nos gens, les Sarrazins entrerent en nostre ost, et tuerent beaucoup de pouvres de l'ost qui s'estoient escartez aux champs. Et incontinant nous montasmes à cheval pour aller à l'encontre : dont grant mestier [3] en estoit à monseigneur Perron nostre oste, qui estoit hors de l'ost aux champs; car avant que fussions là les Sarrazins l'avoient ja prins et l'emmenoient, lui et son frere le seigneur du Val. Alors nous picasmes des esperons et courusmes sus aux Sarrazins, et recouysmes [4] ces deux bons chevaliers qu'ilz avoient ja mis par terre à force de coups, et

---

[1] *Scecedun, filz du Seic* : le vrai nom de ce chef (chevetain) étoit Fachr-Addin. — [2] *Ferrait* : Frédéric. — [3] *Mestier* : besoin. — [4] *Recouysmes* (du verbe *rescourre*), secourûmes.

les ramenasmes en l'ost. Les templiers, qui estoient aux criz, firent bien et hardiement l'arriere-garde. Aussi venoient bien de courage les Turcs contre nous de ce cousté-là, et nous guerroierent fort et ferme, jusques à ce que nostre ost fut fait clourre de foussez devers Damiete, depuis le fleuve de là jusques au fleuve de Rexi.

Celui Scecedun chevetaine des Turcs, dont j'ay parlé cy-devant, estoit tenu le plus vaillant et preux de toute Paiennie. Il portoit en ses bannieres les armes de l'Empereur, qui l'avoit fait chevalier. Et estoit sa banniere bandée, dont en l'une des bandes il portoit pareilles armes du souldan de Hallape; et en l'autre bande d'un cousté estoient les armes du souldan de Babilonne. Son nom estoit Scecedun, comme j'ay dit, filz au Seic, qui vault autant à dire en leur langaige comme le filz au Vieil. Son nom tenoient-ilz entr'eulz à grant chose; car ce sont les gens, ainsi qu'on dit, qui plus honnourent les anciennes gens et vieulx, mais qu'ils se soient gardez en leur jeunesse d'aucun mauvais reprouche. Ce chevetain là, ainsi qu'il fut rapporté au Roy par ses espies, se venta qu'il mengeroit en la tente du Roy dedans le jour Saint Sebastien qui prouchain venoit.

Et quant le Roy eut ce entendu, il dist qu'il s'en prandroit bien garde. Et lors serra son ost, et fut fait ordre à ses gensd'armes. Dont le conte d'Artois son frere fut commis à garder les baffroiz et engins. Le Roy et le conte d'Anjou, qui depuis fut roy de Sicille, furent establiz à garder l'ost du cousté devers Babilonne; et le conte de Poitiers, et moy seneschal de Champaigne, à garder le cousté de l'ost devers Damiete. Or advint tantoust que celui chevetaine des Turcs devant nommé fist passer ses gens en l'isle qui estoit entre le fleuve de Damiete et le fleuve de Rexi, où estoit nostre ost logié, et fist arranger ses batailles dés l'un des fleuves jusques à l'autre fleuve. Le conte d'Anjou, qui estoit à celui endroit, courut sus ausditz Turcs, et en desconfit moult, et tant qu'il les mist à la fuite, et moult en y eut de noyez en chascun desditz fleuves. Mais toutesvoies il en demoura grant partie à qui on ne ouza aller heurter pour les divers engins qu'ilz avoient. Dont ilz nous faisoient beaucoup de maulx, de ce qu'ilz nous en tiroient. A ceste foiz que ledit conte d'Anjou assaillit les Turcs, le conte Guy de Ferrois (1), qui estoit en sa compaignie, à celle cource passa à cheval, lui et ses chevaliers, la bataille des Turcs, et tira oultre jusques à une autre bataille de Sarrazins, et là fist merveilles. Mais nonobstant il fut getté par terre, et eut la jambe brisée : et le ramenerent deux de ses chevaliers par les braz. Et saichez que à moult grant paine peut-on retirer le conte d'Anjou de celle bataille, où il fut plusieurs foiz en grant peril, et depuis fut moult prisé de celle journée. Au conte de Poitiers et à moy acourut une autre grant bataille desdits Turcs; mais soiez certains que tres-bien furent receuz, et serviz de mesmes. Et bien besoing leur fut qu'ilz trouvassent la voie par où ilz estoient venuz au delivre, et en demoura grant quantité de tuez. Et à sauveté retournasmes à l'ost en nostre garde, sans avoir comme riens perdu de noz gens.

(1) *Guy de Ferrois :* Guy de Forest.

Ung soir advint que les Turcs amenerent ung engin qu'ilz appelloient la perriere, ung terrible engin à mal faire, et le misdrent vis à vis des chaz chateilz, que messire Gaultier de Curel et moy guettions de nuyt. Par lequel engin ilz nous gettoient le feu gregois (1) à planté (2), qui estoit la plus orrible chose que onques jamés je veisse. Quant le bon chevalier messire Gaultier mon compaignon vit ce feu, il s'escrie, et nous dist : « Seigneurs, nous sommes perduz
« à jamais sans nul remede; car s'ilz bruslent nos chaz
« chateilz, nous sommes ars (3) et bruslez : et si nous
« laissons nos gardes, nous sommes ahontez. Pour-
« quoy je conclu que nul n'est qui de ce peril nous
« peust defendre, si ce n'est Dieu nostre benoist crea-
« teur. Si vous conseille à tous que toutes et quantes
« foiz qu'ils nous getteront le feu gregois, que chas-
« cun de nous se gette sur les coudes et à genoulz :
« et crions mercy à Nostre Seigneur, en qui est toute

(1) Le feu grégeois fut inventé par Callinique, architecte d'Héliopolis, sous Constantin-le-Barbu. Il étoit composé de poix et autres gommes tirées des arbres, de soufre et d'huile. On s'en servoit sur mer et sur terre. Sur mer, tantôt on en remplissoit des brûlots qu'on faisoit voguer au milieu des flottes ennemies, et qui les embrasoient; tantôt on en mettoit dans de grands tuyaux de cuivre placés sur la proue des vaisseaux de course, et on le souffloit contre les bâtimens qu'on vouloit détruire. Sur terre, des soldats, portant de petits tuyaux de cuivre, souffloient également le feu grégeois contre les troupes qui leur étoient opposées. On lançoit aussi contre les machines des épieux de fer aigus, entourés de matières combustibles, ou des vases remplis de ces matières, et qui se brisoient en tombant. Ces diverses manières de combattre ont sans doute donné l'idée des canons, des fusils et des bombes. L'eau ne pouvoit éteindre ce feu ; il n'y avoit que le vinaigre et le sable qui en arrêtassent les ravages. —
(2) *A planté* : abondamment. — (3) *Ars* (du verbe *ardre*) : consumé, embrasé.

« puissance. » Et tantoust que les Turcs getterent le premier coup du feu, nous nous mismes acoudez et à genoulz, ainsi que le preudoms nous avoit enseigné. Et cheut le feu de cette premiere foiz entre nos deux chaz chateilz, en une place qui estoit devant, laquelle avoient faite noz gens pour estoupper le fleuve. Et incontinant fut estaint le feu par ung homme que avions, propre à ce faire. La maniere du feu gregois estoit telle, qu'il venoit bien devant aussi gros que ung tonneau, et de longueur la queuë en duroit bien comme d'une demye canne de quatre pans. Il faisoit tel bruit à venir, qu'il sembloit que ce fust fouldre qui cheust du ciel, et me sembloit d'un grant dragon vollant par l'air : et gettoit si grant clarté, qu'il faisoit aussi cler dedans nostre ost comme le jour, tant y avoit grant flamme de feu. Trois foys celle nuytée nous getterent ledit feu gregois o ladite perriere, et quatre foiz avec l'arbeleste à tour. Et toutes les fois que nostre bon roy saint Loys oyoit qu'ils nous gettoient ainsi ce feu, il se gettoit à terre, et tendoit ses mains la face levée au ciel, et crioit à haulte voix à Nostre Seigneur, et disoit en pleurant à grans larmes : « Beau sire Dieu Jesus-Christ, garde
« moy et toute ma gent ! » Et croy moy que ses bonnes prieres et oraisons nous eurent bon mestier [1]. Et davantage, à chacune foiz que le feu nous estoit cheu devant, il nous envoioit ung de ses chambellans pour savoir en quel point nous estion, et si le feu nous avoit grevez. L'une des foiz que les Turcs getterent le feu, il cheut de couste le chaz

---

[1] *Nous eurent bon mestier* : nous furent d'un grand secours.

chateil que les gens de monseigneur de Corcenay gardoient, et ferit en la rive du fleuve qui estoit là devant, et s'en venoit droit à eulx, tout ardant. Et tantoust veez-cy venir courant vers moy un chevalier de celle compaignie, qui s'en venoit criant : « Aidez nous, sire, ou nous sommes tous « ars; car veez-cy comme une grant haie (1) de feu « gregois que les Sarrazins nous ont traict (2), qui « vient droit à nostre chastel. » Tantoust courismes là, dont besoing leur fut; car, ainsi que disoit le chevalier, ainsi estoit-il. Et estaignismes le feu à grant ahan (3) et malaise; car de l'autre part les Sarrazins nous tiroient à travers le fleuve trect et pilotz (4), dont estions tous plains.

Le conte d'Anjou frere du Roy guettoit de jour les chaz chateilz, et tiroit en l'ost des Sarrazins avecques arbelestes. Or avoit commandé le Roy que, aprés que le conte d'Anjou son frere y avoit fait le guet le jour, nous autres de ma compaignie le faisions la nuyt. Dont à tres-grant paine estion, et à tres-grant souley; car les Turcs avoient ja brisé et froissé nos tandeis (5) et gardes. Advint que ces traistres Turcs amenerent devant noz gardes leur perriere de jour, et alors faisoit la guette ledit conte d'Anjou. Et avoient tous accouplez leurs engins, dont ilz gettoient le feu gregois sur la chaussée du fleuve, vis à vis de noz tandeis et gardes. Dont il advint que nul ne se ouzoit trouver ne monstrer. Et furent nos deux chaz chateilz en ung moment consumez et bruslez.

(1) *Haie* : machine à lancer le feu grégeois. — (2) *Traict* (de *traire*) : tiré, jeté. — (3) *Ahan* : fatigue, peine. — (4) *Trect et pilotz* : traits d'arbalète. — (5) *Tandeis* : bagages.

Pour laquelle chose ledit conte d'Anjou, qui les avoit à garder celui jour, en devint presque hors du sens, et se vouloit getter dedans le feu pour l'estaindre. Et lors mes chevaliers et moy loüasmes Dieu ; car s'ilz eussent attendu à la nuyt, nous eussions esté tous ars et bruslez.

Et ce voyant le Roy, il fist une requeste à ses barons qu'ilz luy donnassent et trouvassent façon d'avoir du merrain des vaisseaux qu'ilz avoient sur mer, chascun de sa part le plus qu'il pourroit. Car il n'y avoit là bois dont ilz se fussent peu aider; et ainsi le leur rémonstroit le Roy? Dont chascun lui en bailla ce qu'il peut. Et avant que le chaz chateil fust achevé et accomply, le merrain qui y fut emploié fut estimé valoir dix mille livres, et plus. Parquoy povez congnoistre que maint bateaux en fut perdu, et que nous estions lors à grant destresse. Quant le chaz fut fait et acomply, le Roy ne voulut pas qu'il fust mis ne planté que jusques au jour que le conte d'Anjou son frere devoit faire le guet. Et commanda qu'il fust mis ou propre lieu où les deux autres avoient esté bruslez. Et ce faisoit-il affin de recouvrer l'onneur de sondit frere, au guet duquel avoient esté bruslez les deux autres chaz chateilz. Et ainsi que le Roy le voulut, ainsi fut-il fait. Quoy voiant les Sarrazins, ils attirerent tous leurs engins, dont ilz en avoient seize, et les coupplerent en façon que tous tiroient à nostre chaz chateil, qui avoit esté fait de neuf. Et quant ilz virent que noz gens doubtoient d'aller et venir au chaz pour les pierres qu'ilz tiroient, ilz adresserent la perriere droit au chaz chateil, et le ardirent derechief avec feu gregois.

Et secondement grant grace nous fist Nostre Seigneur, à mes chevaliers et à moy; car s'ilz eussent attendu jusques à la nuyt venant, que devions faire le guet, nous eussions esté ars et bruslez, comme j'avoiz pareillement dit devant.

Ce voyant le Roy, et tout sa gent, fut moult troublé, et appella tous ses barons pour le conseiller qu'il devoit faire. Et virent par entr'eulx que possible n'estoit de povoir faire chaussée à passer aux Turcs et Sarrazins; car nos gens ne povoient tant faire d'une part comme ilz en desrompoient de l'autre part. Lors messire Humbert de Beaujeu, connestable de France, dist au Roy que ung homme Beduins estoit venu à lui, et lui avoit dit que se on lui vouloit donner cinq cens besans d'or, qu'il nous enseigneroit un bon gué à passer bien aiseement à cheval. A quoy le Roy respondit que tres-voulentiers s'i accordoit, mais qu'il tensist verité de sa part (1). Et ne voulut celui homme enseigner le gué que premier il n'eust ses deniers qui lui avoient esté promis.

Par le Roy fut accordé que le duc de Bourgoigne, et les riches hommes du païs d'oultre mer qui estoient accordans avec lui, guetteroient l'ost de paeurs des Sarrazins, et que lui et ses trois freres, qui estoient le conte de Poitiers, le conte d'Artois, et le conte d'Anjou, qui depuis fut roy de Sicille, comme j'ay dit devant, avecques leurs gens à cheval yroient veoir et essaier le gué que le Beduin leur devoit monstrer. Et fus mis et assigné jour à ung jour de caresmepre-

(1) *Mais qu'il tensist verité de sa part* : mais que le connétable l'assurât de la vérité de ce qu'il disoit.

nant. Et quant vint icelui jour, nous montasmes à cheval, et allasmes au gué d'icelui Beduin tous en point de guerre. Et en chevauchant aucuns se tiroient prés de la rive du fleuve, et la terre y estoit coulante et mouïllée; et ilz cheoient eulx et leurs chevaulx dedans le fleuve, et se noioient. Et le Roy, qui l'aperceut, le monstra aux autres affin qu'ils se donnassent garde de n'y tumber. Et entre autres cheut et se noya messire Jehan d'Orleans le vaillant chevalier, qui portoit banniere à l'armée. Et quant nous fusmes au gué, nous veismes de l'autre part du fleuve bien trois cens Sarrazins tous à cheval, qui gardoient celui passage. Lors nous entrasmes dedans le fleuve, et trouverent nos chevaulx assez bon gué et ferme terre; et tirasmes contremont le fleuve, bonne rive à passer oultre, tant que la mercy Dieu nous passasmes tous sans dangier. Et quant les Sarrazins nous virent ainsi passer, ilz s'enfuirent à grant erre (1).

Avant que partir, le Roy avoit appointé que les templiers feroient l'avant-garde, et le conte d'Arthois son frere meneroit la seconde bataille. Mais si toust que le conte d'Arthois eut passé le fleuve, lui et tous ses gensd'armes, et virent que les Sarrazins s'enfuioient devant eulx, ilz picquent chevaulx des esperons, et commancent à courre contre les Sarrazins : dont de ce ceulx qui faisoient l'avant-garde furent courroucez contre le conte d'Arthois, parce qu'il ne leur ouzoit respondre pour la paeur de messire Foucquault dou Melle qui le tenoit par le fraim de son cheval; et lequel messire Foucquault ne oioit chose que les templiers deissent au conte d'Arthois

(1) *Grant erre* : grande hâte.

par ce qu'il estoit sourt; et crioit messire Foucquault à plaine voix : Or à eulx, or à eulx. Quant les templiers virent ce, ils se penserent estre ahontez et diffamez s'ilz laissoient aller le conte d'Arthois devant eulx. Lors tout d'un accord vont ferir des esperons tant qu'ilz peurent, et suyvirent les Sarrazins fuyans devant eulx tout parmy la ville de la Massourre, jusques aux champs par devers Babilonne. Quant ilz cuiderent retourner arriere, les Turcs leur lançoient par à travers les ruës, qui estoient estroites, force de trect et d'artillerie. Là fut tué le conte d'Arthois, et le sire de Coucy, qu'on appelloit Raoul, et tant d'autres chevaliers, jusques au nombre de trois cens. Et les templiers, ainsi comme le maistre capitaine me dist, perdirent bien quatorze vingts hommes d'armes et de cheval.

Et mes chevaliers, gensd'armes et moy, veismes à main senestre grant quantité de Turcs qui se armoient encores; et incontinant courusmes sur eulx. Et ainsi que les chassions parmy leur ost, j'apperceu ung grant Sarrazin qui montoit sus son cheval, et luy tenoit le frain de son cheval ung sien chevalier. Et tandis que le Sarrazin mit les mains à la selle de son cheval pour vouloir monter, je lui donné de m'espée par dessoubs les esselles, tant comme je peu la mettre avant, et le tué tout mort d'un coup. Quant son chevalier vit son sire mort, il habandonne maistre et cheval, et m'espia au retourner, et me vint frapper de son glayve si grant coup entre les espaulles, qu'il me gitta sur le coul de mon cheval, et me tint si pressé que je ne povoie tirer mon espée que j'avois ceinte : mais me faillit tirer une autre espée que j'avoie à la selle de mon cheval, dont bien mestier m'en fut. Et quant il vit que j'eu mon espée au poing, il tira son glaive à lui, que j'avoie saisi, et se recula de moy. Or advint que mes chevaliers et moy nous trouvasmes hors de l'ost des Sarrazins, et par cy par là en veismes bien prez de six mil qui estoient allez aux champs, et avoient habandonné leurs logis. Et quant ilz nous eurent apperceuz à l'esquart, ilz vous vindrent courir sus de grand rendon (1); et là tuerent messire Hugues de Trichatel, seigneur d'Esconflans, qui portoit la banniere de nostre compaignie. Et pareillement prindrent messire Raoul de Wanon de nostredite compaignie, lequel ilz avoient abatu à terre. Et comme ilz l'emmenoient, mes chevaliers et moy le congneusmes, et le allasmes hardiement rescourre, et le delivrer de leurs mains. Et en retournant de celle bataille, les Turcs me donnerent de si grans coups, que mon cheval se agenoulla à terre du grant poix qu'il sentoit, et me jetterent oultre par dessus les oreilles de mon cheval. Et tantoust me redressay mon escu au coul, et mon espée ou poing. Et se tira par devers moy monseigneur Errart d'Esmeray, que Dieu absoille, lequel à semblable ilz avoient abatu à terre. Et nous retirasmes luy et moy auprés d'une maison qui illeques prés avoit esté abatuë, pour attendre là le Roy qui venoit. Et trouvé façon de recouvrer cheval. Et ainsi que nous en allions à celle maison, veez-cy une grant bande de Turcs qui viennent sur nous courans, et passans oultre à autre compaignie de nos gens qu'ilz veoient là prés. Et en passant ilz me gettent à terre, mon

(1) *De grand rendon :* avec un grand courage.

escu hors de mon coul; et passoient par dessus moy, cuidans que fusse mort, dont il n'en failloit gueres. Et quant furent passez, messire Errart mon compaignon me vint relever sus, et nous en allasmes jusques aux murs de celle maison deffaite. A ces murs de maison se rendirent à nous messire Hugues d'Escossé, messire Ferreys de Loppei, messire Regnault de Menoncourt, et autres plusieurs. Et là nous vindrent assaillir les Turcs de plus belle de toutes pars. Et en descendit une partie d'eulx dedans la maison où nous estions, et longuement furent bataillans contre nous à la pointe. Lors mes chevaliers me baillerent cheval qu'ilz tenoient de paeur qu'il s'enfuit. Et eulx de nous defendre vigoureusement contre les Turcs, et en telle maniere, que grandement louëz en furent de plusieurs preudes homs qui les veoient. Là fut navré messire Hugues d'Escossé de trois grans plaies ou visage et ailleurs. Messire Raoul, et messire Ferreis à semblable, fut chacun d'eulx blecié par les espaules, tellement que le sang sortoit de leurs plaies tout ainsi que d'un tonneau sort le vin. Messire Errart d'Esmeray fut navré parmy le visaige d'une espée qui luy trancha tout le neys, tant qu'il luy cheoit sur la bouche. Adonc en celle destresse me souvint de monseigneur saint Jaques, et lui dis : « Beau sire
« saint Jaques, je te supply aide moy, et me secours
« à ce besoing. » Et tantoust que j'eu fait ma priere, messire Errart me dist : « Sire, si vous ne pensiez
« que je le feisse pour m'enfuir et vous habandonner,
« je vous allasse querir monseigneur le conte d'Anjou
« que je voy là en ces champs. » Et je lui dis : « Messire
« Errart, vous me feriez grant honneur et grant

« plaisir si vous nous alliez querir aide pour nous
« sauver les vies; car la vostre est bien en aventure. »
Et je disoië voir (1); car il en mourut de celle blesseure. Et tous furent aussi d'opinion qu'il nous allast
querir secour. Lors lui laissé aller son cheval que je
tenoie par le frain. Adonc s'en courut au conte d'Anjou, lui requerir qu'il nous viensist secourir ou dangier où nous estions. Dont il y eut ung grant sire
avecques lui qui l'en voulut garder. Mais le bon seigneur n'en voulut riens croire, ains tourna son cheval, et acourut avecques de ses gens picquans des
esperons. Et quant les Sarrazins le virent venir, ilz
nous laisserent. Et quant furent arrivez, et virent les
Sarrazins qui tenoient messire Raoul de Wanon, et
l'emmenoient tout blecié, incontinant l'allerent recourir tout blecié, et en bien piteux point.

Et tantoust je vy venir le Roy, et toute sa gent,
qui venoit à ung terrible tempeste de trompettes,
clerons et cors. Et se arresta sur ung hault chemin
avecques tous ses gensd'armes, pour quelque chose
qu'il avoit à dire. Et vous promets que oncques si bel
homme armé ne veis; car il paressoit par dessus tous
depuis les espaulles en amont. Son heaume, qui estoit
doré et moult bel, avoit-il sur la teste, et une espée
d'Almaigne en sa main. Et tantoust qu'il fut arresté,
plusieurs de ses chevaliers apperceurent en la bataille
des Turcs grant quantité d'autres chevaliers, et des
gens du Roy : et ilz se vont lancer parmy la bataille
avec les autres. Et devez savoir que à ceste foiz-là
furent faiz les plus beaux faiz d'armes qui onques
furent faiz ou veage d'oultre mer, tant d'une part

(1) *Voir*: vrai.

que d'autre. Car nul ne tiroit d'arc, d'arbeleste, ne d'autre artillerie. Mais estoient les coups qu'on donnoit l'un sur l'autre, à belles masses, espées et fustz (1) de lances, tout meslé l'un parmy l'autre. Et de ce que je veoie moult tardoit à mes chevaliers et à moy, tous bleciez comme nous estions, que n'estions dedans la bataille avec les autres. Et veez-cy tantoust venir à moy ung mien escuier qui s'en estoit fuy à tout ma banniere par une foiz, et me amena ung de mes destriers flamant, et fuz tantoust monté. Lors me tiré couste à couste du Roy. Là fut le bon preudomme messire Jehan de Valeri, qui veoit bien que le Roy se vouloit aller frapper ou fort de la bataille, et lui conseilla qu'il se tirast à couste la main destre (2) devers le fleuve, affin que si dangier y avoit, qu'il peust avoir secours du duc de Bourgoigne et de l'armée qui gardoit son ost, que nous avions lessez, et aussi à ce que ses gens se peussent refraichir, et avoir à boire; car le chault estoit ja moult eslevé. Le Roy manda querir et faire retirer ses barons, chevaliers, et autres ses gens de conseil qui estoient en la bataille des Turcs. Et tantoust qu'ilz furent venuz, il leur demanda conseil de ce qu'il estoit de faire. Et plusieurs respondirent que le bon chevalier messire Jehan de Valery, qu'il avoit avec lui, le conseilleroit moult bien. Lors selon le conseil d'icelui Valery, que plusieurs accorderent estre bon, le Roy se tira à couste de main destre vers le fleuve. Et veez-cy venir messire Hymbert de Beaujeu, connestable de France, qui dist au Roy que son frere le conte d'Arthois

---

(1) *Fustz :* bois. — (2) *A couste la main destre :* à main droite.

estoit en grant presse en une maison à la Massourre, et se deffendoit à merveilles : mais ce nonobstant, qu'il avoit bon besoing d'estre secouru, et pria le Roy de l'aler ayder. Et le Roy dist : « Connestable, picquez « devant, et je vous suyvray de prés. » Et à semblable moy de Jonville dys au connestable que je seroie ung de ses chevaliers, et le suyvrois à tel affaire, dont il me mercia de bon cueur. Et tantoust chascun de nous commence à ferir des esperons droit à celle Massourre, parmy la bataille des Turcs. Et furent tantoust plusieurs de nostre compaignie desseurez (1) et departis de la presence l'un de l'autre, entre la force des Turcs et Sarrazins.

Et ung peu aprés, veez-cy venir ung sergent à masse au connestable, avec qui j'estois, et lui dist que le Roy estoit arresté des Turcs, et en grant dangier de sa personne. Qui fut esbahy ce fut nous, et à grant effroi; car entre le lieu où estoit le Roy avec les Turcs, et nous, y avoit bien mil ou douze cenz Turcs, et nous n'estions que six de nostre part. Lors je dis au connestable, puis que nous n'avions povoir de passer parmy telle foulle de Turcs, qu'il nous valoit mieulx aller passer par amont (2) au dessus d'eulx. Et ainsi tout subit le fismes nous. Et y avoit ung grant foussé par le chemin que nous prismes, entre nous et les Sarrazins. Et saichez que s'ilz se fussent prins garde de nous, tantoust ilz nous eussent tous tuez et occis : mais ilz entendoient au Roy et aux autres grosses batailles, et aussi qu'ilz cuidoient que nous fussions de leurs gens. Et ainsi que nous arrivions de

---

(1) *Desseurez* : séparés. — (2) *Par amont* : par une colline. La signification de ce mot est *par en haut*.

devers le fleuve, tirant en bas entre le ruel (1) et le fleuve, nous vismes que le Roy s'estoit retiré ou haut du fleuve, et que les Turcs en emmenoient les autres batailles. Et se assemblerent toutes leurs batailles avecques les batailles du Roy sur le fleuve, et là y eut piteuse desconvenuë; car la pluspart de noz gens, qui se trouvoient des plus febles, cuidoient passer à nous devers l'ost où estoit le duc de Bourgoigne. Mais il n'estoit possible, car leurs chevaulx estoient si las et travaillez, et faisoit une chaleur extreme. Et en descendant à val le fleuve (2), nous voions l'eauë toute couverte de picques, lances, escuz, gens et chevaulx qui perissoient et noioient. Quant nous vismes la fortune, et le piteux estat qui couroit sus nos gens, je commençay à dire au connestable que nous demourasson deçà le fleuve, pour garder à ung poncel (3) qui estoit illecques prés. « Car si nous le laissons, lui « fis-je, ilz viendront charger sur le Roy par deçà : « et si noz gens sont assailliz par deux lieux, nous « pourrons trop avoir du pire. » Et ainsi demourasmes nous. Et soiez certains que le bon Roy fist celle journée des plus grans faiz d'armes que j'amais j'aye veu faire en toutes les batailles où je fu oncq. Et dit-on que, si n'eust esté sa personne, en celle journée nous eussions esté tous perduz et destruiz. Mais je croy que la vertu et puissance qu'il avoit luy doubla lors de moitié par la puissance de Dieu; car il se boutoit ou meilleu, là où il veoit ses gens en destresse, et donnoit de masses et d'espée des grans coups à merveilles. Et me conterent ung jour le sire de Cour-

---

(1) *Ruel*: chemin. — (2) *A val le fleuve*: en bas vers le fleuve. — (3) *Poncel*: petit pont, bac.

cenay, et messire Jehan de Salenay, que six Turcs vindrent au Roy celuy-jour, et le prindrent par le frain de son cheval, et l'emmenoient à force. Mais le vertueux prince s'esvertuë de tout son povoir, et de si grant courage frappoit sur ces six Turcs, que lui seul se delivra. Et ainsi que plusieurs virent qu'il faisoit telz faiz d'armes, et qu'il se deffendoit si vaillamment, prindrent courage en eulx, et habandonnerent le passage qu'ilz gardoient, et allerent secourir le Roy.

Aprés ung peu, d'illecq veez-cy droit à nous, qui gardions le poncel ad ce que les Turcs ne passassent, le conte Pierre de Bretaigne qui venoit de devers la Massourre, là où il y avoit eu une autre terrible escarmouche ; et estoit tout blecié ou visage, tellement que le sang lui sortoit de la bouche à planté, comme s'il eust voulu vomir de l'eauë qu'il eust en la bouche. Et estoit ledit conte de Bretaigne sur ung gros courtault bas, et assez bien fourny, et estoient toutes ses regnes (1) brisées et rompuës à l'arçon de la selle : et tenoit son cheval à deux mains par le coul, de paeurs que les Turcs, qui estoient derriere lui, et qui le suyvoient de prés, ne le feissent cheoir de dessus son cheval, nonobstant qu'il sembloit qu'il ne les doubtast pas gramment (2). Car souvent il se tournoit vers eulx, et leur disoit parolles en signe de moquerie. Et en la fin de celle bataille vindrent vers nous le conte Jehan de Soissons, et messire Pierre de Nouille que on appelloit Cayer, qui assez avoient souffert de coups celle journée, qui estoient encores demourez

---

(1) *Regnes* : rênes, bride. — (2) *Doubtast pas gramment* : craignit pas beaucoup. *Doubter* : craindre.

derriere ladite bataille. Et quant les Turcs le virent, ilz se cuiderent esmouvoir à leur venir au devant; mais quant ilz nous eurent apperceuz gardant le pont, et que nous estions les faces tournées vers eulx, ilz les laisserent passer oultre, doubtans que les fussions allez secourir, ainsi que eussions fait. Et puis je dis au conte de Soïssons, qui estoit mon cousin germain : « Sire, « je vous pry que vous demourez cy à garder ce pon- « cel, et vous ferez bien ; car si vous le lessez, ces « Turcs, que vous voiez là devant nous, viendront « frapper parmy ; et ainsi le Roy demourera assailly « par darriere et par devant. » Et il me demande, s'il demouroit, si je vouldrois aussi demourer avec lui. Et je lui respons que oy moult voulentiers. Et lors quant le connestable oyst nostre accord, il me dist que je gardasse bien ce passage sans partir, et qu'il nous alloit querir du secour. Et ainsi que j'estoie là sur mon roucin, demourant au poncel entre mon cousin le conte de Soïssons à main destre, et messire de Nouille à la senestre, veez-cy venir ung Turc qui venoit de devers l'armée du Roy, et vint par darriere frapper messire Pierre de Nouille d'une grosse masse pesante ung grant coup : tellement qu'il le coucha sur le coul de son cheval, et puis print la cource par à travers du pont, et s'enfuit devers sa gent, cuidant que le voulsissions suivir affin de habandonner le pont, et qu'ilz le peussent gaigner. Et quant ilz virent que nullement ne voulions laisser le poncel, ilz se misdrent à passer le russel, et se demourerent entre le russel (1) et le fleuve. Et quant nous les vismes, nous approchasmes d'eulx en telle maniere que nous

(1) *Russel* ou *ru :* ruisseau.

estions tous prestz de leur courir sus, s'ilz se fussent plus avancez de venir.

Devant nous avoit deux heraulx du Roy, dont l'un avoit nom Guilleaume de Bron, et l'autre Jehan de Gaymaches, ausquelz les Turcs, qui estoient entre le ru et le fleuve, comme j'ay dit, amenerent tout plain de villains à pié, gens du païs, qui leur gettoient bonnes mottes de terre, et de grosses pierres à tour de braz. Et au darrenier, ils amenerent ung autre villain Turc, qui leur gecta troiz foiz le feu gregois. Et à l'une des foiz il print à la robbe de Guilleaume de Bron, et l'estaignit tantost, dont besoing lui fut. Car s'il se fust allumé, il fust tout bruslé. Et nous estions tous couvers de pilles (1) et de tretz qui eschappoient des Turcs, qui tiroient à ces deux heraulx. Or me advint que je trouvé illec prés ung gaubison (2) d'estouppe qui avoit esté à ung Sarrazin : et je tourné le fendu devers moy, et en fis escu, dont grant besoing m'eut; car je ne fu blecié de leurs pilles que en cinq lieux, et mon cheval l'estoit en quinze lieux. Et ainsi tantoust, comme Dieu le voulut, arriva illecques ung de mes bourgeois de Jonville, qui me apportoit une banniere à mes armes, et ung grant cousteau de guerre dont je n'avois point. Et desormais que ces villains Turcs, qui estoient à pié, faisoient presse à ces heraulx, nous leur courions sus, et tantoust s'enfuyoient.

Et ainsi que nous estions là gardans ce poncel, le bon conte de Soissons, quant nous estions retournez de

---

(1) *Pilles* ou *pillots* : traits d'arbalète. — (2) *Gaubison* : il faut lire *ganbison* ou *gamboison*. C'étoit un vêtement contrepointé, garni de laine entassée et battue avec du vinaigre. Il résistoit au fer.

courir aprés ces villains, se railloit avecques moy, et me disoit : « Senneschal, lessons crier et braire ceste « quenaille. Et par la creffe Dieu, ainsi qu'il juroit, « encores parlerons nous vous et moy de ceste journée « en chambre devant les dames. »

Advint que sur le soir environ le souleil couschant le connestable messire Himbert de Beaujeu nous amena les arbalestriers du Roy à pié, et se arrengerent devant. Et nous autres de cheval descendismes à pié en l'ombre des arbalestriers. Et ce voians les Sarrazins qui là estoient incontinant s'enfuirent, et nous laisserent en paix. Et lors me dist le connestable que nous avions bien fait d'avoir ainsi bien gardé le poncel; et me dist que je m'en allasse devers le Roy hardiement, et que je ne l'abandonnasse jusques à ce qu'il fust descendu en son paveillon. Et ainsi m'en allay devers le Roy. Et tantoust que je fu devers ledit seigneur, à luy arriva messire Jehan de Valery lui faire une requeste, qui estoit : que le sire de Chastillon le prioit qu'il lui donnast l'arriere-garde. Ce que le Roy lui octroia moult voulentiers. Et puis le Roy se mist à chemin pour se retirer en son paveillon, et lui levay son heaume de la teste, et lui baillay mon chappel de fer, qui estoit beaucoup plus legier, affin qu'il eust vent. Et ainsi que nous cheminions ensemble, à lui vint frere Henri prieur de l'ospital de Ronnay, qui avoit passé la rivière, et luy vint baiser la main toute armée : et lui demanda s'il savoit aucunes nouvelles de son frere le conte d'Arthois ? Et le Roy luy respondit que ouy bien; c'est assavoir qu'il savoit bien qu'il estoit en paradis. Et le prieur frere Henry, en le cuidant resconforter de la mort de sondit frere le conte d'Arthois, lui dist : « Sire, « onques si grant honneur n'avint à roy de France, « comme à vous. Car de grant courage vous et toute « vostre gent avez passé à nous une malle riviere, « pour aller combatre voz ennemis. Et tellement avez « fait que vous les avez chassez, et gaigné le champ « avec leurs engins, dont ilz vous faisoient grant guerre « à merveilles : et gerrez encores anuyt (1) en leurs « herbergemens et logeis. » Et le bon Roy respondit : que Dieu fust adoré de quant qu'il lui donnoit. Et lors lui commencent à cheoir grosses larmes des yeulx à force, dont maints grans personnages qui virent ce furent moult oppressez d'angoessé et de compassion de la pitié qu'ilz avoient de le veoir ainsi pleurer, et en loüant le nom de Dieu de ce qu'il lui faisoit endurer. Et quant nous fusmes arrivez à noz herbergemens, nous trouvasmes grand nombre de Sarrazins à pié qui tenoient les cordes d'une tente, laquelle ilz destendoient à force contre plusieurs de nostre gent menuë, qui la tendoit. Et le maistre du Temple qui avoit l'avant-garde, et moy, courusmes sus à ceste quenaille, et les mismes à la fuite; et demoura à nos gens icelle tente. Mais non pour tant y eut grant bataille, dont plusieurs, qui estoient en grans bobans, se trouverent moult honteusement. Les noms desquelz je nommeroie bien. Mais je m'en deporte, parce que ilz sont mors; et n'affiert (2) à aucun mal dire des trespassez. De messire Guion Malvoisin vous vueil bien dire. Car le connestable et moy le rencontrasmes en chemin, venant de la

(1) *Et gerrez encores anuyt* : et passerez encore cette nuit. —
(2) *N'affiert* : ne convient.

Massourre, bien se maintenant : et si estoit assez poursuy et pressé de prés. Car ne plus ne mains que les Turcs avoient dés pieça (1) rebouté et chassé le conte de Bretaigne et sa bataille, comme je vous ay devant dit, ainsi reboutoient et chassoient-ilz monseigneur Guyon et sa gent. Mais non pourtant eut-il grant los (2) de celle journée; car moult vaillamment se porta-il et toute sa bataille, et n'estoit pas de merveille. Car j'ay depuis ouy dire à ceulx qui savoient et congnoissoient son lignage, et tous ses gens d'armes à peu prés, qu'il n'en failloit gueres que tous ses chevaliers ne fussent de son lignage, et gens qui estoient ses hommes de foy et hommage lige. Parquoy beaucoup plus grant courage avoient-ilz à leur chevetaine.

Aprés que nous eusmes desconfitz les Turcs et chassez hors de leurs herberges, les Beduns (3), qui estoient moult grans gens, se ferirent parmy l'ost aux Sarrazins et Turcs, et prindrent et emporterent tout quant qu'ilz peurent trouver, et ce que avoient laissé les Sarrazins. Dont je fu fort emerveillé; car les Beduns sont subgectz et tributaires aux Sarrazins. Mais onques ne ouy dire qu'ilz en eussent pis d'iceulx Sarrazins, de chose qu'ilz leur eussent tolluë et pillée. Et disoient que leur coustume estoit de tousjours courir sus aux plus febles, qui est la nature de chiens. Car quant il en y a ung à qui l'autre court, et on y hue, les autres tous lui courent sus.

Et pour ce qu'il affiert à ma matere, je vieulx dire quelque chose, et quelles gens sont que les Beduns.

(1) *Dés pieça* : depuis long-temps. — (2) *Grant los* : grande gloire.— (3) *Beduns* : Bedouins.

Les Beduns ne croient mye en Mahommet, comme font les Turcs : mais ilz croient en la loy Hely, qu'ilz disent estre oncle de Mahommet, et se tiennent en montaignes et desers. Et ont en creance que quant l'un d'eulx meurt pour son seigneur, ou autre quelque bonne intention, que son ame va en ung autre meilleur corps, et est à plus grand aise que devant. Et pour ce, ne font compte de mourir pour le commandement de leurs anciens et superieurs. Ces Beduns ne demeurent ne en ville ne en cité, mais gisent tousjours aux champs et en desers. Et quant il fait mauvais temps, eulx, leurs femmes et enfans fichent en terre une façon de habitacle qui est fait de tonnes et de cercles liez à des perches, ainsi que font les femmes à seicher les buées : et sur ces cercles et perches gectent des peaux de grans moutons qu'ilz ont, que on appelle peaux de Somas, courroyées en alun. Et les Beduns mesmes ont grans pelices, qui sont à grant poil, qui leur couvrent tout le corps. Et quant ce vient le soir, ou qu'il fait mal temps, ilz s'encloent et retirent en leurs pelices; et ont leurs chevaulx, ceulx qui suivent les guerres, la nuyt pessans emprés eulx, et ne leur font que ouster les brides et les lesser pestre. Puis le landemain ilz estandent leurs pelices au souleil, et les froutent quant sont seiches, et ne pert point qu'elles ayent esté mouillées. Ceulx qui suyvent les guerres ne sont jamés armez, parce qu'ils dient et croient que nul ne peut mourir que à son jour. Et pourtant ont-ilz entr'eux ceste façon, que quant ilz mauldient leurs enfans ilz leur disent : « Tu sois mauldit comme celui qui se « arme de paeur de mort. » En bataille ne portentilz que le glaive fait à la mode de Turquie, et sont presque tous vestuz de linges ressemblans à sourpeliz. Et sont laides gens et hideux à regarder; car ilz ont tous les cheveulx et les barbes longs, et tous noirs. Ilz vivent de l'affluence du let de leurs bestes. Et y en a si grant nombre, que nul ne les sauroit estimer. Car il en y a ou royaume d'Egipte, de Jerusalem, et par toutes les terres des royaumes sarrazins et mescreans, auxquels ilz sont tributaires.

Ad ce propouz des Beduns, je dy que j'ay veu depuis mon retour d'oultre mer aucuns portans le nom de Chrestien, qui tiennent la loy des Beduns. Car sont aucuns qui disent que nul ne peut mourir que à ung jour déterminé, sans aucune faille (1) : qui est une chouse faulce. Car autant je estime telle creance, comme s'ilz vouloient dire que Dieu n'eust point de puissance de nous mal faire ou aider, et de nous eslonger ou abregier les vies : qui est une chose heretique. Mais au contraire je dy que en lui devons nous croire, et qu'il est tout puissant, et a povoir de toutes choses faire : et ainsi de nous envoier la mort toust ou tart, à son bon plaisir. Qui est le contraire de la creance des Beduns, qui disent leur jour de mort estre determiné sans faille, et sans qu'il soit possible qu'il puisse estre eslongné ne abregé.

Pour revenir à ma matiere et icelle poursuir, advint que au soir que fusmes retournez de la piteuse bataille dont j'ay devant parlé, et que nous fusmes logiez ou lieu dont nous avions getté et expulsé les

(1) *Sans aucune faille*: sans faute, sans qu'il puisse s'en garantir.

Sarrazins, mes gens m'apporterent de nostre ost une tente que le maistre des templiers, qui avoit l'avant-garde, m'avoit donnée : et la fis tendre à droit des engins que avions gaignez des Sarrazins. Et chacun de nous bien se vouloit respouser. Car bien mestier en avions, pour les plaies et navreures que avions des coups d'icelle piteuse bataille. Mais avant le point du jour on commença en l'ost à crier : « A l'arme ! à « l'arme ! » Et tantoust je fis lever mon chambelan, qui gisoit prés moy, pour aller veoirs que c'estoit. Et ne tarda gueres qu'il ne retournast tout efraié, me criant : « Sire, or sus, or sus. Car veez-cy les Sarra- « zins à pié et à cheval qui ont ja desconfit les gens « que le Roi avoit ordonnez à faire le guet, et à garder « les engins des Sarrazins que nous avions gaignez. » Et estoient les engins devant les paveillons du Roy, et de nous autres prouches de lui. Et sur piez me levay, et gicté ma cuirasse sur le dos et ung chappel de fer sur la teste. Et appelé nos gens, qui, tous bleciex comme nous estions, reboutasmes les Sarrazins hors de devant les engins qu'ilz vouloient rescourre (1). Et puis le Roy, pour ce que nous ne povions vestir nos haubers, nous envoya messire Gaultier de Chastillon, lequel se logea entre nous et les Turcs pour estre au devant des engins.

Quant messire Gaultier de Chastillon eut rebouté les Sarrazins par plusieurs foiz, qui vouloient desrober de nuyt les engins que nous avions gaignez, et que les Sarrazins virent qu'ilz n'y povoient riens faire ne sourprandre, ilz se retirerent à une grosse bataille de leurs gens à cheval qui estoient arrengez

---

(1) *Rescourre :* recouvrer.

devant nostre ost tout ras à ras, pour garder que de nuyt nous ne soùrprinsons leur ost, qui estoit derriere eulx. Six des chevetaines des Turcs se descendirent moult bien armez, et vindrent faire ung tandeis (1) de grosses pierres de taille, affin que noz arbalestriers ne les bleczassent du trect. Et eulxmêmes tiroient à la vollée parmy nostre ost, et souvent bleczoient plusieurs de nos gens. Et quant mes gensd'armes et moy, qui avions à garder celui endroit, veismes leur tandeis de pierre, nous prinsmes conseil ensemble que la nuyt venuë nous yrions deffaire leurdit tandeis, et emporterions les pierres. Or avoys-je un prebstre, qui avoit nom messire Jehan de Waysy, qui oyt nostre conseil et entreprinse : et de fait n'attendit pas tant, ainczois se despartit de nostre compaignie tout seullet, et alla vers les Sarrazins sa curasse vestuë, son chappel de fer sur la teste et son espée soubs l'esselle, de paeur qu'on l'apperceust. Et quant il fut prés des Sarrazins, qui ne se pensoient ne doubtoient de lui parce qu'il estoit tout seul, il leur courut sus asprement, et lieve son glaive, et fiert sur ces six capitaines turcs sans que nully d'eulx eust povoir de soy deffendre, et force leur fut de prandre la fuite. Dont de ce furent moult esbahiz les autres Turcs et Sarrazins. Et quant ilz virent ainsi leurs seigneurs enfuir, ilz picquerent des esperons et coururent sus à mon prebstre, qui se retourna vers nostre ost : dont il partit bien cinquante de nos gensd'armes à l'encontre des Turcs, qui le poursuivoient à cheval. Mais les Turcs ne vouldrent joindre à noz gens, ains gauchi-

(1) *Tandeis* : monceau.

rent par devant eulx par deux ou par trois foiz. Et arriva à l'une des foiz que ung de noz gens d'armes gecta sa dague à ung de ces Turcs, et lui donna entre les coustes, et emporta la dague en son corps, et en mourut. Quant les autres Turcs virent ce, ilz n'y oserent onques puis acourir. Et adonc noz gens en apporterent toutes les pierres de leurs tandeys. Et desormais fut mon prebstre bien congneu en nostre ost, et lui disoit-on quant on le veoit : « Veez-cy le « prebstre qui a tout seul desconfit les Sarrazins. »

Les choses dessusdictes advinrent le premier jour de caresme. Et celuy jour mesmes firent les Sarrazins ung chevetaine nouveau d'un très-vaillant Sarrazin, ou lieu de leur chevetaine nommé Scecedun, dont il est devant fait mention, qui mourut en la bataille le jour de caresme-prenant : là où semblablement fut occis le bon conte d'Arthois, frere du roy saint Loys. Iceluy chevetaine nouveau entre les autres morts trouva le conte d'Arthois, qui avoit esté moult vaillant et preux en icelle bataille, et estoit habillé richement, comme appartenoit à ung prince. Et print ledit chevetaine la cotte d'armes dudit conte d'Arthois; et pour donner courage aux Turcs et Sarrazins, la leva hault devant eulx, et leur disoit que c'estoit la cotte d'armes du Roy leur ennemy, qui estoit mort en la bataille. « Et pourtant, seigneurs, faisoit-il, « bien vous devez esvertuer. Car corps sans chief n'est « plus riens, n'aussi armée sans prince ou chevetaine. « Et par ce conseille que nous les devons durement « assaillir, et m'en devez croire. Et vendredi prou- « chain les devons avoir, et tous prandre, puis qu'ainsi « est qu'ilz ont perdu leur chevetaine. » Et tous s'accorderent liement (¹) les Sarrazins au conseil de leurdit chevetaine. Or devez savoir que en l'ost des Sarrazins le Roy avoit plusieurs espies qui oyoient et savoient souventesfois leurs entreprises, et ce qu'ilz vouloient faire. Dont il s'en vint aucunes des espies anoncer au Roy les nouvelles et entreprises des Sarrazins, et qu'ilz le croioient mort, et que l'armée estoit sans chief. Et adonc le Roy fist venir tous ses capitaines de s'armée, et leur commanda qu'ilz feissent armer tous leurs gensd'armes, et estre en aguect et tous prestz à la mynuit; et que chascun se mist hors des tentes et pavillons jusques au devant de la lice qui avoit esté faite affin que les Sarrazins n'entrassent à cheval et à grant nombre en l'ost du Roy : mais estoit seulement faite en façon qu'on y entroit à pié. Et tantoust fut fait selon le commandement du Roy.

Et ne doubtez que ainsi que le chief d'iceulx Sarrazins avoit ordonné et conclu, que pareillement il se mist en diligence de exécuter le fait. Et au matin d'icelui jour de vendredi, à l'eure et endroit de souleil levant, veez-le-cy venir à tout quatre mil chevaliers bien montez et armez : et les fist tous arrenger par batailles tout le long de nostre ost qui estoit le long du fleuve de devers Babiloine, passant prés de nostre ost, et tirant jusques à une ville qu'on appelle Ressil. Et quant ce chevetaine des Sarrazins eut ainsi fait arrenger devant nostre ost ses quatre mil chevaliers, tantoust nous amena une autre grant armée de Sarrazins à pié, en telle quantité qu'ilz nous environnoient de l'autre part tout l'autre cousté de nostre ost. Aprés ces deux grandes armées ainsi

(¹) *Liement* : joyeusement.

arrengées comme je vous ay dit, il fist renger et mettre à part illec joignant tout le povoir (1) du souldan de Babiloine, pour les secourir et aider si besoing en estoit. Quant celui chevetaine des Sarrazins eut ainsi ordonné ses batailles, il venoit lui-mesme tout seul sur ung petit rousin vers nostre ost, pour veoir et aviser les ordonnances et departement des batailles du Roy. Et selon qu'il congnoissoit que noz batailles et armées estoient en endroits les plus grosses et plus fortes, il renforçoit de ses gens ses batailles contre les nostres. Aprés ce, il fist passer bien trois mil Beduns, desquelz j'ai devant parlé de leurs natures et personnages par devers l'ost que le duc de Bourgoigne gardoit à part, qui estoit entre les deux fleuves. Et ce fist-il cuidant que le Roy eust partie de ses gensd'armes en l'ost du duc, et que l'armée du Roy, qui estoit avec lui, en fust plus feble, et que les Beduns garderoient que n'eussions secour du duc de Bourgoigne.

En ces choses icy faire et apprester mist le chevetaine des Sarrazins jusques environ l'eure de midy. Et ce fait, il fist sonner leurs naquaires et tabours tres-impetueusement, à la mode des Turcs : qui estoit moult estrange chose à ouïr à qui ne l'avoit acoustumé. Et se commancerent à esmouvoir de toutes pars à pié et à cheval. Et vous diray tout premier de la bataille du conte d'Anjou, qui fut le premier assailly, parce qu'il leurs estoit le plus prouche du cousté de devers Babilonne. Et vindrent à lui en façon de jeu d'eschetz. Car leurs gens à pié venoient courant sus à ses gens, et les brusloient de feu gre-

(1) *Tout le povoir :* toute l'armée, toutes les forces.

gois, qu'ils gectoient avecques instrumens qu'ilz avoient propices. D'autre part parmy se fourroient les Turcs à cheval, qui les pressoient et opprimoient à merveilles; tellement qu'ilz desconfirent la bataille du conte d'Anjou, lequel estoit à pié entre ses chevaliers à moult grand malaise. Et quant la nouvelle en vint au Roy, et qu'on lui eut dit le meschief où estoit son frere, le bon Roy n'eut en lui aucune temperance de soy arrester, ne d'attendre nully : mais soudain ferit des esperons, et se boute parmy la bataille, l'espée ou poing, jusques ou meillieu où estoit son frere; et tres-asprement frappoit sur ces Turcs, et au lieu où il veoit le plus de presse. Et là endura-il maints coups, et lui emplirent les Sarrazins toute la culliere (1) de son cheval de feu gregois. Et alors estoit bon à croire que bien avoit-il son Dieu en soûvenance et desir. Car à la verité luy fut Nostre Seigneur à ce besoing grant âmy, et tellement lui aida que, par celle pointe que le Roy fist, fut rescours son frere le conte d'Anjou; et chasserent encore les Turcs de leur ost et bataille.

Aprés la bataille du conte d'Anjou, estoient capitaines de l'autre prochaine bataille des barons d'oultre mer, messires Gui Guivelins et Baudoin son frere, qui estoient joignans la bataille de messire Gaultier de Chastillon le preux homme et vaillant; qui avoient grant nombre de preudoms et de grant chevalerie. Et firent tellement ces deux batailles ensemble, que vigoureusement tindrent contre les Turcs sans qu'ilz fussent aucunement reboutez ne vaincuz. Mais pouvrement print, à l'autre bataille subsequant que avoit

(1) *Culliere :* croupière.

frere Guilleaume Sonnac, maistre du Temple, à tout ce peu de gensd'armes qui lui estoient demourez du jour de mardi, qui estoit caresme-prenant : ouquel jour y eut de tres-merveilleuses batailles et durs assaulx. Icelui maistre des templiers, par ce qu'il avoit de gens, fist faire au devant de sa bataille une deffense des engins qu'on avoit gaignez sur les Sarrazins. Mais ce nonobstant riens ne lui valut. Car les templiers y avoient mis grant force de planches de sappin, et les Sarrazins y misdrent le feu gregois : et tout incontinant y print le feu de legier (1). Et les Sarrazins voyans qu'il y avoit peu gens à resister contr'eulx, ils n'attendirent mye le feu à esbraser, et qu'il eust couru par tout : mais se bouterent parmy les templiers asprement, et les desconfirent en peu de heure. Et soiez certains que darriere les templiers y avoit bien à l'environ d'un journau de terre qui estoit si couvert de pilles, de dars et de autre trect, qu'on n'y veoit point de terre, tant avoient trect (2) les Sarrazins contre les templiers. Le maistre capitaine de celle bataille avoit perdu ung œil à la bataille du mardi, et à ceste-cy y perdit-il l'autre œil; car il y fut tué et occis. Dieu en ait l'ame.

De l'autre bataille estoit maistre et capitaine le preudoms et hardy messire Guy Malvoisin, lequel fut fort blecié en son corps. Et voians les Sarrazins la grant conduite et hardiesse qu'il avoit et donnoit en sa bataille, ilz lui tiroient le feu gregois sans fin. Tellement que une foiz fut que à grant paine le lui

---

(1) *De legier :* facilement. — (2) *Tant avoient trect :* tant avoient tiré.

peurent estaindre ses gens à heure (1). Mais nonobstant ce tint-il fort et ferme, sans estre vaincu des Sarrazins.

De la bataille de messire Guy Malvoisin descendoit la lice qui venoit clourre l'ost où j'éstois le long du fleuve, bien au gect d'une pierre legiere. Et passoit la lice par devant l'ost de monseigneur le conte Guillaume de Flandres : lequel ost estoit à couste, et s'estendoit jusques au fleuve, qui descendoit en la mer. Et à l'endroit et vis à vis du fleuve qui venoit de devers messire Guy Malvoisin, estoit nostre bataille. Et voians les Sarrazins que la bataille de monseigneur le conte de Flandres leur estoit en couste de leurs visaiges, ilz ne ouserent venir ferir en la nostre, dont je loüé Dieu. Car mes chevaliers ne moy n'avions pas ung harnois vestu pour les bleceures qu'avions euës en la bataille du jour de caresme-prenant, dont ne nous estoit possible vestir aucuns harnois.

Monseigneur Guilleaume conte de Flandres, et sa bataille, firent merveilles. Car aigrement et vigoureusement coururent sus à pié et à cheval contre les Turcs, et faisoient de grans faiz d'armes. Et quant je vy ce, commandé à mes arbalestriers qu'ilz tirassent à foison tretz sur les Turcs qui estoient en celle bataille à cheval. Et tantoust qu'ilz sentirent qu'on les bleczoit eulx et leurs chevaulx, ilz commancerent à fuir et à habandonner leurs gens à pié. Et quant le conte de Flandres et s'armée virent que les Turcs fuyoient, ils passerent par dessoubz la lice, et coururent sus les Sarrasins qui estoient à pié, et

---

(1) *A heure*: à propos.

en tuerent grant quantité, et gaignerent plusieurs de leurs targes. Et là entre autres s'esprouva vigoureusement messire Gaultier de La Horgne, qui pourtoit la bannierre à monseigneur le conte d'Aspremont.

Aprés celle bataille estoit la bataille de monseigneur le conte de Poitiers frere du Roy, laquelle bataille estoit toute de gens de pié; et n'y avoit que le conte seul à cheval, dont mal en advint. Car les Turcs deffirent celle bataille à pié, et prindrent le conte de Poitiers. Et de fait l'emmenoient, si n'eust esté les bouchiers et tous les autres hommes et femmes qui vendoient les vivres et denrées en l'ost : lesquelz, quant ilz oirent qu'on emmenoit le conte de Poitiers frere du Roy, s'escrierent en l'ost et s'esmeurent tous; et tellement coururent sus aux Sarrazins, que le conte de Poitiers fut rescoux, et châsserent les Turcs hors de l'ost à force.

Aprés la bataille du conte de Poitiers estoit une petite bataille, et la plus feble de tout l'ost, dont ung nommé messire Jocerant de Brançon estoit le maistre et chief : et l'avoit amené en Egipte mondit seigneur le conte de Poitiers. La bataille d'icelui Jocerant de Brançon estoit de chevaliers à pié, et n'y avoit à cheval que lui et messire Henry son filz. Celle bataille deffaisoient les Turcs à tous coustz. Et voiant ce messire Jocerant et son filz, ilz venoient par derriere contre les Turcs, frappant à coups d'espées. Et si bien les pressoient par derriere, que souventesfois les Turcs se reviroient contre messire Jocerant de Brançon, et lessoient ses gens pour lui courir sus. Toutesvoies, au long aller, ce ne leur eust gueres valu; car les Turcs les eussent tous desconfiz et tuez, si n'eust esté messire Henry de Cone, qui estoit en l'ost du duc de Bourgoigne, sage chevalier et prompt, qui congnoissoit bien la bataille de monseigneur de Brançon estre trop feble. Et toutes les foiz qu'il veoit les Turcs courir sus audit seigneur de Brançon, il faisoit tirer les arbalestriers du Roy contre les Turcs. Et fist tant que le sire de Brançon eschappa de tel meschief celle journée, et perdit, de vingt chevaliers qu'on disoit qu'il avoit, les douze, sans ses autres gensd'armes. Et lui-mesme en la par fin, des grans coups qu'il eut, mourut de celle journée au service de Dieu, qui bien l'en a guerdonné (1), ce devons croire. Icelui seigneur estoit mon oncle; et lui ouy dire à sa mort qu'il avoit esté en son temps en trente six batailles et journées de guerres, desquelles souventesfoiz il avoit emporté le pris d'armes; et d'aucunes ay-je bien congnoissance. Car une foiz, lui estant en l'ost du conte de Mascon qui estoit son cousin, il s'en vint à moy et à ung mien frere le jour d'un vendredi saint en caresme, et nous dist : « Mes nepveux, venez moy aider à toute vostre gent « à courir sus aux Allemands, qui abatent et rompent « le monstier de Mascon. » Et tantoust sur piedz fusmes prestz, et allasmes courir contre lesdiz Allemans; et à grands coups et pointes d'espées les chassasmes du monstier, et plusieurs en furent tuez et navrez. Et quant ce fut fait, le bon preudom s'agenoulla devant l'autel, et cria à haulte voix à Nostre Seigneur, lui priant qu'il lui pleust avoir pitié et mercy de son ame, et qu'il mourust une foiz pour lui, et en son service; ad ce que en la fin il lui donnast son

---

(1) *Guerdonné* : récompensé.

paradis. Et ces choses vous ay racomptées, affin que congnoissez, comme je foiz et croy, que Dieu lui octroia ce que avez ouy cy-devant de lui.

Aprés ces choses, le bon Roy manda querir tous ses barons, chevaliers, et autres grans seigneurs. Et quant ilz furent devant lui venuz, il leur dist benignement : « Seigneurs et amys, or povez vous veoir et « congnoistre clèrement les grans graces que Dieu « nostre createur nous a faites puis n'agueres, et « fait par chacun jour, dont grans loüenges lui en « sommes tenuz rendre : et que mardi darrenier, qui « estoit caresme-prenant, nous avons à son aide chassé « et debouté noz ennemys de leurs logeis et herber « gemens, esquelz nous sommes logez à present. Aussi « ce vendredi qui est passé nous nous sommes deffen- « duz à pié, et les aucuns non armez, contr'eulx bien « armez, à pié et à cheval, et sur leurs lieux. » Et moult d'autres belles paroles leur disoit et remonstroit tant doulcement le bon Roy. Et ce faisoit-il pour les reconforter, et donner tousjours bon couraige et fiance en Dieu.

Et pour ce que en poursuivant nostre matiere il nous y convient entre-lacer aucunes choses et les reduire à memoire, affin d'entendre et savoir la maniere que le Souldan tenoit en la façzon de ses gens d'armes, et dont ils venoient ordinairement : il est vray que le plus de sa chevallerie estoit faicte de gens estranges que les marchans allans et venans sur mer vendoient, lesquelz gens les Egiptiens de par le Souldan achaptoient, et venoient d'Orient. Car quant ung des roys d'Orient avoit desconfit et conquis l'autre Roy, celui Roy qui avoit eu victoire, et ses gens, prenoient les povres gens qu'ilz povoient avoir à prisonniers, et les vendoient aux marchans, qui les ramenoient revendre en Egipte, comme j'ay dit devant. Et de telz gens sortoit des enfans que le Souldan faisoit nourrir et garder. Et quant ilz commançoient à avoir barbe, le Souldan les faisoit aprandre à tirer de l'arc par esbat : et chacun jour, quant il estoit deliberé, les faisoit tirer. Et quant on veoit qu'il y en avoit aucuns qui commançoient d'enforcer, on leur oustoit leurs febles arcs, et leur en bailloit-on de plus forts selon leur puissance. Ces jeunes gens portoient les armes du Souldan, et les appelloit-on les Bahairiz du Souldan. Et tout incontinant que barbe leur venoit, le Souldan les faisoit chevaliers : et portoient ses armes, qui estoient d'or pur et fin, sauf que pour differance on y mettoit des barres vermeilles, roses, oiseaux, griffons, ou quelque autre differance à leur plaisir. Et telz gens estoient appellez les gens de la Haulcqua, comme vous diriez les archiers de la garde du Roy; et estoient tousjours prés du Souldan, et gardans son corps. Et quant le Souldan estoit en guerre, ilz estoient tousjours logez prés de lui, comme gardes de son corps. Et encores plus prés de lui avoit-il autres gardes, comme portiers et menestriers. Et sonnoient iceulx menestriers au point du jour, au lever du Souldan, et au soir à sa retraicte : et o leurs instruments faisoient tel bruit, que ceulx qui estoient illecques prés ne se povoient oir ne entendre l'un l'autre ; et les oyoit-on clerement parmi l'ost. Et saichez que de jour ils n'eussent esté si hardiz d'avoir sonné, sinon par le congié du maistre de la Haulcqua. Et quant le Souldan vouloit quelque chose, ou commander à ses gensd'armes, il disoit au maistre de la Haulcqua, lequel faisoit venir ses menestriers, qui sonnoient et disoient de leurs cors sarrazinois, tabours et naquaires : et à ce son se assembloit toute sa gent devant le Souldan. Et lors le maistre de la Haulcqua disoit le bon plaisir du Souldan, et incontinant le faisoient à leur povoir. Quant le Souldan estoit en personne en guerre combatant, celui des chevaliers de la Haulcqua qui mieux s'esprouvoit et faisoit des faiz d'armes, le Souldan le faisoit admiral ou capitaine, ou bien lui bailloit et donnoit charge de gensd'armes, selon ce qu'il le meritoit. Et qui plus faisoit, plus lui donnoit le Souldan. Et par ce chacun d'eulx s'efforçoit de faire oultre leur povoir, s'ilz eussent peu le faire.

La faczon et maniere de faire du Souldan estoit : que quant aucuns de ses chevaliers de sa Haulcqua par leurs prouesses ou chevalerie avoient gaigné du bien tant qu'ilz n'avoient plus de souffreté, et qu'ilz se povoient passer de lui de paeur qu'il avoit qu'ilz ne le deboutassent ou tuassent, il les faisoit prandre et mourir en ses prisons secretement, et prenoit tout le bien que leurs femmes et enfans avoient. Et ceste chose fut esprouvée durant que fusmes ou païs de par de là. Car le Souldan fist prandre et emprisonner ceulx qui avoient prins les contes de Montfort et de Bar, pour leur vaillance et hardiesse : et en hayne et envie qu'il avoit contr'eulx, et aussi pour ce qu'il les doubtoit, les fist mourir. Et à semblable fist-il des Boudendars, qui sont gens subgetz audit Souldan. Et pour ce que, après qu'ilz eurent desconfit le roy d'Ermenie, ung jour ilz vindrent devers le Souldan lui racompter la nouvelle, et le trouverent chassant aux bestes sauvaiges, et tous descendirent à pié pour lui faire la reverence et le saluer, cuidans avoir bien fait et estre remunerez de lui. Et il leur respondit malicieusement qu'il ne les saluoit mye, et qu'ilz lui avoient fait perdre sa chasse. Et de fait leur fit coupper les testes.

Or revenons à notre matière, et disons que le Souldan qui darrenierement estoit mort avoit ung filz qui estoit de l'eage de vingt cinq ans, moult saige, instruit, et ja malicieux. Et pourtant que le Souldan doubtoit qu'il le voulsist desheriter, ne l'avoit point voulu tenir emprés lui; mais lui avoit donné un royaume qu'il avoit en Orient. Et tantoust que le Souldan son père fut mort, les admiraulx (1) de Babiloine l'envoierent querir, et le firent leur souldan. Et quand il se vit maistre et seigneur, il ousta aux connestable, mareschaux et senneschaux de son père, les verges d'or (2) et offices qu'ilz avoient, et les donna à ceulx qu'il avoit amenez avecques lui d'Orient. Dont de ce tous furent esmeuz en leurs courages; et aussi ceulx qui avoient esté du conseil de son père en eurent grant despit, et doubtoient fort qu'il voulsist faire d'eulx, aprés ce que il leur avoit osté leurs biens, comme avoit fait le Souldan, qui avoit fait mourir ceulx qui avoient prins le conte de Montfort et le conté de Bar, dont j'ay devant parlé. Et pourtant furent-ilz tous d'un commun assentement de le faire mourir : et trouverent faczon que ceulx que on appelloit de la Haulcqua, qui devoient garder le corps du Souldan, leur promisdrent qu'ilz le occiroient.

(1) *Admiraulx* : émirs. — (2) *Les verges d'or* : c'étoient des marques de supériorité et de justice.

Après ces deux batailles dont je vous ay devant parlé, qui furent grandes et fortes à merveilles, l'une le mardi de caresmentrant, et le premier vendredi de caresme, commença à venir en nostre ost ung autre tres-grant meschief. Car au bout de neuf ou dix jours les gens qui avoient esté occis et tuez en celles batailles sur la rive du fleuve qui estoit entre nos deux ostz, et qu'on avoit gectez dedans, tous se leverent sur l'eauë. Et disoit-on que c'estoit après ce qu'ilz avoient le fiel crevé et pourry. Et descendirent cezdiz corps mors aval (1) dudit fleuve, jusques au poncel qui estoit à travers dudit fleuve, par où nous passions de l'une part à l'autre. Et pour ce que l'eauë, qui estoit grande, toucheoit et joignoit à icelui pont, les corps ne povoient passer. Et en y avoit tant que la riviere en estoit si couverte de l'une rive jusques à l'autre, que l'on ne veoit point l'eauë, et bien le gect d'une petite pierre contremont ledit poncel. Et loüa le Roy cent hommes de travail, qui furent bien huit jours à separer les corps des Sarrazins d'avecques les Chrestiens, que on congnoissoit assez les ungs d'avecques les autres. Et faisoient passer les Sarrazins à force oultre le pont, et s'en alloient aval jusques en la mer : et les Chrestiens faisoit mettre en grans fosses en terre, les uns sur les autres. Dieux sache quelle puanteur, et quelle pitié de congnoistre les grans personnages, et tant de gens de bien qui y estoient ! Je y vis le chambellan de feu monseigneur le conte d'Arthois, qui cerchoit le corps de son maistre : et moult d'autres querans leurs amys entre les morts. Mais oncques depuis ne ouy dire que de ceulx qui estoient là re-

(1) *Aval* : en bas.

gardans, et endurans l'infection et pueur de ces corps, qu'il en retournast ung. Et saichez que toute celle caresme nous ne mangeons nulz poissons, fors que de burbotes, qui est un poisson glout ⁽¹⁾, et se rendent tousjours aux corps morts, et les mengeoient. Et de ce, et aussi que ou païs de là ne pluvoit nulle foiz une goute d'eau, nous vint une grant persecution et maladie en l'ost, qui estoit telle que la chair des jambes nous dessecheoit jusques à l'os, et le cuir nous devenoit tanné de noir et de terre, à ressemblance d'une vielle houze ⁽²⁾ qui a esté long-temps mucée ⁽³⁾ derriere les coffres. Et oultre, à nous autres qui avions celle maladie, nous venoit une autre persecution de maladie en la bouche de ce que avions mengié de ces poissons, et nous pourrissoit la chair d'entre les gencives, dont chacun estoit orriblement puant de la bouche. Et en la fin gueres n'en eschappoient de celle maladie, que tous ne mourussent. Et le signe de mort que on y congnoissoit continuellement estoit quant on se prenoit à seigner du neys : et tantoust on estoit bien asseuré d'estre mort de brief. Et pour mieulx nous guerir, à bien quinze jours de là les Turcs, qui bien savoient noustre maladie, nous affamerent en la faczon que vous diray. Car ceulx qui partoient de nostre ost pour aller contremont le fleuve à Damiete, qui estoit à l'environ d'une grosse lieuë, pour avoir des vivres, ces paillars et infames Turcs les prenoient, et n'en retournoit pas ung à nous : dont moult de gens s'esbahirent. Et n'en ouzoit venir ung de Damiete à nous apporter aucuns vivres ; et autant qu'il y en alloit, autant en demouroit. Et jamés n'en peusmes

---

⁽¹⁾ *Glout* : glouton. — ⁽²⁾ *Houze* : botte. — ⁽³⁾ *Mucée* : cachée.

rien savoir que par une des gallées du conte de Flandres, qui eschappa outre leur gré, et à force; et nous disdrent les nouvelles, et que les gallées du Souldan estoient en l'eauë, qui guettoient ceulx qui alloient à Damiete, et avoient ja bien gaigné quátre-vingtz de nos gallées, et qu'ilz tuoient les gens qui estoient dedans. Et par ce advint en l'ost si tres-grant chereté, que, tantoust que la Pasque fut venue, ung beuf estoit vendu quatre-vingtz livres, ung mouton trente livres, ung porc trente livres; le muy de vin dix livres, et ung euf douze deniers, et ainsi de toutes autres choses.

Quant le Roy et ses barons virent celle chouse, et que nul autre remède n'y avoit, tous s'accorderent que le Roy fist passer son ost devers la terre de Babilonne, en l'ost du duc de Bourgoigne, qui estoit de l'autre part du fleuve qui alloit à Damiete. Et pour retraire ses gens aisément, le Roy fist faire une barbacanne devant le poncel, dont je vous ay devant parlé. Et estoit faite en maniere que on povoit assez entrer dedans par deux coustez tout à cheval. Quant celle barbacanne fut faite et apprestée, tous les gens de l'ost se armerent; et là y eut ung grant assault des Turcs, qui virent bien que nous en allions oultre en l'ost du duc de Bourgoigne, qui estoit de l'autre part. Et comme on entroit en icelle barbacanne, les Turcs frapperent sur la queuë de nostre ost: et tant firent, qu'ils prindrent messire Errart de Vallery. Mais tantoust fut rescoux par messire Jehan son frère. Toutesfois le Roy ne se meut, ne toute sa gent, jusques à ce que tout le harnois et armeures fussent portez oultre. Et alors passasmes tous aprés le Roy, fors que messire Gaultier de Chastillon, qui faisoit l'arriere-garde en la barbacanne (1). Quant tout l'ost fut passé oultre, ceulx qui demourerent en la barbacanne, qui estoit l'arriere-garde, furent à grant malaise des Turcs qui estoient à cheval; car ilz leur tiroient de visée force de trect, pour ce que la barbacanne n'estoit pas haulte. Et les Turcs à pié leur gectoient grosses pierres et motes dures contre les faces; et ne se povoient deffendre ceulx de l'arriere-garde. Et eussent esté tous perduz et destruiz, si n'eust esté le conte d'Anjou frere du Roy, qui depuis fut roy de Sicile, qui les alla rescourre asprement, et les amena à sauveté.

Le jour devant caresme-prenant, je vis une chose que je vueil bien racompter. Car celui jour mourut un tres-vaillant preux et hardy chevalier, qui avoit nom messire Hugues de Landricourt, qui estoit avec moy à banniere, et fut enterré en ma chappelle. Et ainsi que je oyoie messe, six de mes chevaliers estoient là appuiez sur des sacs d'orge qui estoient en madite chappelle, et parloient hault l'un à l'autre, et faisoient ennuy au prestre qui chantoit messe. Et je me levé, et leur allé dire qu'ilz se teussent, et que c'estoit chose villaine à gentils-hommes de parler ainsi hault tandis qu'on chantoit la messe. Et ilz commancerent à rire, et me disdrent qu'ilz parloient ensemble de remarier la femme d'icelui messire Hugues, qui estoit là en biere. Et de ce je les reprins durement, et leur dis que telles paroles n'estoient bonnes ne belles, et qu'ilz avoient trop toust oublié leur compaignon. Or advint-il que le landemain qui

(1) *Barbacanne*: créneaux, avant-mur, cloison de planches ou de pieux.

fut la grant bataille, dont j'ai devant parlé, du jour de caresme-prenant. Car on se povoit bien rire de leur follie; et en fist Dieu telle vengeance, que de tous les six n'en eschappa pas ung qu'ilz ne feussent tuez, et non point enterrez : et en la fin a convenu à leurs femmes leur remarier toutes six. Parquoy est à croire que Dieu ne laisse riens impugny de son malfait. Quant est de moy, je n'avois pas pis ne mieulx que les autres; car j'estois navré griefvement, et blecié de ladicte journée de caresme-prenant. Et en oultre ce j'avois le mal des jambes et de la bouche, dont j'ay devant parlé; et la ruyme en la teste, qui me filloit à merveilles par la bouche et par les narilles. Et avecques ce j'avoie une fievre double, qui est fievre quarte, dont Dieu nous gard. Et de ces maladies acousché au lit environ la my-caresme, où je fu longuement. Et si j'estoie bien malade, pareillement l'estoit mon povre prebstre. Car ung jour advint, ainsi qu'il chantoit messe devant moy, moy estant au lit malade, quant il fut à l'endroit de son sacrement, je l'apperceu si tres-malade, que visiblement je le veoie pasmer. Et quant je vy qu'il se vouloit laisser tomber en terre, je me gecté hors de mon lit tout malade comme j'estois, et prins ma cotte, et l'allé embrasser par derriere : et lui dis qu'il fist tout à son aise et en paix, et qu'il prensist courage et fiance en celui qu'il devoit tenir entre ses mains. Et adonc s'en revint ung peu, et ne le lessé jusques ad ce qu'il eust achevé son sacrement : ce qu'il fist. Et aussi acheva-il de celebrer sa messe, et onques puis ne chanta, et mourut. Dieu en ait l'ame.

Pour rentrer en nostre matiere, il fut bien vray

que entre les conseils du Roy et du Souldan fut fait aucun parlement de accord et de paix faire entr'eulx : et ad ce fut mis et assigné jour. Et estoit le traicté de leur accord tel, que le Roy devoit rendre au Souldan la cité de Damiete. Et le Souldan devoit rendre au Roy tout le royaume de Jerusalem, et semblablement lui devoit garder tous les malades qui estoient dedans Damiete, et lui rendre les chairs sallées qui y estoient, parce que les Turcs et Sarrazins n'en mengeussent point : et aussi lui rendroit les engins du Roy. Et povoit le Roy envoier querir toutes ces choses audit lieu de Damiete. Que fut-il fait? Le Souldan fist demander au Roy quelle seureté il lui bailleroit de lui rendre sa cité de Damiete. Et ad ce leur fut offert qu'ilz detensissent prisonnier l'un des freres du Roy jusques à l'accomplissement de la promesse du Roy, ou le conte d'Anjou, ou le conte de Poitiers. Les Turcs de telle offre ne voulurent, ains demandoient en houstaige la personne du Roy. Et ad ce respondit le bon chevalier messire Geffroy de Sergines que ja n'auroient les Turcs la personne du Roy : et qu'il aymoit beaucoup mieulx que les Turcs les eussent tous tuez, qu'il leur fust reprouché qu'ilz eussent baillé leur Roy en gaige. Et ainsi demoura la chose. Tantoust la maladie dont je vous ay devant parlé commença à renforcer en l'ost : tellement qu'il failloit que les barbiers arrachassent et coupassent aux malades de celle maladie de grosse char qui surmontoit sur les gencives, en maniere que on ne povoit mengier. Grant pitié estoit là de oyr crier et braire par tous les lieux en l'ost ceulx à qui on couppoit celle char morte. Il me ressembloit de pouvres femmes qui travaillent de leurs enfans quant ilz viennent sur terre, et ne saurois dire la pitié que c'estoit.

Quant le bon roy saint Loys veoit celle pitié, il joignoit les mains, la face levée ou ciel, en beneissant Nostre Seigneur de tout ce qu'il lui donnoit. Et voiant qu'il ne povoit ainsi longuement demourer sans qu'il ne mourust lui et toute sa gent, il ordonna de mouvoir de là le mardi au soir aprés les octaves de Pasques, pour s'en retourner à Damiete. Et fist commander de par lui aux mariniers des gallées qu'ilz apprestassent leurs vaisseaux, et qu'ils recuillissent tous les malades, pour les mener à Damiete. Aussi commanda-il à ung nommé Josselin de Corvant, et autres ses maistres d'euvres et ingenieux, qu'ilz couppassent les cordes qui tenoient des ponts d'entre nous et les Sarrazins. Mais riens n'en firent, dont grant mal en arriva. Quant je vis que chacun s'apprestoit pour s'en aller à Damiete, je me retiré en mon vaissel, et deux de mes chevaliers que j'avoye encore de remenant avecques mon autre mesgnie (1). Et sur le soir, qu'il commença fort à faire noir, je commandé à mon marinier qu'il levast son encre, et que nous en alassons aval. Et il me respondit qu'il n'ouzeroit, et que entre nous et Damiete estoient les grans gallées du Souldan, qui nous prandroient et occiroient tous. Les mariniers du Roy avoient fait de grans feuz pour recuillir et chauffer les pouvres malades en leurs gallées. Et estoient lesdiz malades attendans les vaisseaux sur la rive du fleuve.

(1) *Mesgnie* : famille, maison, suite d'un seigneur.

Et ainsi que admonnestoie (1) mes mariniers de nous en aller peu à peu, j'aperceu les Sarrazins à la clarté du feu qui entrerent en nostre ost, et tuoient les malades sur la rive. Et ainsi que mes mariniers tiroient leur encre, et que commançasmes ung peu à vouloir descendre aval, veez-cy venir les mariniers, qui devoient prandre les pouvres malades, qui apperceurent que les Sarrazins les tuoient : et coupperent hastivement leurs cordes de leurs encres et de leurs grans gallées, et acouvrirent (2) mon petit vaissel de tous coustez, et n'attendoie l'eure qu'ilz ne nous affondrassent au fons de l'eauë. Quant nous fusmes eschappez de ce peril, qui estoit bien grant, nous commançasmes à tirer aval le fleuve. Et voiant le Roy, qui avoit la maladie de l'ost et la menoison (3) comme les autres, que nous le laissions ; et si se fust bien garenty s'il eust voulu és grans gallées : mais il disoit qu'il aymoit mieulx mourir que laisser son peuple. Il nous commença à hucher (4) et crier que demourasson. Et nous tiroit de bons garrotz (5) pour nous faire demourer, jusques à ce qu'il nous donnast congié de nager. Or je vous lerray (6) icy, et vous diray la façon et maniere comme fut prins le Roy, ainsi que lui mesmes me compta. Je luy ouy dire qu'il avoit laissé ses gensd'armes et sa bataille, et s'estoient mis lui et messire Geffroy de Sergines en la bataille de messire Gaultier de Chastillon, qui faisoit l'arriere-garde. Et estoit le Roy monté sur ung petit coursier, une housse de soie vestuë. Et ne lui

---

(1) *Admonnestoie :* j'avertissois. — (2) *Acouvrirent :* pressèrent. — (3) *Menoison :* ulcères qui se formoient dans les chairs. — (4) *Hucher :* appeler. — (5) *Garrotz :* traits d'arbalète. — (6) *Lerray :* laisserai.

demoura, ainsi que lui ay depuis oy dire, de tous ses gensd'armes que le bon chevalier messire Geffroy de Sergines, lequel le rendit jusques à une petite ville nommée Casel, là où le Roy fut prins. Mais avant que les Turcs le peussent avoir, luy oy compter que messire Geffroy de Sergines le deffendoit en la faczon que le bon serviteur deffend le hanap (1) de son seigneur, de paeurs des mouches. Car toutes les foiz que les Sarrazins l'approuchoient, messire Geffroy le deffendoit à grans coups d'espée et de pointe, et ressembloit sa force lui estre doublée d'oultre moitié, et son preux et hardi courage; et à tous les coups les chassoit de dessus le Roy. Et ainsi l'emmena jusques au lieu de Casel, et là fut descendu ou giron d'une bourgeoise qui estoit de Paris. Et là le cuiderent veoir passer le pas de la mort, et n'esperoient point que jamais il peust passer celui jour sans mourir.

Tantoust arriva devers le Roy messire Phelippe de Montfort, et lui dist qu'il venoit de veoir l'admiral du Souldan, à qui il avoit autresfoiz parlé de la treve: et que si c'estoit son bon plaisir, que encores derechief il lui en yroit parler. Et le Roy lui pria de le faire ainsi, et qu'il la vouloit tenir et faire en la maniere qu'ilz le vouloient. Adonc partit monseigneur Phelippe de Montfort, et s'en alla vers les Sarrazins, lesquelz avoient osté leurs toailles (2) de leurs testes. Et bailla le sire de Montfort son anel, qu'il tira du doy, à l'admiral des Sarrazins, en asseurance de tenir les treves; et cependant que l'en feroit l'appointement tel qu'ilz l'avoient demandé autresfoiz, comme

---

(1) *Hanap :* coupe, tasse. — (2) *Toailles :* toiles, turbans.

a esté touché cy-dessus. Or advint que après ce fait ung traistre mauvais huissier, nommé Marcel, commença à crier à noz gens à haulte voix : « Seigneurs « chevaliers, rendez vous tous ; le Roy le vous mande « par moy, et ne le faites point tuer. » A ces motz furent tous effroiez, et cuidoient que le Roy leur eust ainsi mandé ; et chacun rend aux Sarrazins ses bastons et harnois. Quant l'admiral vit que les Sarrazins emmenoient prinsonniers les gens du Roy, il dist à messire Phelippe de Montfort qu'il ne lui asseuroit mye la treve, et qu'il veoit ja que tous ses gens estoient prins des Sarrazins. Et voiant messire Phelippe que tous les gens du Roy estoient prins, il fut bien esbahy. Car il savoit bien, nonobstant qu'il fust messagier de demander la treve, que tantoust il seroit aussi prins ; et ne savoit à qui avoir recours. Or en Paiennie y a une tres-mauvaise coustume. Car quant entre le Souldan et aucun des roys d'icelui païs envoient leurs messagiers l'un à l'autre pour avoir ou demander treves, et l'un des princes se meurt, le messagier, s'il est trouvé, et que la treve ne soit donnée, il sera prins prinsonnier, de quelque part que ce soit, soit-il messagier du Souldan ou du Roy.

Or devez savoir que nous autres, qui estions en noz vaisseaux en l'eauë, cuidans eschapper jusques à Damiete, ne fusmes point plus habilles que ceulx qui estoient demourez à terre. Car nous fusmes prins, comme vous orrez cy-après. Il est vray que, nous estans sur l'eauë, il s'esleva ung terrible vent contre nous qui venoit de devers Damiete, qui nous tollut le cours de l'eau, en faczon que ne povions monter : et nous convint retourner arriere vers les Sarrazins. Le

Roy avoit bien laissé et ordonné plusieurs chevaliers à garder les malades sur la rive de l'eauë, mais ce ne nous servit de riens pour nous retirer à eulx ; car ilz s'en estoient tous fuiz. Et quant vint vers le point du jour, nous arrivasmes au passage ouquel estoient les gallées du Souldan, qui gardoient que aucuns vivres ne fussent amenez de Damiete à l'oust dont a esté touché cy-devant. Et quant ilz nous eurent apperceuz, ilz menerent grand bruit, et commancerent à tirer à nous, et à d'autres de noz gens de cheval qui estoient de l'autre cousté de la rive, grant foizon de pilles avec feu gregois, tant qu'il ressembloit que les estoilles cheussent du ciel. Et ainsi que mes mariniers nous eurent remis au cours de l'eauë, et que nous voulions tirer oultre, nous trouvasmes ceulx que le Roy avoit laissez à cheval pour garder les malades, qui s'enfuioient vers Damiete. Et le vent se va relever plus fort que devant, et nous gecta à couste à l'une des rives du fleuve. Et à l'autre rive y avoit si grant quantité de vaisseaux de noz gens que les Sarrazins avoient prins et gaignez, que nous ne ouzasmes en approucher. Et aussi nous voions bien qu'ilz tuoient les gens qui estoient dedans, et les gectoient en l'eauë. Et leur voions tirer hors des nefz les coffres et les harnois qu'ilz avoient gaignez. Et pour ce que ne voulions aller aux Sarrazins qui nous menaczoient, ilz nous tiroient force de tret. Et lors je me fis vestir mon haubert, affin que les pilles qui cheoient en nostre vessel ne me bleczassent. Et au bout de nostre vessel y avoit de mes gens qui me vont escrier : « Sire, Sire, nostre marinier, pour ce que les Sarra- « zins le menacent, nous veult mener à terre, là où

« nous serions tantoust tuez et occis. » Adonc je me fis lever, pour ce que j'estois malade, et prins m'espée toute nue, et leur dis que je les turoie s'ilz tiroient plus avant à me vouloir mener à terre aux Sarrazins. Et ilz me vont respondre qu'ilz ne me sauroient passer oultre : et pour ce, que advisasse lequel j'amois le mieulx, ou qu'ilz me menassent à rive, ou qu'ilz m'encrassent en la riviere. Et j'aymé mieux, dont bien me print ainsi que vous orrez, qu'ilz m'encrassent ou fleuve, que qu'ilz me menassent à rive, où je veoie noz gens tuer ; et ainsi me crurent. Mais ne tarda gueres que tantoust veez-cy venir vers nous quatre des gallées du Souldan, esquelles avoit dix mil hommes. Lors je appelé mes chevaliers, et requis qu'ilz me conseillassent de ce qu'estoit de faire, ou de nous rendre aux gallées du Souldan qui venoient, ou de nous aller rendre à ceulx qui estoient à terre. Et fusmes tous d'un accord qu'il valoit mieulx se rendre à ceulx des gallées qui venoient, par ce qu'ilz nous tiendroient tous ensemble, que de nous rendre aux autres qui estoient en terre, qui nous eussent tous separez les ungs d'avecques les autres, et nous eussent par adventure venduz aux Beduins dont je vous ay devant parlé. A ce conseil ne se voulst mye consentir ung mien clerc que j'avoie, més disoit que tous nous devions laisser tuer, affin d'aler en paradis. Ce que ne voulusmes croire, car la paeurs de la mort nous pressoit trop fort.

Quant je viz qu'il estoit force de me rendre, je pris ung petit coffret que j'avoie, où estoient mes joyaulx et mes reliques, et gecté tout dedans le fleuve. Et me dist l'un de mes mariniers que si je ne lui laissois dire aux Sarrazins que j'estois cousin du Roy, qu'ilz nous tueroient tous. Et je lui respondy qu'il dist ce qu'il vouldroit. Et adonc veezcy arriver à nous la premiere des quatre gallées qui venoit de travers, et gecterent leur ancre prés de nostre vessel. Lors m'envoia Dieu, et ainsi le croy, ung Sarrazin qui estoit de la terre de l'Empereur, qui seullement avoit unes braies (1) vestues d'une toille escrue; et vint noant (2) parmy l'eauë droit à mon vessel, et m'embrassa par les flans, et me dist : « Sire, si vous ne me croiez, vous êtes « perdu. Car il vous convient pour sauveté vous « mettre hors de vostre vessel, et vous gecter en « l'eauë : et ilz ne vous verront mye, par ce qu'ilz « s'attendront au gaing de vostre vessel. » Et il me fist gecter une corde de leur gallée sur l'escot de mon vessel. Et adonc je sailli en l'eauë, et le Sarrazin aprés moy : dont besoing me fut, pour me soustenir et conduire en la gallée. Car j'estois si feble de maladie que j'alloie tout chancellant, et fusse cheu au fons du fleuve.

Je fuz tiré jusques dedans la gallée, en laquelle avoit bien encore quatre-vingtz hommes, oultre ceulx qui estoient entrez en mon vessel; et ce povre Sarrazin me tenoit embrassé. Et tantoust fu porté à terre, et me coururent sus pour me vouloir couper la gorge, et bien m'y attendoys : et celui qui m'eust tué cuidoit bien estre à honneur. Et celui Sarrazin qui m'avoit tiré hors de mon vessel ne me vouloit lascher, et leur crioit : « Le cousin du Roy, le cousin

---

(1) *Braies :* haut de chausses. — (2) *Noant :* nageant.

« du Roy ! ». Et alors je sentois le coutel emprés la gorge, et m'avoient ja mis à genoullons à terre. Et Dieu de ce peril me delivra o l'aide de ce pouvre Sarrazin, lequel me mena jusques au chastel, là où les Sarrazins estoient. Et quant je fu avecques eulx, ilz me ousterent mon haubert : et de pitié qu'ils eurent de moy, me voiant ainsi malade, ilz me gecterent sur moy une mienne couverte d'escarlate fourrée de menu ver, que madame ma mere m'avoit donnée. Et ung autre d'eulx m'apporta une courroie blanche, dequoy je me ceigny par dessus mon couvertouer. Et ung autre des chevaliers sarrazins me bailla ung chapperonnet, que je mis sur ma teste. Et tantoust je commençay à trembler des dens, tant de la grant paeur que j'avoie, que aussi de la maladie. Je demandé à boire, et on me alla querir de l'eauë en ung pot. Et si toust que j'en eu mis en ma bouche, pour cuider l'envoier aval, elle me sault par les narilles (1). Dieux sceit en quel piteux point j'estoie ! Car j'esperoie beaucoup plus la mort que la vie, car j'avois l'apoustume en la gorge. Et quant mes gens me virent ainsi sortir l'eauë par les narilles, ilz commancerent à pleurer et mener deul. Et le Sarrazin qui m'avoit sauvé, dont j'ay devant parlé, demanda à mes gens pourquoy ilz pleuroient. Et ilz lui firent entendre que j'estois presque mort, et que j'avois l'apoustume en la gorge, qui m'estrangleroit. Et icelui bon Sarrazin, qui tousjours avoit eu pitié de moy, le va dire à ung des chevaliers sarrazins, lequel chevalier sarrazin lui dist qu'il me recon-

(1) *Pour cuider l'envoier aval, elle me sault par les narilles* : croyant pouvoir l'*avaler* (ou l'envoyer en bas), elle me sortit par les narines.

fortast, et qu'il me donneroit tantoust quelque chose à boire, dont je serois guery dedans deux jours; et ainsi le fist. Et tantoust fu guery o l'aide de Dieu et du breuvage que me donna le chevalier sarrazin.

Tantoust aprés que je fu guery, l'admiral des gallées du Souldan m'envoia querir devant lui pour savoir si j'estois cousin du Roy, comme l'on disoit. Et je lui responds que non. Et lui comptay comment ce avoit esté fait, ne pourquoy. Car ce avoit esté le marinier qui le m'avoit ainsi conseillé, de paeurs que les Sarrazins des gallées qui nous prindrent nous tuassent tous. Et l'admiral me respondit que moult bien avoie esté conseillé; car autrement nous eussent-ils tuez sans faille, et gectez dedans le fleuve. Derechief me demanda ledit admiral si j'avoie aucune congnoissance de l'empereur Ferry (1) d'Almaigne, qui lors vivoit, et si j'estoie mie de son lignage. Et je lui respondy la verité, que j'entendois que madame ma mere estoit sa cousine née de germain. Et l'admiral me respondit qu'il m'en aymoit de tant mieulx. Et ainsi comme nous estions là mengeans et buvans, il m'avoit fait là venir devant moy ung bourgeois de Paris. Quant le bourgeois me vit menger, il me va dire : « Ha! Sire, que faites-vous? » Que je fays? fis-je. Et le bourgeois me va advertir de par Dieu que je mengeoie au jour du vendredi. Et subit je lancé mon escuelle, où je mengeois, arriere. Et ce voiant, l'admiral demanda au Sarrazin qui m'avoit sauvé, qui estoit tousjours avecques moy, pourquoy j'avoie laissé à mengier. Et il lui dist que c'estoit pource qu'il estoit vendredi, et que je n'y pensois

(1) *Ferry* : Frédéric.

point. Et l'admiral respondit que jà Dieu ne l'auroit à desplaisir, puis que je ne l'avois fait à mon escient. Et saichez que souvant le legat, qui estoit venu avecques le Roy, me tenczoit dequoy je jeunois, et que j'estois ainsi malade : et qu'il n'y avoit plus avecques le Roy homme d'Estat que moy, et pourtant que je faisois mal de jeuner. Mais non pourtant que je fusse prinsonnier, point ne laissé à jeuner tous les vendrediz en pain et eauë.

Le dimanche d'aprés que je fu prins, l'admiral nous fist tous descendre du chastel aval le fleuve sur la rive, ceulx qui avoient esté prins sur l'eauë. Et quant je fu là, messire Jehan mon chappellain fut tiré de la soulte (1) de la gallée; et quant il vit l'air il se pasma. Et incontinant le tuerent les Sarrazins devant moy, et le gecterent ou fleuve. Son clerc, qui aussi n'en povoit plus de la maladie de l'ost qu'il avoit, les Sarrazins lui gecterent un mortier (2) sur la teste, et le tuerent; puis le gecterent ou fleuve, aprés son maistre. Et semblablement faisoient-ilz des autres prisonniers. Car ainsi qu'on les tiroit de la soulte des gallées où ilz avoient esté prinsonniers, il y avoit des Sarrazins propices qui, dés ce qu'ilz en veoient ung mal disposé ou feible, ilz le tuoient, et gectoient en l'eauë; et ainsi estoient traictez les pouvres malades. Et en regardant celle tirannie, je leur fis dire par mon Sarrazin qu'ilz faisoient grant mal : et que c'estoit contre le commandement de Saladin le paien, qui disoit que on ne devoit tuër ne faire mourir homme, puis

---

(1) *Soulte* : fond de cale. Dans les vaisseaux modernes, la soute est la partie basse, sur l'arrière, où l'on sert ordinairement les vivres secs et la poudre.— (2) *Mortier* : grosse lampe.

qu'on lui avoit donné à mengier de son pain et de son sel. Et ilz me firent respondre que ce n'estoient mie hommes d'aucune valuë, et qu'ilz ne povoient plus faire aucune œuvre, puis qu'ilz estoient ainsi malades. Et aprés ces choses ilz me firent venir devant moy tous mes mariniers, et me disoient qu'ilz estoient tous regniez (1). Et je leur dis qu'ilz n'y eussent jà fiance, et que c'estoit seulement de paeurs qu'on les tuast : et qu'aussi toust qu'ilz seroient trouvez en lieu et en païs, incontinant ilz se retourneroient à la foy. Et ad ce me respondit l'admiral qu'il m'en croioit bien, et que Saladin disoit que jamés on ne vit d'un Chrestien bon Sarrazin, n'aussi d'un bon Sarrazin Chrestien. Et tantoust l'admiral me fist monter sur ung pallefroy, et chevauchions l'un joignans l'autre. Et me mena passer à ung pont, jusques au lieu où estoit saint Loys et ses gens prinsonniers. Et à l'entrée d'un grant pavillon trouvasmes l'escrivain qui escrivoit les noms des prinsonniers, de par le Souldan. Et là me faillut nommer mon nom, que ne leur voulu celer : et fut escript comme les autres. Et à l'entrée dudit pavillon, celui Sarrazin qui tousjours m'avoit suyvi et acompaigné, et qui m'avoit sauvé en la gallée, me dist : « Sire, je ne vous puis plus suivre, et me « pardonnez. Et vous recommande ce jeune enfant « que avez avecques vous, et vous pry que le tenez « tousjours par le poing, ou autrement je sçay que « les Sarrazins le tueront. » L'enfant avoit nom Berthelemy de Montfaucon, fils du seigneur de Montfaucon de Bar. Tantoust que mon nom fut escript, l'admiral

---

(1) *Qu'ilz estoient tous regniez :* qu'ils avoient tous renié leur foi.

nous mena le jeune filz et moy dedans le pavillon où estoient les barons de France, et plus de dix mil autres personnes avecques eulx. Et quant je fu dedans entré, tous commencerent à mener si grant joie de me veoir, qu'on ne povoit rien ouïr, pour le bruit de joie qu'ilz en faisoient; car ilz me cuidoient avoir perdu.

Et ainsi que nous estions ensemble esperans l'aide de Dieu, nous ne demourasmes gueres, que ung grant richomme Sarrazin nous mena tous plus avant en ung autre pavillon, et faisions chiere piteuse. Moult d'autres chevaliers et d'autres de nos gens estoient aussi prisonniers, encloux en une grant court qui estoit clouze de murailles de terre. Et ceulx-là faisoient tirer hors les prisonniers l'un aprés l'autre, et leur demandoient si se vouloient regnoier (1). Et ceulx qui disoient oy, et qui se regnoient, estoient mis à part : et ceulx-là qui ne le vouloient faire; tout incontinant on leur couppoit la teste.

Tantoust aprés nous envoia le Souldan son conseil parler à nous, et demanda le conseil auquel de nous il diroit le message du Souldan. Et tous nous accordasmes que ce fust au conte Pierre de Bretaigne, par ung trucheman que avoient les Sarrazins, qui parloit l'un et l'autre des langaiges françois et sarrazins. Et furent telles les paroles : « Seigneurs, le « Souldan nous envoie par devers vous savoir si vous « vouldriez point estre delivrez, et que vous lui « vouldriez donner ou faire pour votre delivrance « avoir. » Et à ceste demande respondit le conte Pierre de Bretaigne que moult voulentiers voul-

---

(1) *Regnoier*: apostasier.

drions estre delivrez des mains du Souldan, ou avoir jà fait et enduré ce que possible seroit par raison. Et lors le conseil du Souldan demanda au conte de Bretaigne si nous vouldrions point donner pour nostre delivrance aucuns des chasteaux et places appartenans aux barons d'oultre mer. Et le conte respondit que ce ne povoyons nous faire. La raison si estoit pource que lesdiz chasteaux et places estoient tenuz de l'empereur d'Almaigne, qui lors estoit : et que jamais il ne consentiroit que le Souldan tiensist rien soubz lui. Derechief demanda le conseil du Souldan si nous vouldrions randre nulz des chasteaux du Temple ou de l'Ospital de Rodes, pour nostre delivrance. Et le conte respondit qu'il ne se povoit faire; car ce seroit contre le serement acoustumé, qui est que, quant on met les chastellains et gardes desdiz lieux, ilz juroient à Dieu que pour la delivrance de corps de homme ilz ne rendroient nulz desdiz chasteaux. Et les Sarrazins ensemble respondirent qu'il sembloit que nous n'avions nul tallent [1] ne envie d'estre delivrez : et qu'ils nous iroient envoier les joueux d'espées, qui nous feroient comme aux autres. Et sur ce s'en allerent. Et tantoust aprés que le conseil du Souldan s'en fust allé, veez-cy venir à nous ung grant viel Sarrazin de grant apparence, lequel avoit avecques lui une grant multitude de jeunes gens sarrazins qui tous avoient chacun une espée ceinte au cousté, dont fusmes tous effroiez. Et nous fist demander celui anxien Sarrazin, par un trucheman qui entendoit et parloit nostre langue, s'il estoit vray que nous creussions en ung seul Dieu qui

[1] *Tallent :* désir.

avoit esté né pour nous, crucifié et mort pour nous, et au tiers jour aprés sa mort ressuscité pour nous? Et nous respondismes que oy vraiement. Et lors il nous respondit que puis que ainsi estoit, que nous ne nous devions desconforter d'avoir souffert ne de souffrir telles persecutions pour lui, et que encores n'avions nous point enduré la mort pour lui, comme il avoit pour nous fait : et que s'il avoit eu pouvoir de soy ressusciter, que certainement il nous delivreroit de brief. Et adonc s'en alla ce Sarrazin avecques tous ses jeunes gens, sans autre chose nous faire. Dont je fu moult joieux et haitié ; car m'entencion estoit qu'il nous fussent venuz coupper les testes à tous. Et ne tarda aprés gueres de temps que n'eussions nouvelles de nostre delivrance.

Aprés ces choses dessusdictes, le conseil du Souldan revint à nous, et nous dist que le Roy avoit tant fait qu'il avoit pourchassé noz delivrances; et que nous lui envoiassions quatre de nous autres pour ouïr et savoir la maniere du traicté de nostre delivrance. Et à ce faire lui envoiasmes messeigneurs Jehan de Valery, Phelippe de Montfort, Baudouyn d'Ebelin, senneschal de Chippre, et Guion d'Ebelin son frère, connestable de Chippre, qui estoit l'un des beaux et des biens conditionnez chevaliers qu'onques je congnusse, et qui moult aymoit les gens de ce païs. Lesquelz quatre chevaliers dessuz nommez nous rapporterent tantoust la façon et maniere de nostre delivrance. Et pour essaier le Roy, le conseil du Souldan lui fist telles et semblables demandes qu'il nous avoit faites cy-devant. Et ainsi qu'il pleut à Nostre Seigneur, le bon roy saint Loys leur respondit autelle (1) et semblable responce à chascune des deux demandes, comme nous avions fait par la bouche du conte Pierre de Bretaigne. Et voians les Sarrazins que le Roy ne vouloit optemperer à leurs demandes, ilz le menasserent de le mettre en bernicles (2) : qui est le plus grief tourment qu'ilz puissent faire à nully. Et sont deux grans tisons (3) de bois qui sont entretenans au chief. Et quant ilz veullent y mectre aucun, ilz le couchent sur le cousté entre ces deux tisons, et lui font passer les jambes à travers de grosses chevilles : puis couschent la piece de bois qui est là dessus, et font asseoir ung homme dessus les tisons. Dont il advient qu'il ne demeure, à celui qui est là cousché, point demy pié d'ossemens qu'il ne soit tout desrompu et escaché (4). Et pour pis lui faire, au bout des trois jours lui remettent les jambes, qui sont grosses et enflées, dedans celles bernicles, et le rebrisent derechief, qui est une chose moult cruelle à qui sauroit entendre : et le lient à gros nerfz de beuf par la teste, de paeur qu'il ne se remue de là dedans. Mais de toutes celles menaces ne fist compte le bon Roy, et leur dist qu'il estoit leur prinsonnier, et qu'ilz povoient faire de lui à leur vouloir.

Quant les Sarrazins virent qu'ilz ne peurent vaincre le Roy par menasses, ilz retournerent à lui, et lui demanderent combien il vouldroit donner de finance au Souldan en oultre Damiete, qu'il leur rendroit. Et le Roy respondit que si le Souldan vouloit prandre

---

(1) *Autelle* : pareille. — (2) *Bernicles* : torture, sorte de question.— (3) *Tisons* : poutres, pieux. — (4) *Escaché* : écrasé, broyé.

pris et ranczon raisonnable, qu'il manderoit à la Royne qu'elle le paiast pour la ranczon de sa gent. Et les Sarrazins lui demanderent pourquoy il le vouloit mander à la Royne. Et il leur respondit que c'estoit bien raison qu'il le fist ainsi, et qu'elle estoit sa dame et compaigne. Et adonc le conseil du Souldan alla savoir audit Souldan combien il demandoit au Roy. Et tantoust retournerent vers le Roy, et lui disdrent que si la Royne vouloit paier dix cens mille besans d'or, qui valoient lors cinq cens mille livres, qu'elle delivreroit le Roy par ce faisant. Et le Roy leur demanda par leur serement, si la Royne leur paioit les cinq mil livres, si le Souldan consentiroit sa delivrance. Et ilz retournerent savoir au Souldan s'il le vouloit ainsi faire et promettre. Et rapporterent les gens de son conseil qu'il le vouloit bien, et lui en firent le serement. Et si toust que les Sarrazins lui eurent juré et promis en leur foy d'ainsi le faire et de le delivrer, le Roy promist qu'il paieroit voulentiers pour la ranczon et delivrance de sa gent cinq cens mil livres, et pour son corps qu'il rendroit Damiete au Souldan : et qu'il n'estoit point tel qu'il se voulsist redimer, ne avoir pour aucune finance de deniers la delivrance de son corps. Quant le Souldan entendit la bonne voulenté du Roy, il dist : « Par ma loy, franc
« et libéral est le François qui n'a voulu barguigner
« sur si grant somme de deniers, mais a octroié faire
« et paier ce qu'on lui a demandé. Or lui allez dire,
« fist le Souldan, que je lui donne sur sa ranczon cent
« mil livres, et ne paiera que quatre cens mil. »

Adonc le Souldan tantoust fist mettre en quatre gallées sur le fleuve tous les plus grans gens que le Roy eust, et les plus nobles, pour les mener à Damiete. Et estoient, en la gallée où je fu mis, le bon conte Pierre de Bretaigne, Guilleaume conte de Flandres, Jehan le bon conte de Soissons, messire Hymbert de Beau-jeu connestable, et les deux bons chevaliers messires Baudouyn d'Ebelin, et Guy son frere. Et ceulx de la gallée nous firent aborder devant une grant maison que le Souldan avoit fait tendre sur le fleuve. Et estoit fait ce hebergement, qu'il y avoit une belle tour faite de perches de sapin, et toute clouse à l'entour de une toille taynte. Et à l'entrée de la porte y avoit ung grant pavillon tendu. Et là laissoient les admiraulx du Souldan leurs espées et bastons, quant ilz vouloient aller parler au Souldan. Aprés celui pavillon y avoit une autre belle grant porte, et par celle porte on entroit en une grant salle, qui estoit la salle du Souldan. Empres celle salle y avoit une autre tour faite comme la première, par laquelle seconde tour on montoit en la chambre du Souldan. Ou meilleu d'icelui hebergement y avoit ung grant prael; et y avoit en icelui prael une tour plus grant que toutes les autres. Et par celle haulte tour le Souldan montoit, pour veoir tout le païs d'illec environ, et l'ost d'une part et d'autre. Et y avoit en icelui prael une allée tirant vers le fleuve; et au bout d'icelle allée le Souldan avoit fait tendre ung pavillon sur l'orée (1) du fleuve, pour s'aller baigner. Et estoit celui logeis tout couvert par dessus le fust de trillis, et par dessus le trillis couvert de toille de Ynde, affin qu'on ne peust voir de dehors dedans. Et estoient toutes les tours couvertes de toilles. Devant

(1) *L'orée* : le bord.

celui hebergement arrivasmes le jeudi devant la feste de l'Ascencion Nostre Seigneur en celui temps. Et illecques prés fut descendu le Roy en ung pavillon pour parler au Souldan, et lui accorder que le sabmedi d'aprés le Roy lui rendroit Damiete.

Et ainsi comme on estoit sur le partement à vouloir venir à Damiete pour la rendre au Souldan, l'admiral, qui avoit esté du temps du pere du jeune Souldan qui lors estoit, eut en lui aucun remors (1) du desplaisir que lui avoit fait ce jeune Souldan. Car à son avenement, et que icelui admiral l'eut envoié querir pour estre Souldan aprés son pere qui mourut à Damiete, et pour pourveoir ses gens qu'il avoit amenez avecques lui d'estranges terres, il desapointa l'admiral qui avoit esté ou vivant de son pere, et pareillement les connestables, mareschaux et senneschaux de son pere. Et pour ceste cause prindrent conseil en eulx, et disoient l'un à l'autre : « Seigneurs, vous voiez le deshonneur que le Souldan « nous a fait; car il nous a ousté des preheminences « et gouvernemens esquelz le Souldan son pere nous « avoit mis. Pour laquelle chose nous devons estre « certains que, s'il rentre une foiz dedans les forte- « resses de Damiete, il nous fera puis aprés tous « prandre et mourir en ses prinsons, de paeurs que « par succession de temps nous prensisson ven- « geance de lui : ainsi comme fist son ayeul de l'ad- « miral et des autres qui prindrent les contes de « Bar et de Montfort. Et pourtant vault-il mieulx « que nous le fassons tuer avant qu'il sorte de noz « mains. » Et ad ce se consentirent tous. Et de fait

(1) *Remors :* ressentiment.

s'en allerent parler à ceulx de la Haulcqua, dont j'ay devant parlé, qui sont ceulx qui ont la garde du corps du Souldan. Et leur firent semblables remonstrances, comme ilz avoient euës entr'eulx; et les requisdrent qu'ilz tuassent le Souldan. Et ainsi le leur promisdrent ceulx de la Haulcqua.

Et ainsi comme ung jour le Souldan convia à disner ses chevaliers de la Haulcqua, advint que aprés disner se voulut retirer en sa chambre. Et ainsi qu'il eut prins congié de ses admiraulx, ung des chevaliers de la Haulcqua qui portoit l'espée du Souldan ferit le Souldan sur la main, et la lui fendit jusques emprés le braz entre les quatre doiz. Et adonc le Souldan se retourna vers ses admiraulx qui avoient conclud le fait, et leur dist : « Seigneurs, je me plains à vous « de ceulx de la Haulcqua, qui m'ont voulu tuer, « comme vous povez veoir à ma main. » Et ilz lui respondirent tous à une voix : qu'il leur valoit beaucoup mieulx qu'ilz le tuassent que qu'il les fist mourir, ainsi qu'il le vouloit faire, si une foiz il estoit és forteresses de Damiete. Et saichez que cauteleusement le firent les admiraulx. Car ils firent sonner les trompetes et nacquaires du Souldan; et tout l'ost des Sarrazins se assembla pour savoir que le Souldan vouloit faire. Et les admiraulx, leurs complices et alliez disdrent que Damiete estoit prinse, et que le Souldan s'y en alloit, et leur avoit commandé que tous allassent en armes aprés lui. Et subit tous se armerent, et s'en allerent picquans des esperons vers Damiete, dont nous autres fusmes à grant malaise. Car nous cuidions que de vray Damiete fust prinse.

Et ce voiant le Souldan, qui estoit encore jeune, et la malice qui avoit esté conspirée contre sa personne, il s'enfuit en sa haute tour qu'il avoit prés de sa chambre, dont j'ay devant parlé. Car ses gens mesme de la Haulcqua lui avoient ja abatu tous ses pavillons, et environnoient celle tour où il s'en estoit fouy. Et dedans la tour y avoit trois de ses evesques (1), qui avoient mengé avecques lui, qui lui escrierent qu'il descendist. Et il leur dist que voulentiers il descendroit, mais qu'ilz l'asseurassent. Et ilz lui respondirent que bien le feroient descendre par force, et malgré lui; et qu'il n'estoit mye encor à Damiete. Et tantoust ilz vont gecter le feu gregois dedans celle tour, qui estoit seullement de perches de sappin et de toille, comme j'ai devant dit. Et incontinant fut embrasée la tour; et vous promets que jamais ne viz plus beau feu, ne plus souldain. Quant le Souldan vit que le feu le pressoit, il descendit par la voie du prael dont j'ay devant parlé, et s'enfuit vers le fleuve. Et en s'enfuyant, l'un des chevaliers de la Haulcqua le ferit d'un grant glaive parmy les coustes, et il se gecte o tout le glaive dedans le fleuve. Et aprés lui descendirent environ de neuf chevaliers, qui le tuerent là dedans le fleuve assez prés de nostre gallée. Et quant le Souldan fut mort, l'un desdits chevaliers, qui avoit nom Faracataic, le fendit, et lui tira le cueur du ventre. Et lors il s'en vint au Roy, sa main toute ensanglantée, et lui demanda : « Que me donneras-tu dont j'ay occis ton ennemy, « qui t'eust fait mourir s'il eust vescu ? » Et à ceste de-

(1) *Evesques* : officiers.

mande ne lui respondit oncques ung seul mot le bon roy saint Loys.

Quant ilz eurent ce fait, il en entra bien trente en nostre gallée avec leurs espées toutes nuës és mains, et au coul leurs haches d'armes. Et je demanday à monseigneur Baudouyn d'Ebelin, qui entendoit bien sarrazinois, que c'estoit que celles gens disoient. Et il me respondit qu'ilz disoient qu'ilz nous venoient coupper les testes. Et tantoust je viz un grant troupeau de noz gens, qui là estoient, qui se confessoient à ung religieux de la Trinité qui estoit avecques Guilleaume conte de Flandres. Mais endroit moy (1) ne me souvenoit alors de mal ne de pechié que oncques j'eusse fait : et ne pensois sinon à recevoir le coup de la mort. Et je me agenoillé aux piez de l'un d'eulx lui tendant le coul, et disant ces motz en faisant le signe de la croix : « Ainsi mourut sainte « Agnes. » Encouste moy se agenoilla messire Guy d'Ebelin connestable de Chippre, et se confessa à moy : et je lui donnay telle absolucion, comme Dieu m'en donnoit le povoir. Mais de chose qu'il m'eust dite, quant je fu levé oncques ne m'en recorday de mot.

Nous fusmes tantoust mis en la soulte de la gallée, tous couschez adans : et cuidions beaucoup de nous qu'ilz ne nous ouzassent assaillir tous à un coup, mais pour nous avoir l'un aprés l'autre leans (2). Fusmes à tel meschief toute la nuyt. Et avoie mes piez à droit du viz à monseigneur le conte Pierre de Bretaigne, et aussi les siens piez estoient à l'endroit du mien viz. Advint que le landemain nous fusmes tirez hors de

---

(1) *Endroit moy* : quant à moi. — (2) *Leans* : là dedans.

celle soulte, et nous envoyerent dire les admiraulx que nous leur alissions renouveller les convenances que nous avions faictes au Souldan. Et y allerent ceulx qui peurent aller. Mais le conte de Bretaigne, et le connestable de Chippre, et moy, qui estions griefvement malades, demourasmes.

Ceulx qui allerent parler aux admiraulx, c'est assavoir le conte de Flandres, le conte de Soissons et les autres qui y peurent aller, racompterent la convencion de noz delivrances. Et les admiraulx promisdrent que, si toust comme on leur auroit delivré Damiete, ilz delivreroient le Roy et les autres grans personnages qui estoient prinsonniers. Et lui disdrent que si le Souldan eust vescu, qu'il eust fait coupper la teste au Roy et à tous eulx; et que jà, contre les convenances qu'il avoit faites et promises au Roy, il avoit fait emmener vers Babilonne plusieurs de leurs grans riches-hommes : et qu'ilz l'avoient fait tuër, parce qu'ils savoient bien que si toust qu'il auroit Damiete, qu'il les feroit aussi tous tuër, ou mourir en ses prinsons.

Par ceste convenance le Roy devoit jurer en oultre faire à leur gré de deux cens mil livres avant qu'il partist du fleuve, et les deux autres cens mil il les leur bailleroit en Acre : et qu'ilz detiendroient pour sehureté de paiement les malades qui estoient en Damiete, avec les arbalestes, armeures, engins et les chars sallées, jusques ad ce que le Roy les envoieroit querir, et envoieroit les deux darreniers cens mil livres. Le serement qui devoit estre fait entre le Roy et les admiraulx fut devisé (1). Et fut tel le serement

(1) *Devisé :* stipulé, mis par écrit.

des admiraulx, que ou cas qu'ils ne tenoient au Roy leurs convencions et promesses, qu'ilz vouloient estre ainsi honnis et deshonnorez comme cil (1) qui par son peché alloit en pellerinage à Mahommet, la teste toute nuë, et celui qui laissoit sa femme, et la reprenoit aprés. Et en ce cas second nul ne povoit selon la loy de Mahommet laisser sa femme, et puis la reprandre, avant qu'il eust veu aucun autre gisant ou lit avecques elle. Le tiers serement estoit qu'ilz fussent deshonorez et deshontez, comme le Sarrazin qui mengeuë la char de porc. Et receut le Roy les seremens dessusditz, parce que maistre Nicolle d'Acre, qui savoit leur façon de faire, lui dist que plus grans seremens ne povoient-ilz faire.

Quant les admiraulx eurent juré et fait leurs seremens, ilz firent escripre et baillerent au Roy le serement tel qu'ilz vouloient qu'il feist, qui fut tel, et par le conseil d'aucuns Chrestiens regnoiez qu'ilz avoient, que ou cas que le Roy ne leur tenoit sa promesse et les convencions d'entr'eulx, qu'il fust separé de la compaignie de Dieu et de sa digne mere, des douze apoustres, et de tous les autres saints et saintes de paradis. Et à celui serement se accorda le Roy. L'autre estoit que oudit cas que le Roy ne tenoit lesdites choses promises, qu'il fust reputé parjure comme le Chrestien qui a regnié Dieu, et son baptesme, et sa loy; et qui en despit de Dieu crache sur la croix, et l'escache o les piez (2). Quant le Roy oyt celui serement, il dist que jà ne le feroit-il.

Et quant les admiraulx sceurent que le Roy n'a-

---

(1) *Cil* : celui. — (2) *Et l'escache o les piez* : et l'écrase avec les pieds.

voit voulu jurer, ne faire se serement ainsi qu'ilz le requeroient, ilz envoierent devers lui ledit maistre Nicolle d'Acre lui dire qu'ilz estoient tres-mal contens de lui, et qu'ilz avoient à grant despit de ce qu'ilz avoient juré tout ce que le Roy avoit voulu, et que à present il ne vouloit jurer ce qu'ilz requeroient. Et lui dist ledit maistre Nicolle qu'il fust tout certain que s'il ne juroit ainsi qu'ils le vouloient, qu'ilz lui feroient coupper la teste, et à tous ses gens. A quoy le Roy respondit qu'ilz en povoient faire à leurs voulentez, et qu'il aymoit trop mieulx mourir bon chrestien que de vivre ou courroux de Dieu, de sa mere et de ses saints.

Il y avoit ung patriarche avecques le Roy, qui estoit de Jerusalem, de l'eage de quatre-vingtz ans ou environ; lequel patriarche avoit autresfoiz pourchassé l'asseurance des Sarrazins envers le Roy, et estoit venu vers le Roy pour lui aider aussi à avoir sa delivrance envers les Sarrazins. Or estoit la coustume, entre les Paiens et les Chrestiens, que quant aucuns princes estoient en guerre l'un vers l'autre, et l'un se mouroit durant qu'ilz eussent envoyé des ambassadeurs en message l'un à l'autre, les ambassadeurs demouroient en celuy cas prinsonniers et esclaves, fust en Paiennie ou en Chrestienté. Et pour ce que le Souldan qui avoit donné sehureté à icelui patriarche dont nous parlons avoit esté tué, pour ceste cause le patriarche demoura prinsonnier aux Sarrazins, aussi bien comme nous. Et voians les admiraulx que le Roy n'avoit nulle crainte de leur menasse, l'un d'iceulx admiraulx dist aux autres que c'estoit le patriarche qui ainsi conseilloit le Roy. Et disoit l'admiral que si on le vouloit croire, qu'il feroit bien jurer le Roy; car il coupperoit la teste du patriarche, et la lui feroit voler ou giron du Roy. Dont de ce pas ne le voulurent croire les autres admiraulx, mais prindrent le bon homme de patriarche, et le lierent devant le Roy à ung pousteau, les mains darriere le dos si estroitement que les mains luy enflerent en peu de temps grosses comme la teste : tant que le sang lui sailloit par plusieurs lieux de ses mains. Et du mal qu'il enduroit, il crioit au Roy : « Ha! Sire, Sire, jurez « hardiement; car j'en prens le peché sur moy et sur « mon ame, puis que ainsi est que avez desir et vou- « lenté d'acomplir voz promesses et le serement. » Et ne sçay si en la fin le serement fut fait. Mais quoy qu'il en soit, les admiraulx se tindrent au darrenier, acontens du serement que le Roy leur avoit fait, et des autres seigneurs qui là estoient.

Or devez savoir que quant les chevaliers de la Haulcqua eurent occis leur Souldan, les admiraulx firent sonner leurs trompettes et nacquaires à merveilles devant le pavillon du Roy. Et dist-on au Roy que les admiraulx avoient eu grant envie, et par conseil, de faire le Roy souldan de Babilonne. Et me demanda ung jour le Roy si je pensois point qu'il eust prins le royaume de Babilonne, s'ilz le lui eussent offert. Et je lui respondi qu'il eust fait que foul, veu qu'ilz avoient ainsi occis leur seigneur. Et nonobstant ce, le Roy me dist qu'il ne l'eust mye reffusé. Et saichez qu'il ne tint, sinon que les admiraulx disoient entr'eulx que le Roy estoit le plus fier Chrestien qu'ilz eussent jamais congneu. Et le disoient, pour ce que quant il partoit de son logeis il prenoit tousjours sa croix en terre, et seingnoit tout son corps du signe de la croix. Et disoient les Sarrazins que si leur Mahommet leur eust autant lessé souffrir de meschief comme Dieu avoit lessé endurer au Roy, que jamés ilz ne l'eussent adoré, ne creu en lui. Tantoust aprés que entre le Roy et les admiraulx furent faites, accordées et jurées les convencions d'entr'eulx, il fut appointé que le landemain de la feste de l'Ascencion Nostre Seigneur, Damiete seroit renduë aux admiraulx, et que le corps du Roy et de tous nous autres prisonniers serions delivrez. Et furent encrées noz quatre gallées devant le pont de Damiete, et là fist-on tendre au Roy ung pavillon pour soy descendre.

Quant vint le jour environ l'eure de souleil levant, messire Geffroy de Sergines alla en la ville de Damiete pour la faire rendre aux admiraulx. Et tantoust sur les murailles de la ville furent mises les armes du Souldan; et entrerent les chevaliers sarrazins dedans ladite ville, et commancerent à boire des vins qu'ilz y trouverent; tellement qu'ilz s'en yvrerent beaucoup en y eut. Et entre autres en vint ung en nostre gallée qui tira son espée toute sanglante, et nous disoit qu'il avoit tué six de noz gens, qui estoit une chose villaine à dire à ung chevalier, ne à autre. Et saichez que la Royne, avant que rendre Damiete, fut retirée en noz nefs avecques tous noz gens, fors les povres malades que les Sarrazins devoient garder, et les rendre au Roy en leur baillant deux cens mil livres, dont dessus est faite mencion. Et ainsi l'avoient juré et promis les Sarrazins. Et semblablement lui devoient rendre ses engins, les chars sallées dont ilz ne mengeoient point, et leurs bastons et harnois.

Mais au contraire la traistre quenaille tuerent tous les povres malades, decoupperent les engins et autres choses qu'ilz devoient garder et rendre en temps et lieu, et de tout firent ung lit, et y misdrent le feu, qui fut si grant qu'il dura tous les jours du vendredi, du sabmedi et du dimanche ensuivans.

Et aprés qu'ils eurent ainsi decouppé et tué tout, et mis le feu parmy, nous autres, qui devions estre delivrez dés le souleil levant, fusmes jusques au souleil couschant sans boire ne mengier, ne le Roy, ne aucun de nous. Et furent les admiraulx en disputacion les ungs contre les autres, tous machinans nostre mort. L'un des admiraulx disoit aux autres : « Seigneurs, « si vous me croiez, et tous ces gens que voiez cy « avecques moy, nous tuerons le Roy et tous ces grans « parsonnages qui sont avecques lui. Car d'icy à « quarante ans nous n'aurons garde, pour ce que « leurs enfans sont encor petitz, et nous avons Da- « miete. Parquoy nous le povons faire seurement. » Ung autre Sarrazin qu'on appeloit Scebrecy, qui estoit natif de Morentaigne (1), disoit au contraire et remonstroit aux autres que s'ilz tuoient le Roy aprés ce qu'ilz avoient tué leur Souldan, on diroit que Egipciens seroient les plus mauvais et iniques de tout le monde, et les plus desloyaux. Et celui admiral qui nous vouloit faire mourir disoit à l'encontre par autres remonstrances palliées, et disoit que voirement ilz s'estoient mespris d'avoir occis leur Souldan, et que c'estoit contre le commandement de Mahommet, qui disoit par son commandement qu'ilz devoient garder leur seigneur comme la prunelle de

---

(1) *Morentaigne* : Mauritanie.

l'œil. Et en monstroit celui admiral le commandement par escript en ung livre qu'il tenoit en sa main. « Mais, faisoit-il, or escoutez, seigneurs, l'autre « commandement. » Et tournoit adonc le fueillet du livre, et leur disoit que Mahommet commande que en l'asseurance de sa foy on devoit tuer l'ennemy de la loy. Et puis disoit, pour revenir à son entente: « Or regardez le mal que nous avons fait d'avoir tué « nostre Souldan, contre les commandemens de Ma- « hommet: et encores le grant mal que nous ferions « si nous laissons aller le Roy, et que ne le tuon, « quelque asseurance qu'il ait de nous; car c'est le « plus grant ennemy de la loy des Paiens. » Et à ces motz, à peu prés (1) que nostre mort ne fut accordée. Et de ce advint que l'un d'iceulx admiraulx qui nous estoit contraire, cuidant qu'on nous deust tous faire mourir, vint sur la rive du fleuve, et commença à crier en sarrazinois à ceulx qui nous conduisoient és gallées; et, o la toaillolle (2) qu'il osta de sa teste, leur faisoit ung signe, disant qu'ilz nous remenassent vers Babilonne. Et de fait fusmes desancrez et remenez arriere vers Babilonne bien une grant lieuë. Dont de ce fut mené par entre nous ung tres-grant dueil, et maintes larmes en yssirent (3) des yeulx; car nous esperions (4) tous qu'on nous deust faire mourir.

Ainsi comme Dieu voulut, qui jamés n'oublie ses serviteurs, il fut accordé environ le souleil couschant, entre les admiraulx, que nous serions delivrez; et nous fist-on revenir vers Damiete, et furent mises nos quatre gallées prés du rivage du fleuve. Adonc

(1) *A peu prés:* il s'en fallut peu. — (2) *O la toaillolle:* avec le turban. — (3) *Yssirent:* sortirent. — (4) *Esperions:* appréhendions.

requismes que l'on nous mist à terre. Mais on ne le voulut pas faire jusques à ce que nous eussions mengé. Et disoient les Sarrazins que ce seroit honte aux admiraulx de nous laisser sortir de leurs prinsons tous jugns. Et tantoust nous firent venir de l'ost de la viande à menger, c'est assavoir des bignetz de fromage qui estoient roustiz au souleil, affin que les vers n'y cuillissent (1), et des œufz durs cuitz de quatre ou cinq jours; et, pour l'onneur de noz personnes, ilz les nous avoient fait paindre par dehors de diverses couleurs.

Et aprés que nous eusmes repeu, on nous mist à terre. Et nous en allasmes devers le Roy, que les Sarrazins amenoient du pavillon, où ilz l'avoient tenu, vers le fleuve. Et y avoit bien vingt mil Sarrazins à pié aprés le Roy, leurs espées ceintes. Et advint que ou fleuve devant le Roy se trouva une gallée de Genevois (2), en laquelle il ne apparessoit que ung foul : lequel, quant il vit que le Roy fut audroit de leur gallée, il commença à siffler. Et tantoust veez-cy sortir de la soulte de leur gallée bien quatre-vingtz arbalestriers bien equippez, leurs arbalestres tenduës, et le trect dessus. Et si toust que les Sarrazins les eurent apperceuz, ilz commancerent à fuir comme brebis qui sont esbahies, ne onques avecques le Roy n'en demoura que deux ou trois. Les Genevois gecterent une planche à terre, et recuillirent le Roy, le conte d'Anjou son frere, qui depuis a esté roy de Sicille, monseigneur Geffroy de Sergines, et messire Phelippe de Nemours, et le mareschal de France,

---

(1) *Cuillissent* : engendrassent. — (2) *Genevois* : Génois.

et le maistre de la Trinité, et moy. Et demoura prinsonnier, que les Sarrazins garderent, le conte de Poitiers, jusques ad ce que le Roy leur eust paié les cent mil livres qu'il leur devoit bailler avant que de partir du fleuve.

Le sabmedi d'aprés l'Ascencion, qui fut le landemain que nous eusmes esté delivrez, vindrent prandre congié du Roy le conte de Flandres, le conte de Soissons, et plusieurs autres grans seigneurs; ausquelz le Roy pria qu'ils voulsissent attendre jusques à ce que le conte de Poitiers son frere fust delivré. Et ilz lui respondirent qu'il ne leur estoit possible, pour ce que leurs gallées estoient prestes à partir. Et alors allerent monter en gallée, et à leur en venir en France. Et estoit avecques eulx le conte Pierre de Bretaigne, lequel estoit griefvement malade, et ne vesquit puis que trois sepmaines, et mourut sur mer.

Le Roy ne voulut mye laisser son frere le conte de Poitiers, et voulut faire le paiement de deux cens mil livres. Et mist-on à faire ledit paiement le sabmedi et le dimanche tout à journée. Et bailloit-on les deniers au pois de la balance, et valloit chacune ballance dix mil livres. Quant vint le dimanche au soir, les gens du Roy, qui faisoient le paiement, lui manderent qu'il leur failloit bien encores trente mil livres. Et avecques le Roy n'y avoit que son frere le conte d'Anjou, le mareschal de France, et le ministre de la Trinité, et moy : et tous les autres estoient à faire le paiement. Lors je dis au Roy qu'il lui valloit mieulx prier au commandeur et au mareschal du Temple qu'ilz lui prestassent lesdiz trente mil livres pour delivrer son frère. Et du conseil que je donnois au Roy me reprint frere Estienne de Outricourt, qui estoit commandeur du Temple, et me dist : « Sire de Jon- « ville, le conseil que vous donnez au Roy ne vault « rien, ne n'est point raisonnable; car vous savez « bien que nous recevons les commandes à serement, « et sans que nous en puissions bailler les deniers, « fors à ceulx qui nous font faire les seremens. » Et le mareschal du Temple, pour cuider contenter le Roy, lui disoit : « Sire, laissez en paix les noises et « tenczons (1) du sire de Jonville et de nostre com- « mandeur; car, ainsi comme dit nostredit comman- « deur, nous ne povons rien bailler des deniers de « noustre commande, sinon contre nostre serement, « et que soions parjurez. Et saichez que le sennes- « chal vous dit mal, de vous conseiller que si ne « vous en baillons, que vous en preignez : nonobstant « que vous en ferez à vostre voulenté. Mais si vous « le faites, nous nous en desdommagerons bien sur « le vostre que avez en Acre. » Et quant j'eu en- tendu la menasse qu'ilz faisoient au Roy, je lui dis que j'en yrois querir s'il vouloit. Et il me commanda ainsi le faire. Et tantoust m'en allay à une des gal- lées du Temple, et vins à ung coffre dont l'on ne me vouloit bailler les clefz : et, o une congnée que je trouvay, je voulu faire ouverture de par le Roy. Et ce voiant le mareschal du Temple, il me fist bailler les clefz du coffre, lequel je ouvry, et y prins de l'argent assez : et l'apporté au Roy, qui moult fut joieux de ma venuë. Et fu fait et parachevé le paie- ment de deux cens mil livres pour la delivrance du

(1) *Tenczons* : disputes, contestations.

conte de Poitiers. Et avant que parachever ledit paiement, aucuns conseilloient au Roy qu'il ne fist du tout paier les Sarrazins plustost qu'ilz lui eussent delivré le corps de son frere. Mais il disoit, puis qu'il leur avoit promis, qu'il leur bailleroit tous leurs deniers avant que partir du fleuve. Et sur ces paroles messire Phelippes de Montfort dist au Roy qu'on avoit mescompté les Sarrazins d'une ballance qui valoit dix mil livres. Dont le Roy se corrouça asprement, et commanda audit messire Phelippes de Montfort, sur la foy qu'il lui devoit comme son homme de foy, qu'il fist paier lesditz dix mil livres aux Sarrazins, s'ils n'estoient paiez. Et disoit le Roy que jà ne partiroit jusques ad ce qu'il eust paié tous les deux cens mil livres. Moult de gens voians que le Roy estoit tousjours en dangier des Sarrazins, lui prioient souvent qu'il se voulsist retirer en une gallée qui l'attendoit sur mer, pour fuir des mains des Sarrazins. Et firent tant qu'ilz le firent retirer. Et lui-mesme disoit qu'il pensoit avoir bien acquité son serement. Et adonc commenczasmes à naviger sur mer, et alasmes bien une grant lieuë de mer, sans povoir riens dire l'un à l'autre du mesaise que nous avions d'avoir lessé le conte de Poitiers en la prinson. Et ne tarda gueres que veez-cy messire Phelippes de Montfort qui estoit demouré à faire le paiement desdiz dix mil livres, lequel s'escria au Roy : « Sire, Sire, attendez vostre frere le conte « de Poitiers, qui s'en va à vous en celle autre gal- « lée. » Et le Roy commença à dire à ses gens qui là estoient : « Alume, alume(1). » Et tantoust y eut

---

(1) *Alume, alume:* allumez les flambeaux.

grant joie entre nous tous de la venuë du frere du Roy. Et y eut ung pouvre pescheurs qui alla dire à la contesse de Poitiers qu'il avoit delivré le conte de Poitiers des mains des Sarrazins; et elle lui fist donner vingt livres parisiz. Et lors chacun monta en gallée.

Pas ne vueil oublier aucunes besongnes qui arriverent en Egipte tandis que nous y estion. Premierement vous diray de monseigneur messire Gaultier de Chastillon, duquel je ouy parler à ung chevalier qui l'avoit veu en une ruë prés du Kasel, là où le Roy fut prins, et avoit son espée toute nuë ou poing. Et quant il veoit les Turcs passer par celle ruë, il leur couroit sus, et les chassoit à tous les coups de devant lui. Et en fuiant de devant lui, les Sarrazins, qui tiroient aussi derriere comme devant eux, le couvrirent tout de pilles. Et me dist celui chevalier que quant messire Gaultier les avoit ainsi chassez, qu'il se deflichoit de ses pilles qu'il avoit sur lui, et se armoit de rechief. Et long-temps fut-il là ainsi combatant, et le vit plusieurs foiz se eslever sur les estriefz, criant : « Ha! Chastillon, chevalier! « Et où sont mes preudes hommes? » Mais ne s'en trouvoit pas ung. Et ung jour aprés comme j'estois avec l'admiral des gallées, je m'enquis à tous ses gensd'armes s'il y avoit nully qui en sceust à dire aucunes nouvelles. Mais je n'en peu jamés rien savoir, fors à une foiz que je trouvay ung chevalier qui avoit nom messire Jehan Frumons, qui me dist que quant on l'emmenoit prisonnier il vit ung Turc qui estoit monté sur le cheval de messire Gaultier de Chastillon, et que le cheval avoit la culliere toute sanglante; et qu'il lui demanda qu'estoit devenu le chevalier à qui estoit le cheval. Et le Turc lui dist qu'il lui avoit couppé la gorge tout dessus son cheval, et que le cheval estoit ainsi ensanglanté de son sang.

Il y avoit ung moult vaillant homme en nostre ost, qui avoit nom messire Jacques du Chastel, evesque de Soissons : lequel quant il vit que nous en revenion vers Damiete et que chacun s'en vouloit revenir en France, il ayma mieulx demourer avecques Dieu que de s'en retourner ou lieu dont il estoit né. Et se alla frapper lui seullet dedans les Turcs, comme s'il les eust voulu combatre tout seul. Mais tantoust l'envoierent à Dieu, et le misdrent en la compaignie des martyrs; car ilz le tuerent en peu d'eure.

Une autre chose viz : ainsi que le Roy attendoit sur le fleuve le paiement qu'il faisoit faire pour avoir son frere le conte de Poitiers, il vint au Roy ung Sarrazin moult bien habillé, et fort bel homme à regarder. Et presenta au Roy du lart prins en potz, et des fleurs de diverses manieres qui estoient moult odorantes; et lui dist que c'estoient les enfans du nazac du souldan de Babilonne, qui avoit esté tué, qui lui faisoient le present. Quant le Roy ouyt celui Sarrazin parler françois, il lui demanda qui le lui avoit aprins. Et il respondit au Roy qu'il estoit Chrestien regnŏyé. Et incontinent le Roy lui dist qu'il se tirast à part hors de devant lui, et qu'il ne parleroit plus à lui. Lors je le tiray à quartier, et l'enquis comment il avoit regnyé, et dont il estoit. Et celui Sarrazin me dist qu'il estoit né de Provins, et qu'il estoit venu en Egipte avec le feu roy Jehan; et qu'il estoit marié en Egipte, et qu'il y avoit de moult grans biens. Et je lui dis : « Ne savez vous pas bien « que si vous mourez en tel point, que vous descen- « drez tout droit en enfer, et serez dampné à ja- « mais? » Et il me respondit « que certes ouy, et qu'il « savoit bien qu'il n'estoit loy meilleure que celle « des Chrestiens. Mais, fist-il, je crains, si je allois « vers vous, la pouvreté où je serois, et les grans in- « fames reprouches qu'on me donneroit tout le long « de ma vie, en me appellant regnoié, regnoié. « Pourtant j'aime mieulx vivre à mon aise et ri- « chomme, que de devenir en tel point. » Et je lui remonstray qu'il valloit trop mieulx craindre la honte de Dieu et de tout le monde, quant au bout du jugement tous meffaiz seront magnifestez à chacun, et puis après estre dampné. Mais tout ce ne me servit de riens; ains s'en partit de moy, et oncques puis ne le vy.

Cy-devant avez veu et entendu les grans persecucions et miseres que le bon roy saint Loys et tous nous avons souffertes et endurées oultre mer. Aussi sachez que la Royne la bonne dame n'en eschappa pas sans en avoir sa part, et de bien aspres au cueur, ainsi que vous orrez cy-après. Car, trois jours avant qu'elle acouschast, lui vindrent les nouvelles que le Roy son bon espoux estoit prins; desquelles nouvelles elle fut si tres-troublée en son corps, et à si grant mesaise, que sans cesser en son dormir il lui sembloit que toute la chambre fust plaine de Sarrazins pour la occir; et sans fin s'escrioit : « A l'aide! « à l'aide! » là où il n'y avoit ame. Et de paeurs que le fruit qu'elle avoit ne perist, elle faisoit veiller tout nuyt ung chevalier au bout de son lit, sans dormir; lequel chevalier estoit viel et anxien, de l'eage de quatre vingtz ans et plus. Et à chascune foiz qu'elle s'escrioit, il la tenoit parmy les mains, et lui disoit: « Madame, n'aiez garde, je suis avecques vous; n'aiez « paeurs. » Et avant que la bonne dame fust acouschée, elle fist vuider sa chambre des parsonnages qui y estoient, fors que de celui viel chevalier; et se gecta la Royne à genoulz devant lui, et lui requist qu'il lui donnast ung don. Et le chevalier le lui octroia par son serement. Et la Royne lui va dire: « Sire chevalier, je vous requier, sur la foy que vous « m'avez donnée, que si les Sarrazins prennent ceste « ville, que vous me couppez la teste avant qu'ilz « me puissent prandre. » Et le chevalier lui respondit que tres-voulentiers il le feroit; et que jà l'avoit-il eu en pensée d'ainsi le faire, si le cas y escheoit.

Ne tarda gueres que la Royne acouscha audit lieu de Damiete d'un filz qui ot nom Jehan, et en son surnom Tristan. La raison estoit, pour ce qu'il avoit esté né en tristesse et en pouvreté. Et le propre jour que elle acouscha, on lui dist que tous ceulx de Pise, de Gennes, et toute la povre commune qui estoit en la ville, s'en vouloit fuir, et laisser le Roy. Et la Royne les fist tous venir devant elle, et leur demanda et dist: « Seigneurs, pour Dieu mercy je vous supply « qu'il vous plaise ne abandonner mie ceste ville; car « vous savez bien que monseigneur le Roy, et tous « ceulx qui sont avecques luy, seroient tous perduz. « Et pour le moins, s'il ne vous vient à plaisir de

« ainsi le faire, au moins aiez pitié de ceste pouvre
« chestive dame qui cy gist, et vueillez attendre tant
« que soie relevée. » Et tous lui respondirent qu'il
n'estoit possible, et qu'ilz mouroient de fain en ceste
ville. Et elle leur respondit que jà ne mourroient-ilz
de fain, et qu'elle feroit achater toutes les viandes
qu'on pourroit trouver en la ville, et qu'elle les retenoit desormais aux despens du Roy. Et ainsi lui
convint le faire, et fist achapter des viandes ce qu'on
en povoit finer (1). Et en peu de temps avant qu'elle
fust relevée, lui cousta troiz cens soixante mil livres
et plus pour nourrir celles gens. Et ce nonobstant
convint à la bonne dame soy lever avant son terme,
et qu'elle allast attendre en la ville d'Acre, par ce
qu'il failloit delivrer la cité de Damieté aux Turcs et
Sarrazins.

Tous devez savoir que ce nonobstant que le Roy
eust souffert moult de maulx, encores quant il entra
en sa nef ses gens ne lui avoient riens appareillé,
comme de robbes, lit, cousche, ne autre bien. Mais
lui convint gesir (2) par six jours sur les matelaz,
jusques à ce que fussions en Acre. Et n'avoit le Roy
nulz abillemens que deux robbes que le Souldan lui
avoit fait tailler, qui estoient de samys (3) noir fourrées
de vers et de gris, et y avoit grant foisson de boutons
d'or. Tandis que nous fusmes sur mer, et que nous
allions en Acre, je me seoie tousjours emprés le Roy,
pour ce que j'estois malade. Et lors me compta le Roy
comment il avoit esté prins, et comme il avoit depuis
pourchassé sa renczon et la nostre par l'aide de Dieu.

(1) *Finer :* trouver. — (2) *Lui convint gesir :* il lui fallut coucher. —
(3) *Samys :* étoffe de soie.

Aussi lui faillit compter comme [j'avoie esté prins sur l'eauë, et comment ung Sarrazin m'avoit sauvé la vie. Et me disoit le Roy que grandement estoie tenu à Nostre Seigneur quant il m'avoit delivré de si grans perilz. Et entre autres choses le bon saint Roy plaignoit à merveilles la mort du conte d'Arthois son frere. Ung jour demanda que faisoit le conte d'Anjou son frère, et se plaignoit qu'il ne lui tenoit autrement compaignie ung seul jour, veu qu'ilz estoient en une gallée ensemble. Et on rapporta au Roy qu'il joüoit aux tables avecques messire Gaultier de Nemours. Et quant il eut ce entendu, il se leva, et alla tout chancellant, pour la grant feblesse de maladie qu'il avoit. Et quant il fut sur eulx, il print les dez et les tables, et les gecta en la mer, et se couroussa tres-fort à son frere de ce qu'il s'estoit si toust prins à joüer aux dez, et que autrement ne lui souvenoit plus de la mort de son frere le conte d'Arthois, ne des perilz desquelz Nostre Seigneur les avoit delivrez. Mais messire Gaultier de Nemours en fut le mieux paié; car le Roy gecta tous ses deniers, qu'il vit sur les tabliers, aprés les dez et les tables en la mer (1).

Cy endroit veulx-je bien racompter aucunes grans persecucions et tribulacions qui me survindrent en Acre, desquelles les deux en qui j'avoie parfaicte fiance me delivrerent : ce furent Nostre Seigneur Dieu et la benoiste vierge Marie. Et ce di-ge affin de esmouvoir ceulx qui l'entendroit à avoir parfaite fiance en Dieu, et pacience en leurs adversitez et tribulacions ; et il leurs aidera ainsi qu'il a fait à moy par

(1) *Voyez* les variantes.

plusieurs foiz. Or disons, quant le Roy arriva en Acre, ceulx de la cité le vindrent recevoir jusques à la rive de la mer, o leurs processions, à tres-grant joie. Et bien toust aprés le Roy m'envoia querir, et me commanda expressément, sur tant que j'avois s'amour chiere [1], que je demourasse à menger avecques lui soir et matin, jusques à tant qu'il eust avisé si nous en yrions en France, ou deliberé de demourer là. Je fu logé cheux le curé d'Acre, là où l'evesque dudit lieu m'avoit institué mon logeis, où je fu griefvement malade. Et de tous mes gens ne demoura qu'un seul varlet, que tous ne demourassent au lit malades comme moy; et n'y avoit ame qui me resconfortast d'une seulle foiz à boire. Et, pour mieulx me resjouïr, tous les jours je veoie apporter, par une fenestre qui estoit en ma chambre, bien vingt corps mors à l'église pour enterrer. Et quant je oye chanter *Libera me*, je me prenois à pleurer à chaudes larmes, en criant à Dieu mercy, et que son plaisir fust me garder, et mes gens de celle pestilence qui regnoit; et aussi fist-il.

Tantoust aprés le Roy fist appeller ses freres, et le conte de Flandres, et tous les autres grans parsonnages qu'il avoit avecques luy, à certain jour de dimanche. Et quant tous furent presens, il leur dist: « Seigneurs, je vous ay envoyé querir pour vous « dire des nouvelles de France. Il est vray que ma- « dame la Royne ma mere m'a mandé que je m'en « voise hastivement [2], et que mon royaume est en

(1) *Que j'avois s'amour chiere* : que j'avois son amour cher, que je mettois du prix à son amour. — (2) *Que je m'en voise hastivement* : que je partisse promptement; *voise*, de *voiser*, aller.

« grant peril; car je n'ay ne paix ne treves avecques
« le roy d'Angleterre. Et les gens de ceste terre me
« veullent garder de m'en aller; et que si je m'envois,
« que leur terre sera perduë et destruicte, et qu'ilz
« s'en viendront tous aprés moy. Pourtant vous pry
« que y vueillez penser, et que dedans huit jours m'en
« rendez response. »

Le dimanche ensuivant tous nous presentasmes devant le Roy, pour lui donner response de ce qu'il avoit chargé lui dire de son allée ou demourée. Et pourta pour tous les parolles monseigneur messire Guion Malvoisin, et dist ainsi : « Sire, messeigneurs
« vos freres et les autres parsonnages qui cy sont ont
« esgard à vostre estat, et ont congnoissance que vous
« n'avez pas povoir de demourer en ce païs à l'onneur
« de vous, ne au prouffit de vostre royaume. Car en
« premier lieu, de tous vos chevaliers que amenastes
« en Chippre, de deux mil huit cens il ne vous en
« est pas demouré ung cent. Par autre part, vous ne
« avez point de habitation en ceste terre, n'aussi voz
« gens n'ont plus nulz deniers. Parquoy tout consi-
« deré, tous ensemble vous conseillons que vous en
« aillez en France pourchasser gensd'armes et deniers,
« parquoy vous puissez hastivement revenir en ce
« païs pour vengeance prandre des ennemys de Dieu
« et de sa loy. »

Quant le Roy eut ouy le conseil de messire Guy, il ne fut point content de ce, ains demanda en particulier à chacun ce que bon lui sembloit de ceste matere : et premier au conte d'Anjou, au conte de Poitiers, au conte de Flandres, et autres grans parsonnages qui estoient devant lui. Lesquelz tous respondirent qu'ilz estoient de l'opinion de messire Guy Malvoisin. Mais bien fut contraint le conte de Japhe, qui avoit des chasteaux oultre mer, de dire son opinion de ceste affaire : lequel, aprés le commandement du Roy, dist que son opinion estoit que si le Roy povoit tenir maison aux champs, que ce seroit son grant honneur de demourer, plus que de s'en retourner ainsi vaincu. Et moy, qui estois bien le quatorziesme là assistant, respondy en mon ranc que je tenoie l'opinion du conte de Japhe. Et disoie, par ma raison, que l'on disoit que le Roy n'avoit encore mis ne emploié nulz des deniers de son tresor, mais avoit seullement despencé les deniers des clercs de ses finances ; et que le Roy devoit envoier querir, és païs de la Morée et oultre mer, chevaliers et gensd'armes à puissance ; et que quant on oirra dire qu'il donnera largement de gaiges, il aura tantoust recouvert gens de toutes pars, et par ce pourra le Roy delivrer tant de pouvres prinsonniers qui ont esté prins au service de Dieu et du sien, que jamais n'en ystront (1) s'il s'en va ainsi. Et sachez que de mon opinion ne fuz-je mie reprins ; mais plusieurs se prindrent à plorer : car il n'y avoit gueres celui qui n'eust aucun de ses parens prinsonnier és prinsons des Sarrazins. Aprés moy monseigneur Guillaume de Belmont dist que mon opinion estoit tres-bonne, et qu'il se accordoit à ce que j'avoie dit.

Apres ces choses, et que chascun eut respondu endroit soy, le Roy fut tout troublé pour la diversité des opinions de son conseil ; et print terme d'autres huit jours de declarer ce qu'il en vouldroit faire.

(1) *Ystront*: sortiront.

Mais bien devez savoir que quant nous fusmes hors de la présence du Roy, chacun des seigneurs me commença à assaillir; et me disoient par despit et envie: « Ha! certes le Roy est foul s'il ne vous croit, « sire de Jonville, par dessus tout le conseil du royaume « de France. » Et je me tais tout coy.

Tantoust les tables furent mises pour aller menger, le Roy qui tousjours avoit de coustume de me faire seoir à sa table, si ses freres n'y estoient: et aussi que en mengeant il me disoit toujours quelque chose. Mais oncques mot ne me dist, ne ne tourna son vis vers moy. Alors me pensay qu'il estoit mal content de moy, pour ce que j'avois dit qu'il n'avoit encore despencé ses deniers, et qu'il en devoit despendre largement. Et ainsi qu'il eut rendu graces à Dieu aprés son disner, je m'estois retiré à une fenestre qui estoit prés du chevet du lit du Roy, et tenois mes bras passez parmy la grisle de celle fenestre, tout pensif. Et disois en mon courage que si le Roy s'en alloit à ceste foiz en France, que je m'en yroie vers le prince d'Antioche, qui estoit de mon parenté. Et ainsi comme j'estois en telle pensée, le Roy se vint apuyer sur mes espaulles par darriere, et me tenoit la teste o ses deux mains. Et je cuidois que ce fust monseigneur Phelippe de Nemours, qui m'avoit fait trop d'ennuy celle journée, pour le conseil que j'avois donné. Et je lui commençay à dire: « Lessez m'en « paix, messire Phelippe, en malle adventure. » Et je tourné le visage, et le Roy m'y passe la main par dessus. Et tantoust je sceu bien que c'estoit la main du Roy, à une esmeraude qu'il avoit ou doy. Et tantoust je me voulu remuer, comme celuy qui avoit mal parlé. Et le Roy me fist demourer tout coy, et me va dire : « Venez ça, sire de Jonville. Comment « avez-vous esté si hardy de me conséiller, sur tout « le conseil des grans personnages de France, vous « qui estes jeune homme, que je doy demorer en « ceste terre? » Et je lui respondy que si je l'avois bien conseillé, qu'il creust à mon conseil; et si mal le conseilloie, qu'il n'y creust mie. Et il me demanda, s'il demouroit, si je vouldrois demourer avecques lui. Et je lui dis que ouy certes, fust à mes despens ou à autrui despens. Et lors le Roy me dist que bon gré me savoit de ce que je lui avois conseillé sa demeure, mais que ne le deisse à nully. Dont toute celle sepmaine je fu si joieux de ce qu'il m'avoit dit, que nul mal ne me grevoit plus; et me deffendois hardiément contre les autres seigneurs qui m'en assailloient. Et sachez qu'on appelle les païsans de celle terre poulains (1). Et fut adverty messire Pierre d'Avallon, qui estoit mon cousin, qu'on me appelloit poulain, pour ce que j'avoie conseillé au Roy sa demeure avecques les poulains. Si me manda mon cousin que je m'en deffendisse contre ceulx qui m'y appelleroient, et que je leur disse que j'amois mieulx estre poulain que chevalier recreu (2), comme ilz estoient.

La sepmaine passée, que fusmes à l'autre dimanche, tous retournasmes devers le Roy. Et quant tous fusmes presens, il commença à soy seigner du signe de la croix; et disoit que c'estoit l'enseignement de sa

(1) *Poulains* : ce nom étoit donné à celui qui étoit né d'un Syrien et d'une Européenne. On croit qu'il tire son origine de la *Pouille*. Plusieurs femmes de ce pays s'étoient établies dans la Palestine. —
(2) *Chevalier recreu* : chevalier qui se confesse vaincu.

mere, qui lui avoit dit que quant il voudroit dire quelque parolle, qu'il le fist ainsi, et qu'il invocast le nom de Dieu et l'aide du Saint Esperit. Et furent telles les parolles du Roy : « Seigneurs, je vous re-
« mercie, ceulx qui m'avez conseillé de m'en aller en
« France : et pareillement foyz-je ceulx qui m'ont
« conseillé que je demourasse en ce païs. Mais je me
« suis depuis avisé que quant je demourray, que
« mon royaume n'en sera jà plustoust pour ce en
« peril; car madame la Royne ma mere a assez gens
« pour le deffendre. Et ay aussi esgard au dict des
« chevaliers de ce païs, qui disent que si je m'envois,
« que le royaume de Jerusalem sera perdu, par ce
« qu'il ne demourera nully aprés moy. Pourtant ay-
« je regardé que je suis cy venu pour garder le
« royaume de Jerusalem que j'ay conquis, et non
« pas pour le laisser perdre. Ainsi, seigneurs, je vous
« dy, et à tous les autres qui vouldront demourer
« avecques moy, que le diez hardiement : et vous pro-
« mets que je vous donneray tant, que la couppe (1)
« ne sera pas mienne, mais vostre. Ceulx qui ne
« vouldront demourer, de par Dieu soit. » Aprés ces parolles, plusieurs en y eut d'esbahiz, et commencerent à pleurer à chauldes larmes.

Aprés que le Roy eut declairé sa volenté, et que s'entencion estoit de demourer là, il en laissa venir en France ses freres. Mais je ne sçay pas bien si ce fut à leurs requestes, ou par la volenté du Roy, et fut ou temps d'environ la Saint Jehan Baptiste. Et tantoust aprés que ses freres furent partiz d'avec lui pour leur en venir en France, ung peu aprés le Roy

---

(1) *Couppe*, lisez *coulpe* : faute.

voulut savoir comment ses gens, qui estoient demourez avecques lui, avoient fait diligence de recouvrer gens d'armes. Et le jour de la feste monseigneur saint Jaques dont j'avois esté pelerin pour les grans biens qu'il m'avoit faiz, aprés que le Roy se fut retiré en sa chambre, sa messe ouye, appella de ses principaux, et gens de conseil : c'est assavoir messire Pierre, chambellan, qui fut le plus loial homme et le plus droicturier que je veisse oncques en la maison du Roy ; messire Geffroy de Sergines le bon chevalier, messire Gilles Le Brun le bon preudomme, et les autres gens de son conseil : avec lesquelz estoit le bon preudomme à qui le Roy avoit donné la connestablie de France aprés la mort de messire Ymbert de Beljeu. Et leur demanda le Roy quelz gens et quel nombre ilz avoient amassé pour remettre son armée sus, et comme courroussé disoit : « Vous savez bien qu'il y
« a ung mois, ou environ, que je vous declairé que
« ma voulenté estoit de demourer : et n'ay encores
« ouy aucunes nouvelles que vous aiez fait armée de
« chevaliers, ne d'autres gens. » Et ad ce lui respondit messire Pierre chambellan pour tous les autres :
« Sire, si nous n'avons encore de ce riens fait, si n'en
« povons nous mais. Car sans faulte chascun se fait
« si chier, et veult gaigner si grant pris de gaiges,
« que nous ne leur ozerions promettre de donner ce
« qu'ilz demandent. » Et le Roy voulut savoir à qui ilz avoient parlé, et savoir qui estoient ceulx-là qui demandoient ainsi gros pris de gaiges. Et tous respondirent que ce estois-je, et que je ne me vouloie contenter de peu de chose. Et ouy toutes ces choses, moy estant en la chambre du Roy. Et disoient au Roy les

gens de son conseil dessus nommez telles parolles de moy, pour ce que lui avois conseillé contre leur opinion qu'il demourast, et que ainsi ne s'en devoit-il retourner en France. Lors me fist appeller le Roy; et tantoust allé à lui, et me gecté à genoulz devant lui : et il me fist lever et seoirs. Et quant je fu assis il me va dire : « Senneschal, vous savez bien que j'ai tous« jours eu fiance en vous, et vous ay tant aymé; et « toutesvois mes gens m'ont rapporté que vous estes « si dur, qu'ilz ne vous pevent contenter de ce qu'ils « vous promectent de gaiges. Comment en va-il? » Et je lui responds : « Sire, je ne sçay qu'ilz vous rap« portent. Mais quant est de moy, si je demande bon « salaire, je n'en puis mais. Car vous savez bien que « quant je fu prins sur l'eauë, alors je perdy quanque « j'avoie (1), sans qu'il me demourast autre chose que « le corps : et par ce ne pourrois-je entretenir mes « gens o peu de chose. » Et le Roy me demanda combien je vouloie avoir pour ma compagnie jusques au temps de Pasques qui venoient, qui estoient les deux pars de l'année. Et je luy demanday deux mille livres. « Or me dictes, fist le Roy : avez vous quis nulz « chevaliers (2) avecques vous? » Et je lui dis : « Sire, « j'ai fait demourer messire Pierre du Pontmolain, lui « tiers à banniere, qui me coustent quatre cens livres. » Et alors compta le Roy par ses doigts, et me dist : « Sont, fist-il, douze cens livres que vous cousteront « vos chevaliers et gensd'armes. » Et je lui dis : « Or « regardez donques, Sire, s'il ne me fauldra pas bien

---

(1) *Quanque j'avoie*: tout ce que j'avois. — (2) *Avez vous quis nulz chevaliers*: avez-vous cherché, engagé quelques chevaliers.

« huit cens livres pour me monter de harnois et che-
« vaulx, et pour donner à menger à mes chevaliers
« jusques au temps de Pasques? » Lors le Roy dist à
ses gens qu'il ne veoit point en moy d'outrage, et
me va dire qu'il me retenoit à lui.

Tantoust aprés ne tarda gueres que l'empereur
Ferry d'Almaigne envoia en ambaxade devers le Roy,
et lui envoia lettres de creance, et comment il escrip-
voit au souldan de Babilonne qui estoit mort, mais
il n'en savoit riens : qu'il creust à ses gens qu'il envoioit devers lui, et comment qu'il fust, qu'il delivrast
le Roy et tous ses gens. Et moult bien me souvient
que plusieurs disdrent que pas n'eussent voulu que
l'ambaxade d'icelui empereur Ferry les eust encore
trouvez prisonniers; car ilz se doubtoient que ce
faisoit l'Empereur pour nous faire plus estroitement
tenir, et pour plus nous encombrer. Et quant ilz
nous eurent trouvez delivrez, ilz s'en retournerent
devers leur Empereur.

Pareillement aprés celle ambaxade, vint au Roy
l'ambaxade du souldan de Damas jusques en Acre.
Et se plaingnoit au Roy le Souldan, par ses lettres,
des admiraulx d'Egipte qui avoient tué leur souldan
de Babilonne, qui estoit son cousin. Et lui promettoit que s'il le vouloit secourir contr'eulx, qu'il lui
delivreroit le royaume de Jerusalem qu'ilz tenoient.
Le Roy respondit aux gens du Souldan qu'ilz se re-
tirassent en leur logeis, et que de brief leur manderoit responce à ce que le souldan de Damas lui mandoit. Et ainsi s'en allerent loger. Et tantoust aprés
qu'ilz furent logez, le Roy trouva en son conseil

qu'il envoieroit la responce au souldan de Damas par ses messagiers, et y envoieroit avecques eulx ung religieux qui avoit nom frere Yves le Breton, qui estoit de l'ordre des Freres prescheurs. Et tantoust lui fut fait venir frere Yves. Et l'envoia le Roy devers les ambassadeurs du souldan de Damas, leur dire que le Roy vouloit qu'il s'en allast avecques eux devers le souldan de Damas lui rendre responce que le Roy lui envoioit par lui, pour ce qu'il entendoit sarrazinois. Et ainsi le fist ledit frere Yves. Mais bien vous veulx ici racompter une chose que ouy dire audit frere Yves : qui est que, en s'en allant de la maison du Roy au logeis des ambassadeurs du Souldan faire le message du Roy, il trouva parmy la ruë une femme fort anxienne, laquelle portoit en sa main destre une escuelle plaine de feu, et en la main senestre une fiolle plaine d'eauë. Et frere Yves lui demanda : « Femme, « que vieulx-tu faire de ce feu et de celle eauë que « tu portes ? » Et elle lui respondit que du feu elle vouloit brusler paradis, et de l'eauë elle en vouloit estaindre enfer, affin que jamais ne fust plus de paradis ne d'enfer. Et le religieux lui demanda pourquoy elle disoit telles parolles. Et elle lui respondit : « Pour « ce, fist-elle, que je ne vieulx mye que nully face « jamais bien en ce monde pour en avoir paradis en « guerdon, n'aussi que nul se garde de pecher pour la « crainte du feu d'enfer. Mais bien le doit-on faire pour « l'entiere et parfaite amour que nous devons avoir « à nostre createur Dieu, qui est le bien souverain, et « qui tant nous a aymez qu'il s'est soubmis à mort « pour nostre redemption, et qu'icelle mort a souf-

« fert pour le peché de nostre premier pere Adam, et
« pour nous saulver. »

Tandis comme le Roy sejournoit en Acre, vindrent devers lui les messagiers du prince des Beduins, qui se appelloit le Viel de la Montaigne. Et quant le Roy eut ouye sa messe au matin, il voulut ouïr ce que les messagiers du prince des Beduins lui vouloient dire. Et eulx venuz devant le Roy, il les fist asseoir pour dire leur message. Et commença ung admiral, qui là estoit, de demander au Roy s'il congnoissoit point messire leur prince de la Montaigne. Et le Roy lui respondit que non, car il ne l'avoit jamais veu; mais bien avoit ouy parler de luy. Et l'admiral dist au Roy :
« Sire, puis que vous avez ouy parler de monseigneur,
« je m'esmerveille moult que vous ne lui avez envoié
« tant du vostre que vous eussiez fait de lui vostre
« amy, ainsi que font l'empereur d'Almaigne, le roy
« de Hongrie, le souldan de Babilonne, et plusieurs
« autres roys et princes, tous les ans : par ce qu'ilz
« congnoissent bien que sans lui ilz ne pourroient
« durer ne vivre, sinon tant qu'il plairoit à monsei-
« gneur. Et pour ce nous envoie-il par devers vous,
« pour vous dire et advertir que le vueillez ainsi faire :
« ou pour le moins que le facez tenir quicte du trehu
« qu'il doit par chacun an au grant maistre du Tem-
« ple et à l'Ospital; et en ce faisant il se tiendra à
« paié à vous. Bien dit monseigneur que s'il faisoit
« tuer le maistre du Temple ou de l'Ospital, que tan-
« toust il y en auroit ung autre aussi bon. Et par ce
« ne veult-il mye mettre ses gens en peril, en lieu
« où il ne sçauroit riens gaigner. » Le Roy leur res-

pondit qu'il se conseilleroit, et qu'ils reviensissent sur le soir devers lui, et qu'il leur en rendroit responce.

Quant vint au vespre, qu'ilz furent revenuz devant le Roy, ilz trouverent avec le Roy le maistre du Temple d'une part, et le maistre de l'Ospital d'autre part. Lors que les messagiers furent entrez devers le Roy, il leur dist que derechief ilz lui deissent leur cas, et la demande qu'ilz lui avoient faite au matin. Et ilz lui respondirent qu'ilz n'estoient pas conseillez de le dire encores une fois, fors devant ceulx qui estoient presens au matin. Et adonc les maistres du Temple et de l'Ospital leur commanderent qu'ilz le deissent encores une foiz. Et ainsi le fist l'admiral, qui l'avoit dit au matin devant le Roy, tout ainsi qu'est cy-dessus contenu. Après laquelle chose les maistres leur disdrent en sarrazinois qu'ilz viensissent au matin parler à eulx, et qu'ilz leur diroient la responce du Roy. Et au matin quant ilz furent devant les maistres de l'Ospital et du Temple, iceulx maistres leur dirent : Que moult follement et trop hardiement leur sire avoit mandé au roy de France telles choses, et tant dures parolles; et que si n'estoit pour l'onneur du Roy, et pour ce qu'ilz estoient venus devers lui comme messagiers, que ilz les feroient tous noier et gecter dedans l'orde (1) mer d'Acre, en despit de leur seigneur. « Et vous commandons, firent les « deux maistres, que vous vous en retournez devers « vostre seigneur, et que dedans quinze jours vous « apportez au Roy lettres de vostre prince, par les-« quelles le Roy soit content de lui et de vous. » Au dedans de laquelle quinzaine les messagiers d'icelui

(1) *L'orde:* l'impure, la redoutable.

prince de la Montaigne revindrent devers le Roy, et lui dirent : « Sire, nous sommes revenuz à vous de « par nostre sire, et vous mande que, tout ainsi que « la chemise est l'abillement le plus prés du corps « de la personne, aussi vous envoie-il sa chemise « que veez-cy, dont il vous fait present, en signif- « fiance que vous estes celui Roy lequel il ayme plus « avoir en amour, et à entretenir. Et pour plus grande « asseurance de ce, veez-cy son annel qu'il vous en- « voie, qui est de fin or pur, et ouquel est son nom « escript. Et d'icelui annel vous espouse nostre sire, « et entend que desormais soiez tout à ung, comme « les doiz de la main. » Et entre autres chouses envoia au Roy un elephan de cristal, et des figures de hommes de diverses façons de cristal, tables, eschectz de cristal : le tout fait à belles fleuretes d'ambre, liées sur le cristal à belles vignetes de fin or. Et sachez que, si toust que les messagiers eurent ouvert l'estui où estoient celles chouses, toute la chambre fut incontinant embasmée de la grant et souefve oudeur que sentoient icelles chouses.

Le Roy, qui vouloit guerdonner le present que lui avoit fait et envoié le viel prince de la Montaigne, lui envoia par ses messagiers, et par frère Yves le Breton qui entendoit sarrazinois, grant quantité de vestemens d'escarlecte, couppes d'or, et autres vaisseaux d'argent. Et quant frere Yves fut devers le prince des Beduins, il parla avecques lui, et l'enquist de sa loy. Mais, ainsi qu'il rapporta au Roy, il trouva qu'il ne croioit pas en Mahommet, et qu'il croioit en la loy de Hely, qu'il disoit estre oncle de Mahommet. Et disoit que celui Hely mist Mahommet en l'onneur où il fut en ce monde; et que quant Mahommet eut bien conquis la seigneurie et preheminence du peuple, il se despita et s'eslongna d'avecques Hely son oncle. Et quant Hely vit la felonnie de Mahommet, et qu'il le commença fort à supediter (1), il tira à soy du peuple ce qu'il en peult avoir, et le mena habiter à part és desers des montaignes d'Egipte : et là leur commença à faire et bailler une autre loy que celle de Mahommet n'estoit. Et ceulx-là qui de present tiennent la loy de Hely dient entr'eulx que ceulx qui tiennent la loy de Mahommet sont mescreans. Et semblablement au contraire disent ceulx de Mahommet que les Beduins, qui tiennent la loy de Hely, sont mescreans. Et chacun d'eulx dit vray ; car tous sont mescreans d'une part et d'aultre.

L'un des points et commandemens de la loy de Hely si est tel : que quant aucun homme se fait tuer pour faire et acomplir le commandement de son seigneur, l'ame de lui, qui ainsi est mort, va en ung autre corps plus aise, plus bel et plus fort qu'il n'estoit. Et pour ce ne tiennent compte les Beduins de la Montaigne de leur faire tuer pour le vouloir de leur seigneur faire : croians que leur ame retourne en autre corps, là où elle est plus à son aise que devant. L'autre commandement si est de leur loy : que nul homme ne peut mourir que jusques au jour qui lui est determiné. Et ainsi le croient les Beduins; car ilz ne se veullent armer quant ilz vont en guerre : et s'ilz le faisoient, ilz cuideroient faire contre le commande-

(1) *Qu'il le commença fort à supediter :* il prit pour lui beaucoup de haine.

ment de leur loy cy-dessus. Et quant ilz maudisent leurs enfans, ilz leur disent : « Mauldit soies tu « comme l'enfant qui s'arme, de paeurs de la mort! » Laquelle chose ilz tiennent à grant honte, qui est une grant erreur. Car il sembleroit que Dieu n'auroit povoir de nous allonger ou abregier la vie, et qu'il ne séroit pas tout-puissant : ce qu'est faux; car en lui est toute puissance.

Et saichez que quant frere Yves le Breton fut devers le Viel de la Montaigne, là où le Roy l'avoit envoié, il trouva au chevet du lit d'icelui prince de la Montaigne ung livret, ouquel y avoit en escript plusieurs belles parolles que Nostre Seigneur autresfoiz avoit dictes à monseigneur saint Pierre, lui estant sur terre, avant sa Passion. Et quant frere Yves les eut leuës, il lui dist : « Ha! â, Sire, moult feriez bien « si vous lisiez souvent ce petit livre; car il y a de « tres-bonnes escriptures. » Et le Viel de la Montaigne lui dist que si faisoit-il, et qu'il avoit moult grant fiance en monseigneur saint Pierre. Et disoit que au commencement du monde l'ame d'Abel, quant son frere Cayn l'eut tué, entra depuis ou corps de Noé : et que l'ame de Noé, aprés qu'il fut mort, revint ou corps de Abraham; et depuis, l'ame d'Abraham est venuë ou corps de monseigneur saint Pierre, qui encore y est en terre. Quant frere Yves le ouyt ainsi parler, il lui remonstra que sa creance ne valoit riens, et lui enseigna plusieurs beaux ditz, et des commandemens de Dieu; mais onques n'y voulut croire. Et disoit frere Yves, ainsi que je lui ouy compter au Roy, que quant celui prince des Beduins chevauchoit aux champs, il avoit ung homme devant

lui qui portoit sa hache d'armes, laquelle avoit le manche couvert d'argent : et y avoit ou manche tout plain de coteaux tranchans. Et crioit à haulte voix celui qui portoit celle hache en son langaige : « Tour-
« nez vous arriere, fuiez vous de devant celui qui
« pourte la mort des roys entre ses mains. »

Je vous avoys laissé à dire la responce que le Roy manda au souldan de Damas, qui fut telle. C'est assavoir que le Roy envoieroit savoir aux admiraulx d'Egipte s'ilz lui relieveroient et rendroient la treve qu'ilz lui avoient promise : laquelle ilz lui avoient jà rompuë, comme est devant dit. Et que s'ilz en faisoient reffuz, que tres-voulentiers le Roy lui aideroit à venger la mort de son cousin le souldan de Babilonne, qu'ilz avoient tué.

Aprés ces choses, le Roy durant qu'il estoit en Acre envoya messire Jehan de Vallance en Egipte devers les admiraulx, leur requerir que les oultraiges et violances qu'ilz avoient faites au Roy, qu'ilz les luy satisfeissent, tant qu'il fust content d'eulx. Ce que les admiraulx lui promisdrent faire ; mais que le Roy se voulsist allier d'eulx, et leur aider à l'encontre du souldan de Damas devant nommé. Et pour amollir le cueur du Roy, aprés les grans remonstrances que messire Jehan de Vallance le bon preudomme leur fist, en les blasmant et vituperant des grans griefs et torts qu'ilz tenoient, et commant en venant contre leur loy ilz lui avoient rompu les treves et convenances qu'ilz lui avoient faictes, ilz envoierent au Roy, et delivrerent de leurs prinsons tous les chevaliers qu'ils detenoient prinsonniers. Et aussi lui envoierent les os du conte Gaultier de Brienne qui mort estoit, affin qu'ils fussent ensepulturez en terre sainte. Et en amena messire Jehan de Vallance deux cens chevaliers, sans autre grant quantité de menu peuple, qui estoient és prinsons des Sarrazins. Et quant il fut venu en Acre, madame de Secte (1), qui estoit cousine germaine dudit messire Gautier de Brienne, print les os dudit feu, et les fist ensepulturer en l'eglise de l'ospital d'Acre bien et honnourablement : et y fist faire grant service à merveilles, en telle maniere que chacun chevalier offrit ung cierge et ung denier d'argent. Et le Roy offrit ung cierge avecques ung bezant des deniers de madame de Secte, dont chacun s'esmerveilla; car jamais on ne lui avoit veu offrir nulz deniers que de sa monnoie. Mais le Roy le fist par sa courtoisie.

Entré les chevaliers que messire Jehan de Vallance ramena d'Egipte, j'en congneu bien quarante de la court de Champaigne, qui estoient tous deserpillez (2) et mal atournez. Lesquelz tous quarante je feis abiller et vestir, à mes deniers, de cotes et surcotz de vert; et les menay tous devant le Roy lui prier qu'il les voulsist tous retenir en son service. Et quant le Roy eut ouye la requeste, il ne me dist mot quelconque. Et fut ung des gens de son conseil, qui là estoit, qui me reprint, en disant que je faisois tres-mal quant je apportois au Roy telles nouvelles, et que en son estat (3) y avoit excés de plus de sept

---

(1) *Madame de Secte :* Marguerite, princesse de Sidon ou de Sajette, nièce de Jean de Brienne, roi de Jérusalem, et ensuite empereur de Constantinople. Cette princesse, d'après les assises de Jérusalem, avoit le droit de battre monnoie. — (2) *Deserpillez :* mal vêtus, déguenillés. — (3) *En son estat :* en son état de dépense.

mil livres. Et je lui respondy que la malle adventure l'en faisoit parler, et que entre nous de Champaigne avion bien perdu au service du Roy trente-cinq chevaliers tous portans bannieres de la court de Champaigne. Et dis haultement que le Roy ne faisoit pas bien s'il ne les retenoit, veu le besoing qu'il avoit de chevaliers. Et ce disant commençay à pleurer. Lors le Roy me appaisa, et me octroia ce que lui avois demandé : et retint tous ces chevaliers, et les me mist en ma bataille.

Quant le Roy eut ouy parler les messagiers des admiraulx d'Egipte, qui estoient venuz avecques messire Jehan de Vallance, et qu'ilz s'en voulurent retourner, le Roy leur dist qu'il ne feroit nulle treve à eulx, premier qu'ilz lui eussent rendu toutes les testes des Chrestiens morts qui pendoient sur les murs du Quassere [1], dés le temps que les contes de Bar et de Montfort furent prins ; et qu'ilz lui envoiassent aussi tous les enfans, qui avoient esté prins petiz, qu'ilz avoient fait regnoier et croire à leur loy : et oultre, qu'ilz le tiensissent quicte des deux cens mil livres qu'il leur devoit encores. Et avecques eux renvoia le Roy ledit messire Jehan de Vallance, pour la grant sagesse et vaillance qui estoit en lui, pour adnoncer de par le Roy le message aux admiraulx.

Durant ces choses le Roy se partit d'Acre, et s'en alla à Cesare [2] avecques tout ce qu'il avoit de gens : et reffist faire les murs et cloisons de Cesare, que les Sarrazins avoient rompuë et abatuë. Et estoit à

---

[1] *Du Quassere :* du Caire. — [2] *Cesare :* Césarée.

bien douze lieuës d'Acre, tirant devers Jerusalem. Et vous dy que je ne sçay pas bien commant, mais que par la voulenté de Dieu il peut faire ce qu'il fist. Ne onques, durant l'année et le temps que le Roy fut à Cesare pour la reffaire, n'y eut onques nul qui nous feist aucun mal, ne aussi en Acre, là où nous n'estions gueres de gens.

Par devers le Roy estoient venuz, comme j'ay devant dit, les messagiers du grant roy de Tartarie, durant que nous estions en Chippre. Et disoient au Roy qu'ilz estoient venuz pour lui aider à conquerir le royaume de Jerusalem sur les Sarrazins. Le Roy les renvoia, et avecques eulx deux notables freres prescheurs, qui tous deux estoient prebstres. Et lui envoia une chappelle d'escarlate, en laquelle il fist tirer à l'esguille toute nostre creance, l'Annonciacion de l'ange Gabriel, la Nativité, le Baptesme, et comment Dieu fut baptizé; la Passion, l'Ascension, et l'advenement du Saint Esperit. Et lui envoia calices, livres, ornemens, et tout ce qui faisoit besoing à chanter la messe. Et, ainsi que j'ay depuis ouy racompter au Roy par les messagiers qu'il y avoit envoiez, les messagiers monterent sur mer, et allerent arriver au port d'Antioche. Et disoient que, du port d'Antioche jusques au lieu où estoit le grant roy de Tartarie, ilz misdrent bien ung an : et faisoient dix lieuës par jour. Et trouverent toute la terre qu'ilz chevauchoient subjecte aux Tartarins. Et en passant par le païs trouverent en plusieurs lieux, en villes et citez, grans monsseaux d'oussemens de gens morts. Les messagiers du Roy s'enquidrent comment ilz estoient venuz en si grant auctorité, et comment ilz avoient peu subjuguer tant de païs, et destruit et confondu tant de gens dont ilz veoient les ossemens. Et les Tartarins leur disdrent la manière, et premierement de leur naissance. Et disoient qu'ilz estoient venuz nez et concreez d'une grant berrie (1) de sablon, là où il ne croissoit nul bien. Et commançoit celle berrie de sable à une roche qui estoit si grande et si merveilleusement haute, que nul homme vivant ne la povoit jamais passer, et venoit de devers Orient. Et leur disdrent les Tartarins que entre celle roche et autres roches, qui estoit vers la fin du monde, estoient enclos les peuples de Got et Magot (2), qui devoient venir en la fin du monde avecques l'Antecrist, quant il viendra pour tout destruire. Et de celle berrie venoit le peuple des Tartarins, qui estoient subgetz à Prebstre-Jehan (3) d'une part, et à l'empereur de Perse d'autre part : lequel empereur de Perse les joignoit d'un cousté de sa terre. Et estoient entre plusieurs autres mescreans, ausquelz pour les souffrir ilz rendoient grans trehuz (4) et deniers chascuns ans, et aussi pour le pasturage de leurs bestes, dont ilz vivoient seulement. Et disoient les Tartarins que celui Prebstre-Jehan, l'empereur de Perse, et les autres roys à qui ilz devoient lesditz trehuz, les avoient en si grant orreur et despit, que quant ilz leur portoient leurs rentes et deniers ilz

(1) *Berrie* : vaste plaine. — (2) *Got et Magot* : on croit que ces peuples habitoient le nord de la Chine. — (3) *Prebstre-Jehan* : on a cru long-temps qu'il avoit régné en Abyssinie. Du Cange pense que c'étoit un prêtre nestorien qui s'empara d'un vaste pays situé dans les contrées orientales de l'Asie. Toutes ces conjectures paroissent fabuleuses. — (4) *Trehuz* : redevance, tribut.

ne les vouloient recepvoir devant eulx, mais leur tournoient le dos. Dont advint que une foiz entre les autres ung saige homme d'entr'eulx cercha toutes les berries, et alla parler çà et là aux hommes des lieux, et leur remonstra le grant servage en quoy ils estoient, et à divers seigneurs : en les priant qu'ilz voulsissent trouver façon et maniere, par quelque conseil, qu'ilz peussent sortir du meschief en quoy ilz estoient. Et de fait fist tant celui saige homme, qu'il assembla à certain jour au chief de celle berrie de sable, à l'endroit de la terre de Prebstre-Jehan. Et, aprés plusieurs remonstrances que icelui saige homme leur eut faictes, ilz se accorderent à faire quant qu'il vouldroit; et lui requisdrent qu'il feist et devisast ce que bon lui sembloit, pour parvenir aux fins de ce qu'il leur disoit. Et il leur dist qu'ilz ne povoient riens faire s'ilz n'avoient ung roy qui fust maistre et seigneur sur eulx, lequel ilz obeïssent et creussent à faire ce qu'il leur commanderoit. Et la maniere de faire leur roy fut telle : que, de cinquante deux generacions qu'ilz estoient de Tartarins, il fist que chacune d'icelles generacions lui apporteroit une sajette (1) qui seroit signée du seing et nom de sa generacion. Et fut accordé par tout le peuple que ainsi se feroit, et ainsi fut fait. Puis les cinquante-deux sajettes furent mises devant ung enfant de cinq ans; et de la generacion de laquelle seroit la sajette que l'enfant leveroit, seroit fait leur roy. Quant l'enfant eut levé l'une des cinquante-deux sajettes,

(1) *Sajette* : flèche sur laquelle étoient gravés le seing et le nom de la famille.

celui saige homme fist tirer et mettre arriere toutes les autres generacions. Et puis aprés fist eslire, de celle generacion dont estoit la sajette que l'enfant avoit levé, cinquante-deux hommes des plus savans et vaillans qui fussent en toute celle generacion. Et quant ilz furent ainsi esleuz, celui mesme sage homme en estoit l'un des cinquante-deux hommes, qui tous eurent chacun sa sajette à part, signée de son nom. Et en firent lever une à icelui petit enfant de cinq ans : et celui à qui seroit la sajette que l'enfant leveroit, seroit leur roi et-gouverneur. Et par sort arriva que l'enfant leva la sajette d'icelui sage homme qui ainsi les avoit enseignez. Dont tout le peuple fut moult joieulx, et en menoient tres-grant joie. Et lors il les fist taire, et leur dist : « Seigneurs, « si vous voulez que je soie vostre seigneur, vous ju- « rerez, par celui qui a fait le ciel et la terre, que vous « tiendrez et observerez mes commandemens.» Et ainsi le jurerent.

Aprés ces chouses, il leur donna et establit des enseignemens qui furent moult bons pour conserver le peuple en paix les ungs avecques les autres. L'un des establissemens qu'il leur donna fut tel : Que nul ne prandroit le bien d'autrui oultre son gré, ne à son deceu. L'autre fut tel : Que l'un ne frapperoit l'autre, s'il ne vouloit perdre le poing. L'autre fut tel : Que nully n'auroit compaignie de la femme ne de la fille d'autrui, s'il ne vouloit perdre la vie. Et plusieurs autres beaux enseignemens et commandemens leur donna pour avoir paix et amour entr'eulx.

Et quant il les eut ainsi enseignez et ordonnez, il leur va remonstrer comment le plus anxien ennemy

qu'ilz eussent, que c'estoit le Prebstre-Jehan; et comment il les avoit en grant hayne et despit de longtemps. « Et pour ce, fist-il, je vous commande à tous
« que demain soiez prestz et appareillez pour lui
« courir sus. Et s'il advient qu'ilz nous desconfissent,
« dont Dieu nous gard, chacun face du mieulx qu'il
« pourra. Aussi si nous les desconfissons, je vous com-
« mande que la chose dure jusques à la fin, et fust
« jusques à trois jours et trois nuiz, sans que nully ne
« soit si hardy de mettre la main à nul gaing, mais
« que à gens occire et mettre à mort. Car, aprés que
« nous aurons bien eu victoire de nos ennemis, je vous
« departiray le gaing si bien et loiaument, que cha-
« cun s'en tiendra à paié et content. » Et tous se accorderent à ce faire tres-voulentiers.

Le landemain venu, ainsi qu'ilz avoient deliberé de faire, ainsi le firent. Et de fait coururent estroitement sur leurs ennemis. Et ainsi que Dieu, qui est tout puissant, voulut, ilz desconfirent leurs ennemis : et tout quant qu'ilz en trouverent en armes deffensables, ilz les tuerent tous. Mais ceulx qu'ilz trouverent portans habiz de religion, et les prebstres, ilz ne les tuerent pas. Et tout l'autre peuple de la terre de Prebstre-Jehan, qui n'estoit en bataille, se rendirent à eulx, et se misdrent en leur subjection.

Une merveilleuse chose arriva aprés celle conqueste. Car l'un des grans maistres de l'une des generacions devant nommées fut bien perdu et absent du peuple des Tartarins par trois jours, sans qu'on en peust avoir ne ouyr aucunes nouvelles. Et quant il fut revenu au bout des trois jours, il rapporta au peuple qu'il ne cuidoit avoir demouré que ung soir, et qu'il n'avoit enduré ne fain ne soif. Et racompta qu'il avoit monté sur un tertre, qui estoit hault à merveilles; et que sur icelui tertre il avoit trouvé une grant quantité des plus belles gens qu'il eust jamais veuz, et les mieulx vestus et aournez. Et ou meilleu d'icelui tertre y avoit ung roy assis, qui estoit le plus bel à regarder de tous les aultres, et le mieulx paré : et estoit en ung trosne reluisant à merveilles, qui estoit tout d'or. A sa destre avoit six roys tous couronnez et bien parez, à pierres précieuses. A sa senestre autant y en avoit. Prés de lui à la destre main y avoit une royne agenouillée, qui lui disoit et prioit qu'il pensast de son peuple. A la main senestre y avoit agenouillé ung moult beau jouvenceau, qui avoit deux aelles (1) aussi resplendissans comme le souleil. Et entour celuy roy y avoit moult grant foeson de belles gens aellez. Celui roy appela celui sage homme, et lui dist : « Tu « es venu de l'ost des Tartarins. Sire, fist-il, ce suis « mon (2). Tu t'en tourneras, et diras au roy de Tar- « tarie que tu m'as veu, qui suis Seigneur du ciel « et de la terre : et que je lui mande qu'il me rende « graces et loüenges de la victoire que je lui ai donnée « sur Prebstre-Jehan, et sur sa gent. Et lui diras, de « par moy, que je lui donne puissance de mettre en « sa subjection toute la terre. Sire, fist celui grant « maistre des Tartarins, commant m'en croira le roy « de Tartarie? Tu lui diras que il te croie à telles en- « seignes que tu te yras combatre à l'empereur de « Perse avec trois cens hommes de tes gens : et que « de par moy tu vaincras l'empereur de Perse, qui se

(1) *Aelles* : ailes. — (2) *Ce suis mon* : cela est vrai. *Mon* répond au mot latin *omninò*.

« combatra à toi à tout trois cens mil chevaliers et
« hommes d'armes, et plus. Et avant que tu voises
« combatre l'empereur de Perse, tu requerras au roy
« de Tartarie qu'il te donne tous les prebstres, gens
« de religion, et autre menu peuple qui est demouré
« de ceulx-là qu'il a prins en la bataille de Prebstre-
« Jehan : et ce qu'ilz te diront et tesmoigneront, tu
« le croiras; car ilz sont de mes gens et serviteurs.
« Sire, fist celui homme, je ne m'en sçaurois aller si
« tu ne me fais conduire. » Et adonc le Roy se tourna,
et appella ung de ses belles gens, et lui dist : « Vien çà,
« George, va t'en conduire cest homme jusques à son
« herbergement, et le rends à sauveté. » Et tantoust fut
transporté celuy sage homme des Tartarins. Quant il
fut rendu, tout le peuple et les gens de l'ost des Tartarins le virent; ilz firent grant chiere à merveilles.
Et tantoust il demanda au roy de Tartarie qu'il lui
donnast les prebstres et gens de religion, comme
lui avoit enseigné le Roy, qu'il trouva au hault du
tertre. Ce qui lui fut octroié. Et debonnairement receut celui prince des Tartarins et tous ses gens l'enseignement de ceulx qu'on lui avoit donnez, et tous se
firent baptizer. Et quant tous furent baptizez, il print
seullement trois cens de ses hommes d'armes, et les
fist confesser et appareiller. Et de là s'en alla assaillir
l'empereur de Perse, et le convainquit et chassa hors
de son empire et de sa terre. Et s'en alla fuyant jusques
ou royaume de Jerusalem. Et fut celui qui depuis
desconfit noz gens, et print le conte Gaultier de
Brienne, ainsi comme vous orrez cy-aprés. Le peuple
de ce prince chrestien se multiplia tellement, et fut
en si grant nombre, ainsi que depuis je ouy dire aux

messagiers que le Roy avoit envoiez en Tartarie, qu'ilz avoient compté en son ost huit cens chapelles sur chars.

Or revenons à nostre matere, et dirons ainsi : Que tandis que le Roy feroit fermer Cesaire, dont j'ay devant parlé, il arriva au Roy ung chevalier qui se nommoit messire Elenars de Seningaan, qui disoit qu'il estoit party du royaume de Norone, et là monta sur mer, et vint passant et environnant toute Espaigne, et passa par les destroitz de Maroc; et que à moult grant perilz et dangiers il avoit passé et souffert beaucoup de mal, avant qu'il peust venir à nous. Le Roy retint celui chevalier, lui dixisme d'autres chevaliers. Et lui ouy dire que les nuitz en la terre du royaume de Norone estoient si courtes en esté, qu'il n'y avoit nuyt là où l'on ne veist bien encores le jour au plus tard de la nuyt. Quant celui chevalier fut acongneu ou païs, il se print à chasser aux lions, lui et ses gens. Et plusieurs en prindrent perilleusement, et en grant dangier de leurs corps. Et la faczon du faire qu'ilz avoient en ladite chasse estoit qu'ilz couroient sus aux lions à cheval : et quant ilz en avoient trouvé aucun, ilz lui tiroient du trect d'arc ou d'arbeleste. Et quant ilz en avoient attaint quelqu'un, celui lion qui avoit esté attaint couroit sus au premier qu'il veoit : et ilz s'en fuyoient picquans des esperons, et laissoient cheoir à terre aucune couverte, ou une piece de quelque viel drap : et le lion la prenoit et dessiroit (1), cuidant tenir l'omme qui l'avoit frappé. Et ainsi que le lion se arrestoit à dessirer celle vielle piece de drap, les autres hommes

(1) *Dessiroit*: déchiroit.

leur tiroient d'autre trect, et puis le lion laissoit son drap, et couroit sus à son homme, lequel s'enfuioit, et laissoit cheoir une autre vieille piece de drap; et le lion se y arrestoit. Et ainsi souventesfoiz ilz tuoient les lions de leur trect.

Ung autre chevalier moult noble vint au Roy durant qu'il estoit à Cesaire, qui se disoit estre de ceulx de Coucy. (1) Et disoit le Roy que celui chevalier estoit son cousin, parce qu'il estoit descendu d'une des seurs du roy Phelippe, que l'empereur de Constantinople eut à femme. Lequel chevalier le Roy retint, lui dixisme de chevaliers, jusques à ung an. Et aprés l'an passé il s'en retourna en Constantinople, dont il estoit venu. A icelui chevalier ouy dire, et comme il le disoit au Roy, que l'empereur de Constantinople et ses gens se allierent une foiz d'un roy qu'on appelloit le roy des Commains, pour avoir leur aide pour conquerir l'empereur de Grece, qui avoit nom Vataiche (2). Et disoit icelui chevalier que le roy du peuple des Commains, pour avoir seureté et fiance fraternel de l'empereur de Constantinople pour secourir l'un l'autre, qu'il faillit (3) qu'ilz et chacun de leurs gens d'une part et d'autre se feissent seigner, et que de leur sang ilz donnassent à boire l'un à l'autre en signe de fraternité, disans qu'ilz estoient freres, et d'un sang. Et ainsi le convint faire entre noz gens et les gens d'icelui chevalier, et meslerent de leur sang avecques du vin, et en buvoient l'un à l'autre: et disoient lors qu'ilz estoient freres d'un sang. Et en-

(1) *De Coucy:* lisez de Toucy. Il s'agit de Philippe de Toucy, fils de Narjot. (*Voyez* les Mémoires de Ville-Hardouin.) — (2) *Vataiche:* lisez Vatace. — (3) *Faillit:* fallut.

core firent-ils une autre chose : car ilz firent passer ung chien entre noz gens et eulx, qui estoient separez d'une part et d'autre, et decoupperent tout le chien à leurs espées, disans que ainsi fussent-ils decouppez, s'ilz failloient (1) l'un à l'autre.

Une autre grande et merveilleuse chose compta au Roy celui chevalier de Coucy. Et disoit que ou pays du roy des Commains estoit mort ung grant riche terrien et prince, auquel, quant il fut mort, on fist une grant fousse moult large en terre : et fut assis celui mort en une chaiere moult noblement parée et ornée. Et descendit-on avecques lui en celle fousse le meilleur cheval qu'il eust, et l'un de ses sergens, tous vifz, homme et cheval. Et disoit que le sergent, avant que entrer en la fosse, il prenoit congié du Roy et des autres grans parsonnages qui là estoient, et que le Roy luy bailloit une grant foeson d'or et d'argent que on lui mettoit en escharpe à son coul. Et lui faisoit promettre le Roy que quant il seroit en l'autre monde, qu'il lui rendroit son or et son argent; et ainsi le lui promettoit. Et aprés le Roy lui bailloit unes lettres adressans à leur premier roy, et lui mandoit par icelles que celui preudomme avoit moult bien vescu, et qu'il l'avoit bien servy, et par ce lui prioit qu'il le voulsist bien guerdonner. Et aprés ilz couvrirent celle fosse sur celui homme mort, et sur son sergent et son cheval tous vifz, de planches de bois bien chevillées. Et avant que dormir, en memoire et remembrance de ceulx qu'ilz avoient enterrez, ilz faisoient sur la fosse une grant montaigne de pierres et de terre.

(1) *Failloient* : manquoient.

Quant vint le temps que nous fusmes prés de Pasques, je me parti d'Acre, et allé veoir le Roy à Cesaire, qu'il faisoit clorre et refermer. Et quant je fu vers lui, je le trouvay en sa chambre parlant avecques le legat, qui avoit tousjours' esté avecques lui oultre mer. Et quant il me vit, il laissa le legat, et vint vers moy. Et me va dire : « Sire de Jonville, il est bien
« vray que je ne vous ay retenu que jusques à Pasques
« qui viennent. Pourtant je vous prie que me dictes
« combien je vous donneray de Pasques jusques à ung
« an prouchain venant. » Et je lui dis que je n'estoie mie venu devers lui pour telle chose marchander, et que de ses deniers ne voulois-je plus : mais qu'il me fist autre marché et convencion. C'est assavoir qu'il ne se courrousast de chose que lui demandasse : ce qu'il faisoit souvent; et je lui promettois que de ce qu'il me reffuseroit je ne me courrousseroys mie. Quant il oit ma demande, il se commença à rire, et me dist qu'il me retenoit par tel convenant et pact. Et me prist lors par la main, et me mena devant le legat et son conseil, et leur recita la convencion de lui et de moy. Dont chacun fut joieux dequoy je demourois.

Cy-aprés orrez les justices et jugemens que je vy faire à Cesaire tandis que le Roy y sejourna. Tout premier d'un chevalier qui fut prins au bordel, auquel on partit un jeu (1) : ou que la ribaulde avecques laquelle il avoit esté trouvé le meneroit parmy l'ost en sa chemise, une corde liée à ses genitoires, laquelle corde la ribaulde tiendroit d'un bout; ou, s'il

---

(1) *On partit un jeu :* on donna l'alternative.

ne vouloit telle chose souffrir, qu'il perdroit son cheval, ses armures et harnois, et qu'il seroit dechassé et fourbany (1) de l'ost du Roy. Le chevalier esleut (2) qu'il ayma mieulx perdre son cheval et armeures, et s'en partir de l'ost. Quant je viz que le cheval fut confisqué au Roy, je le lui requis pour ung de mes chevaliers pouvre gentilhomme. Mais le Roy me respondit que ma requeste n'estoit pas raisonnable, pour ce que le cheval valloit bien de quatre-vingtz à cent livres, qui n'estoit pas petite somme. Et je lui dis : « Sire, vous avez rompu les convenances d'entre « vous et moy, quant vous vous courroussez de ce « que je vous ay requis. » Et le Roy se print à rire, et me dist : « Sire de Jonville, vous direz quant que « vous vouldrez : mais non pourtant si ne m'en cour- « rousseray-je jà plustoust. » Et toutesfoiz je n'eu point le cheval pour le pouvre gentilhomme.

La seconde justice que je vy fut de aucuns de mes chevaliers qui par ung jour allerent à la chasse chasser à une beste qu'on appelle gazel, qui est comme ung chevreul. Et les freres de l'Ospital allerent à l'encontre de mes chevaliers, et se combatirent à eulx, tellement qu'ilz firent grans oultraiges aux chevaliers. Pour lequel oultrage je me allay plaindre au maistre de l'Ospital, et menay avec moy les chevaliers qui avoient esté oultragez. Et quant le maistre eut ouye ma complainte, il me promist de m'en faire la raison selon le droit et usaige de la sainte Terre, qui estoit tel : qu'il feroit menger les freres, qui avoient fait l'outrage, sur leurs manteaux; et ceulx à qui l'outrage

---

(1) *Fourbany* : exilé, proscrit. — (2) *Esleut* : choisit.

avoit esté fait se y trouveroient, et leveroient les manteaux des freres. Advint que le maistre de l'Ospital fist menger les freres, qui l'outrage avoient fait, sur leurs manteaux. Et je me trouvay là present avecques les chevaliers; et requismes au maistre qu'il fist lever les freres de dessus leurs manteaux : ce qu'il cuida reffuser. Mais en la fin force fut que ainsi le fist. Car nous assismes avecques les freres pour menger avecques eulx, et ilz ne le voulurent souffrir : et faillut qu'ilz se levassent d'avecques nous pour aller menger avecques leurs autres frères à la table, et nous laisserent leurs manteaux.

L'autre justice fut pour ung des sergens du Roy, qui avoit nom Le Goullu : lequel mist la main à ung de mes chevaliers, et le bouta [1] rudement. Je m'en allay plaindre au Roy, lequel me dist que de ce je me povoie bien deporter, veu que le sergent n'avoit fait que bouter mon chevalier. Et je lui dis que je ne m'en deporterois jà, mais plustoust lui laisserois son service s'il ne me faisoit justice; et que il n'appartenoit à sergens de mettre main és chevaliers. Et ce voiant le Roy, il me fist droit, qui fut tel : que selon l'usage du païs le sergent vint en mon hebergement tout deschaux, et en sa chemise, et avoit une espée en son poing; et se vint agenoiller devant le chevalier qu'il avoit oultragé, et lui tendit l'espée par le pommel, et lui dist : « Sire chevalier, je vous cry « mercy de ce que j'ay mis la main en vous. Et vous « ay apporté ceste espée, que je vous presente, affin « que vous m'en couppez le poing, s'il vous plaist le « faire. » Lors je priay le chevalier qu'il lui par-

[1] *Bouta* : pressa, poussa.

donnast son maltallent; et il le fist. Et plusieurs autres, divers jugemens y vi faire, selon les droiz et usaiges de la sainte Terre.

Vous avez devant ouy comme le Roy avoit mandé aux admiraulx d'Egipte que s'ilz ne lui satisfaisoient des oultrages et viollances qu'ilz lui avoient faictes, qu'il ne leur tiendroit aucune treve. Et sur ce à present sont venuz devers lui les messagiers d'Egipte; et lui vindrent apporter par lettres que les admiraulx lui vouloient faire tout ce qu'il leur avoit mandé, comme est dit devant. Et prindrent le Roy et les messagiers des admiraulx journée de eulx trouver ensemble à Japhe. Et là devoient jurer les admiraulx et promettre au Roy qu'ilz lui rendroient le royaume de Jerusalem. Et aussi le Roy et ses plus grans parsonnages devoient jurer et promettre de leur part qu'ilz aideroient aux admiraulx à l'encontre du souldan de Damas. Et advint que quant le souldan de Damas sceut que nous estions alliez avecques ceulx d'Egipte, et la journée qui avoit esté prinse de soy trouver à Japhe, il envoia bien vingt mil Turcs pour garder le passage. Mais non portant ne laissa point le Roy qu'il ne se meust pour aller à Japhe. Et quant le conte de Japhe vit que le Roy venoit, il assorta [1] et mist son chastel de Japhe en tel point qu'il ressembloit bien une bonne ville deffensable. Car à chascun creneau de son chastel il y avoit bien cinq cens hommes à tout chacun une targe et ung penoncel à ses armes. Laquelle chose estoit fort belle à veoir : car ses armes estoient de fin or, à une croix de gueulles patée, faictes moult richement. Nous nous logeasmes aux

[1] *Assorta* : fortifia.

champs, tout à l'entour d'icelui chastel de Japhe, qui estoit seant lez de la mer, et en une isle. Et fist commancer le Roy à faire fermer et ediffier une bourge (1) tout à l'entour du chastel, dés l'une des mers jusques à l'autre, en ce qu'il y avoit de terre. Et disoit le Roy à ses ouvriers, pour leur donner courage : « J'ay « maintesfoiz porté la hote, pour gaigner le pardon. » Les admiraulx d'Egipte n'ouzerent venir, de paeurs des gens que le souldan de Damas avoit mis és gardes de leurs passages. Mais ce nonobstant ilz envoierent au Roy toutes les testes des Chrestiens qu'ilz avoient panduës sur les murs du Kayre, comme le Roy le leur demandoit. Et les fist le Roy mettre en terre benoiste. Et lui envoierent tous les enfans qu'ilz avoient retenuz, et qu'ilz avoient jà faict regnoier la foy de Dieu. Et aussi lui envoierent ung elephant, que le Roy envoya en France.

Ainsi comme le Roy et tout son ost sejournoit à Japhe, pour soy fortiffier contre ceulx qui estoient au chastel, vindrent au Roy nouvelles que desja les gens du souldan de Damas estoient sur les champs en aguect, et que l'un des admiraulx du Souldan estoit venu fauciller et degaster les blez d'un karet (2) estant illecques prés, à l'environ de trois lieuës de l'ost du Roy. Tantoust le Roy y envoia veoir, et y allé en personne. Mais si toust que icelui admiral nous sentit venir, il commença à prandre la fuite. Et de noz gens coururent après à bride abatuë; et y eut ung jeune gentilhomme de noz gens qui les aconceupt (3), et mist par terre deux Turcs à belle pointe de lance,

---

(1) *Bourge* : retranchement, redoute. — (2) *Karet* : champ fermé d'une haie. — (3) *Aconceupt* : rattrapa, atteignit.

et sans la briser. Et quant l'admiral vit qu'il n'y avoit encores que celui gentilhomme, il se tourna vers lui; et le gentilhomme lui donna ung grant coup de glaive tellement, qu'il blecza l'admiral asprement dedans le corps, et puis s'en retourna à nous.

Quant les admiraulx d'Egipte sceurent que le Roy et tout son ost estoit à Japhe, ilz envoierent devers lui pour avoir derechief de lui autre assignacion de jour qu'ilz pourroient venir par devers lui sans aucune faulte. Et le Roy leur assigna encore une journée, à laquelle ilz promisdrent au Roy qu'ilz viendroient devers lui pour conclurre de leurs choses, et qu'estoit à faire d'une part et d'aultre. Durant celui temps que nous attendions à venir la journée que le Roy avoit assignée aux admiraulx d'Egipte pour venir devers lui, le conte de Den (1) vint devers le Roy, et amena avecques lui le bon chevalier Arnould de Guymene et ses deux freres, lesquelz dixismes de chevaliers le Roy retint à son service. Et là le Roy fist le conte de Den chevalier, qui estoit encores ung jeune jouvencel.

Semblablement vindrent devers le Roy le prince d'Antioche et sa mere, ausquelz le Roy fist grant honneur, et les receut honnourablement. Et fist le Roy chevalier le prince d'Antioche, qui n'estoit que de l'eage de seize ans. Mais onques si sage enfant ne vy de tel eage. Et quant il fut chevalier, il fist une requeste au Roy : c'est assavoir qu'il parlast à lui de quelque chose qu'il vouloit dire en la presence de sa mere. Ce que lui fut octroié. Et fut

(1) *Le conte de Den* : le comté d'Eu.

sa demande telle, et dist : « Sire, il est bien vray
« que madame ma mere, qui cy est presente, me
« tient en bail (1), et m'y tiendra encore jusques à
« quatre ans. Parquoy elle joist de toutes mes chouses,
« et n'ay puissance encores de riens faire. Toutes-
« foiz, si me semble-il qu'elle ne doit mye lesser
« perdre ne dechoirs ma terre, et le vous ; car ma
« cité d'Antioche se pert entre ses mains. Pourtant,
« Sire, je vous supply humblement que le lui vueillez
« remonstrer, et faire tant qu'elle me baille deniers
« et gens, affin que je aille secourir mes gens qui
« sont dedans ma cité, ainsi qu'elle le doit bien
« faire. » Aprés que le Roy eut entendu la demande
que le prince faisoit, il fist et pourchassa tant à sa
mere, qu'elle lui bailla grans deniers. Et s'en alla le
prince d'Antioche à sa cité, là où il fist merveilles.
Et dés lors, pour l'onneur du Roy, il escartela ses
armes, qui sont vermeilles, avecques les armes de
France.

Et pour ce que bonne chouse est à racompter et
reduire à memoire les faitz et vertuz d'aucun excellant
prince, pourtant icy parlerons du bon conte de Japhe
messire Gautier de Brienne, lequel en son temps et
vivant, et à grant force de faitz d'armes et de chevallerie, tint la conté de Japhe par plusieurs années,
lui estant assailly des Egipciens, et sans ce qu'il joist
d'aucun revenu, mais seulement de ce qu'il povoit
gaigner és courses qu'il faisoit sur les Sarrazins et ennemys de la foy chrestienne. Et advint par une foiz
qu'il desconfit une grant quantité de Sarrazins qui
menoient grant foeson de draps de soie de diverses

---

(1) *Me tient en bail :* me tient en tutèle.

sortes, lesquelz il gaigna, et en apporta. Et quant
il fut à Japhe, il les departit tous à ses chevaliers,
sans qu'il en demourast riens. Et avoit telle maniere
de faire, que le soir qu'il s'estoit parti d'avecques
ses chevaliers il entroit en sa chappelle, et là estoit
longuement à rendre graces et loüenges à Dieu ; et
puis s'en venoit gesir avecques sa femme, qui moult
bonne dame estoit, et estoit seur du roy de Chippre.

Or avez ouy cy-devant comment l'un des princes
des Tartarins avoit expulsé et debouté, à tout trois
cens chevaliers, l'empereur de Perse à tout trois cens
mil chevaliers, par l'aide de Dieu, hors de son royaume
et empire de Perse. Maintenant saurons la voie que
print icelui empereur de Perse, qui avoit nom Barbaquan. Icelui Barbaquan s'en vint ou royaume de
Jerusalem, et fist à sa venuë moult de mal : car il
print le chastel de Tabarie, qui appartenoit à messire
Heude de Montbeliar; et tua tant de nos gens qu'il
peult trouver hors du Chastel-Pelerin, hors d'Acre,
et hors de Japhe. Quant il eut fait tous les maulx
qu'il peult faire, il se tira vers Babilonne, affin d'avoir
secour du souldan de Babilonne qui devoit venir à
lui pour courir sur noz gens, et sur ce print les barons du païs. Et les patriarches aviserent qu'ilz
yroient combatre à l'Empereur avant qu'il eust secour du souldan de Babilonne. Et envoierent querir
pour leur secour le souldan de la Chamelle, qui estoit
l'un des meilleurs chevaliers et des plus loiaux qui
fust en toute Paiennie. Lequel vint à eulx, et le re-
ceurent à tres-grant honneur en Acre. Puis aprés tous
ensemble se partirent d'Acre, et vindrent à Japhe.
Quant toute celle armée fut ensemble à Japhe, noz

gens prierent le conte Gautier qu'il voulsist venir avec eulx contre l'empereur de Perse; lequel respondit que tres-voulentiers y viendroit, par ainsi que le patriarche d'Acre le absoulist, qui de pieça l'avoit excommunié pour ce qu'il ne vouloit rendre une tour qui estoit en son chastel de Japhe, laquelle tour se appelloit la tour du Patriarche : et par ce disoit celui patriarche qu'elle lui appartenoit. Mais le patriarche ne voulut onques de ce riens faire. Et pour ce ne lessa point le conte Gautier à venir avec nous en bataille. Et fut fait trois batailles, dont messire Gautier eut la premiere, le souldan de la Chamelle l'autre, et le patriarche et les barons du païs l'autre. Et avecques la bataille de messire Gautier estoient les chevaliers de l'Ospital.

Quant arroy (1) eust esté mis en ces trois batailles, tout se meut, et picquerent sur les champs, et tantoust virent à l'œil leurs ennemys, lesquelz sçavans la venuë de noz genz se arresterent sur les champs, et despartirent pareillement leur armée en trois batailles. Et quant le conte Gautier de Brienne vit que leurs ennemys faisoient leurs batailles, il s'escria : « Seigneurs, que faisons-nous? nous leur donnons « povoir de mettre arroy et ordre en leurs batailles, « et aussi leur donnons courage quant ilz nous voient « icy sejournans. Et par ce je vous prie, pour Dieu, « que nous leur allon courir sus. » Mais onques n'y eut celui qui l'en voulust croire. Et lui voyant que ame ne s'en vouloit mouvoir, il se tira par devers le patriarche pour lui demander s'absolucion. Mais

---

(1) *Arroy :* rang, disposition, arrangement; de là, *désarroy*, qui est resté.

riens n'en voulut faire. Et avecques le cónte se trouva ung tres-notable clerc qui estoit evesque de Rainnes (1), lequel avoit fait plusieurs beaux faitz de chevallerie en la compaignie du conte Gautier. Lequel evesque dist au conte : « Ne vous troublez mye « en vostre conscience de l'excommuniement du pa- « triarche, car il a tres-grant tort; et de ma puis- « sance je vous absoulz ou nom du Pere, et du Filz, « et du Saint Esperit, amen. » Et dist : « Sus, allon, « marchon sur eulx. » Et lors ferirent des esperons, et se assemblerent à la bataille de l'empereur de Perse, qui estoit la derreniere ; en laquelle avoit trop grant foeson de gens pour la puissance du conte Gautier. Et là y eut d'une part et d'autre grant quantité de gens occis. Mais ce nonobstant fut prins le conte Gautier; car tous ses gens s'enfuirent tres-dehonteusement, et plusieurs par desespoir s'en allerent gicter en la mer. Et la cause du desespoir fut par ce que l'une des batailles de l'empereur de Perse se vint combattre au souldan de la Chamelle, lequel se deffendoit à si grans coups, et par si tres-grands faitz d'armes, combien qu'il eust trop feble puissance contre celle bataille, que de deux mil Turcs il ne lui en demoura que environ de quatre-vingtz, et force lui fut soy retirer ou chastel de la Chamelle.

Et voiant l'empereur de Perse qu'il avoit eu victoire, print en lui conseil qu'il yroit assieger le Souldan jusques en son chasteau de la Chamelle : ce qu'il voulut faire. Mais saichez que icelui Souldan, comme bien advisé et conseillé, ses gens appella, et

(1) *Rainnes :* Rama.

leur remonstra, et dist : « Seigneurs, si nous nous
« lessons assieger, nous sommes perduz. Pourtant il
« vault mieux que nous allons courir sur eulx. » Et
de fait il envoia ses gens ceux qui estoient mal armez par darriere une vallée couverte, leur frapper
en l'ost de l'Empereur. Ce qu'ils firent, et se prindrent à tuer femmes et enfans. Et quant l'Empereur,
qui marchoit tousjours devant, ouït la clameur de
son ost, il se tourna arriere pour les vouloir secourir. Et quant il fut tourné le dos, le souldan de la
Chamelle avecques ce qu'il avoit de gensd'armes se
gecta sur eulx. Et advint que des deux coustez l'Empereur fut si durement assailly, que de bien vingt-
cinq mil hommes qu'il avoit ne lui demoura homme
ne femme, que tous ne fussent tuez, et livrez à
mort.

Or vous devez savoir que l'empereur de Perse,
avant qu'il se partist pour devoir aller assieger le
chastel de la Chamelle, il avoit mené le bon conte
de Japhe messire Gautier de Brienne devant sa cité
de Japhe, et là le fist pandre par les braz à unes
fourches, devant ceulx qui estoient ou chastel de
Japhe. Et leur faisoit dire que jamais il ne feroit despandre leur conte jusques à ce qu'on lui eust rendu
le chastel de Japhe. Et ainsi que le povre conte pan-
doit, il s'escrioit à haulte voix à ses gens : que pour
nulle riens qu'ilz lui veissent faire, qu'ilz ne ren-
dissent le chastel; et que s'ilz le faisoient, que l'Empereur les feroit tous mettre à mort. Et quand l'Empereur vit qu'il n'y povoit autre chose faire, il
envoia le conte Gautier au souldan de Babilonne,
et lui en fist present, ensemble du maistre de l'Os-

pital, et de plusieurs autres prinsonniers grans parsonnages qu'il avoit prins. Et y avoit, à conduire le conte Gautier et les autres prinsonniers jusques en Babilonne, bien trois cens chevaliers, à qui il print trop bien : car ilz ne se trouverent pas à la murterie (1) qui fut faicte, devant le chastel de la Chamelle, de l'empereur de Perse et de ses gens, dont a esté parlé cy-devant.

Quant les marchans de Babilonne sceurent que le Souldan avoit en ses prinsons le conte Gautier, ilz se assemblerent, et tous allerent faire une clameur au Souldan qu'il leur fist droit du conte de Japhe Gautier de Brienne, lequel les avoit destruiz par plusieurs foiz, et fait de grans domages. Et en optemperant à leur requeste, le Souldan leur habandonna le corps du conte Gautier, pour eulx venger de lui. Et ces traistres chiens entrerent en la prinson là où le conte Gautier estoit; et là le despiecerent, et hachierent par pieces, et plusieurs martires lui firent, dont nous devons croire que glorieux est en paradis.

Or revenons au souldan de Damas, lequel retira ses gens qu'il avoit à Gadres (2), et entra en Egipte, et là vint assaillir les admiraulx d'Egipte. Et devez savoir que, de la fortune de leurs batailles, la bataille du souldan de Damas desconfit l'une des batailles des admiraulx; l'autre bataille des admiraulx d'Egipte vainquit l'une des batailles du souldan de Damas. Et par ce s'en revint arriere à Gadres le souldan de Damas, bien navré et blecié en la teste, et autres

---

(1) *A la murterie :* au massacre. — (2) *Gadres :* Gadara, ville située dans la province de Décapolis.

lieux. Et durant qu'il se tint à Gadres, les admiraulx envoierent en ambassade devers lui, et là firent paix et accord entr'eulx. Et par ce demorasmes moquez d'une part et d'autre. Car dés lors en avant nous n'eusmes ne paix ne treve, ne au Souldan ne aux admiraulx. Et saichez que nous n'estions nulle foiz en nostre ost, de gensd'armes, que quatorze cens ou environ des gens deffensables. Si toust comme le souldan de Damas fut apaisé avecques les admiraulx d'Egipte, il fist tous amasser ses gens qu'il avoit à Gadres : et se partit, et vint passer prés de nostre ost avecques bien vingt mil Sarrazins et dix mil Beduins, et passerent à prés de deux lieuës prés de nous. Mais oncques ne nous ouzerent assaillir. Et fusmes en aguect, le Roy et le maistre de son artillerie, bien trois jours, de paeur qu'ilz se ferissent en nostre ost secretement.

Le jour de la Saint Jehan prouchaine d'aprés Pasques, durant que le Roy oyoit son sermon, il vint ung des gens du maistre de l'artillerie du Roy, lequel entra tout armé en la chappelle du Roy, et lui dist que les Sarrazins avoient encloux [1] le maistre des arbalestriers sur les champs. Lors je requis au Roy qu'il me donnast congié d'y aller. Et il si fist, et me fist bailler jusques à cinq cens hommes d'armes qu'il nomma. Et si toust comme nous fusmes hors de l'ost, et que les Sarrazins qui tenoient en presse le maistre des arbalestriers nous virent, ilz se retirerent devers ung admiral qui estoit sur ung tertre devant nous, à tout bien mil hommes d'armes. Lors se commença la bataille entre les Sarrazins et la compaignie du maistre des arbalestriers. Et comme celui admiral veoit que

---

(1) *Encloux* : entouré, enfermé.

ses gens estoient pressez, incontinant il les renforçoit de gens. Et pareillement faisoit le maistre des arbalestriers, quant il veoit que ses gens estoient des plus febles. Et durant que nous estions ainsi combatans, le legat et les barons du païs disdrent au Roy que grant folie estoit dont il m'avoit lessé aller aux champs. Et lors commanda que l'on me viensist querir, et aussi le maistre des arbalestriers. Et adonc se despartirent les Turcs, et nous en revinsmes en l'ost. Et moult de gens s'esbahissoient dont les Turcs nous avoient lessez en repoux, sans nous avoir couru sus. Sinon que aucuns disoient que ce avoit esté pour ce que leurs chevaulx estoient tous affamez de ce qu'ilz s'estoient tant tenuz à Gadres, là où ilz furent bien ung an entier.

Les autres Turcs qui estoient partiz de devant Japhe s'en vindrent devant Acre, et manderent au seigneur d'Asur (1), qui estoit connestable du royaume de Jerusalem, qu'il leur envoiast cinquante mil besans, ou qu'ilz destruiroient les jardrins de la ville. Et le seigneur d'Asur leur manda qu'il ne leur envoieroit riens. Lors ilz arrengerent leurs batailles, et s'en vindrent le long des sables d'Acre si prés de la ville, qu'on eust bien tiré jusques en la ville avec une arbaleste de tour. Et adonc sortit hors de la ville le seigneur d'Asur, et s'en alla mettre au mont là où estoit le cymetiere de saint Nicolas, pour deffendre les jardrins. Et quant les Turcs approucherent, il sortit de noz gens de pié d'Acre, qui leur commancerent à tirer d'arcs et d'arbalestres à grant force. Et de paeurs

(1) *Asur* : ville maritime près de Jaffa. Cette ville appartenoit à la maison d'Ibelin.

23.

qu'ilz se meissent en peril, le seigneur d'Asur les fist retirer par ung jeune chevalier, qui estoit de Gennes.

Et ainsi que celui chevalier de Gennes retiroit celles gens de pié, ung Sarrazin vint à lui tout effraié (1), et esmeu en courage; et lui dist, en son sarrazinois, qu'il jousteroit à lui s'il vouloit. Et le chevalier lui respondit fierement que tres-voulentiers le receveroit. Et quant il voulut sus courir à icelui Sarrazin, il apperceut illecques prés à sa main senestre huit ou neuf Sarrazins qui s'estoient là demourez pour veoir qui gaingneroit d'icelui tournay. Et le chevalier lessa à courir sus au Sarrazin à qui il devoit jouster, et print sa course au tropel des huit Sarrazins. Et en ferit ung parmy le corps, et le percza d'oultre en oultre de sa lance, et mourut tout roide. Et il s'en retourne à noz gens; et les autres Sarrazins lui acoururent sus : et y en eut ung qui lui donna un grant coup de masse sur son haubert. Et le chevalier, au retour qu'il fist, donna au Sarrazin qui l'avoit frappé ung tel coup d'espée sur la teste, qu'il lui fist saillir les toailles qu'il avoit en la teste jusques à terre. Et saichez que de celles touailles ilz recevoient de grans coups. Pourtant les pourtoient-ilz quant ilz alloient en bataille, et sont entortillées l'une sur l'autre durement. Lors ung autre Sarrazin cuida descendre ung grant coup de son glaive turquin sur le chevalier : et il gyncha (2) tant, que le coup ne l'ataignit mie. Et au retour que fist le Sarrazin, le chevalier lui donna une arriere-main de son espée parmy le braz, qu'il lui fit voller le glaive à

---

(1) *Effraié* : irrité. — (2) *Il gyncha* : il l'esquiva.

terre, et lors en amena ses gens de pié. Et ces trois beaux coups fist le chevalier devant le seigneur d'Asur, et devant les grans parsonnages d'Acre, qui estoient montez sur les murs pour veoir celles gens. De là se partirent les Sarrazins de devant Acre. Et pour ce qu'ilz oirent que le Roy faisoit fermer Sajecte, et qu'il avoit peu de bons gens-d'armes, ilz se tirerent celle part. Et quant le Roy sceut la nouvelle, pour ce qu'il n'avoit mye assez puissance de resister contre eulx, il se retira, lui et le maistre de son artillerie, et le plus de gens qu'il peult logier, dedans le chastel de Sajecte; qui estoit bien fort et bien cloux. Mais gueres n'y entra de gens, par ce que le chasteau estoit trop petit et estroit. Et tantoust les Sarrazins arriverent, et entrerent dedans Sajecte. Là ne trouverent nulle deffence; car elle n'avoit pas encores esté parachevée de clorre. Et tuerent bien deux mil povres gens de nostre ost. Et quant ilz eurent ce fait, et pillé la ville, s'en allerent à Damas.

Quant le Roy sceut que les Sarrazins avoient tout abatu, et desrompu Sajecte, il en fut moult dolant. Mais il ne le povoit amender; et les barons du païs en furent bien joieux. Et la raison estoit, pour ce que le Roy vouloit aprés cela aller fermer ung tertre, là où jadis y souloit avoir ung chastel du temps des Macabées. Et estoit seant celui chastel, ainsi comme l'on va de Japhe en Jerusalem. Et pour ce qu'il estoit bien à cinq lieuës loing de mer, les barons se discordoient qu'il fust fermé : par ce qu'ilz disoient, et bien vray disoient, que jamais on ne l'eust peu avitailler, que les Sarrazins ne tollussent à force l'avitaillement, par ce qu'ilz estoient les plus forts. Et pour ce remonstrerent les barons au Roy qu'il lui valloit beaucoup mieulx refaire Sajecte, et pour son honneur, que d'aller entreprandre autre nouvel edifice qui estoit si loing de mer. Et ad ce s'accorda le Roy.

Durant le temps que le Roy estoit à Japhe, on lui dist que le souldan de Damas le souffreroit aller en Jerusalem, et par bon asseurement. Et l'eust tres-voulentiers voulu faire le Roy. Mais grant conseil eut qui l'en destourna, par ce que il lui convenoit laisser la cité en la main des ennemys. Ce que les seigneurs du païs ne voulirent consentir, et lui remonstrerent par exemple, qui fut tel : Que quant le roy Phelippe se partit de devant Acre pour aller en France, il lessa tous ses gens en l'ost du duc Hugues de Bourgoigne, qui estoit ayeul du duc darrenier mort. En celui temps et ainsi que le duc Hugues de Bourgoigne et le roy Richart d'Angleterre estoient sejournans en Acre, il leur fut apporté nouvelles qu'ilz prandroient bien le landemain Jerusalem s'ilz vouloient, par ce que la grant puissance des chevaliers d'Egipte s'en estoient allez au souldan de Damas, à une guerre qu'il avoit à Nessa (1), contre le souldan du lieu. Et furent tantoust prés le duc de Bourgoigne et le roy Richart de desmarcher pour aller vers Jerusalem. Et diviserent leurs batailles, dont le roy d'Angleterre menoit la premiere, et le duc l'autre d'emprés avecques les gens du roy de France, qui estoient demourez. Et ainsi qu'ilz furent prés de Jerusalem, et prés de prendre la ville, il fut mandé, de la bataille du duc de Bourgoigne au roy d'Angleterre, que le duc s'en retournoit, seulement affin que l'on

(1) *Nessa :* ville d'Arabie.

n'eust peu dire que les Anglois eussent prins Jerusalem; qui lui procedoit d'envie. Et ainsi qu'ilz estoient sur ces parolles, ce fut l'un des gens du roy d'Angleterre qui s'escria et lui dist : « Sire, Sire, ve« nez jusques icy, et je vous monstreray Jerusalem. « Et il gecte devant ses yeulx sa cocte d'armes tout en « pleurant, et disant à Notre Seigneur à haulte voix : « Ha! sire Dieu, je te pry que je ne voie mye ta sainte « cité de Jerusalem, puis que ainsi va que je ne la puis « delivrer des mains de tes ennemis. »

Cest exemple fut monstré au roy saint Loÿs pour ce qu'il estoit le plus grant roy des Chrestiens, et que s'il faisoit son pellerinage en Jerusalem sans la delivrer des mains des ennemis de Dieu, tous les autres roys qui viendroient audit veage se tiendroient apaiez (1) de faire seullement leur pelerinage, ainsi que auroit fait le roy de France.

Celui Richard roy d'Angleterre fist tant de faitz d'armes ou temps qu'il y fut, que quant les chevaulx aux Sarrazins avoient paeurs d'aucune umbre ou d'un buisson, leurs maistres leur disoient : « Cuides-tu que le « roy d'Angleterre y soit ? » Et ce disoient-ilz par coustume, par ce que maintesfoiz il les avoit desconfitz et vainquz. Et pareillement quant les petitz enfans des Turcs et Sarrazins crioient, leurs meres leur disoient : « Tays-toy, tays-toy, ou je yray querir le roy Richart « d'Angleterre. » Et de paeurs qu'ilz avoient, ilz se taisoient, comme j'ay dit par cy-devant.

Du duc de Bourgoigne Hugues, dont aussi ay devant parlé, vous diray. Il fut moult bon chevalier de sa

---

(1) *Se tiendroient apaiez* : croiroient avoir assez fait.

main, et chevallereux. Mais il ne fut oncques tenu à saige, ne à Dieu, ne au monde. Et bien y apparut en ses faitz devant dictz. Et de lui dist le grant roy Phelippe, quant il sceut que le conte Jehan de Chalons avoit eu ung filz, qui avoit nom Hugues : « Dieu « le vueille faire preuhomme (1) et preudomme (2) ! » Car grant differance disoit estre entre preuhomme et preudomme : et que maint chevalier y avoit, entre les Chrestiens et entre les Sarrazins, qui estoient assez preux ; mais ilz n'estoient pas preudommes, car ilz ne craignoient ne amoient Dieu aucunement. Et disoit que grant grace faisoit Dieu à ung chevalier, quant il avoit ce bien que par ses faitz il estoit appellé preuhomme et preudomme. Mais celui dont nous avons dit cy-devant povoit bien estre appellé preuhomme, par ce qu'il estoit preux et hardy de son corps, mais non point de s'ame : car il ne craignoit point à pecher, ne à mesprandre envers Dieu. Des grans deniers que le Roy mist à fermer Japhe ne convient-il mye parler, pour ce qu'ilz sont sans nombre ; car il ferma le bourg dés l'une des mers jusques à l'autre. Et y avoit bien vingt-quatre tours, que grans, que petites. Et estoient les douves (3) curées, et faites dedans et dehors. Et y avoit trois grans portes, dont le legat avoit eu commission d'en faire faire une des trois, et de la muraille depuis celle porte jusques à l'autre. Et pour congnoistre par exstimacion ce que la chose peut couster au Roy, il est verité que une foiz me demanda le legat combien je estimoye bien ce que avoit cousté la porte et le pan

---

(1) *Preuhomme* : vaillant. — (2) *Preudomme* : sage. — (3) *Douves* : fossés, canaux.

de mur qu'il avoit fait faire. Et je estimé que la porte lui avoit bien cousté cinq cens livres, et la muraille trois cens livres. Et lors le legat me dist que j'estois bien loing du compte; et que, se Dieu lui aidast, que la porte et le mur lui avoient bien cousté trente mil livres. Parquoy peut-on bien penser que à ce pris le tout auroit beaucoup cousté.

Quant le Roy eut parachevé de fermer et clorre Japhe, il lui print envye de faire à Sajecte comme il avoit fait à Japhe : et de la reffaire fermante, ainsi comme elle estoit avant que les Sarrazins l'eussent abatuë. Et s'esmeut pour y aller lui et son ost, le jour de la feste de messeigneurs saint Pierre et saint Paoul, apoustres. Et quant le Roy fut devant le chastel d'Assur à tout son ost, sur le soir le Roy appella ses gens de conseil, et leur demanda d'une chose qu'il avoit envye de faire : c'est assavoir qu'il vouloit prandre une cité de Sarrazins qu'on appelloit Naples, qui se nomme, és escriptures de la Bible et de l'anxien Testament, Samarie. Lors les seigneurs du Temple, les barons, et admiraulx du païs lui conseillerent qu'il le devoit faire; mais qu'il n'y devoit point estre en personne, de paeurs des dangiers : disans que s'il estoit prins ou tué, que toute la terre seroit perduë. Et il leur respondit qu'il n'y lerroit jà aller ses gens, s'il n'y estoit lui-mesmes avecques eulx. Et pour tel discord demoura l'entreprise. Adonc nous partismes, et vymmes jusques aux sables d'Acre. Et là se logea le Roy et tout son ost celle nuytée. Et au landemain vint à moy une grant quantité de peuple de la grant Hermenie, qui alloient en pellerinage en Jerusalem. Et me vint supplier celui peuple, pour ce qu'ilz avoient ouy dire de moy que j'estois le prouche du Roy, que je leur voulsisse monstrer le bon roy Loys, par ung trucheman latin qu'ilz avoient. Et lors m'en allay devers le Roy, et lui dis que une grant tourbe de gens de la grant Hermenie (1), qui alloient en Jerusalem, le vouloient veoir. Et il se print à rire, et me dist que je les fisse venir devant lui. Et tantoust lui amené celui peuple, qui le virent moult voulentiers, et lui firent moult grant honneur. Et puis quant ilz l'eurent veu, le commanderent à Dieu, et il eulx aussi.

Le landemain le Roy et son ost se partit, et alasmes loger en ung lieu que on appelloit Passe-Poulain, là où il y avoit de moult belles eauës de fontaines, dequoy on arrouse ou païs les cannes dont vient le sucre. Et quant je fu logié, l'un de mes chevaliers me dist : « Sire, or vous ay-je logié beaucoup mieulx « que n'estiez yer devant saint Sur. » Et l'autre de mes chevaliers, qui m'avoit logié celui jour devant, lui va dire : « Vous estes trop fol hardy, quant à « monseigneur vous allez blasmer chose que j'ay « faite. » Et quant il eut ce dit, il saillit sur le chevalier, et le print par les cheveux. Et quant j'apperceu l'outrecuidance d'icelui chevalier, qui devant moy avoit prins aux cheveux l'autre mien chevalier, je lui allay courir sus, et lui donnay ung coup de poing entre les espaulles ; et il lessa lors le chevalier qu'il tenoit aux cheveux. Et je lui dis qu'il sortist hors de mon logis ; et que jamais, ainsi m'aist Dieux, il ne seroit de ma maison. Adonc s'en alla dehors celui chevalier, à grant deul menant. Et s'en alla vers messire

---

(1) *Grant Hermenie :* grande Arménie.

Gilles Le Brun, qui estoit lors connestable de France: lequel s'en vint tantoust à moy me prier que je voullisse reprandre celui mon chevalier, et que grant repentence avoit-il de sa folie. Et je lui dis que je n'en ferois jà riens, premier que le legat m'eust donné absolucion du serement que j'en avois fait. Et le connestable s'en alla devers le legat lui compter tout le cas, et lui requerir qu'il me voulsist absouldre du jurement que j'avois fait. Et le legat lui respondit qu'il n'avoit povoir de me absoudre, veu que à bon droit j'avoie fait le serement : et qu'il estoit raisonnable, par ce que le chevalier l'avoit grandement desservy. Et ceste chose ay-je voulu escripre és faitz de ce petit livret, affin de donner exemple à chascun qu'on ne face serement, s'il n'avient à faire de raison. Car le saige dit que qui voulentiers et à coup jure, souvent il se parjure.

L'autre jour ensuivant, le Roy et son ost s'en alla devant la cité de Sur, qui est appellée Thiry en la Bible. Et fut le Roy pareillement entalenté (1) d'aller prandre une cité, qui estoit illecques prés, qu'on appelloit Belinas. Et lui conseillerent ses gens qu'il le devoit faire, mais qu'il n'y devoit point estre; et ad ce s'acorda à grant paine. Et fut appointé que le conte d'Anjou yroit, et messire Phelippes de Montfort, le sire de Sur, messire Gilles Le Brun connestable de France, messire Pierre le chambellan, les maistres du Temple et de l'Ospital, leurs gensd'armes. Et puis sur la nuyt nous nous armasmes, et veinsmes ung peu après le point du jour en une plaine qui estoit devant la cité de Belinas, appellée en l'anxienne

(1) *Fut... entalenté :* eut envie.

escripture Cesaire Philippi. Et est seant celle cité sur une belle fontaine qu'on appelle Jour. Et, és plains (1). qui sont devant celle cité, y a une autre moult belle fontaine qu'on appelle Dain. Et s'entreassemblent les ruisseaux de ces deux fontaines assez loing de la cité, et en est appellé le fleuve d'icelles fontaines le fleuve Jourdain, là où Nostre Seigneur Jesus Christ fut batizé.

Par le conseil du conte d'Anjou, des maistres du Temple, de l'Ospital, et des barons du païs, fut advisé que la bataille du Roy, où j'estoie avecques mes chevaliers pour lors, en laquelle aussi estoient les quarante chevaliers que le Roy m'avoit baillez dés piecza de la maison de Champaigne, messire Geffroy de Sergines, et les preudommes du pays, qui estoient avecques nous, yrions entre le chastel et la cité; et les terriers entreroient en la cité à main senestre, et les hospitaliers à main destre, et le maistre du Temple et sa compaignie entreroient la droite voie, que nous autres de la première bataille estions venuz. Et adonc chascun s'esmeut à partir, et approuchasmes jusques encontre la cité par derriere : et trouvasmes plusieurs de noz gens morts, que les Sarrazins avoient tuez dedans la cité, et gictez dehors. Et devez savoir que le cousté par où nous devions aller estoit tres-perilleux. Car en premier lieu nous avions trois murs à passer, et y avoit une couste qui estoit si desrompuë que nully ne s'y povoit tenir à cheval. Et au hault du tertre y avoit grant quantité de Turcs à cheval, là où il nous convenoit monter. Et tantoust je apperceu que de noz gens à ung endroit rompoient les murs de la ville :

(1) *Es plains :* dans les plaines.

et je me voulu tirer à eulx en chevauchant. Ung homme à cheval de noz gens cuida passer le mur, et il cheut son cheval sur lui. Quant je vy ce, je me descendi à pié, et prins mon cheval par le frain, et montasmes hardiement contremont celui tertre. Et lors que les Turcs qui estoient ou hault nous virent ainsi hardiement aller à eulx, ainsi que Dieu voulut, ilz s'enfuirent, et nous laisserent la place. Et en celle place y avoit ung chemin sur la roche qui descendoit en la cité. Et quant nous fusmes au hault du rochier, de là où s'estoient fuiz les Sarrazins, les Sarrazins qui estoient en la cité ne ouzerent venir à nous, et s'enfuirent dehors de la cité, et la lesserent à noz gens sans nul debat de guerre. Et durant que j'estois au hault d'icelui tertre, le mareschal du Temple ouït dire que j'estois en grant peril, et s'en vint amont à moy. Or avoys-je avecques moy les Almans (1), lesquelz quant ilz virent que les Turcs à cheval s'enfuioient droit au chastel, qui estoit assez longuet de la cité, ilz s'esmeurent tous à courir à eulx malgré moy, nonobstant que je leur deisse qu'ilz faisoient mal. Car nous estions à bout de nostre entreprinse, et de ce qu'il nous avoit esté commandé faire. Le chastel estoit dessus la cité, et avoit nom Subberbe : et est bien près de demi lieuë hault en la montaigne qu'on appelle Liban. Et y a de tres-grans roches à passer jusques au chastel. Et quant les Almans virent que follement ilz poursuivoient ceulx qui avoient monté au chastel, qui savoient moult bien les destours de celles roches, ils s'en revindrent arriere. Et voians les Sarrazins que les Almans s'en

---

(1) *Les Almans :* les chevaliers de l'Ordre Teutonique.

retournoient, ilz se misdrent à pié, et leur acoururent sus. Et en descendant des rochiers, ilz leur donnoient de grans coups de masses; et tellement qu'ilz les reboutoient asprement jusques devers le lieu où j'estois. Et quant les gens qui estoient avecques moy virent les meschiefz (1) que les Sarrazins faisoient aux Almans au descendre, et qu'ilz les poursuyvoient tousjours, ilz se commencerent à effroier, et avoir paeurs. Et je leur dis que s'ilz s'enfuyoient, que je les ferois tous casser, et mectre hors des gaiges du Roy pour jamais. Et ilz me respondirent : « Sire de Jon-« ville, nous avons beaucoup pire que vous. Car vous « estes à cheval, pour vous enfuir quant vous voul-« drez : et nous autres sommes à pié, et par ce sommes « nous en grant dangier d'estre tuez si les Sarrazins « viennent jusques cy. » Et lors je me descendi à pié avecques eulx, pour leur donner bon courage : et envoiay mon cheval en la bataille du Temple, qui estoit bien à une grant portée d'arbaleste de nous. Et ainsi comme les Sarrazins chassoient les Almans, là se trouva ung mien chevalier que ung Sarrazin ferit d'un carrel (2) parmy la gorge; et cheut devant moy tout mort. Et alors me dist un chevalier qui avoit nom messire Hugues d'Escossé, oncle de mon chevalier mort, que je lui allasse aider à porter son neveu aval, pour le faire enterrer. Mais je n'en voulu riens faire; car le chevalier estoit allé lassus (3) courir avecques les Almans oultre mon gré. Ainsi doncques, si mal lui en estoit prins, que je n'en povoie més. Tantoust que

---

(1) *Les meschiefz* : le mal. — (2) *Ferit d'un carrel* : frappa d'une flèche. *Carrel*, flèche dont le fer avoit une pointe triangulaire. — (3) *Lassus* : là haut.

messire Jehan de Valencienne oyt dire que nous estions en grant desarroy, et en grant peril de noz vies, il s'en alla par devers messire Olivier de Termes, et à ses autres capitaines de la torte langue (1), et leur dist : « Seigneurs, je vous pri et commande de par le « Roy que vous me venez aider à avoir le senneschal « de Champaigne. » Et ung chevalier qui avoit nom messire Guilleaume de Beaumont s'en vint à lui, et lui dist que j'estois mort. Mais nonobstant ne s'espargna mye le bon messire Olivier de Termes, et voulut savoir ou de ma mort ou de ma vie, pour en dire au Roy seures nouvelles. Et vint contremont montant jusques ou hault de la montaigne, là où nous estions. Lors me rendy à lui.

Quant messire Olivier fut monté, et vit que nous estion en trop grant peril, et que nous n'eussion peu descendre par où nous estion montez, il nous donna bon conseil; car il nous fist descendre par ung pendant qui estoit en celle montaigne, comme si nous eussion voulu aller à Damas. Et disoit que les Sarrazins se penseroient que nous les voullisson aller sourprandre par derriere. Et puis quant nous fusmes descendus jusques au plain, il fist mectre le feu en de grans taas de fromens qui estoient parmy les champs. Et par noz petiz (2) nous fismes tant que vymmes à sauveté par le bon conseil de messire Olivier de Termes : et nous rendismes le landemain à Sajecte, là où estoit le Roy. Et trouvasmes que le bon saint homme avoit fait enterrer les corps des Chrestiens qui avoient esté tuez : et lui-mesme aidoit à les porter en terre. Et

(1) *Torte langue* : Languedoc. — (2) *Par nos petiz :* peu à peu.

sachez que en y avoit aucuns qui estoient infaiz et puans, tant que ceulx qui les pourtoient s'en estoupoient les nées; mais le bon Roy ne le faisoit mye. Et quant nous fusmes arrivez devers lui, il nous avoit desja fait faire nos places et logeis (1).

Durant ces choses, ung jour moy estant devant le Roy lui demanday congié d'aller en pellerinage à Nostre Dame de Tourtouze (2), qui estoit ung veage tresfort requis. Et y avoit grant quantité de pelerins par chacun jour, pour ce que c'est le premier autel qui onques fust fait en l'onneur de la mere de Dieu, ainsi qu'on disoit lors. Et y faisoit Nostre Dame de grans miracles à merveilles. Entre lesquelz elle en fist ung d'un pouvre homme qui estoit hors de son sens, et demoniacle; car il avoit le maling esperit dedans le corps. Et advint par ung jour qu'il fut amené à icelui autel de Nostre Dame de Tourtouze. Et ainsi que ses amys, qui l'avoient là amené, prioient à Nostre Dame qu'elle lui voulsist recouvrer santé et guerison, le deable, que la pouvre creature avoit ou corps, respondit: « Nostre Dame n'est pas icy; elle est en Egipte « pour aider au roy de France et aux Chrestiens qui « aujourd'hui arrivent en la Terre Sainte contre toute « paiennie, qui sont à cheval. » Et fut mis en escript le jour que le deable profera ces motz, et fut apporté au legat qui estoit avecques le roy de France: lequel me dist depuis que à celui jour nous estion arrivez en la terre d'Egipte. Et suis bien certain que la bonne dame Marie nous y eut bien besoing (3).

Le Roy tres-voulentiers me donna congié d'aller à

(1) *Voyez* les variantes. — (2) *Tourtouze*: Tortose. — (3) *Nous y eut bien besoing*: nous fut d'un grand secours.

icelui pellerinage de Nostre Dame, et me chargea que je lui achaptasse pour cent livres de camelotz de diverses couleurs, et qu'il les vouloit donner aux cordeliers quant nous serions retournez en France. Et lors je me penczay qu'il ne demoureroit plus gueres longuement à s'en revenir en France. Et quant je fu à Triple (1), là où estoit le lieu de mon pellerinage, je fiz mon oblacion à Dieu et à Nostre Dame de Tourtouze : et puis aprés je achaptay les camelotz que le Roy m'avoit enchargé d'achapter. Et voians mes chevaliers que je les achaptoie, me demanderent que j'en vouloie faire. Et je leur feis acroire que je les achatoie pour y gaigner.

Aprés que nous fusmes là arrivez, le prince de celle terre (2), qui sceut que j'estois parti de l'ost du roy de France, vint au devant de nous, et nous fist moult grant honneur, et nous offrit de grands dons. Dont humblement le remerciasmes, et n'en voulusmes riens prandre, fors que des reliques, que j'apporté au Roy avecques ses camelotz. Et saichez que la Royne avoit bien ouy nouvelles que j'avoie esté en pellerinage, et que j'avoie apporté des reliques. Et je lui envoiay par ung de mes chevaliers quatre pieces de camelotz que j'avoie achaptez. Et quant le chevalier entra devers elle en sa chambre, elle se commença à agenouller devant ses camelotz, qui estoient enveloppez en une toaille. Et quant le chevalier vit que la Royne se agenoulloit devant lui, il ne savoit pourquoy; et il se va aussi gecter à genoulz. Et adonc la Royne lui dist :

(1) *Triple* : Tripoly. — (2) *Le prince de celle terre* : Bohémond VI, prince d'Antioche, seigneur de Tripoly et de Tortose.

« Levez sus, sire chevalier; vous ne vous devez mie
« agenouller quant vous portez de saintes reliques. »
Lors mon chevalier lui dist que ce n'estoient pas
reliques, mais que c'estoient camelotz que je lui envoioie. Quant la Royne et ses demoyselles entendirent
que ce n'estoient pas reliques, elles se prindrent à
rire. Et la Royne dist : « Sire chevalier, mau jour
« soit donné à vostre seigneur, quant il m'a fait age-
« nouller devant ses camelotz! »

Tantoust aprés, le Roy estant à Sajecte eut nouvelle que madame sa mere estoit morte. Dont il
mena si grand deul, qu'il fut par deux jours en sa
chambre sans qu'on peust parler à lui. Et aprés deux
jours passez, il m'envoia querir par ung de ses varletz
de chambre. Et quant je fu devant lui, il s'escria en
me estandant ses braz, disant : « Ha! senneschal,
« j'ay perdu ma mere. Et je lui dis : Sire, je ne
« m'en esbahis point; car vous savez qu'elle avoit une
« fois à mourir. Mais je m'esmerveille du grant et oul-
« trageux deul que vous en menez, vous qui estes
« tant sage prince tenu. Et vous savez bien, fis-je,
« que le sage dit que le mesaise que le vaillant
« homme a en son cueur ne lui doit apparoir au
« visage, ne le donner à congnoistre. Car celui qui
« le fait, il donne grant joie au cueur à ses ennemys,
« et en donne courroux et malaise à ses amys. » Et
lors je l'appaisay ung peu. Et adonc il fist faire oultre
mer tant de beaux services pour l'ame de la feuë
bonne dame sa mere. Et aussi envoia il en France ung
grant sommier chargé de pierres precieuses et joiaulx
aux eglises de France, avecques lectres missives,

leur priant qu'ilz voulsissent prier Dieu pour lui, et pour ladite dame sa mere (1).

Bien toust aprés, le Roy voulut ordonner de ses besongnes, savoir mon (2) s'il s'en devoit retourner en France, ou encores demourer là. Et ainsi qu'il estoit sur ce proupos, lui estant à Sajecte qu'il avoit presque refermée, il appella le legat qui estoit avecques lui, et lui fist faire plusieurs processions, en requerant à Dieu qu'il lui donnast congnoistre lequel il feroit le mieulx à son plaisir, ou de s'en aller en France, ou de demourer là. Aprés que les processions furent faictes, ung peu aprés j'estoie allé à certain jour avecques les riches hommes du païs à l'esbat en ung prael. Et le Roy me fist appeler, et estoit le legat avecques lui. Lors me va dire le legat en la presence du Roy : « Sen-
« neschal, le Roy se louë grandement des bons et
« aggreables services que vous lui avez faitz, et desire
« fort vostre preu (3) et honneur. Et me fait vous dire,
« affin qu'en preignez en vostre cueur aucun soulas (4)
« de joye, que son intencion est de s'en aller en
« France dedans Pasques qui viennent. » Et adonc je respondi que Nostre Seigneur lui laissast faire à sa bonne voulenté. Aprés ces parolles, le legat se partit d'avecques le Roy, et me pria que je lui feisse compagnie jusques à son logeis : ce que je fys voulentiers. Et me fist entrer en sa garderobbe; et il me commença à lermoier, et me print par les mains, et me dist :
« Senneschal, je suis tres-joieux, et dont je rends
« graces à Dieu, dequoy vous estes ainsi eschappez
« des grans perilz là où vous avez esté en ceste terre.

(1) *Voyez* les variantes. — (2) *Mon* : donc. — (3) *Votre preu* : votre avantage. — (4) *Soulas* : soulagement, consolation.

« Et de l'autre part je suis moult triste et dollant de
« cueur, dont il me convient lesser vos tres-bonnes
« et saintes compaignies, pour m'en retorner en court
« de Romme entre si desloiaux gens, comme il y a.
« Mais, je vous diray, mon intencion est de demourer
« encores ung an aprés vous en Acre, pour despandre
« tous mes deniers à faire fermer et clorre le faulx-
« bourc d'Acre, tant que j'auray aucun denier; affin
« qu'on ne me viegne riens impugner à reprouche,
« ne courir sus. »

Quant je fu retourné devers le Roy, le landemain il me commanda armer, et mes chevaliers. Et quant je fu armé, je lui demanday qu'il lui plaisoit que je feisse. Et adonc me dist que je menasse la Royne et ses enfans jusques à Sur, là où il y avoit bien sept lieuës. Et de ce ne le voulu pas desdire, nonobstant que grant peril y eust à passer. Car nous ne avions lors nuyt ne jour treves ne paix avecques les Egipciens, ne à ceulx de Damas. Et nous partismes, et vinmes la mercy Dieu tout en paix, sans aucun empeschement, à Sur à coucher. Tantoust aprés, le patriarche et les barons du païs, qui longuement avoient acompaigné le Roy, voians qu'il avoit fermé Sajecte de grans murs, et fait faire grosses tours, et les douves curées dedans et dehors, s'en vindrent à lui, et lui rendirent humblement graces et loüenges des grans biens, honneurs et plaisirs qu'il leur avoit faitz en la sainte Terre. Car il avoit fait reffaire de neuf la cité de Sajecte, Cesaire, Japhe, et avoit moult enforcié la cité d'Acre de grans murailles et grosses tours. Et lui disdrent : « Sire, nous voion bien clerement que
« vostre demourée avecques nous ne peut plus durer

« en façon qu'il en viengne desormais plus de prouffit
« au royaume de Jerusalem. Pour ce nous vous con-
« seillons tous ensemble que vous en aillez en Acre,
« et là commencez à faire mectre sus et à point vostre
« passage, à l'environ de ceste caresme : parquoy vous
« puissez retourner seurement en France. » Et ainsi
par leur conseil le Roy se partit de Sajecte, et s'en
vint à Sur, là où nous avions amené la Royne et ses
enfans. Et l'entrée de caresme vinmes en Acre tous
ensemble.

Tout le caresme le Roy fit apprester ses nefz, pour
s'en revenir en France. Dont il y avoit quatorze, que
nefz, que gallées. Et la vigille de la feste saint Marc
aprés Pasques, le Roy et la Royne se recuilirent en
leur nef : et commença tout à s'esbranler sur mer, et
eusmes assez bon vent au partir. Et me dist le Roy
qu'il avoit esté né le propre jour saint Marc. Et je
lui dis qu'il povoit bien dire que encore il y avoit
esté né, et que assez estoit rené qui eschappoit de
celle perilleuse terre où nous avions esté tant longuement.

Le sabmedi ensuivant nous arrivasmes en l'isle de
Chippre. Et y avoit une montaigne emprés l'isle,
qu'on appelloit la montaigne de la Croix : à laquelle
montaigne on congnoissoit de loing qu'on approu-
choit de ladite isle de Chippre. Et saichez que celui
sabmedi, sur le vespre, se leva une tres-grant bruyne
qui descendit de la terre en mer : et tellement que
nos mariniers cuidoient estre beaucoup plus loing de
l'isle qu'ilz n'estoient. Car ilz perdirent la montaigne
de veuë, pour ladicte bruyne. Et advint que, pour
cuider arriver de heure à l'isle, noz mariniers s'effor-

cerent de naviger de grant force, et allasmes aborder sur une queuë de sable qui estoit en mer. Et si par adventure nous ne nous fusson assablez, nous fussions allé hurter à de grans rochiers qui estoient illecques prés couvers, et fussion tous perillez (1) et noyez. Et encores fusmes-nous à grant meschief là où nous estion aterrez; car chacun cuida estre noyé et perdu, et que la gallée se fendist. Ung marinier gecta sa plombée en mer, et trouva que la nef n'estoit plus aterrée. Lors chacun commença à se resjouir, et rendre graces à Dieu. Et y en avoit plusieurs devant le corps Nostre Seigneur, qui estoit en la nef, tous adans (2), et crians pardon à Dieu; car chacun se actendoit de noier. Et tantoust qu'il fut jour, nous vismes les rochiers ausquelz nous eusson hurté, si n'eust esté la fortune de la greve de sable. Et au matin le Roy envoia querir les maistres mariniers des nefz, qui amenerent avecques eulx quatre plungeons, gens qui vont à nou (3) au fond de l'eauë comme poissons. Et lesquelz quatre plungeons les maistres mariniers firent descendre au fond de la mer à celui endroit. Lesquelz plungeons se gecterent en mer, et passerent par dessoubz la nef où estoit le Roy, et nous autres. Et quant ilz furent venuz sus l'eauë, on les ouyt tous quatre l'un à par soy, pour savoir qu'ilz avoient trouvé. Mais chacun d'eulx rapporta que, au lieu où avoit hurté nostre nef, le sable avoit bien emporté trois toises du tison (4) sur quoy estoit la nef fondée. Et quant on les eut ouiz ainsi rapporter l'un comme l'autre, le Roy et tous nous autres fusmes bien es-

---

(1) *Perillez :* tombés en grand péril. — (2) *Adans :* adorant, prosternés. — (3) *A nou :* en nageant. — (4) *Du tison :* de la quille.

tonnez. Lors demanda le Roy aux mariniers quel conseil ilz donneroient de celle chose. Lesquelz mariniers lui disdrent : « Sire, pour tout conseil, si
« nous voulez croire, vous descendrez de ceste nef
« en une autre; car nous entendons bien que puis
« que le fondement de ceste nef a souffert tel heurt,
« que toutes les aides de la nef sont tous eslo-
« chées (1). Parquoy nous doubton grandement que
« quant viendra en la grant mer, que la nef ne puisse
« endurer les coups des undes de l'eauë, sans qu'elle
« perisse. Car tel exemple en avons nous veu, quant
« vous partistes de France, d'une autre nef qui
« avoit ainsi hurté et enduré tel coup, comme a
« celle-cy; et quant elle fut en la grant mer, elle
« ne peut endurer les coups des undes de l'eau, et se
« desrompit et despieça : et furent tous noiez ceulx
« qui estoient dedans, sans qu'il en eschappast, fors
« que une jeune femme à tout (2) son petit enfant
« qu'elle avoit entre les braz, qui d'aventure demoure-
« rent sur une des pieces de la nef que l'eauë em-
« mena. » Et quant le Roy eut ouy ce que les mariniers lui avoient conseillé et donné l'exemple, moy-mesmes tesmoigné qu'ilz disoient veoir. Car j'avoie veu la femme et son enfant, qui estoient arrivez devant la cité de Baphe (3) : et les vy en la maison du conte de Joingny, qui les faisoit nourrir pour l'onneur de Dieu. Lors le Roy appella ses gens de conseil, pour savoir qu'il estoit de faire. Et tous lui conseillasmes faire ce que les mariniers lui avoient conseillé. Encores appella le Roy les mariniers, et leur de-

(1) *Eslochées* : ébranlées, déplacées. — (2) *A tout* : avec. — (3) *Baphe* : ville de Chypre.

manda, sur la foy et loiauté qu'ilz lui devoient, si la nef estoit leur, et qu'elle fust plaine de marchandises, savoir s'ils en descendroient. Et ilz lui respondirent tout ensemble que nenny : et qu'ils aimeroient mieulx mectre leurs corps en adventure, que de lesser perdre une telle nef, qui leur cousteroit quarante ou cinquante mil livres. « Et pourquoy, fist
« le Roy, me conseillez-vous donques que j'en des-
« cende? Et ilz lui respondirent : Sire, vous et nous
« n'est pas tout ung, ne jeu pareil. Car or ne ar-
« gent ne pourroit estre si grant qu'il fust prisé
« ne estimé comme le corps de vous, de la Royne
« vostre espouse, et de voz trois enfans que avez cy.
« Et pourtant, jamais ne vous conseillerions que
« vous vous meissez en tel dangier et adventure. Or
« vous diray-je, fist le Roy, le mien conseil et advis.
« Que si je descens de ceste nef, il y a cinq ou six
« cens personnes ceans qui demoureront en l'isle de
« Chippre, pour la paeur du peril de la nef où
« sont leurs corps. Et n'y a, fist le Roy, celui ceans
« qui n'ayme autant son corps comme je fois le mien.
« Et si une foiz nous descendons, jamais n'auront
« espoir de retourner en leur païs. Pourtant vous dy
« que j'aime mieulx mectre moy, la Royne et mes
« enfans en dangier, et en la main de Dieu, que de
« faire tel dommage à si grant peuple, comme il y
« a ceans. »

Le grant mal et dommage que le Roy eust fait s'il fust descendu, bien y apparut en messire Olivier de Termes, le puissant chevalier qui estoit en celle nef où estoit le Roy. Lequel messire Olivier estoit l'un des plus vaillans et des plus hardiz hommes qu'onques je congneusse en la sainte Terre. Toutesfoiz ne oza-il demourer, et se descendit en l'isle. Et advint que lui, qui estoit ung grant et notable parsonnage, et moult riche d'avoir, il eut tant de empeschemens et destourbiers (1), qu'il fut plus d'un an et demy avant qu'il s'en peust revenir devers le Roy. Or entendez donc que eussent peu faire tant de petiz parsonnages qui n'eussent eu dequoy paier ne finer aux trehuz (2), veu que si grant richomme y avoit eu tant de destourbier?

Aprés que Dieu nous eut eschappez de ce peril, où nous avions ainsi esté devant l'isle de Chippre, nous entrasmes en ung autre. Car il se leva ung si terrible et merveilleux vent en mer, que à force, et malgré nous, il nous regectoit tousjours sur l'isle de Chippre, que nous avions jà passée. Et gecterent les mariniers quatre de leurs encres en mer. Mais oncques ne sceurent arrester nostre nef, jusques ad ce que la cinquiesme encre y fut gectée. Et saichez qu'il convint abatre les apparoiz (3) de la chambre où se tenoit le Roy. Et estoit tel le vent que onques n'y oza demourer en celle chambre personne, de paeur que le vent ne le gectast en mer. La Royne tantoust s'en vint à la chambre du Roy, là où elle le cuidoit trouver; et n'y trouva que messire Gilles Le Brun connestable de France, et moy, qui estions là couschez. Et quant je la vy, je lui demanday qu'elle vouloit. Et elle nous dist qu'elle demandoit le Roy, pour lui prier qu'il voulsist faire quelques veuz à Dieu ou à ses saints, affin que nous peusson estre

(1) *Destourbiers* : embarras. — (2) *Ne finer aux trehuz* : ni acquitter les tributs. — (3) *Apparoiz* : les meubles.

delivrez de celle tourmente; et que les mariniers lui avoient dit que nous estions en grant peril de noier. Et je lui dis : « Madame, promectez à faire le veage à « monseigneur saint Nicolas de Varengeville; et je me « fois fort que Dieu nous rendra à sauveté en France. » Lors elle me respondit : « Ha! senneschal, j'auroie « paeur que le Roy ne voulsist que feisse le veage, et « que ne le peusse acomplir. Au moins, madame, pro- « mectez lui que si Dieu vous rend en France sauve- « ment, que vous lui donnerez une nef de cinq marcs « d'argent pour le Roy, pour vous et vos enfans. Et « si ainsi le faictes, je vous promect et asseure que, « à la priere de saint Nicolas, Dieu vous rendra en « France. Et je promect, moy-mesmes que moy re- « tourné à Jonville, que je le yray veoir jusques au « lieu à pié, et tout deschaux. » Lors elle promist à saint Nicolas de lui donner la nef d'argent, et me requist que je lui en fusse pleige (1). Ce que voulu. Et tantoust elle retourna à nous, et nous vint dire que Dieu, à la supplication de saint Nicolas, nous avoit garentiz de ce peril. Quant la Royne fut revenuë en France, elle fist faire la nef qu'elle avoit promise à monseigneur saint Nicolas : et y fist enlever (2) le Roy, elle et leurs trois enfans, les mariniers, le mast, les cordaiges et les gouvernailz, tout d'argent, et cousuz à fil d'argent. Laquelle nef elle m'envoia, et me manda que je la conduisisse à monseigneur saint Nicolas; et ainsi le fis. Et encores depuis long-temps aprés la y vige, quant nous menasmes la seur du Roy (3) au roy d'Allemaigne.

(1) *Pleige* : garant. — (2) *Enlever* : représenter. — (3) *La sœur du Roy* : Blanche, petite-fille de saint Louis, fille de Philippe-le-Hardi,

Or revenons au proupoux (1), là où nous estions en la mer : et disons que quant le Roy vit que nous fusmes eschappez de ces deux grans perilz, il se leva sur le ban de la nef, et estois là present devant lui. Lors il me va dire : « Or regardez, senneschal, si Dieu ne « nous a pas bien monstré son grant povoir, quant, « par ung seul des quatre vens de mer, le Roy, la « Royne, ses enfans, et tant d'autres parsonnages ont « cuidé estre noiez? Pourtant je lo (2) que grans graces « lui en devons nous bien rendre. »

Le bon saint Roy ne se povoit taire de me parler du dangier en quoy nous avions esté, et comment Dieu nous avoit bien monstré sa grant puissance. Et me disoit : « Senneschal, quant telles tribulacions « adviennent aux gens, ou autres fortunes de mala- « dies, les saints disent que ce sont les menasses de « Nostre Seigneur. Et par ce je dy, faisoit le bon Roy, « que les dangiers là où nous avons esté sont des « menasses de Nostre Seigneur, qui peult dire : Or « voiez vous bien que je vous eusse tous lessez noier « et periller, si j'eusse voulu. Parquoy, disoit le bon « Roy, que nous devons bien regarder qu'il n'y ait en « nous chose qui deust desplaire à Dieu nostre crea- « teur. Et si toust que nous y trouvons aucune chose « à son desplaisir, nous la devons incontinant ouster « et mectre hors. Et si ainsi le faisons, il nous aymera « moult, et nous gardera tousjours des dangiers. Aussi « si nous faisons le contraire, aprés qu'il nous aura

sœur de Philippe-le-Bel. Cette princesse fut mariée à Rodolphe, duc d'Autriche, depuis roi de Bohême, fils de l'empereur Albert Ier. L'entrevue entre Philippe et Albert eut lieu près de Toul en 1299.

(1) *Proupoux* : propos. — (2) *Je lo* : je conseille, je suis d'avis.

« ainsi bien menassez, il envoiera sur nous quelque
« grant mal, ou de mort, ou de dommage de corps,
« ou nous lessera descendre en enfer à jamais pardu-
« rablement. Et me disoit le bon roy saint Loys : Sen-
« neschal, le saint homme Job disoit à Dieu : Seigneur
« Dieu, pourquoy nous menasses-tu? Car si tu nous
« avois perduz, tu n'en serois jà plus pouvre : et si tu
« nous avois tous atirez à toy, tu n'en serois jà plus
« puissant ne plus riche. Dont povons nous veoir,
« faisoit-il, que les menasses que Dieu nous fait sont
« seullement pour la grant amour qu'il a à nous, et
« pour nostre preu, et non pas pour le sien; et affin
« que nous puissions congnoistre clerement noz faultes
« et desmerites, et que nous oustons hors de noz
« consciences les choses qui lui sont mal agreables.
« Pourtant donc faisons le ainsi, et nous ferons que
« sages. »

De là en avant, et aprés que nous eusmes prins en
l'isle de Chippre eauë fresche et autres petites noz
necessitez, et que la tourmente fut cessée, nous partismes de là, et vynmes à une autre isle qu'on appelloit l'isle de Lampieuse (1). Et là descendismes à
terre, et prinmes grant quantité de connilz (2). Et là
trouvasmes ung heremitage aux dedans des roches,
et ung beau jardrin, qui estoit affié (3) d'oliviers,
figuiers, seps de vigne, et plusieurs autres arbres
fruictaux. Et y avoit une belle fontaine d'eauë doulce,
dont le ru deffluoit parmy le jardrin d'icelui heremitage. Le Roy et sa compaignie alla jusques au
chief dudit jardrin. Et trouvasmes ung oratoire, dont

---

(1) *Lampieuse*: Lampédouse, à cent milles de Malte. — (2) *Connilz*:
lapins, gibier. — (3) *Affié*: planté.

en la premiere voulte que trouvasmes, qui estoit blanche de champ (1), y avoit une belle croix de terre vermeille. Et en une autre voulte plus avant trouvasmes deux corps morts, qui avoient les mains sur le pis (2); et n'y avoit plus que les coustes qui s'entretiensissent. Et estoient ces corps couschez vers Orient, ainsi qu'on a de coustume de mectre les autres morts en terre. Et quant nous eusmes bien veu par tout, le Roy et sa compaignie se retira en la nef. Et quant nous fusmes entrez, il se faillit l'un de noz mariniers, dont le maistre marinier se pensa en lui qu'il savoit bien lequel c'estoit, et qu'il se vouloit demourer là pour estre et vivre desormais en heremite. Et pour ce le Roy à l'aventure fist laisser trois sacs plains de biscuit sur la rive d'icelle isle, affin que icelui marinier qui estoit demouré les trouvast, et qu'il en vesquist (3).

Peu après arriva une adventure en mer en la nef de messire d'Argones, qui estoit l'un des plus puissans seigneurs de Prouvence. C'est assavoir que lui estant une matinée en son lit, le souleil lui frappoit sur le visage par ung pertuis. Lors ledit messire d'Argones appella ung de ses escuiers, et lui dist qu'il allast estoupper le pertuis où passoit le souleil. Et l'escuier voiant qu'il ne povoit estoupper le pertuis s'il ne sortoit hors de la nef, il se mist dehors : et en allant le cuider estoupper, le pié lui fouyt, et il cheut en la mer. Tantoust qu'il fut cheut, la nef s'eslongna, et n'y avoit point de petite barque de couste qu'on l'eust peu secourir. Nous le vismes de

(1) *Blanche de champ* : blanchie de chaux. — (2) *Pis* : poitrine. — (3) *Voyez* les variantes.

loing, qui estions en la nef du Roy, qui venions aprés bien à demie lieuë loing de la nef, dont il estoit cheut. Et cuidions que ce fust quelque chose qui fust en la mer. Car celui escuier ne se mouvoit ne ne s'aydoit en aucune façon. Et quant nous l'eusmes apperceu de prés, l'une des nefz du Roy le recuillit, et le misdrent en nostre nef. Et quant il fut dedans entré, il nous compta comment il estoit cheut. Et nous lui demandasmes pourquoy c'estoit qu'il ne se aidoit autrement, ou à nager, ou s'escrier aux gens de la nef. Et il nous dist qu'il n'avoit nul besoing de le faire. Car en cheant il s'estoit escrié, « Nostre-Dame de Valbert; » et qu'elle le soustenoit par les espaulles, jusques à tant que la gallée du Roy fust arrivée à lui. Et en l'onneur de la benoiste vierge Marie de ce merveilleux miracle, j'ay fait paindre en ma chappelle à Jonville ledit miracle, et és verrines de l'eglise de Blecourt, pour memoire.

A la fin de dix sepmaines que nous eusmes esté en mer à nager, arrivasmes au port d'Yeres, devant le chastel qui estoit au conte de Prouvence, qui fut depuis roy de Sicile. Et la Royne et tout le conseil du Roy lui conseillerent qu'il descendist là, et qu'il estoit en la terre de son frere. Mais le Roy dist qu'il ne descendroit pas, tant qu'il fust en Aiguemortes, qui estoit sa terre. Et sur ce differant nous tint le Roy le mercredi et le jeudi, sans que nul le peust faire accorder à soy descendre. Et le vendredi, comme le Roy estoit assis sur ung des rancs de la nef, il me appela, et me demanda conseil s'il se devoit descendre, ou non. Et je lui dis:

« Sire, il me semble que vous devez descendre; et
« que une foiz madame de Bourbon estant à cest
« mesmes port ne se voulut descendre, ains se remist
« sur mer, pour aller descendre en Aiguesmortes. Mais
« elle demoura bien sept sepmaines et plus sur mer. »
Et adonc le Roy à mon conseil s'accorda de descendre
à Yeres, dont la Royne et la compagnie furent tres-
joieux.

Ou chastel d'Yeres sejourna le Roy, la Royne et
leurs enfans, et nous tous, tandis qu'on pourchas-
soit des chevaulx pour s'en venir en France. L'abbé
de Cluny, qui fut depuis evesque de l'Olive (1), envoia au Roy deux pallefroiz, l'un pour lui, l'autre
pour la Royne. Et disoit-on lors qu'ilz valloient
bien chacun cinq cens livres. Et quant le Roy eut
prins ces deux beaux chevaulx, l'abbé lui requist
qu'il peust parler avecques lui le landemain touchant
ses affaires. Et le Roy le lui octroia. Et quant vint
au landemain, l'abbé parla au Roy qui l'escouta
longuement, et à grant plaisir. Et quant celui abbé
s'en fut parti, je demanday au Roy savoir si je lui de-
mandoie quelque chose à recongnoistre, s'il le feroit;
et il me dist que ouy voulentiers. Adonc je lui demanday : « Sire, n'est-il pas vray que vous avez escouté
« l'abbé de Cluny ainsi longuement, pour le don de
« ses deux chevaulx? » Et le Roy me respondit que
certes ouy. Et je lui dis que je lui avois fait telle demande, affin qu'il deffendist aux gens de son conseil juré que quant ilz arriveroient en France, qu'ilz
ne pransissent riens de ceulx qui auroient à beson-

---

(1) *Evesque de l'Olive :* Oliva étoit un évêché suffragant de l'arche-
vêché de Patras, en Morée.

gner par devant lui. « Car soiez certain, fys-je, que
« s'ilz prennent, ilz en escouteront plus diligem-
« ment et plus longuement, ainsi que vous avez fait
« de l'abbé de Cluny. » Lors le Roy appella tout son
conseil, et leur compta en riant la demande que je
lui avois faite, et la raison de ma demande. Toutesfois
lui disdrent les gens de son conseil que je lui avois
donné tres-bon conseil.

A Yeres y avoit nouvelles d'un tres-vaillant homme
cordelier qui alloit preschant parmy le pays, et s'appelloit frere Hugues. Lequel le Roy voulut voulentiers
veoir, et oir parler. Et le jour qu'il arriva à Yeres,
nous allasmes au devant son chemin, et vismes que
tres-grant compagnie de hommes et femmes le alloient
suyvant à pié. Quant il fut arrivé, le Roy le fist pres-
cher, et le premier sermon qu'il fist ce fut sur les gens
de religion, qu'il commencza à blasmer, par ce que
en la compagnie du Roy en y avoit grant foison. Et
disoit qu'ilz n'estoient pas en estat d'eulx sauver, ou
que les saintes Escriptures mentoient : ce qui n'estoit
vray. Car les saintes Escriptures disent que ung religieux ne peut vivre hors son cloaistre sans cheoir
en plusieurs pechez mortelz : nemplus que le poisson
ne sçauroit vivre hors de l'eauë sans mourir. Et la raison estoit. Car les religieux qui suivent la court du
Roy boivent et mengeussent plusieurs foiz divers vins
et viandes : qu'ilz ne feroient pas, s'ilz estoient en
leurs cloistres. Parquoy l'ayse qu'ilz y prennent les
amonneste à pechier plus que s'ilz menoient auste-
rité de vie. Au Roy aprés commença-il à parler, et
lui donna enseignement à tenir que s'il vouloit longuement vivre en paix, et au gré de son peuple, qu'il

fust droicturier. Et disoit qu'il avoit leu la Bible, et les autres livres de l'Escripture sainte : mais que jamais il n'avoit trouvé, fust entre les princes et hommes chrestiens, ou entre les mescreans, que nulle terre ne seigneurie eust esté transferée ne muée par force d'un seigneur à autre, fors que par faulte de faire justice et droicture. Pour ce, fist le cordelier, se garde-je bien le Roy qu'il face bien administrer justice à chacun en son royaume de France, affin qu'il puisse jusques à ses derreniers jours vivre en bonne paix et tranquilité, et que Dieu ne lui tolle le royaume de France à son deshonneur et dommage. Le Roy par plusieurs foiz lui fist prier qu'il demourast avecques lui, tandis qu'il sejourneroit en Prouvence. Mais il respondoit tousjours qu'il ne demoureroit point en la compaignie du Roy. Celui cordelier ne fut que ung jour avecques nous, et le landemain s'en alla contremont. Et ay depuis oy dire qu'il gist à Masseille, là où il fait moult de beaux miracles.

Aprés ces chouses, le Roy se partit d'Yeres, et s'en vint en la cité d'Aix en Prouvence, pour l'onneur de la benoiste Magdalaine, qui gisoit à une petite journée prés. Et fusmes au lieu de la Basme, en une roche moult hault, là où l'on disoit que la sainte Magdalaine avoit vesqu en hermitage longue espace de temps. Puis de là veinsmes passer le Rosne à Beaucaire. Et quant je vy que le Roy estoit en sa terre et en son povoir, je prins congié de lui, et m'en vins par la daulphine de Viennois [1], ma niepce : et de là passé par devers le conte de Chalons mon oncle, et par devers le conte

---

[1] *La daulphine de Viennois* : Béatrix de Savoie, femme du Dauphin Guigues v.

de Bourgoigne son filz, et arrivé à Jonville. Auquel lieu, quant je y eu sejourné ung peu, je m'en allay devers le Roy, lequel je trouvay à Soissons. Et quant je fu devers lui, il me fist si grant joie que tous s'en esmerveilloient. Là je trouvay le conte Jehan de Bretaigne et sa femme, et la fille du roy Thibault. Et pour la discencion qui estoit entre le roy de Navarre et la fille de Champaigne (1), pour quelque droit que le roy de Navarre pretendoit ou païs de Champaigne, le Roy les fist tous venir à Paris en parlement, pour ouïr les parties, et pour leur faire droit.

A ce parlement demanda le roy Thibault de Navarre à avoir en mariage Ysabel, fille du Roy. Et m'avoient mené noz gens de Champaigne pour profferer les parolles de la demande d'icelui mariage, pour ce qu'ilz avoient veu la grant chiere que le Roy m'avoit faite à Soissons. Et m'en vins deliberément au Roy parler d'icelui mariage. Et il me dist : « Senneschal, « allez vous en premier accorder, et faire vostre paix « avecques le conte de Bretaigne : et puis cela fait, le « mariage se acomplira. Et je lui dis : Sire, vous ne « devez point laisser à faire, pour tout quant qu'il « y a. » Et il me respondit que pour nulle riens il ne marieroit sa fille oultre le gré de ses barons, et jusques à ce que la paix fust faicte au conte de Bretaigne.

Tantoust je m'en retourné devers la royne Marguerite de Navarre, au Roy son filz, et à leur conseil; et leur racompté la responce du Roy. Laquelle ouye, incontinant o diligence s'en allerent faire leur paix

---

(1) *La fille de Champaigne:* Blanche, fille de Thibaut IV, roi de Navarre, et d'Agnès de Beaujeu sa première femme, mariée à Jean, comte de Bretagne.

avecques le conte de Bretaigne : et quant la paix fut faite, le Roy donna Ysabel sa fille au roy Thibault de Navarre. Et furent les nopces faites à Melun grans et plainieres. Et de là amena le roy Thibault sa femme à Provins, là où ilz furent receuz à grant honneur de barons, et à grans despens.

De l'estat du Roy, et comme il se maintint dorenavant qu'il fut venu d'oultre mer, vous diray. C'est assavoir que onques puis en sez habitz ne voulut porter ne menu ver, ne gris, ne escarlate, ne estriefz ne esperons dorez. Ses robbes estoient de camelin ou de pers (1), et estoient les fourreures de ses mentelines et de ses robbes de peaulx de garnutes, et de jambes de lievres. En sa bouche fut-il tres-sobre, et jamais ne devisa qu'on lui appareillast diverses viandes, ne delicieuses : mais prenoit paciamment ce que on lui mectoit devant lui. Son vin attrempeoit d'eauë selon la force du vin, et beuvoit en ung verre. Communément quant il mengeoit avoit-il darrieres lui les pouvres, qu'il faisoit repaistre; et puis aprés leur faisoit donner de ses deniers. Et aprés disner il avoit ses prebstres devant lui, qui lui rendoient ses graces. Et quant quelque grant parsonnage estrange mengeoit avecques lui, il leur estoit de moult bonne compaignie, et amiable. De sa sagesse vous diray; car il estoit tenu le plus sage homme qu'il eust en tout son conseil. Et quant il lui arrivoit aucune chose dont il failloit respondre necessairement, jamais il n'attendoit son conseil, quant il veoit que la chose requeroit celerité et droicture.

Puis aprés le bon roy saint Loys pourchassa tant

(1) *Pers* : bleu tirant sur le noir.

qu'il fist venir à lui en France le roy d'Angleterre, sa femme, et leurs enfans, pour faire paix et accord entr'eulx. A laquelle paix faire estoient tres-contraires les gens de son conseil, et lui disoient : « Sire, nous « sommes grandement esmerveillez comment vous « voulez consentir à bailler et lesser au roy d'Angle-« terre si grant partie de vostre terre, que vous et « voz predecesseurs avez acquises sur lui, et par ses « meffaitz. Dont il nous semble que n'en soiez pas « bien adverty, et que gré ne grace ne vous en sau-« ront-ilz. » A cela le Roy leur respondist qu'il savoit bien que le roy d'Angleterre et son predecesseur avoient justement et à bon droit perdu les terres qu'il tenoit : et qu'il ne entendoit leur rendre aucune chose à quoy il fust tenu le faire. Mais le faisoit-il seulement pour amour, paix et union avoir, nourrir et entretenir entr'eulx et leurs enfans, qui sont cousins germains. Et disoit le Roy : « Je pense, fait-il, que « en ce faisant je feray moult bonne euvre. Car en « premier lieu je feray et conquerray paix, et en « aprés je le feray mon homme de foy, qu'il n'est pas « encores. Car il n'est point encores entré en mon « hommage. »

Le roy saint Loys fut l'omme du monde qui plus se travailla à faire et mectre paix et concorde entre ses subgectz, et par especial entre les princes et seigneurs de son royaume, et des voisins, mesmement entre le conte de Chalons mon oncle, et le conte de Bourgoigne son filz, qui avoient grant guerre ensemble, au retour que fusmes venuz d'oultre mer. Et pour la paix faire entre le pere et le filz, il envoia plusieurs gens de son conseil jusques en Bourgoigne à ses propres coustz et despens : et finablement fist tant, que par son moien la paix des deux parsonnages fut faite. Semblablement par son pourchaz la paix fut faite entre le second roy Thibault de Navarre et les contes de Chalons et de Bourgoigne, qui avoient dure guerre ensemblement les ungs contre les autres : et y envoia pareillement des gens de son conseil qui en firent l'accord, et les appaiserent.

Aprés celle paix commença une autre grant guerre entre le conte Thibault de Bar et le conte de Luxembourg, qui avoit sa seur à femme. Et lesquelz se combatirent l'un contre l'autre main à main dessoubz Pigny. Et print le conte de Bar, le conte de Luxembourg, et aprés gaigna le chasteau de Ligney, qui est au conte de Luxembourg à cause de sa femme. Pour laquelle guerre appaiser le Roy y envoia monseigneur Perron le chambellan, qui estoit l'omme du monde en qui le Roy croioit plus, et aux despens du Roy. Et tant se y travailla le Roy que leur paix fut faicte. Les gens de son grant conseil le reprenoient aucune foiz, pour ce qu'il prenoit ainsi grant paine à appaiser les estrangiers : et qu'il fait mal quant il ne les laissoit guerroier, et que les appointemens s'en feroient mieulx aprés. A ce leur respondit le Roy, et leur dist qu'ilz ne disoient pas bien. « Car, ce fai-
« soit-il, si les princes et grans seigneurs qui sont
« voisins de mon royaume veoient que je les laissasse
« guerroier les ungs aux autres, ilz pourroient dire
« entr'eulx que le roy de France par sa malice et
« ingratitude nous lesse guerroier. Et par ce pour-
« roient-ilz conquerir hayne contre moy, et me pour-
« roient venir courir sus. Dont je pourroye bien

« souffrir mal, et dommaige à mon royaume : et da-
« vantaige encourir l'ire de Dieu, qui dit que benoist
« soit celui qui s'efforce de mectre union et concorde
« entre les discordans. » Et saichez que pour le
bien que les Bourgoignons et les Lorrains voient
en la personne du Roy, et pour la grant paine
qu'il avoit prinse à les mectre à union, ilz l'amoient
tant et l'obeïssoient, qu'ilz furent tous contens de
venir plaidoier devant lui des discords qu'ilz avoient
les ungs vers les autres. Et les y vy venir plusieurs
foiz à Paris, à Reims, à Melun et ailleurs, là où le
Roy estoit.

Le bon Roy ayma tant Dieu et sa benoiste mere,
que tous ceulx qu'il povoit actaindre (1) d'avoir fait
aucun villain serement, ou dit quelque autre villaine
chose et deshonneste, il les faisoit griefvement pugnir.
Et vis une foiz, à Cesaire oultre mer, qu'il fist eschaller (2) ung orfevre en braies et chemise moult villai-
nement à grant deshonneur. Et aussi ouy dire que depuis qu'il fut retourné d'oultre mer, durant que j'estois
à Jonville allé, qu'il avoit fait brusler et mercher (3)
à fer chault le neys et la baulievre (4) d'un bourgeois
de Paris, pour ung blapheme qu'il avoit fait. Et ouy
dire au bon Roy, de sa propre bouche, qu'il eust
voulu avoir esté seigné d'un fer tout chault, et il eust
peu tant faire, qu'il eust ousté tous les blaphemes et
juremens de son royaume.

En sa compaignie ay-je bien esté par l'espace de
vingt-deux ans. Mais oncques en ma vie, pour quelque
courroux qu'il eust, ne lui ouy jurer ne blaphemer

---

(1) *Actaindre* : convaincre. — (2) *Eschaller* : monter à l'échelle, au pilori. — (3) *Mercher* : marquer. — (4) *La baulievre* : le menton.

Dieu, ne sa digne mere, ne aucun saint ne sainte. Et quant il vouloit affermer aucune chose, il disoit : « Vraiement il est ainsi ; ou : Vraiement il n'en va pas « ainsi. » Et bien apparut que pour nulle rien il n'eust voulu regnier ne jurer Dieu, quant le souldan et les admiraulx d'Egipte lui voulurent faire regnier Dieu pour la foy bailler, ou cas qu'il ne tenòit l'appointement de paix qu'ils vouloient faire. Car le saint Roy, quant il y fut ainsi rapporté que les Turcs vouloient qu'il fist tel serement, jamés ne le voulut faire, ains plustoust eust amé mourir, comme est dit devant. Jamais ne lui ouy nommer ne appéller le deable, si n'avoit esté en aucun livre, là où il le faillist nommer par exemple. Et est une tres-honteuse chose au royaume de France de celui cas, et aux princes de le souffrir ne oyr nommer. Car vous verrez que l'un ne dira pas trois motz à l'autre par mal, qu'il ne die : « Va de par « le deable, » ou en autres langaiges. Le saint Roy me demanda une foiz si je lavoys les pieds aux povres le jour de jeudi absolu en caresme. Et je lui respondy que non, et qu'il ne me sembloit mye estre chose honneste. Adonc le bon Roy me dist : « Ha ! sire de Jon-« ville, vous ne devez pas avoir en desdaing et des-« pit ce que Dieu a fait pour nostre exemple, qui « les lava à ses apoustres, lui qui estoit leur maistre «. et Seigneur. Et croy que bien à tart feriez ce que « le roy d'Angleterre, qui à present est, fait. Car à « celui jour du jeudi saint il lave les piedz aux me-« zeaux, et puis les baise. »

Avant que le bon seigneur Roy se couchast, il avoit souvent de coustume de faire venir ses enfans devant lui, et leur recordoit les beaux faitz et ditz des roys et autres princes anxiens : et leur disoit que bien les devoient savoir et retenir, pour y prandre bon exemple. Et pareillement leur remonstroit les faitz des mauvais hommes qui par luxures, rapines, avarices et orgueilz avoient perdu leurs terres et leurs seigneuries; et que mauvaisement leur en estoit advenu. « Et « ces choses, disoit le Roy, vous en gardez de faire « ainsi comme ilz ont fait, et que Dieu n'en preigne « courroux contre vous. » Il leur faisoit à semblable apprandre les Heures de Nostre Dame, et leur faisoit oir chacun jour dire devant eulx les Heures du jour, selon le temps, affin de les acoustumer à ainsi le faire quant ilz seroient à tenir leurs terres. C'estoit ung tres-large aumosnier; car par tout où il alloit en son royaume, il visitoit les pouvres eglises, les malladeries et les hospitaulx. Et s'enqueroit des pouvres gentilz-hommes, des pouvres femmes veufves, des pouvres filles à marier. Et par tous les lieux où il savoit avoir necessité et estre souffreteux, il leur faisoit largement donner de ses deniers. Et à pouvres mendians faisoit donner à boire et à menger. Et lui ay veu plusieurs foiz lui-mesmes leur coupper du pain, et leur donner à boire. En son temps il a fait faire et edifier plusieurs eglises, monasteres et abbaies : c'est assavoir Reaumont, l'abbaie de Saint Anthoine lez Paris, l'abbaie du Lis, l'abbaie de Malboisson, et plusieurs autres religions de prescheurs et de cordeliers. Il fist semblablement faire la Maison-Dieu de Ponthoise, celle de Vernon, la maison des Quinze-Vingts de Paris, et l'abbaie des Cordelieres de saint Clou, que madame Ysabel sa seur fonda à la requeste de lui. Les benefices des eglises, qui escheoient en sa donaison, avant qu'il en voulust pourveoir aucun, il s'enqueroit à bonnes personnes de l'estat et condicion de ceulx qui les demandoient, et savoir s'ils estoient clercs et lectrez. Et ne vouloit jamais que ceulx à qui il donnoit les benefices, qu'ilz en tiensissent plus d'autres que à leur estat n'appartenoit ; et tousjours les donnoit par grant conseil de gens de bien.

Cy-aprés verrez commant il corrigea ses baillifz, juges, et autres officiers : et les beaux establissemens nouveaux qu'il fist et ordonna estre gardez par tout son royaume de France ; qui sont telz :

« Nous Loys (1), par la grace de Dieu roy de France,
« establissons que tous baillifz, prevostz, maires,
« juges, receveurs, et autres, en quelque office qu'il
« soit, que chascun d'eulx dorenavant fera serement
« que, tandis qu'ilz seront esdits offices, ils feront
« droit et justice à ung chascun, sans avoir aucune
« accepcion de personnes, tant à povres comme à ri-
« ches, à l'estrangier comme au privé ; et garderont
« les us et coustumes qui sont bonnes et approuvées.
« Et si par aucuns d'eulx est fait au contraire de leur
« serement, nous voulons et expressement enjoignons
« qu'ilz en soient pugniz en biens et en corps, selon
« l'exigence des cas. La pugnicion desquels nos bail-
« lifz, prevostz, juges, et autres officiers, nous re-
« servons à nous et à nostre congnoissance : et à
« eulx, de leurs inferieurs et subgetz. Nos tresoriers,
« receveurs, prevostz, auditeurs des comptes, et au-
« tres officiers et entremecteurs de noz finances, jure-
« ront que bien et loiaument ilz garderont noz rentes

(1) Cette ordonnance fut rendue à Paris en 1256.

« et dommaines avecques tous et chascuns noz droiz,
« libertez et preheminences, sans lesser ne souffrir
« en estre riens sourtrait, ousté, ne amenusé (1). Et
« avecques ce, qu'ilz ne prandront ne laisseront
« prandre, eulx ne leurs gens et commis, aucuns dons
« ne presens qu'on leur vueille faire, à eulx ne à
« leurs femmes et enfans, ne à autres, pour et en
« leur faveur. Et si aucun don en est receu, qu'ilz
« le feront incontinant et sans delay rendre et resti-
« tuer. Et semblablement qu'ilz ne feront faire au-
« cuns dons ne presens à nulles personnes dont ilz
« soient subgetz, pour quelque faveur ou support.
« Et avecques ce jureront que là où ilz sçauront et
« congnoistront aucuns officiers, sergens, ou autres,
« qui sont rapineurs et abuseurs en leurs offices,
« parquoy ilz doivent perdre leurs offices et nostre
« service, qu'ilz ne les soustiendront ne celeront par
« don, faveur, promesse, ne autrement : ains qu'ilz
« les pugniront et corrigeront selon que le cas le re-
« querra, en bonne foi et equité, et sans aucune
« hayne ne rancune. Et voulons, jaczoit ce que (2)
« lesdiz seremens soient prins devant nous, que ce
« nonobstant ilz soient publiez devant les clercs,
« chevaliers, seigneurs, et toutes autres gens de com-
« mune : affin que mieulx et plus fermement ils soient
« tenuz et gardez, et qu'ilz aient crainte d'encourir
« le vice de parjures, non pas seullement pour la
« crainte et pugnicion de nos mains, et de la honte
« du monde, mais aussi de la paeur et pugnicion de
« Dieu. En aprés nous deffendons et prohibons à tous

(1) *Amenusé* : diminué. — (2) *Jaczoit ce que* : quoique, encore que.

« nosditz baillifz, prevostz, maires, juges, et autres
« nos officiers, qu'ilz ne jurent ne blaphement le nom
« de Dieu, de sa digne mère, et benoistz saints et
« saintes de paradis : et à semblable, qu'ilz ne soient
« joüeux de dez, ne frequentans les tavernes et bor-
« deaux, sur paine de privacion de leur office, et de
« pugnicion telle que au cas appartiendra. Nous vou-
« lons à semblable que toutes les folles femmes de leurs
« corps, et communes, soient mises hors des maisons
« privées, et separées d'avecques les autres personnes :
« et que on ne leur loüera ne affermera quelques mai-
« sons ne habitacions, pour faire et entretenir leur
« vice et pechié de luxure. Aprés ce, nous prohibons
« et deffendons que nulz de noz baillifz, prevostz,
« juges, et autres officiers et administrateurs de jus-
« tice, ne soient tant hardiz de conquerir ne achap-
« ter, par eulx ne par autres, aucunes terres ne pos-
« sessions és lieux dont ilz auront la justice en main,
« sans nostre congié, licence et permission, et que
« soions premierement acertainez de la chose. Et si
« au contraire le font, nous voulons et entendons
« lesdites terres et possessions estre confisquées en
« nostre main. Ne à semblable ne voulons point que
« nos dessusdiz officiers superieurs, tant qu'ilz seront
« en noustre service, marient aucuns de leurs filz,
« filles, ne autres parens qu'ilz aient, à nulle autre per-
« sonne que en leurs bailliages et ressors, sans nostre
« congié especial. Et tout ce desdiz acquestz et maria-
« ges deffenduz ne entendons point avoir lieu entre
« les autres juges et officiers inferieurs, ne entre autres
« mineurs d'office. Nous deffendons aussi que baillif,
« prevost, ne autre, ne tiengne trop grant nombre

« de sergens ne de bedeaux, en façon que le commun
« peuple en soit grevé. Nous deffendons pareillement
« que nulz de noz subgets ne soient prins au corps ne
« emprinsonnez pour leurs debtes personnelles, fors
« que pour les nostres : et que il ne soit levé amende
« sur nul de nozdiz subjetz pour sa debte. Avecques
« ce, nous establissons que ceulx qui tiendront noz
« prevostez, vicontez, ou autres noz offices, qu'ilz ne
« les puissent vendre ne transporter à autre personne
« sans nostre congié. Et quant plusieurs seront com-
« paignons en ung office, nous voulons que l'un la
« exerce pour tous. Nous deffendons aussi qu'ilz ne
« dessaisissent homme de saisine qu'il tienne, sans con-
« gnoissance de cause, ou sans nostre especial com-
« mandement. Nous ne voulons qu'il soit levé aucunes
« exactions, pilleries, tailles ne coustumes nouvelles.
« Aussi nous voulons que noz baillifz, prevostz,
« maires, vicontes, et autres noz officiers, qui par
« aucun cas seront mis hors de leurs offices et de
« nostre service, qu'ilz soient, aprés ce qu'ilz seront
« ainsi depousez, par quarante jours residans ou pais
« desdictes offices, en leurs personnes, ou par procu-
« reur especial : affin qu'ilz respondent aux nouveaux
« entrez esdictes offices, à ce qu'ilz leur vouldront
« demander de leurs meffaictz et de leurs plaintes. »

Par lesquelz establissemens cy-dessus le Roy amenda
grandement son royaume, et tellement que chascun
vivoit en paix et en tranquilité. Et saichez que ou
temps passé l'office de la prevosté de Paris se vendoit
au plus offrant. Dont il advenoit que plusieurs pilleries et maléfices s'en faisoient, et estoit totalement
justice corrompuë par faveurs d'amys, et par dons

et promesses. Dont le commun ne ouzoit habiter ou royaume de France, et estoit lors presque vague. Et souventesfoiz n'avoit-il aux pletz de la prevosté de Paris, quant le prevost tenoit ses assises, que dix personnes au plus, pour les injustices et abusions qui se y faisoient. Pourtant ne voulut-il plus que la prevosté fust venduë, ains estoit office (1) qu'il donnoit à quelque grant sage homme, avecques bons gaiges et grans. Et fist abolir toutes mauvaises coustumes dont le povre peuple estoit grevé auparavant. Et fist enquerir par tout le païs là où il trouveroit quelque grant sage homme qui fust bon justicier; et qui pugnist estroictement les malfaicteurs, sans avoir esgard au riche plus que au povre. Et lui fut amené ung qu'on appelloit Estienne Boyleaüe (2), auquel il donna l'office de prevost de Paris : lequel depuis fist merveilles de soy maintenir oudit office. Tellement que desormais n'y avoit larron, murtrier, ne autre mal-faicteur, qui ozast demourer à Paris, que, tantoust qu'il en avoit congnoissance, qui ne fust pendu, ou pugny à rigueur de justice, selon la quantité du mal-faict. Et n'y avoit faveur de parenté ne d'amys, ne or, ne argent, qui l'en eust peu garentir : et grandement fist bonne justice. Et finablement par laps de temps le royaume de France se multiplia tellement, pour la bonne justice et droicture qui y regnoit, que

***

(1) *Ains estoit office* : mais c'étoit un office. — (2) *Estienne Boyleaüe* : Un historien du temps dit qu'il fit pendre un sien filleul, parce que la mère lui dit qu'il ne pouvoit s'empêcher de voler; et un sien compère, parce qu'il avoit nié une somme d'argent que son hôte lui avoit baillée à garder. La famille de Boyleaüe existoit encore, du temps de Du Cange, à Paris et dans l'Anjou.

le dommaine, cencifz, rentes et revenuz du royaume croissoit d'an en an de moitié; et en amenda moult le royaume de France.

Dés le temps de son jeune eage fut-il piteux des pouvres et des souffreteux : et tellement se y accoustuma, que quant il fut en son regne il avoit tousjours communément six-vingts pouvres qui estoient repeuz chascun jour en sa maison, quelque part qu'il fust. Et en caresme le nombre des povres croissoit, et souventesfoiz les lui ay veu servir lui mesmes : et leur faisoit donner de ses propres viandes. Et quant ce venoit aux festes annuelles, le jour des vigiles, avant qu'il beust ne mengeast, il les servoit. Et quant ilz estoient repeuz, ilz emportoient tous certaine somme de deniers. Et, à bref dire, faisoit le roy saint Loys tant d'aumosnes, et de si grandes, que à paine les pourroit-on toutes dire et declairer. Dont y eut aucuns de ses familiers qui murmuroient de ce qu'il faisoit si grans dons et aumosnes, et disoient qu'il y despendoit moult. Mais le bon Roy respondoit qu'il aimoit mieulx faire grans despens à faire aumosnes, que en boubans et vanitez. Ne pour quelque grans aumosnes qu'il feist, ne laissoit-il à faire grant despence et large en sa maison, et telle qu'il appartenoit à tel prince: car il estoit fort liberal. Et aux parlemens et Estatz qu'il tint à faire ses nouveaux establissemens, il faisoit tous servir à sa court les seigneurs, chevaliers, et autres, en plus grant habondance et plus haultement que jamais n'avoient fait ses predecesseurs. Il aymoit moult toutes manieres de gens qui se mectoient au service de Dieu. Dont il a depuis fondé et fait plusieurs beaux monasteres et maisons de religion par tout son royaume. Et mesmement environna-il toute la ville de Paris de gens de religion, qu'il y ordonna, logea et fonda à ses deniers.

Aprés ces choses dessusdites, le Roy manda tous les barons de son royaume, pour aller à lui à Paris en ung temps de caresme. Et aussi m'envoia-il querir à Jonville, dont je me cuidé assez excuser de venir, pour une fievre quarte que j'avois. Mais il me manda qu'il avoit assez gens qui savoient donner guerison de fievres quartes; et que sur toute s'amour, que je allasse à Paris : ce que je fys. Et quant je fu là, onques je ne sceu savoir pourquoy il avoit ainsi mandé les grans seigneurs de son royaume. Et advint que le jour de la feste Nostre Dame en mars je m'endormy à matines. Et en mon dormant me fut advis que je veoie le Roy à genoulz devant ung autel, et qu'il y avoit plusieurs prelatz qui le revestoient d'une chaisible rouge, qui estoit de sarge de Reims. Et tantoust que je fu esveillé, je racomptay ma vision à ung mien chappelain, qui estoit tres-saige homme : lequel me dist que le Roy se croizeroit le landemain. Et je lui demanday commant il le savoit? Et il me dist qu'il le savoit par mon songe et advis : et que la chasible rouge que je lui veoie mectre sus signiffioit la croix de Nostre Seigneur Jesus-Christ, laquelle fut rouge de son precieux sang qu'il espandit pour nous. Et ainsi que la chasible estoit de sarge de Reims, que ainsi la croiserie seroit de petit exploict, ainsi qu'il disoit que je verrois le landemain.

Or advint que le landemain le Roy et ses trois filz se croiserent : et fut la croisure de petit exploict, tout ainsi que mon chappelain le m'avoit recité le jour davant. Parquoy je creu que c'estoit prophecie. Ce fait, le roy de France et le roy de Navarre me pressoient fort de me croiser, et entreprandre le chemin du pelerinage de la croix. Mais je leur repondi que tandis que j'avois esté oultre mer ou service de Dieu, que les gens et officiers du roy de France avoient trop grevé et foullé mes subgetz, tant qu'ilz en estoient apovriz : tellement que jamais il ne seroit que eulx et moy ne nous en santissons. Et veoie clerement, si je me mectoie au pellerinage de la croix, que ce seroit la totale destruction de mesdiz pouvres subgetz. Depuis ouy-je dire à plusieurs que ceulx qui lui conseillerent l'entreprinse de la croix firent ung tres-grant mal, et pecherent mortellement ; car, tandis qu'il fut ou royaume de France, tout son royaume vivoit en paix, et regnoit justice. Et incontinant qu'il en fut hors, tout commença à decliner et à empirer. Par autre voie firent-ilz grant mal : car le bon seigneur estoit si tres-feble et debilité de sa personne, qu'il ne povoit souffrir ne endurer nul harnois sur lui, et ne povoit endurer estre longuement à cheval. Et me convint une foiz le porter entre mes braz depuis la maison du conte d'Auserre jusques aux Cordeliers, quant nous mismes à terre au revenir d'oultre mer.

Du chemin qu'il print pour aller jusques à Tunes, je n'en escripray riens, parce que je n'y fu pas. Et ne veulx mectre ne escripre en ce livre aucune chose de quoy je ne sois certain. Mais nous dirons du bon roy saint Loys que quant il fut à Tunes devant le chastel de Cartaige, une maladie de flux de ventre le print. Et pareillement à monseigneur Phelippes son filz aisné print ladite maladie avecques les fievres quartes. Le bon Roy si acouscha au lit, et congnut bien que il devoit deceder de ce monde en l'autre. Lors appella-il messeigneurs ses enfans. Et quant ilz furent devant lui, il adressa sa parolle à son aisné filz, et lui donna des enseignemens qu'il lui commanda garder comme par testament, et comme son hoir principal. Lesquelz enseignemens j'ay ouy dire que le bon Roy mesmes les escripvit de sa propre main, et sont telz :

« Beau filz, la premiere chose que je t'enseigne et
« commande à garder, si est que de tout ton cueur,
« et sur toute rien, tu aymes Dieu ; car sans ce nul
« homme ne peult estre sauvé. Et te garde bien de
« faire chose qui lui desplaise, c'est assavoir pechié.
« Car tu deverois plustost desirer à souffrir toutes
« manieres de tourmens, que de pecher mortellement.
« Si Dieu t'envoie adversité, reçoy-la benignement,
« et lui en rends graces : et pense que tu l'as bien
« desservy, et que le tout te tournera à ton preu. S'il
« te donne prosperité, si l'en remercie tres-humble-
« ment, et gardes que pour ce tu n'en soies pas pire
« par orgueil, ne autrement. Car l'on ne doit pas
« guerroier Dieu de ses dons, qu'il nous fait. Con-
« fesse toy souvent, et eslis confesseur ydone qui
« preudomme soit, et qui te puisse seurement ensei-
« gner à faire les chouses qui sont necessaires pour
« le salut de ton ame, et aussi les choses dont tu te
« dois garder : et que tu soies tel que tes confes-
« seurs, tes parens et familiers te puissent hardie-
« ment reprandre de ton mal que tu auras fait, et
« aussi à t'enseigner tes faitz. Escoute le service
« de Dieu et de nostre mere sainte Eglise devote-

« ment, de cueur et de bouche; et par especial à la
« messe, depuis que la consecracion du corps Nostre
« Seigneur sera, sans bourder (1) ne truffer (2) avec-
« ques autrui. Aies le cueur doulx et piteux aux
« povres, et les conforte et aide en ce que pourras.
« Maintien les bonnes coustumes de ton royaume,
« et abbaisse et corrige les mauvaises. Garde-toy de
« trop grant convoitise, ne ne boute pas sus trop
« grans tailles ne subcides à ton peuple, si ce n'est
« par trop grant necessité, pour ton royaume def-
« fendre. Si tu as en ton cueur aucun malaise, dy-le
« incontinant à ton confesseur, ou à aucune bonne
« personne qui ne soit pas plain de villaines pa-
« rolles. Et ainsi legerement pourras pourter ton mal,
« par le reconfort qu'il te donnera. Prens toy bien
« garde que tu aies en ta compaignie preudes gens
« et loiaux, qui ne soient point plains de convoitise :
« soient gens d'eglise, de religion, seculiers, ou au-
« tres. Fuy la compaignie des mauvais, et t'efforce
« d'escouter les parolles de Dieu, et les retien en
« ton cueur. Pourchasse continuellement prieres,
« oraisons et pardons. Ame ton honneur. Gardes
« toy de souffrir autrui qui soit si hardi de dire de-
« vant toi aucune parolle qui soit commencement d'es-
« mouvoir nully à peché, ne qui mesdie d'autrui dar-
« rieres ou devant, par detraction. Ne ne seuffre
« aucune villaine chose dire de Dieu, de sa digne
« mere, ne de saint ou sainte. Souvent regracie
« Dieu des biens et de la prosperité qu'il te don-
« nera. Aussi fais droicture et justice à chascun;

(1) *Bourder :* railler, dire des sornettes. — (2) *Truffer :* dire des paroles inutiles.

« tant au pouvre comme au riche. Et à tes serviteurs
« sois loial, liberal, et roide de parolle; ad ce qu'ilz
« te craignent et ayment comme leur maistre. Et si
« aucune controversité ou action se meut, enquiers
« toy jusques à la verité, soit tant pour toy que
« contre toy. Si tu es adverti d'avoir aucune chose
« de l'autrui qui soit certaine, soit par toy ou par
« tes predecesseurs, fay la rendre incontinant. Re-
« garde o toute diligence commant les gens et sub-
« getz vivent en paix et en droicture dessoubz toy,
« par especial és bonnes villes et citez, et ailleurs.
« Maintien les franchises et libertez esquelles tes
« anxiens les ont maintenuz et gardez, et les tiens
« en faveur et amour. Car, par la richesse et puis-
« sance de tes bonnes villes, tes annemys et adver-
« saires doubteront de te assaillir, et de mesprandre
« envers toy, par especial tes pareilz, et tes barons,
« et autres semblables. Ayme et honnoure toutes
« gens d'eglise et de religion, et garde bien qu'on
« ne leur tollisse leurs revenuz, dons et aumosnes,
« que tes anxiens et davanciers leur ont lessez et
« donnez. On racompte du roy Phelippes mon ayeul
« que une foiz l'un de ses conseillers lui dist que
« les gens d'eglise lui faisoient perdre et amenuser
« les droiz et libertez, mesmement ses justices; et
« que c'estoit grant merveille comment il le souf-
« froit ainsi. Et le Roy mon ayeul lui respondit
« qu'il le croioit bien; mais que Dieu lui avoit tant
« fait de biens et de gratuitez, que il aimoit mieulx
« lesser aller son bien, que d'avoir debat ne contens
« aux (1) gens de sainte Eglise. A ton pere et à ta

(1) *Ne contens aux*: ni procès avec.

« mere pourte honneur et reverence, et garde de les
« courousser par desobeissance de leurs bons com-
« mandemens. Donne les benefices qui te appartien-
« dront à bonnes persones et de nette vie : si le fay
« par le conseil de preudes gens et sages. Gardes
« toy d'esmouvoir guerre contre homme chrestien
« sans grant conseil, et que autrement tu n'y puisses
« obvier. Et si aucune guerre y as, si garde les gens
« d'eglise, et ceulx qui en riens ne t'auront meffait.
« Si guerre et debat y a entre tes subgetz, appaise
« les au plus tost que tu pourras. Prens garde souvent
« à tes baillifz, prevostz, et autres tes officiers, et
« t'enquiers de leur gouvernement, affin que si
« chose y a en eulx à reprandre, que tu le faces.
« Et garde que quelque villain peché ne regne en
« ton royaume, mesmement blapheme ne heresie :
« et si aucun en y a, fay-le tollir et ouster. Et garde
« toy bien que tu faces en ta maison despence rai-
« sonnable et de mesure. Et te supply, mon enfant,
« que en ma fin tu aies de moy souvenance, et de
« ma pouvre ame : et me secoures par messes, orai-
« sons, prieres, aumosnes et biensfaiz, par tout ton
« royaume. Et me octroie part et porcion en tout
« tes biensfaiz, que tu feras. Et je te donne toute be-
« nediction que jamais pere peut donner à enfant :
« priant à toute la Trinité de paradis, le Pere, le
« Filz et le Saint-Esperit, qu'il te garde et deffende
« de tous maulx, par especial de mourir en pechié
« mortel; ad ce que nous puissons une foiz, aprés
« ceste mortelle vie, estre devant Dieu ensemble à lui
« rendre graces et loüenges sans fin en son royaume
« de paradis. Amen. »

Quant le bon roy saint Loys eut ainsi enseigné et endoctriné monseigneur Phelippes son filz, la maladie qu'il avoit lui commença incontinant à croistre durement. Et lors demanda les sacremens de sainte Eglise, lesquelz lui furent administrez en sa plaine vie, et bon sens, et ferme memoire; et bien l'apparut. Car quant on le mectoit en unction, et qu'on disoit les sept seaupmes, lui mesmes respondoit les versetz desdiz sept seaupmes, avecques les autres qui respondoient au prebstre qui lui bailloit la sainte unction. Et ouy depuis dire, à monseigneur le conte d'Alenczon son filz, que ainsi que le bon Roy approucheoit de la mort, il se efforçoit d'appeller les saints et saintes de paradis, pour lui venir aider et secourir à celui trespas. Et par especial evocquoit-il monseigneur saint Jaques, en disant son oraison, qui commence : *Esto, Domine*. Monseigneur saint Denis de France appella-il, en disant son oraison, qui valoit autant à dire : « Sire Dieu, donne nous grace de po- « voir despriser et mectre en oubly la propreté de « ce monde, en maniere que nous ne doubtons nulle « adversité. » Madame sainte Genevieve reclamoit-il aussi. Et aprés il se fist mectre en ung lit couvert de cendres, et mist ses mains sur sa poitrine. Et, en regardant vers le ciel, rendit l'ame à son Createur, à telle mesme heure que Nostre Seigneur Jesus-Christ rendit l'esperit en l'arbre de la croix, pour le salut de son peuple.

Piteuse chouse est, et digne de pleurer, le trespassement de ce saint prince qui si saintement a vesqu, et bien gardé son royaume, et qui tant de beaux faitz envers Dieu a faitz. Car ainsi que l'escripvain enlumine son livre, pour estre plus beau et honnoré: semblablement le saint Roy avoit enluminé et esclarcy son royaume par grans aumosnes, et par monasteres et eglises qu'il a faictes et fondées en son vivant, dont Dieu est aujourdui loüé et honnoré nuyt et jour. Le landemain de la feste saint Bertholomy apoustre trespassa-il de ce siecle en l'autre, et en fut apporté le corps à Saint Denis en France. Et là fut enseveli ou lieu où il avoit despieça esleu sa sepulture: auquel lieu Dieu par ses prieres a depuis fait maints beaux miracles.

Tantoust aprés, par le commandement du Saint Père de Romme, vingt ung prelat (1) à Paris, qui estoit arcevesque de Roüan, et ung autre evesque avecques lui : et s'en allerent à Saint Denis en France. Auquel lieu ilz furent long-temps, pour eulx enquerir de la vie, des euvres et des miracles du bon roy saint Loys. Et me manderent venir à eulx, et là fu par deux jours, pour savoir de moy ce qu'en savoie. Et quant ilz se furent par tout bien enquis du bon roy saint Loys, ilz en emporterent en court de Romme l'enqueste. Laquelle veuë bien et à bon droit, ilz le misdrent ou nombre des confesseurs. Dont grant joie fut et doibt estre à tout le royaume de France, et moult grant honneur à tout son lignaige, voire ceulx qui le

---

(1) *Vint ung prelat.* L'archevêque de Rouen, l'évêque d'Auxerre et l'évêque de Spolette furent chargés de faire une enquête au sujet des miracles de saint Louis. Cette enquête dura douze ans. Elle fut envoyée à Rome, et le pape Martin IV en confia l'examen à trois cardinaux. Martin étant mort peu de temps après, le rapport en fut fait à Honorius IV, qui ne vécut pas assez pour terminer cette affaire. Ce fut Boniface VIII qui mit Louis IX au nombre des saints, le 11 août 1297.

vouldront ensuir (1). Aussi grant deshonneur sera à ceulx de son lignaige qui ne le vouldront ensuir, et seront monstrez o le doy en disant que à tart (2) le bon saint homme eust fait telle mauvaistié ou telle villennie.

Aprés que ces bonnes nouvelles furent venuës de Romme, le Roi donna et assigna journée pour lever le saint corps (3). Et le leverent l'arcevesque de Reims qui lors estoit, messire Henry de Villiers arcevesque de Lyon, qui estoit lors, le porterent devant: et plusieurs autres arcevesques et evesques le portoient aprés, dont je ne sçay les noms. Aprés qu'il fut levé, frere Jehan de Semours le prescha devant le monde; et entre autres de ses faitz ramenta souvent une chose que je lui avois dicte du bon Roy: c'estoit de sa grant loiaulté. Car, comme j'ay devant dit, quant il y avoit aucune chose promise de sa seulle et simple parolle aux Sarrazins au veage d'oultre mer, il n'y avoit remede qu'il ne la leur tiensist selon sa promesse. Ne pour avoir perdu cent mil livres, il ne leur eust voulu faillir de promesse. Aussi prescha ledit frere Jehan de Semours toute sa vie, comme elle est cy-devant escripte. Tantoust que le sermon fut finé, le Roy et ses freres remporterent le corps du Roy leur pere en ladite eglise de Saint Denis, avecques l'aide de leur lignaige, pour faire honneur au corps, qui grant honneur avoit fait, si à eulx ne tenoit, ainsi comme j'ay dit devant.

Encores escripray-je quelque chose en l'onneur du

(1) *Voire ceulx qui le vouldront ensuir* : aussi à ceux qui voudront l'imiter. — (2) *A tart* : jamais. — (3) *Pour lever le saint corps* : le corps de saint Louis fut transporté, en 1298, de Saint-Denis à la Sainte-Chapelle de Paris. Boniface VIII avoit accordé des indulgences à tous ceux qui assisteroient à cette translation.

bon roy saint Loys. C'est assavoir que, moy estant en ma chappelle à Jonville, il me fut advis à certain jour qu'il estoit devant moy tout joieux. Et pareillement estois bien à mon aise de le veoir en mon chastel. Et lui disoie : « Sire, quant vous partirez d'icy, je « vous meneray logier en une autre mienne maison, « que j'ay à Chevillon. » Et il m'estoit advis qu'il m'avoit respondu en riant : « Sire de Jonville, foy « que dois à vous, je ne me partiray pas si toust d'icy, « puis que je y suis. » Quant je m'esveillay, je pensay en moy que c'estoit le plaisir de Dieu et de lui que je le herbergeasse en ma chappelle. Ce que je fis incontinant aprés. Car j'ay fait faire ung autel en l'onneur de Dieu et de lui : et là y ay estably une messe perpetuelle par chacun jour, bien fondée en l'onneur de Dieu et de monseigneur saint Loys. Et ces choses ay-je ramentuës à monseigneur Loys son fils, affin que, en faisant le gré de Dieu et de monseigneur saint Loys, je puisse avoir quelque partie des reliques du vray corps monseigneur saint Loys, pour tenir en ma chappelle à Jonville, affin que ceulx qui verront son autel puissent avoir à icelui saint plus grant devocion.

Et foys assavoir à tous les lecteurs de ce petit livret que les choses que je dis avoir veuës et sceuës de lui sont vraies, et fermement le doivent croire. Et les autres choses que je ne tesmoignè que par oir, prenez-les en bon sens, s'il vous plaist : priant à Dieu que, par la priere de monseigneur saint Loys, il lui plaise nous donner ce qu'il sceit nous estre necessaire, tant aux corps que aux ames. Amen.

VARIANTES.

Ces variantes se composent des fragmens de l'édition de 1761 et de celle de Poitiers, qui n'existent pas dans l'édition de Du Cange. L'édition de 1761 ayant aussi des variantes, on a placé celles-ci au bas des pages, en les distinguant des notes explicatives par la lettre V.

(Page 165, ligne dernière.) LE secont livre nous parlera de ses granz chevaleries et de ses granz hardemens, lesquiex sont tiex [1] que je li vi quatre foiz mettre son cors en aventure de mort, aussi comme vous orrez ci après, pour espargnier le doumage de son peuple.

Le premier fait là où il mist son cors en avanture de mort, ce fu à l'ariver que nous feimes devant Damiete, là où tout son conseil li loa [2], ainsi comme je l'entendi, que il demourast en sa neif, tant que il veist que [3] sa chevalerie feroit, qui alloit à terre. La reson pourquoy en li loa ces choses si estoit tele que se il arivoit avec eulz, et sa gent estoient occis et il avec, la besoigne seroit perdue; et se il demouroit en sa neif, par son cors [4] peust-il recouvrer à [5] reconquerre la terre de Egypte. Et il ne voult nullui croire; ains [6] sailli en la mer tout armé, l'escu au col, le glaive ou poing [7], et fu des premiers à terre.

La seconde foiz qu'il mist son cors en avanture de

---

[1] *Lesquiex sont tiex:* lesquels sont tels. — V. de ses grans hardiesses qui sont telles. — [2] *Loa:* conseilla. — [3] *Que:* ce que. — [4] *Son cors:* sa personne. — [5] V. et. — [6] *Ains:* Mais. — [7] *Ou poing:* au poing.

mort si fu tele que, au partir qu'il fist de Laumasourre (1) pour venir à Damiete, son conseil li loa, si comme l'en me donna à entendre, que il s'en venist à Damiete en galies; et ce conseil li fu donné, si comme l'en dit, pource que, se'il li mescheoit de sa gent (2), par son cors les peust delivrer de prison. Et especialment ce conseil li fu donné pour le meschief de son cors, où il estoit par plusieurs maladies qui estoient teles : car il avoit double tierceinne (3) et menoison (4) moult fort, et la maladie de l'ost en la bouche et ès jambes. Il ne voult onques nullui croire; ainçois (5) dist que son peuple ne lairoit il ja, mez feroit tele fin comme il feroient. Si li en avint ainsi, que par la menoison qu'il avoit, que il li couvint le soir couper le fonz de ses braiez (6); et par la force de la maladie de l'ost se pena il le soir (7) par plusieurs foiz, aussi comme vous orrez ci-après.

La tierce foiz qu'il mist son cors en avanture de mort, ce fu quant il demoura un an (8) en la sainte terre, après ce que ses freres en furent venuz. En grant avanture de mort fumes lors; car quant le Roy fu demouré en Acre, pour un home à armes que il avoit en sa compaignie, ceulz d'Acre en avoient bien trente, quant la ville fu prise. Car je ne sai autre reson pourquoy les Turz ne nous vindrent prenre en la ville, fors que (9) pour l'amour que Dieu avoit au Roy, qui la poour metoit ou cuer à nos ennemis, pourquoi (10)

***

(1) V. de la Massoure. — (2) *Se il li mescheoit de sa gent* : si ses troupes recevoient quelque échec. — (3) *Double tierceinne* : la fièvre double tierce. — (4) *Menoison* : la dysenterie. — (5) *Ainçois* : mais. — (6) V. chausses. — (7) V. il se pasma le soir. — (8) V. quatre ans. — (9) *Fors que* : sinon. — (10) *Pourquoi* : afin que.

il ne nous osassent venir courre sus. Et de ce est escript : Se tu creins Dieu, si te creindront toutes les riens qui te verront. Et ceste demourée fist il tout contre son conseil, si comme vous orrez ci-après. Son cors mist il en avanture pour le peuple de la terre garantir, qui eust esté perdu deslors, se il ne se feust lors reniez (1).

Le quart fait là où il mist son cors en avanture de mort, ce fu quant nous revenismes d'outremer et venismes devant l'ille de Cypre, etc. (2).

En la dareniere partie de cest livre parlerons de sa fin, comment il trespassa saintement.

(P. 200, lig. 20.) Le Roy avoit vestu une cotte de samit ynde (3) et seurcot et mantel de samit vermeil fourré d'ermines, et un chapel de coton en sa teste qui moult mal li séoit, pource que il estoit lors joenne homme. Le Roy tint cele feste és hales de Saumur, et disoit l'en que le grant roy Henry d'Angleterre les avoit faites pour ses grans festes tenir. Et les hales sont faites à la guise des cloistres de ces moinnes blans (4); mès je croi que de trop il n'en soit nul si grant (5). Et vous dirai pourquoy il le me semble : car à la paroy du cloistre (6) où le Roy mangoit, qui estoit environné de chevaliers et de serjans qui tenoient grant espace, mangeoient à une table vingt que évesques que arcevesques ; et encore après les évesques et les arceves-

---

(1) *Reniez* : pour *rangé*, approché de la côte. — V. s'il en fust venu. — (2) *Voyez* page 373 de ce volume. — (3) *Samit ynde* : étoffe de soie bleue. — V. de sandal ynde. — (4) *Moinnes blans* : les religieux de l'ordre de Citeaux. — (5) V. que de trop loing il ne soit nulz cloistres si grans. — (6) *Cloistre* : Joinville donne ici le nom de *cloître* à ces halles de Saumur.

ques mangoit encoste cele table la royne Blanche sa mere, au chief du cloistre, de celle part là où le Roy ne mangoit pas. Et si servoit à la Royne le conte de Bouloingne qui puis fu roy de Portingal (1), et le bon conte de Saint Pol, et un Alemant de l'aage de dix-huit ans, que en disoit que il avoit esté filz saint (2) Hélizabeth de Thuringe; dont l'en disoit que la royne Blanche le besoit ou front par devocion, pource que ele entendoit que sa mere li avoit maintes foiz besié.

Au chief du cloistre d'autre part estoient les cuisines, les boutêilleries, les paneteries et les despenses; de celi cloistre servoient (3) devant le Roy et devant la Royne, de char, de vin et de pain. Et en toutes les autres elez (4) et eu prael (5) d'en milieu mangoient de chevaliers si grant foison, que je ne scé le nombre; et dient moult de gent que il n'avoient onques veu autant de seurcoz ne d'autres garnemens de drap d'or à une feste, comme il ot là; et dient que il y ot bien trois mille chevaliers.

(P. 201.) Quant nous fumes à Poytiers, je vi un chevalier qui avoit non mon seigneur Gyeffroy de Rancon, que pour un grant outrage (6) que le conte de La Marche li avoit fait, si comme l'en disoit, et avoit juré sur sains que il ne seroit jamez roingnez en guise de chevalier (7), mès porteroit grève (8), aussi comme les femmes fesoient, jusques à tant que il se

---

(1) V. le conte de Loignie, qui depuys fut roy de Portugal. — (2) *Saint* : lisez *sainte*. — (3) *Servoient* : lisez *servoit l'en*, c'est-à-dire on servoit. — (4) *Elez* : ailes. — (5) *Prael* : préau. — (6) V. qui pour un grand oultraige... avoit juré, etc. — (7) *Que il ne seroit jamez roingnez en guise de chevalier* : qu'il ne se feroit jamais couper les cheveux comme les chevaliers. — (8) *Porteroit grève* : porteroit les cheveux longs et partagés sur le haut de la tête.

verroit vengié du conte de La Marche, ou par lui ou par autrui. Et quant mon seigneur Geffroy vit le conte de La Marche, sa femme et ses enfans, agenoillez devant le Roy, qui li crioient merci, il fist aporter un tretel (1), et fist oster sa grève, et se fist roingner en la présence du Roy, du conte de La Marche et de ceulz qui là estoient. Et en cel ost contre le roy d'Angleterre et contre les barons, le Roy en donna de grans dons, si comme je l'oy dire à ceulz qui en vindrent. Ne pour dons ne pour despens que l'en feist en cel host, ne autres de sa mer ne de là, le Roy ne requist ne ne prist onques aide des siens barons, n'à ses chevaliers, n'à ses hommes, ne à ses bones villes, dont en ce (2) plainsist. Et ce n'estoit pas de merveille ; car ce fesoit il par le conseil de la bone mere qui estoit avec li, de qui conseil il ouvroit (3) et des preudeshomes qui li estoient demouré du tens son pere et du temps son ayoul.

(P. 313.) Quant nous arrivasmes en Acre (4), ceus de la cité vindrent au devant du Roy, pour le recevoir jusques à la rive de la mer, avec les processions, à trés-grand' joye. Je voulus monter sur un palefroy qu'on m'avoit amené de la ville ; mais aussi-tost que je fus dessus, le cœur me faillit : ensorte que je fusse tombé par terre, n'eust esté que celui qui avoit amené le cheval me tenoit bien serré. Et à grand'peine me peut-on conduire jusqu'en la sale du Roy : et là demourai en une fenestre long-temps, que personne ne tenoit comte de moy, et n'avois avec moy, de tous mes gens

(1) *Tretel*: treteau, banc. — (2) *Ce*: lisez *se*. — (3) *De qui conseil il ouvroit*: par le conseil de laquelle il agissoit. — (4) Ce chapitre appartient à l'édition de Poitiers.

que j'avois amenés en Egypte, qu'un jeune enfant qui avoit nom Barthelemy, et estoit fils bastard de monsieur Amé de Montbelliar seigneur de Monfaucon, du quel je vous ay parlé cy-devant. Et ainsi que j'estois là attendant, il me vint un jeune compagnon, qui portoit une cotte vermeille à deux royes jaunes, qui me salua, et me demanda si je le connoissois point : et je lui respondis que non. Alors il me va dire qu'il estoit natif du chasteau Desclerz qui estoit à mon oncle : et me demanda si je le voulois retenir à mon service, et qu'il n'avoit point de maistre : ce que je lui accordai très bien, et le retin mon varlet. Tantost il m'alla querir des coiffes blanches, et me pigna moult bien. Après cella, le Roy m'envoia querir pour disner, et menai quant et moy mon nouveau varlet : lequel couppa devant moy, et trouva maniere d'avoir vivres pour lui et pour le jeune enfant. Après le disner, celui nouveau varlet, qui s'appelloit Guillemin, m'avoit pourchassé un logis tout auprés des bains, affin de me nettoier de l'ordure et salleté que j'avois gaignée en la prison : et quand se vint sur le soir, il me mist dans les bains ; mais aussi-tost que je fus entré dedans, le cœur me pasma, et m'en allai à l'envers en l'eau : en sorte qu'à grand'peine me peut-on tirer vif, et m'apporter jusques en ma chambre. Et devez sçavoir que je n'avois aucun accoustrement qu'une pouvre jaquette, n'aucuns deniers pour en avoir, ne pour me gouverner en ma maladie : qui me donnoit si grand' tristesse en mon ame, que j'estois plus tourmenté de me voir en telle extréme indigence, que de me sentir si griefvement malade come j'estois. Come j'estois en telle perplexité, de bonne heure me vint voir un chevalier qui avoit nom messire Pierre de Bourbrainne, lequel, me voyant en si piteus estat, me reconforta à son pouvoir, et me fist delivrer des draps pour me vestir, par un marchant de la ville d'Acre; et lui-mesme respondit pour moy au marchant. Et quant se vint au bout de trois jours, que je fus un peu guari et renforcé, je m'en allai devers le Roy, lequel me blasma fort dont j'avois esté si long-temps sans le voir : et m'enchargea, sur tant que j'avois son amour cher, que je demourasse à manger avec lui soir et matin, jusques à tant qu'il eust advisé si nous en irions en France, ou demeurerions là. Tandis que je fus là avec le Roy, je me complaignis à lui de messire Pierre de Courcenai, qui me devoit quatre cens livres de mes gages, qu'il ne me vouloit paier; mais le Roy me fist delivrer incontinent ladite somme de quatre cens livres : de quoy je fus bien joyeus, car je n'avois pas un povre denier. Quant j'eu receu mon argent, messire Pierre de Bourbraine, que j'avoie retenu avec moy, me conseilla que je n'en retinsse que quarante livres pour ma despense, et que je baillasse en garde le demourant au commandeur du palais du Temple : ce que je fis volontiers. Et quant j'eu despendu ces quarante livres, j'en envoiai querir autres quarante; mais le commandeur du Temple me manda qu'il n'avoit aucuns deniers qui fussent à moi, et, qui pis estoit, qu'il ne me connoissoit point. Quant j'eu entendu cette response, je m'en allai vers le maistre du Temple, qui avoit nom frere Regnaut de Bichiers, auquel j'apportois nouvelles du Roy; et puis après lui di mon infortune, et me plaignis à lui du commandeur du palais, qui ne me vouloit rendre mes deniers que je lui avois baillés en garde. Et aussi-tost que j'eu dit la parolle, il s'effroia asprement, et me dist : « Sire de « Joinville, je vous aime trop; mais si vous voulés « maintenir tel langage, jamais je ne vous vouldrois « plus aimer : car il sembleroit à vostre parler, et ainsi « que maintenés, que nos religieus fussent larrons. » Et je lui respondi alors que je ne tairois pas la chose, et que c'estoit bien force que j'eusse mes deniers, car je n'avois pas un blanc pour vivre. Et sans autre responce me despartis ainsi de lui. Et vous asseure que je fus en grand'fascherie de mon argent quatre jours durant, et ne sçavois à quel saint faire vœu pour le recouvrer. Durant ces quatre jours ne fis autre chose qu'aller et revenir, pour trouver quelque moien pour le r'avoir. Au bout de quatre jours, le maistre du Temple vint devers moi en sousriant, et me dist qu'il avoit trouvé mes deniers, et de fait me les rendit : dont je fus bien aise, car j'en avois grant besoing. Ne donnai plus la peine à ces religieus de garder mon argent [1].

(P. 315.) Et me dit ainsi [2] que il n'entendoit mie comment li Roys eust pooir de demourer, et me proia moult acertes que je m'en vousisse venir en sa nef. Et je li respondi que je n'en avoie pooir; car je n'avoie riens ainsi comme il le savoit, pource que j'avoie tout perdu en l'yaue là où j'avoie esté pris. Et ceste response ne li fis-je pas pource que je ne feusse moult volentiers alé avec li, mèz que pour une parole que

[1] Ce récit se trouve également dans l'édition de 1761. — [2] *Et me dit ainsi*. Il y a visiblement une lacune en cet endroit du manuscrit; mais on voit assez par la suite qu'il s'agit ici de l'entretien de Joinville avec le légat sur la proposition que le Roi vient de faire.

monseigneur de Bollainmont mon cousin germain, que Diex absoille, me dit quant je m'en alai outremer. « Vous en alez outremer, fist-il ; or vous prenés « garde au revenir : car nulz chevaliers, ne povres ne « richez, ne peut revenir que il ne scet (1) honni, se « il laisse en la main des Sarrazins le peuple menu « Nostre-Seigneur, en laquelle compaingnie il est « alé. » Le legat se courouça à moy, et me dit que je ne le deusse pas avoir refusé.

(P. 316, lig. 25.) Après moy demanda le legat à monseigneur Guillaume de Biaumont, qui lors estoit mareschal de France ; et il dit que j'avoie moult bien dit : « et vous dirai rèson pourquoy. » Monseigneur Jehan de Biaumont le bon chevalier, qui estoit son oncle, et avoit grant talent de retourner en France, l'escria moult felonnessement (2), et li dit : « Orde lon- « gaingne (3), que voulez-vous dire ? Raséez-vous tout « quoy (4). » Le Roy li dit : « Mesire Jehan, vous fètes « mal ; lessiés li dire. Certes, Sire, non ferai. » Il le couvint taire (5). Ne nulz ne s'acorda onques puis à moy, ne mès que (6) le sire de Chatenai.

(P. 317, lig. 17.) Et tenoie mes bras parmi les fers de la fenestre, et pensoie que se le Roy s'en venoit en France, que je m'en iroie vers le prince d'Antioche, qui me tenoit pour parent, et qui m'avoit envoié querre jusques à tant que une autre ale (7) me venist ou pays : parquoy les prisonniers feussent delivré, selonc le

---

(1) *Scet* : soit. — (2) *L'escria moult felonnessement* : le reprit en termes injurieux. — (3) *Orde longaingne* : sale excrément. — (4) *Raséez-vous tout quoy* : asseyez-vous sans parler davantage. — (5) *Il le couvint taire* : il fut forcé de se taire. — (6) *Ne mès que* : sinon. — (7) *Ale,* lisez *alée :* passage, armée de Croisés.

conseil que le sire de Boulaincourt m'avoit donné.

(P. 322, lig. 6.) Après ces choses atirerent les freres au Roy leur navie (1), et les autres riches homes qui estoient en Acre. Au partir que il firent d'Acre, le conte de Poitiers emprunta joiaus à ceulz qui r'alerent en France; et à nous qui demourasmes, en donna bien et largement. Moult me prièrent l'un frere et l'autre que je me preisse garde du Roy, et me disoient que il n'i demouroit nullui en qui il s'atendissent tant. Quant le conte d'Anjou vit que requeillir le couvendroit en la nef, il mena tel deul que touz s'en merveillerent; et toute voiz s'en vint-il en France.

(P. 342, lig. 24.) Ci-après vous dirai comment je ordenai et atirai mon affère en quatre ans que je y demourai, puis (2) que les freres le Roy en furent venus. Je avoie deux chapelains avec moy qui me disoient mes hores; l'un me chantoit ma messe sitost comme l'aube du jour apparoît, et l'autre attendoit tant que mes chevaliers et les chevaliers de ma bataille estoient levés. Quant je avoie oy ma messe, je m'en aloie avec le Roy. Quant le Roy vouloit chevaucher, je li fesoie compaingnie. Aucune foiz estoit que les messages venoient à li : parquoy il nous couvenoit besoigner à la matinée.

Mon lit estoit fait en mon paveillon en tel maniere que nul ne pooit entrer ens (3), que il ne me veist gesir (4) en mon lit; et ce fesoie-je pour oster toutes mescreances (5) de femmes. Quant ce vint contre (6) la Saint

---

(1) *Atirerent les freres au Roi leur navie* : les frères du Roi préparèrent, firent préparer leur flotte. — (2) *Puis* : depuis. — (3) *Ens* : dedans. — (4) *Gesir* : couché. — (5) *Toutes mescreances* : toute fausse croyance, tout faux soupçon. — (6) *Quand ce vint contre* : quand on approcha.

Remy, je fesoie acheter ma porcherie de pors et ma bergerie de mes chastris (1), et farine et vin pour la garnison (2) de l'ostel tout yver; et ce fesoie-je pource que les danrées enchiérissent en yver, pour la mer qui est plus felonnesce en yver que en esté. Et achetoie bien cent tonniaus de vin, et fesoie touzjours boire le meilleur avant; et fesoi tremprer le vin aus vallès d'yaue, et ou vin des escuiers moin d'yaue. A ma table servoit l'en devant mes chevaliers d'une grant phiole de vin et d'une grant phiole d'yaue; si le temproient si comme il vouloient.

Li-Roys m'avoit baillé en ma bataille cinquante chevaliers: Toutes les foiz que je mangoie, je avoie dix chevaliers à ma table, avec les miens dix; et mangoient l'un devant l'autre selonc la coustume du pays, et séoient sur nates à terre. Toutes les foiz que l'en crioit aus armes, je y envoioie cinquante-quatre chevaliers que en appeloit diseniers, pource que il estoient leur disiesme toutes les foiz que nous chevauchions armé : tuit li cinquante chevaliers manjoient en mon ostel au revenir. Toutes les festes années, je semonnoie (3) tous les riches hommes de l'ost; dont il convenoit que le Roy empruntast aucune foiz de ceulz que j'avoie semons.

(P. 345, lign. 1.) La quarte amende (4) fu telle que frere Hugue de Joy, qui estoit maréchal du Temple, fu envoié au soudant de Damas de par le mestre du Temple, pour pourchacier comment (5) le soudanc

---

(1) *Chastris* : moutons. — (2) *Garnison* : provision. — (3) *Toutes les festes années, je semonnoie* : toutes les festes annuelles, j'invitois. — (4) *La quarte amende* : la quatrième satisfaction. — (5) *Pourchacier comment* : faire en sorte que.

de Damas s'acordat que une grant terre que le Temple soloit tenir (1), que le Soudanc vousit que le Temple en eust la moitié, et il l'autre. Ces couvenances furent faites en tel manière, se li Roy si acordoit. Et amena frere Hugue un amiral de par le soudanc de Damas, et aporta les couvenances en escript, que en appelloit montefoy (2). Le mestre dit ces choses au Roy, dont le Roy fu forment effraé (3), et li dit que moult estoit hardi quant il avoit tenu nulles couvenances ne paroles au Soudanc, sanz parler à li; et vouloit le Roy que il li feust adrecié (4). Et l'adrecement fu tel que le Roy fist lever les pans de trois de ses paveillons, et là fu tout le commun de l'ost qui venir y volt; et là vint le mestre du Temple et tout le couvent, tout deschaus parmi l'ost, pource que leur heberge estoit dehors l'ost. Le Roy fist asseoir le mestre du Temple devant li et le message au Soudanc, et dit le Roy au mestre tout haut : « Mestre, vous direz au message
« le Soudanc que ce vous poise que vous avez fait (5)
« nulles treves à li sanz parler à moy; et pource
« que vous n'en aviés parlé à moy, vous le quités
« de quanque il vous ot couvent (6), et li rendés
« toutes ses couvenances. » Le mestre prist les couvenances, et les bailla à l'amiral. Et lors dit le Roy au mestre que il se levast, et que il feist lever touz ses freres; et si fist-il. « Or vous agenoillés et m'amendés

---

(1) *Que le Temple soloit tenir*: dont le Temple avoit été en possession. — (2) *Montefoy* : authentique. — (3) *Forment effraé* : fortement courroucé. — (4) *Que il li feust adrecié* : qu'il lui en fût fait réparation. — (5) *Ce vous poise que vous avez fait* : vous êtes fâché d'avoir fait. — (6) *Quités de quanque il vous ot couvent* : tenez quitte de tout ce qu'il vous a promis.

« ce que vous y estes alés contre ma volenté. » Le mestre s'agenoilla, et tendit le chief de son mantel au Roy, et abandonna au Roy quanque il avoient (1) à prenre pour s'amende, tele comme il la voudroit deviser (2). « Et je dis, fist le Roy, tout premier, « que frere Hugue, qui a faites les couvenances, soit « banni de tout le royaume de Jerusalem. » Le mestre et frere Hugue, compere le Roy du conte d'Alençon (3) qui fu né à Chastel-Pélerin (4), ne onques la Royne, ne autres, ne porent aidier frere Hue (5), que il ne li couvenist wider la Terre Sainte et du royaume de Jerusalem.

(P. 368.) Je vous conterai des jeus que le conte d'Eu nous fesoit. Je avoie fait une meson, là où je mangoie moy et mes chevaliers à la clarté de l'uis : or estoit l'uis au conte d'Eu (6); et il, qui moult estoit soutilz, fist une petite bible (7) que il getoit ens (8), et fesoit espier quant nous estions assis au manger, et dressoit sa bible du lonc de nostre table, et nous brisoit nos pos et nos vouerres.

Je m'estois garni de gelines et de chapons ; et je ne sai qui li avoit donné une joene oue (9), laquele il lessoit aler à mes gelines, et en avoit plustost tué une douzainne que l'en ne venist illec; et la femme qui les gardoit batoit l'oue de sa gounelle (10).

(1) *Avoient* : lisez *il avoit*. — (2) *Deviser* : ordonner, régler. — (3) *Compere le Roy du conte d'Alençon* : c'est-à-dire compère du Roi, parce que frère Hugue avoit tenu sur les fonts le comte d'Alençon, fils du Roi. — (4) *Chastel-Pélerin* : château bâti par les Croisés, sur la mer, à cinq milles d'Acre, au midi, à la pointe du Carmel. — (5) *Hue* : Hugue. — (6) V. devers le conte d'Eu. — (7) *Bible* : baliste. — (8) *Que il getoit ens* : avec laquelle il tiroit dans ma maison. — V. qui gectoit œufs. — (9) *Oue* : oye. — (10) *De sa gounelle* : de son tablier. — V. une jeune ourse, laquelle il laissoit aller à mes gelines,

Tandis que le Roy fermoit Sayete, vindrent marchéans en l'ost, qui nous distrent et conterent que le roy des Tartarins avoit prise, etc. (1).

(P. 368.) Cependant que nous estions devant Sajette, vindrent des marchans au Roy, lesquelles lui apporterent nouvelles que le roy de Tartarie avoit prins la cité de Bandac, et l'appostole des Sarrazins, qui estoit le sire de la ville; et l'appelloit-on le caliphe de Bandac, et fut telle la maniere de la prinze : c'est assavoir que le roy de Tartarie, qui avoit conspiré une grande cautele, manda au caliphe de Bandac, après l'avoir assiégé, que, pour paix et accord faire entre eux, il vouloit qu'il fust fait mariage entre ses enfans et les enfans d'iceluy caliphe de Bandac : auquel mandement respondit le caliphe, par son conseil, qu'il estoit tres-content. Par quoi le roy de Tartarie lui manda de rechef qu'il lui envoiast quarante des plus grans personnages qu'il eut en son conseil, pour traiter et accorder leurs mariages : ce que le caliphe fit, et envoya quarante de ses conseillers. Et le roy de Tartarie les retint, et manda encore au caliphe que ce n'estoit pas assés, et qu'il lui envoyast encores autres quarante hommes des plus riches et puissans qu'il eust point, affin que leurs traitez de mariages fussent plus seurement faits ; et le caliphe pensant qu'il dist verité, lui envoya pour la seconde fois autres quarante des plus riches qu'il eust en sa subjettion : et ainsi fit-il encores la troi-

et en avoit plutost tué une douzaine que on n'eust esté au lieu pour en prendre une ; et la femme qui les gardoit battoit icelle ourse de sa quenoille.

(1) Le récit de cet événement est à peu près le même que le fragment suivant, qui est extrait de l'édition de Poitiers.

siéme fois. Et quant le roy de Tartarie eust devers lui six-vint des plus grans capitaines, et des plus riches et puissans hommes de la cité, il se pensa bien que le demourant n'estoit que menu peuple, qui ne pourroit grandement resister, ne soi deffendre. Parquoi il fit coupper la teste à tous ces six-vint personnages qu'il avoit devers lui, et puis assaillit la ville asprement, et la print, et le caliphe leur seigneur aussi. Quant il eut la ville en sa puissance, il voulut couvrir sa desloyauté et trahison, mettant le blasme sur le caliphe, lequel il fit mettre en une cage de fer, et la le fit jeusner tant qu'il peut, jusques à l'extréme nécessité. Et puis s'en vint a lui le roy de Tartarie, et lui demanda s'il avoit point faim de manger : et le caliphe lui respondit qu'ouy vraiement, et que ce n'estoit pas sans cause. Lors le roy de Tartarie lui fit apporter et presenter devant lui un grant tailloüer (1) d'or tout chargé de joiaux et pierres precieuses ; et le Roy lui demanda : « Caliphe, connois-tu point ces « joiaux et ces grans tresors que tu voi devant toi ? » Et il respondit qu'ouy, et que d'autrefois avoient-ils esté siens, et en sa puissance. Et de rechef le Roy lui demanda s'il aimoit bien ces grans joiaux ? Et le caliphe lui respondit qu'ouy. « Or, fit le roy de Tartarie, puis- « que tu aimes tant les tresors, si en prens ce que tu « voudras, et en mange pour appaiser ta faim. » Le caliphe lui respondit que ce n'estoit pas viande à manger. Lors lui dit le roy de Tartarie : « Or à present peus-tu « voir ta grande faute : car si tu eusses donné de tes tre- « sors, que tu tenois si chers, à tes gens d'armes pour les « soudoier, tu te fusses bien deffendu contre moy : mais

(1) *Tailloüer* : bassin.

« ce que tu as plus aimé a manqué à ton besoing (1). »

Tandis que le Roy fermoit Sayete, je alai à la messe au point du jour, et il me dit que je l'attendisse, que il vouloit chevaucher ; et je si fis. Quant nous fumes aus chans, nous venimes par devant un petit moustier, et veismes tout à cheval un prestre qui chantoit la messe. Le Roy me dit que ce moustier estoit fait en l'onneur du miracle que Dieu fist du dyable que il geta hors du cors de la fille à la veuve femme ; et il me dit que se je vouloie, que il orroit léans la messe que le prestre avoit commenciée ; et je li dis que il me sembloit bon à fère. Quant ce vint à la pèz donner, je vi que le clerc qui aidoit la messe à chanter estoit grant, noir, mègre et hériciés, et doutai (2) que se il portoit au Roy la pèz, que espoir c'estoit un assacis (3), un mauvèz homme, et pourroit occirre le Roy. Je alai prenre la pèz au clerc, et la portai au Roy. Quant la messe fu chantée et nous fumes montez sus nos chevaus, nous trouvasmes le legat aus champs, et le Roy s'approcha de li et m'appella, et dit au legat : « Je me pleing à vous dou seneschal qui m'apporta la « pèz, et ne voult que le povre clerc la m'aporta. » Et je diz au legat la rèson pourquoi je l'avoie fait ; et le legat dit que j'avoie moult bien fèt. Et le Roy respondi : « Vraiement non fist ; grant descort y ot « d'eulz deuz, et je en demourai en pèz (4). » Et ces nouvelles vous ai-je contées, pource que vous véez la grant humilité de li.

(1) Édition de Poitiers. — (2) *Et doutai* : et je craignis. — (3) *Que espoir c'estoit un assacis* : que peut-être c'étoit un assassin. — (4) *En pèz* : il faut peut-être lire *sans pez*, ou *paix*, en sous-entendant pendant la dispute du seneschal et du clerc.

VARIANTES. 425

Ce miracle que Dieu fist à la fille de la femme par l'Evangile (1), qui dit (2) que Dieu estoit, quant il fist le miracle, *in parte Tyri et Syndonis* (3); car alors estoit la cité de Sur que je vous ai appelée Tyri, et la cité de Sayette que je vous ai devant nommée Sidoine (4).

Tandis que le Roy fermoit Sayete, vindrent à li les messages à un grant seigneur de la parfonde Grece, lequel se fesoit appeler le grant Commenie et sire de Trafentesi (5). Au Roy apporterent divers joiaus à present: entre les autres li apporterent ars de cor (6), dont les coches entroient à vis dedans les ars; et quant en les sachoit hors (7), si trouvoit l'en que il estoient dehors moult bien tranchant et moult bien faiz (8). Au Roy requistrent que il li envoiast une pucelle de son palais, et il la prenroit à femme. Et le Roy respondi que il n'en avoit nulles amenées d'outremer; et leur loa que il alassent en Constantinoblé à l'Empereour (9), qui estoit cousin le Roy, et li requeissent que il leur baillast une femme pour leur seigneur, tele qui feust du lignage le Roy et du sien. Et ce fist-il, pource que l'Empereur eust aliance à son grant riche

(1) *Par l'Evangile*: lisez: de ce miracle que Dieu fist à la fille de la femme veuve, parle l'Evangile. — (2) V. du miracle que Nostre Seigneur fist à la fille de la vefve femme, parle l'Evangile et dit. — (3) *Syndonis*, lisez: Sidonis. — (4) V. car lors estoit la cité de Sur que je vous ai nommée, appelée Thir; et la cité de Séette, de quoy je vous ai parlé, appelée Sidoine. — (5) *De Trafentesi*: le grand Comnène, seigneur de Trébizonde. — V. le grant Commeninos, sire de Traffesontes. — (6) *Ars de cor*: des arcs de cuir. — (7) *Sachoit hors*: tiroit hors. — (8) V. divers joyaulx de presens, entre lesquels luy apporterent arcs de cor, dont les coches entroient à viz dedans les arcs. Quant on les laschoit hors, on trouvoit que c'estoit cheumet dedens moult bien faictes et bien trenchans. — (9) *L'Empereour*: l'empereur Baudoin II.

homme (1), contre Vatache, qui lors estoit empereur des Griex.

La Royne, qui nouvèlement estoit relevée de dame Blanche dont elle avoit geu (2) à Jaffe, arriva à Sayette; car elle estoit venue par mer. Quant j'oy dire qu'ele estoit venue, je me levai de devant le Roy et alai encontre li (3), et l'amenai jusques ou chastel. Et quant je reving au Roy, qui estoit en sa chapelle, il me demanda se la Royne et les enfans estoient haitiés (4), et je li diz : Oyl (5). Et il me dit : « Je soy bien, quant « vous vous levates (6) de devant moy, que vous aliés « encontre la Royne, et pour ce je vous ait fet « attendre au sermon. » Et ces choses vous ramentois-je, pource que j'avoie jà esté cinq ans entour li, que encore ne m'avoit il parlé de la Royne ne des enfans (7), que je oisse, ne à autrui; et ce n'estoit pas bone maniere, si comme il me semble, d'estre estrange de sa femme et de ses enfans (8).

Le jour de la Touz-sains je semons (9) touz les riches homes de l'ost en mon hostel, qui estoit sur la mer; et lors un povre chevalier arriva en une barge, et sa femme et quatre filz que il avoient. Je les fiz venir manger en mon hostel. Quant nous eumes mangé, je appelai les riches homes qui léans estoient, et leur diz : « Fezon une grant aumosne, et deschargons cest « povre d'omme de ces enfans; et preingne chascun le

---

(1) V. eust alliance à cestuy grant riche homme. — (2) *Avoit geu*: étoit accouchée. — (3) *Encontre li*: au devant d'elle. — (4) *Haitiés*: en bonne santé. — (5) V. et son enffant estoient venuz, et je luy dis que oy. — (6) Je say bien quant vous vous levastes; etc. — (7) V. de la Royne ne de ses enfans. — (8) V. d'estre estrangier de sa femme et de ses enfans. — (9) *Semons*: j'invitai.

« sien, et je en prenrai un. » Chascun en prist un, et se combatoient de l'avoir. Quant le povre chevalier vit ce, il et sa femme il commencierent à plorer de joie. Or avint ainsi que quant le conte d'Eu revint de manger de l'ostel le Roy, il vint veoir les riches homes qui estoient en mon hostel, et me tolli (1) le mien enfant, qui estoit de l'aage de douze ans, lequel servi le conte si bien et si loialement, que quant nous revenimes en France le conte le maria et le fist chevalier; et toutes les foiz que je estoie là où le conte estoit, à peinne se pooit departir de moy, et me disoit : « Sire Dieu le « vous rende; car à cest honneur m'avez vous mis. » De ces autres trois frères ne sai-je que il devindrent.

(P. 371.) Madame Marie de Vertus, moult bone dame et moult sainte femme, etc. (2).

(P. 371.) Aprés que je fus parti de la chambre du Roy, madame Marie de Bonnes-Vertus me vint prier que j'alasse devers la Royne pour la reconforter, et qu'elle menoit un merveilleus deuïl. Quant je fu en sa chambre, et que je la vy pleurer si amerement, je ne me peus tenir de lui dire qu'il estoit bien vray qu'on ne doit mie croire femme à pleurer, car le deuïl qu'elle menoit estoit pour la femme qu'elle haioit plus en ce monde. Et lors elle me dit que ce n'estoit pas pour elle qu'elle pleuroit ainsi, mais que c'estoit pour la grant mesaise en quoi le Roi estoit, et aussi pour leur fille, qui estoit demeurée en la garde des hommes : laquelle fut depuis royne de Navarre. Et la cause pourquoi la Royne n'aimoit pas la mere du Roy estoit pour les grans rudesses qu'elle lui tenoit : car elle ne

---

(1) *Et me tolli* : et m'ôta. — (2) *Voyez* le fragment suivant, extrait de l'édition de Poitiers : il contient le même récit.

vouloit souffrir que le Roy hantast ne fust en la compagnie de la Royne sa femme, ains le defendoit à son pouvoir. Et quant le Roy chevauchoit aucunefois par son royaume, et qu'il avoit la royne Blanche sa mere et la royne Marguerite sa femme, communément la royne Blanche les faisoit separer l'un de l'autre, et n'estoient jamais logez ensemblement. Et advint un jour qu'eus estans à Pontoise, le Roy estoit logé au dessus du logis de la Royne sa femme, et avoit instruits ses huissiers de sale, en telle façon que quant il vouloit aller coucher avec la Royne, et que la Royne vouloit venir en la chambre du Roy ou de la Royne, ils battoient les chiens, afin de les faire crier : et quant le Roy l'entendoit, il se mussoit de sa mere. Si trouva celui jour la royne Blanche en la chambre de la Royne le Roy son mary, qui l'estoit venuë voir pour ce qu'elle estoit en grant peril de mort, acause qu'elle s'estoit blessée d'un enfant qu'elle avoit eu : et le trouva caché derriere la Royne, de peur qu'elle ne le vit; mais la royne Blanche sa mere l'apperçut bien, et le vint prendre par la main, lui disant : « Venez vous en, car vous ne faites rien icy. » Et le sortit hors de la chambre. Quant la Royne vit que la royne Blanche separoit son mari de sa compagnie, elle s'escria a haute vois : « Helas, ne me « laisseres-vous voir mon seigneur ni en la vie, ni « a la mort! » Et ce disant elle se pâma, et cuidoit-on qu'elle fut morte; et le Roy, qui ainsi le croioit, y retourna la voir subitement, et la fit revenir de pameson.

(P. 381.) Quant nous fumes partis de là, nous veismes une grant ylle, etc. (Même récit que le suivant.)

(P. 381.) Aprés par nos jornées nous vinsmes à passer auprés d'une austre isle qui avoit nom Pantanelée, laquelle estoit peuplée de Sarazins qui estoient subjets partie au roy de Cecille, et partie au roy de Tunes. Et d'aussi loing que nous descouvrismes cette isle, la Royne requit au Roy que son plaisir fust envoier trois gallées en celle isle, pour apporter des fruits à ses trois enfans. Et ainsi fist le Roy, et leur commanda qu'ils se despechassent hativement de nager, afin qu'ils fussent tout prés de venir à lui quand il passeroit devant l'isle. Or advint que quand le Roy passa devant le port de ladite isle, il ne trouva point cesdites trois gallées. Les mariniers lui respondirent qu'il leur sembloit que les Sarazins avoient prinzes ses gallées, et les gens qui estoient dedans. «Partant, Sire, nous vous
« conseillons, firent-ils, que vous ne les attendez pas :
« car vous estes ici près des royaumes de Cecile et de
« Tunes, dont les rois ne vous aiment gueres, ne l'un
« ne l'autre; et si vous nous voulez laisser nager, nous
« vous mettrons encores anuit hors de leurs dangers :
« car nous passerons en bref tous leurs destroits. Vraie-
« ment, dit le Roy, je ne vous en croiray jà, et vous
« commande que vous tournés les voiles de la nef, et
« que nous allions querir nos gens. » Et quoi qu'il en fust, il nous convint ainsi le faire, et delaiasmes bien huit jours pour les attendre, pour leur gloutonnie, qu'ils s'estoient demourés a manger. Cette isle, qui est ici nommée *Pantelenée*, est celle que les geographes appellent *Pantalarée*, qui est assise entre la Sicile et l'Afrique, assez prés de Souse, ville du royaume de Tunes. Elle appartient au roy d'Espagne, et est sujette au viceroy de Sicile. Les habitans, quoy

que chrétiens catholiques, usent de l'habit et du langage des Mores. (*Édit. de Poitiers.*)

Un autre avanture nous avint en la mer, avant que nous venissions à terre, qui fu tele : que une des béguines la Royne (1), quant elle ot la Royne chaucée (2), si ne se prist garde, si jeta sa touaille, dequoy elle avoit sa teste entorteillée, au chief de la paielle de fer là où la soigne la Royne ardoit (3); et quant elle fu alée coucher en la chambre desous la chambre la Royne, là où les femmes gisoient, la chandelle ardi tant que le feu se prist en la touaille, et de la toaille se prist à telles (4) dont les dras (5) la Royne estoient couvers (6). Quant la Royne se esveilla, elle vit la chambre toute embrasée de feu, et sailli sus toute nue, et prist la touaille et la jeta en la mer, et prist les touailles et les estaint (7). Cil qui estoient en la barge de cautiers crièrent : « Basset, le feu ! le feu (8) ! » Je levai ma teste, et vi que la touaille ardoit encore à clère flambe sur la mer, qui estoit moult quoye. Je vesti ma coste au plustost que je poi, et alai seoir avec les mariniers. Tandis que je séoie là, mon escuier qui gisoit devant moy vint à moi, et me dit que le Roy estoit esveillé, et que il avoit demandé là où je estoie ; « et je li avoie « dit que vous estiés aus chambres ; et le Roy me « dit : Tu mens. » Tandis que nous parlions illec, à

(1) *Que une des béguines la Royne* : car une des religieuses ou dévotes qui suivoient la Reine. — (2) V. quant elle eut la Royne couchée. — (3) *Au chief de la paielle de fer là où la soigne la Royne ardoit* : auprès de la poêle ou du bassin de fer où la chandelle de nuit de la Reine brûloit. — (4) *A telles* : aux toiles. — (5) *Dras* & habits. — (6) V. et de la touaille aux toiles dont le drap de la Royne estoit couvert. — (7) V. print la touaille et la gecta toute ardant en la mer, et estaignit les toiles. — (8) V. crierent le feu ! le feu !

tant ès vous (1) mestre Geffroy le clerc la Royne, qui me dit : « Ne vous effréez pas; car il est ainsi avenu. » Et je li diz : « Mestre Geffroy, alez dire à la Royne « que le Roy est esveillé, et qu'elle voise (2) vers li « pour li apaisier. » Lendemain le connestable de France et monseigneur Pierre le chamberlanc, et monseigneur Gervaise (3), distrent au Roy que à ce anuit esté (4), que nous oïmes parler de feu? Et je ne dis mot. Et lors dit le Roy : « Ce soit par mal avanture « là où le seneschal est plus celant (5) que je ne sui; « et je vous conterai, dist le Roy, que ce est, que nous « deumes estre ennuit touz ars (6). » Et leur conta comment ce fu, et me dit : « Seneschal, je vous com- « ment que vous ne vous couchiez dès or en avant, tant « que vous aiés touz les feus de ceans estains, ne mèz « que le grant feu (7) qui est en la soute de la nef; et « sachiez que je ne me coucherai jeusques à tant que « vous reveignez à moy. » Et ainsi le fiz-je tant comme nous feumes en mer; et quant je revenoie, si se couchoit le Roy.

(P. 387, lig. 30.) Il respondi à touz les prélas du royaume de France, d'une requeste que il li firent, qui fut tele, etc. (8).

Il avint, que nous fumes revenu d'outremer (9), que les moinnes de Saint Urbain esleurent deux abbés. L'evesque Pierre de Chaalons, que Diex absoille, les

---

(1) *A tant ès vous* : alors voilà, voici. — (2) *Voise* : aille. — (3) V. Gervaise le pannetier. — (4) *Que à ce anuit esté* : qu'est-il arrivé cette nuit. — (5) *Celant* : discret. — V. est plus nonchalant. — (6) *Ennuit touz ars* : tous brûlés pendant la nuit. — (7) *Ne mèz que le grant feu* : excepté le grand feu. — (8) *Voyez* page 185, lig. 18 de ce volume. — (9) V. il avint quant nous fusmes revenus d'outremer.

chassa tous deuz, et beney en abbé monseigneur Jehan de Mimeri, et li donna la croce. Je ne voil recevoir (1), pource qu'il avoit fèt tort à l'abbé Geffroy, qui avoit appelé contre li, et estoit alé à Rome. Je tint tant l'abbaie en ma main, que ledit Geffroy emporta la croce, et celi là perdi à qui l'evesque l'avoit donnée ; et tandis que le contens (2) en dura, l'evesque me fit escommenier : dont il ot, à un parlement qui fu à Paris, grant tribouil (3) de moy et de l'evesque Pierre de Flandres, et de la contesse Marguerite de Flandres, et de l'ercevesque de Rains qu'elle desmanti. A l'autre parlement qui vint après, prierent touz les prélas au Roy que il venist parler à eulz tout seul. Quant il revint de parler aus prélas, il vint à nous qui l'attendions en la chambre ou palais (4), et nous dit tout en riant le tourment que il avoit eu aus prélas, dont le premier fu tel que l'ercevesque de Reins avoit dit au Roy : « Sire, que me ferez-vous (5) de
« la garde saint Remi de Reins que vous me tollez (6) ?
« car je ne vouroie avoir un tel péchié comme vous
« avez, pour le royaume de France. Par les sains
« de ceans, fist le Roy, si feriés pour Compieigne,
« par la couvoitise qui est en vous ; or en y a un par-
« jure. L'evesques de Chartres me requist, fist le Roy,
« que je li feisse recroire (7) ce que je tenoie du sien ;
« et je li diz que non feroie, jeusques à tant que mon
« chatel seroit paiés (8) ; et li dis que il estoit mon

(1) V. je ne le voullu recepvoir. — (2) *Le contens :* le procès, le débat. — (3) *Tribouïl :* trouble. — (4) V. en la chambre aux plaitz. — (5) *Que me ferez-vous :* quelle justice me ferez-vous ? — (6) *Tollez :* ôtez. — (7) *Que je li feisse recroire :* que je le remisse en possession de. — (8) V. jusques à tant que mon giste seroit payé.

« home de ses mains, et que il ne se menoit ne bien
« ne loialment vers moy, quant il me vouloit deshe-
« riter (1). L'evesque de Chalons me dit, fist le Roy :
« Sire, que me ferez-vous (2) du seigneur de Joinville,
« qui tolt (3) à ce povre moinne l'abbaie de Saint-
« Urbain? Sire evesque, fist le Roy, entre vous avez
« establi que l'en ne doit oyr nul escommenié en
« court laie; et j'ai veues lettres seelées de trente-
« deux séaux, que vous estes escommenié : dont je ne
« vous escouterai jeusques à tant que vous soiés ab-
« soulz. » Et ces choses vous moustré-je, pource que
il se delivra (4) tout seul par son senz de ce que il
avoit à fère.

L'abbé Geffroy de Saint Urbain, après ce que je
li oz faite sa besoingne, si me rendi mal pour bien,
et appela contre moy. A nostre saint Roy fist entend-
dant (5) que il estoit en sa garde. Je requis au Roy
que il feist savoir la verité, se la garde estoit seue ou
moye (6). « Sire, fist l'abbé, ce ne ferez-vous jà, se
« Dieu plèt; mèz nous tenez, en plèt ordené entre
« nous et le seigneur de Joinville (7), que (8) nous
« amons miex avoir nostre abbaie en vostre garde,
« que nous à celi qui l'éritage est (9). » Lors me dit

(1) *Desheriter* : dépouiller. — (2) *Que me ferez-vous* : quelle justice
me ferez-vous. — (3) *Tolt* : ôte. — (4) V. et ces choses vous descla-
ray-je, afin que vous voyez tout cler comme il se delivra, etc. —
(5) V. et appella encontre moy à nostre saint Roy, et luy fist enten-
dant. — (6) *Seue ou moye* : la sienne ou la mienne. — (7) *En plèt ordené entre nous et le seigneur de Joinville* : en justice réglée, nous et le
seigneur de Joinville. — (8) *Que* : car. — (9) *Que nous à celi qui l'é-
ritage est. Il faut peut-être lire* : que non pas à celi qui l'éritage est;
c'est-à-dire qu'en la garde de celui à qui appartient la terre dans
laquelle l'abbaye est située. — V. mais vous tenez, en plaict ordonnée

le Roy : « Dient-il voir que la garde de l'abbaye est
« moye ?—Certes, Sire, fiz-je, non est, ains est moye. »
Lors dit le Roy : « Il peut bien estre que l'éritage est
« vostre, mèz (1) en la garde de vostre abbaie n'avés-
« vous riens ; ains couvient se vous voulés, et selonc
« ce que vous dites et selonc ce que le seneschal dit,
« qu'elle demeure ou à moy ou à li ; ne je ne lèrai jà,
« pour choses que vous en dites, que je n'en face sa-
« voir la verité ; car se je le métoie en plèt ordené, je
« m'esprenroie vers li (2) est mon home (3), se je li
« métoie son droit en plèt, douquel droit il me offre
« à fére savoir la verité clèrement. » Il fist savoir la
verité ; et la verité seue, il me delivra la garde de
l'abbaie, et me bailla ses lettres.

entre nous et le seigneur de Jonville, que nul ne peult pas avoir nostre abbaye en garde, que vous à qui est l'heritage.

(1) *Mèz.* Il faut nécessairement lire : mèz, dit le Roy à l'abbé : en la garde, etc. — (2) *Je m'esprenroie vers li :* je lui ferois tort. — (3) V.: je m'esprendrois vers luy qui est mon homme.

Cy sont les Chevaliers qui devront aller avec le roy saint Loys outre-mer, et les convenances qui furent entre eux et le Roy.

Monsieur de Valery y doit aller luy trentiéme de chevaliers, et luy doit ly Rois donner huit mille livres de tur, et doit avoir restor de chevaux du Roy à la coustume le Roy, et le passage : mais ils n'auront pas bouche à court, et demeuront un an, il et sa gent ; lequel an commencera si-tost comme ils seront arrivez à terre saiche de la mer. Et se advenoit que par accord ou par tourment de mer il convenist que l'en ivernast en isle, où ly Rois et l'ost ivernassent, parquoy il y demourast mer derriere eux ; l'année commenceroit quand ils seroient arrivez pour iverner. Et si est assavoir que de ce que il donne à ses chevaliers, il leur doit payer la moitié de leurs dons, là où l'année commence ; et l'autre moitié quand la premiere moitié du demy an sera passée. Et si est assavoir que il doit passer à chacun banneret deux chevaux, et à chacun qui n'est pas banneret un cheval ; et ly chevaux emporte le garçon qui le garde. Et doit passer le banneret luy sixiéme de personne, et le pouvre homme soy tiers.

Ly connestable ira entresi lui quinziéme de chevaliers, és mêmes conditions que messire de Valery ira. Mès il n'aura du Roy que quatre mille livres tournois:

Monsieur Florent de Varennes ly admiraulx ira entresi en ses mêmes conditions luy douzeiesme de chevaliers, et aura du Roy trois mille deux cens cinquante-cinq livres tournois.

Monsieur Raoul d'Estrées ly mareschau ira entresi en ces mêmes conditions ly sixiesme de chevaliers, et aura seize cens livres tournois.

Monsieur Lancelot de Saint Maard, mareschau, ira en ces mesmes conditions ly cincquiesme de chevaliers, et aura quatorze cens livres tournois.

Monsieur Pierre de Moleines ira ly cinquiesme de chevaliers en ces mesmes conditions, sauf ce que il et son compagnon mangeront à court, et aura du Roy treize cens livres tournois, et quatre cens livres de don privé à ces deux.

Monsieur Collard de Moleines son frere ira en au telles conditions, et en la maniere méme que monsieur Pierre son frere ira.

Monsieur Gilles de la Tournelle ira ly quatriesme de chevaliers en ces mémes conditions, et aura douze cens livres, et mangeront à court.

Monsieur Mahi de Roie ira soy huitiesme de chevaliers en ces mémes conditions, et mangeront à court, et aura deux mille livres et deux cens livres de don privé.

Monsieur Girard de Morbois ira soy dixiesme de chevaliers, trois mille livres tournois.

Monsieur Raoul de Neelle soy quinziesme de chevaliers, quatre mille livres tournois, et mangeront à son hostel.

Monsieur Amauri de Meulenc soy quinziesme de chevaliers, quatre mille livres tournois, et mangeront à son hostel.

Monsieur Ansout d'Offemont soy dixiesme de chevaliers, ving six cens livres tournois, et mangeront à l'hostel le Roy.

Monsieur Raoul le Flamant soy six de chevaliers, mille cinq cens livres tournois, et mangeront à l'hostel le Roy.

Monsieur Baudouin de Longueval soy quart chevaliers, unze cens livres tournois.

Monsieur Loys de Beaujeu soy dixiesme de chevaliers, deux mille six cens livres, et mangeront en l'hostel le Roy.

Monsieur Jean de Ville soy quart de chevaliers, douze cens livres, et mangeront à l'hostel le Roy.

Monsieur Mahi de la Tournelle soy quart de chevaliers, douze cens livres, et mangeront en l'hostel le Roy.

L'archevesque de Reims, quatre mille livres ;

L'evesque de Langres, quatre mille livres.

Pour ces deux, trente chevaliers,

} et leur baillera l'en une nef.

Monsieur Guillaume de Courtenay soy dixiesme de chevaliers, deux mille deux cens livres, et mangeront en l'hostel le Roy.

Monsieur Guillaume de Patay, ly et son frere, quatre cens livres, et mangeront en l'hostel le Roy.

Monsieur Pierre de Sauz tout sel, huit vings livres, et mangera à l'hostel le Roy.

Monsieur Robert de Bois-Gencelin tout seul, huit vings livres, et mangera à l'hostel le Roy.

Monsieur Estienne Granche tout seul, huit vings livres, et mangera à l'hostel le Roy.

Monsieur Maci de Loue tout seul, huit vings livres, et mangera à l'hostel le Roy.

Monsieur Gilles de Mailly soy dixiesme de chevaliers, trois mille livres, et passage et retour de chevaux, et mangera à court.

Monsieur Ytier de Mongnac soy cinquiesme de chevaliers, douze cens livres, et passage et retour de chevaux, et mangera à court.

Ly fouriers de Vernuel pour soy quatriesme de chevaliers, douze cens livres, et mangera à l'hostel le Roy.

Monsieur Guillaume de Fresnes soy dixiesme de chevaliers, et mangera à l'hostel le Roy, deux mille six cens livres.

Ly cuens de Guignes soy dixiesme de chevaliers, et mangera à l'hostel le Roy, deux mille six cens livres.

Ly cuens de Saint Pou soy trentiesme de chevaliers, pour passage, pour retour de chevaux, pour manger et pour toute autre chose, douze mille livres, et deux mille livres de don privé.

Monsieur Lambert de Limous soy dixiesme de chevaliers aux gages le Roy, c'est à sçavoir chacun dix solz de tournois par jour, et ne mangeront pas à court, somme dix huit cens vingt cinq livres.

Monsieur Girard de Campendu soy quinziesme aux gages le Roy, et ne mangeront pas à court ainsi comme monsieur Lambert, deux mille sept cens trente sept livres dix solz.

Monsieur Raimond Aban, soy cinquiesme aux gages le Roy, aussi neuf cens douze livres dix solz.

Monsieur Jean de Belnes soy dixiesme, trois mille livres, et aura retour de chevaux et passage, et mangera à court.

Ly mareschaux de Champeigne ira soy dixiesme, et n'aura rien du Roy.

Monsieur Gaillard d'Arte soy cinquiesme aux gages le Roy, neuf cens douze livres dix solz.

Monsieur Guillaume de Flandres soy vingtiesme, six mille livres, et passage et retour de chevaux, et mangera à court.

Monsieur Aubert de Longueval soy cinquiesme, unze cens livres, et passage et retour de chevaux, et mangera à court.

Cy sont les Chevaliers de l'Hostel le Roy, pour la voye de Thunes.

Monsieur de Walery.
Ly Boutillers.
Ly Connestables.
Monsieur Guillaume de Flandres.
Ly sire de Neelles.
Ly sire de Montmoranci.
Ly sire de Harcour.
Messire Jean ses fils.
Messire Baudouin de Longueval.
Messire Lancelot ly mareschaux.
Messire Guillaume de Courtenay.
Messire Florent de Varennes.
Messire Amauri de Mellenc.

Messire Jean de Ville ly estous.
Messire Guillaume de Prunay.
Messire Raoul d'Estrées.
Messire Simon de Contes.
Ly maistres des arbalestriers.
Messire Guillaume Clignez.
Messire Renault de Mormant.
Messire Gui li Bas.
Messire Guinemer de Guimeri.
Messire Jean de Chaumes.
Messire Landri de Bonnay.
Messire Gilles de Brienon.
Messire Pierre de Bailly.
Messire Robert Sansavoir.
Messire Macé de Lions.
Messire Nebert de Medionne.
Messire Nicolas Routier.
Messire Pierre Dautoil.
Messire Gautier Descoz.
Messire Colaiz de Molaines.
Messire Pierre de Molaines.
Messire Mahiu de Roye.
Messire Jehan de Varennes.
Messire Simon de Falloel.
Messire Gilles de la Tournelle.
Messire Gaufr. de Rinel ou de Clermont.
Messire Maurice de Creon.
Le comte de Saint Pou.
Le comte de Pontiz.
Messire Jean de Neelle.
Messire Raoul de Neelle.
Messire Guillaume de Minieres.
Ly mareschaux de Champaigne.
Le cuens de Sessons.
Messire Bonnables.
Messire Guillaume de Fiennes.
Le cuens de Dreux.
Messire Jean Malez.
Messire Guillaume de Paroy.
Messire Robert de Girolles.
Messire Lambert de Limous.
Messire Gaultier ly chambellant.
Messire Phelipes de Nemous.
Messire Guillaume de Centegnonville.
Messire Jean Pannevaire.
Messire Phelipes de Autoil.
Messire Hue Gaignars.
Messire Renault Comparians.
Messire Henry ly Baacles.
Messire Matheu de Ron.
Messire Jean de Rochefort.
Messire Raol Flamenz.
Messire Hubert Chesnars.
Messire Robert de Bois-Josselin.
Messire Jean de Rivellon.
Messire Simon de Menon.
Messire Hue de Villers.
Messire Jehan de Breie.
Messire Pierre de Breie.

Messire Renault de Saint Meart.
Messire Pierre de Villenoivé.
Messire Geuffroy de Boismenard.
Messire Robert de Boisgautier.
Messire Jean Damon.
Messire Hector Dorillac.
Messire Renault de Precigni.
Messire Guillaume de Aunoy.
Messire Ansout d'Ofemont.
Messire Jean de Clery.
Messire Amori de Saint Cler.
Messire Johens d'Amiens.
Ly mareschaux de Mirepoix.
Messire Guillaume de Coardon.
Messire Henry de Gaudonvillier.
Messire Gocerem de Lauis, cosins.
Messire Nesbert de Modions.
Messire Jean de Chambly.
Ly seneschaux de Champagne.
Messire Enguerrands de Bailloil.
Messire Jean de Soins.
Messire Pierre de Laon.
Messire Otes de Toucy.
Messire Guillaume de Chasteaunou.
Messire Jean Malez.
Messire Guillaume de Sandreville.
Messire Girards de Campendu.
Messire Pierre Rambauz, parent l'apostole Climent.
Messire Flastre de Henequerque.
Messire Jean de Chastenoi.
Messire Pierre de Blemus.
Messire Estienne Granche.
Messire Guillaume Granche.
Messire Jean de Soilly.
Messire Gui de Tornebu.
Messire enfans chevalier au Connestable.
Messire Pregent ly Bretons.
Messire Pierre de Saux.
Messire Jean de Beaumont.
Messire Gaultier ly poures Hon.
Messire Aufroy de Monfort.
Messire Gilles de Boissavesnes.
Messire Baudouin de Wandieres.
Messire Raoul de Wandieres.
Messire Gilles de Mailly.
Messire Jean Britauz.
Monsieur Galerens de Yury.
Monsieur Raoul de Jupilles.
Monsieur Guitier ses fils.

Monsieur Roger de Morteigne.
Messire Anguerrans de Jorni.
Messire Pierre de Bancoi.
Messire Simon de Baugenci.
Messire Estienne Jaunoy.
Messire Vorez.
Ly fouriers de Vernoil.
Ly Bruns ses fils.
Messire Guillaume de Precigni.

FIN DES MÉMOIRES DE JOINVILLE.

TABLE DES MATIÈRES

CONTENUES

DANS LE DEUXIÈME VOLUME.

Mémoires du sire de Joinville, ou Histoire de saint Louis. — Page 1
Avertissement. — 3
Notice sur Joinville. — 9
Tableau du règne de saint Louis. — 21
    Récit officiel de l'expédition de saint Louis. — 154
    Épître dédicatoire. — 163
    Préface. — 165
    Première partie de l'histoire. — 167
    Seconde partie de l'histoire. — 189
Variantes. — 409
Liste des chevaliers qui accompagnèrent saint Louis. — 435

FIN DU DEUXIÈME VOLUME.

www.ingramcontent.com/pod-product-compliance
Lightning Source LLC
Chambersburg PA
CBHW071104230426
43666CB00009B/1817